2024 | 경기도 산하 공공기관 | **NCS**

고시넷
공기업

경기도 공공기관
통합채용 NCS
기출예상모의고사

___ 6회 ___

gosinet
(주)고시넷

정오표 확인 방법

고시넷은 오류 없는 책을 만들기 위해 최선을 다합니다. 그러나 편집 과정에서 미처 잡지 못한 실수가 뒤늦게 나오는 경우가 있습니다. 고시넷은 이런 잘못을 바로잡기 위해 정오표를 실시간으로 제공합니다. 감사하는 마음으로 끝까지 책임을 다하겠습니다.

고시넷 홈페이지 접속 **>** 고시넷 출판-커뮤니티 **>** 정오표

www.gosinet.co.kr

모바일폰에서 QR코드로 실시간 정오표를 확인할 수 있습니다.

학습 질의 안내

학습과 교재선택 관련 문의를 받습니다. 적절한 교재선택에 관한 조언이나 고시넷 교재 학습 중 의문 사항은 아래 주소로 메일을 주시면 성실히 답변드리겠습니다.

이메일주소 **qna@gosinet.co.kr**

경기도공공기관통합채용 소개 & 채용 절차

경기도공공기관통합채용의 각 기관 시험안내 등을 수록하였
으며 최근 모집공고의 내용 및 채용 절차 등을 쉽고 빠르게 확
인할 수 있도록 구성하였습니다.

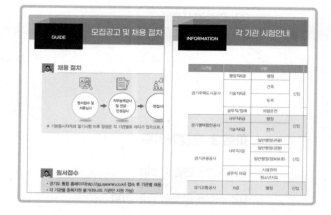

경기도공공기관통합채용 기출문제 분석

2022 ~ 2023년 상반기, 하반기의 최신 기출문제를 분석하여
최근 출제 경향을 한눈에 파악할 수 있도록 하였습니다.

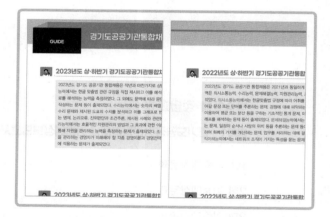

기출예상문제로 실전 연습 & 실력 UP!!

총 6회로 구성된 기출예상문제로 자신의 실력을 점검하고 완
벽한 실전 준비가 가능하도록 하였습니다.

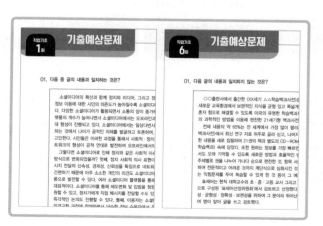

4

인성검사 & 면접으로 마무리까지 OK!!!

최근 채용 시험에서 점점 중시되고 있는 인성검사와 면접 질문들을 수록하여 마무리까지 완벽하게 대비할 수 있도록 하였습니다.

5

상세한 해설과 오답풀이가 수록된 정답과 해설

기출예상문제의 상세한 해설을 수록하였고 오답풀이 및 보충사항들을 수록하여 문제풀이 과정에서의 학습 효과가 극대화될 수 있도록 구성하였습니다.

채용 절차

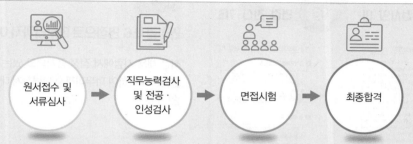

원서접수 및 서류심사 → 직무능력검사 및 전공·인성검사 → 면접시험 → 최종합격

※ 기본응시자격과 필기시험 이후 일정은 각 기관별로 차이가 있으므로, 해당하는 공공기관의 채용 일정을 확인한다.

원서접수

- 경기도 통합 홈페이지(http://gg.saramin.co.kr) 접속 후 기관별 채용 홈페이지 이동 통한 개별 접수
- 각 기관별 중복지원 불가(하나의 기관만 지원 가능)

시험과목

- 각 기관별로 전공시험 과목과 문항 수가 상이하니 상세 내용은 기관별 채용 홈페이지 내 채용공고를 참조한다.
- 전 기관 공통으로 인성검사(210문항 30분)를 시행한다.
- NCS직업기초능력평가의 경우 모든 기관에 공통으로 적용되며, 5개 영역(의사소통, 수리, 문제해결, 자원관리, 조직이해) 각 10문항씩 총 50문항 50분 동안 실시된다.

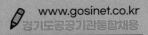
기관명	구분			공통(문항수)	전공(문항수)
경기주택도시공사	행정직6급	행정	신입	NCS직업기초 능력평가(50)	① 경영학(20) ② 회계학(20)
	기술직6급	건축			① 건축계획학(20) ② 건축시공학(20)
		토목			① 응용역학(20) ② 토질역학(20)
	공무직/장애	차량운전		(NCS 면제)	
경기평택항만공사	사무직6급	행정	신입	NCS직업기초 능력평가(50)	① 경영학(20) ② 경제학(20)
	기술직6급	전기			① 전기자기학(20) ② 회로이론(20)
경기관광공사	사무직7급	일반행정(관광)	신입	NCS직업기초 능력평가(50)	① 관광학(40)
		일반행정(경영)			① 경영학(40)
		일반행정(정보보호)			① 전산론(20) ② 정보보호론(20)
	공무직 마급	시설관리			
		청소년지도			
경기교통공사	6급	행정	신입	NCS직업기초 능력평가(50)	경영학, 행정학, 경제학, 회계학 중 택1 (40)
경기연구원	관리직5급	일반행정 Ⅰ	경력	NCS직업기초 능력평가(50)	① 행정(20) ② 법(20)
		일반행정 Ⅱ			① 행정(20) ② 국어(20)
		일반행정 Ⅲ			① 경영(20) ② 통계(20)
	정보직5급	전산운영			① 전산(20) ② 정보보호(20)
	공무직 (연구원 가급)	도시계획분야		(NCS 면제)	
		경제분야			
		경제분야(장애)			
		관광분야		NCS직업기초 능력평가(50)	
		환경분야			
		행정분야			
경기신용보증재단	일반직5급	사무직	신입	NCS직업기초 능력평가(50)	① 경영학(20) ② 민·상법(20)
		전산직	경력		① 프로그래밍언어(20) ② 정보시스템 일반(20)

기관명	구분			공통(문항수)	전공(문항수)
경기문화재단	문화행정6급	시설관리	신입	NCS직업기초 능력평가(50)	① 행정학(20) ② 안전관리론(20)
		일반행정 · 회계			① 행정학(20) ② 회계원론(20)
	학예연구6급	박물관/미술관 교육진행			① 박물관학(20) ② 교육학(20)
	운영직 6단계 (공무직)	보건실 운영			① 공중보건학(20)
		시설원			① 안전관리론(20)
		안내매표			① 고객관리실무(20)
		운영스태프			
경기도경제과학 진흥원	일반직5급	일반행정	신입	NCS직업기초 능력평가(50)	
경기테크노파크	일반직7급	일반행정	신입	NCS직업기초 능력평가(50)	
한국도자재단	사원	시설(건축)	신입	NCS직업기초 능력평가(50)	① 건축계획학(20) ② 건축시공학(20)
		문화사업기획			① 문화예술경영학(20) ② 행정학(20)
(재)경기도수원 월드컵경기장관 리재단	일반직9급	사무	신입	NCS직업기초 능력평가(50)	① 행정학(20) ② 경영학(20)
		기계			① 행정학(20) ② 기계일반(20)
		산업안전			① 행정학(20) ② 산업안전(20)
경기도청소년 수련원	일반직7급 (보훈)	청소년지도	신입	NCS직업기초 능력평가(50)	① 청소년활동(20) ② 청소년프로그램 개발과 평가 (20)
경기콘텐츠 진흥원	일반직8급	일반행정	신입	NCS직업기초 능력평가(50)	① 콘텐츠 관련 전공(20)
경기아트센터	일반직 (관리직7급)	공연관리직_공연기획	신입	NCS직업기초 능력평가(50)	
		경영관리직_일반행정			
경기도여성가족 재단	일반직8급	일반행정 및 사업운영	경력	NCS직업기초 능력평가(50)	
경기도농수산 진흥원	일반직9급 (보훈)	일반행정	신입	NCS직업기초 능력평가(50)	① 행정학(20) ② 경영학(20)
	일반직9급 (장애)			(NCS 면제)	
	공무직(장애)	사무보조			

기관명	구분			공통(문항수)	전공(문항수)
경기도의료원	행정직8급	일반행정(본부)	신입	NCS직업기초능력평가(50)	① 보건행정학(20)
		일반행정, 원무행정 (수원병원)			
경기복지재단	일반직 (사무직9급)	일반행정(사회복지 및 행정업무)	신입	NCS직업기초능력평가(50)	① 사회복지학(20) ② 행정학(20)
	공무직 (연구원)	연구지원(사회복지 관련 연구지원)			① 사회복지학(40)
경기도평생교육 진흥원	관리전문직7급 (수원, 장애)	사업운영 및 일반행정	신입	(NCS 면제)	
	관리전문직7급 (파주)			NCS직업기초능력평가(50)	① 교육학(20) ② 행정학(20)
	공무직라급 (파주)	사무관리	경력		
	관리전문직7급 (양평)	사업운영 및 일반행정	신입		① 교육학(20) ② 행정학(20)
경기도일자리재단	일반직5급	노무	경력	NCS직업기초능력평가(50)	
	일반직7급	일반행정	신입		① 경영학(20) ② 행정학(20)
		전산			① 전산학(40)
	공무직(보훈)	직업상담	경력		
	일반직7급(장애)	일반행정	신입	(NCS 면제)	
경기도시장상권 진흥원	일반직5급	일반행정	신입	NCS직업기초능력평가(50)	① 경영학
	일반직5급(장애)			(NCS 면제)	
경기도사회 서비스원	일반행정6급	일반행정	신입	NCS직업기초능력평가(50)	① 사회복지학(20)
	복지행정6급				
	공무직	요양서비스직			
		돌봄직			① 사회복지학(20)
경기환경에너지 진흥원	일반직5급	일반직	신입	NCS직업기초능력평가(50)	① 경영학(20)
코리아경기도 주식회사	일반직5급	사업기획/운영	경력	NCS직업기초능력평가(50)	
	일반직6급	일반행정	신입		

2023년도 상·하반기 경기도공공기관통합채용 출제유형 분석

2023년도 경기도 공공기관 통합채용은 작년과 마찬가지로 상반기와 하반기 두 번으로 이루어졌다. 의사소통 능력에서는 한글 맞춤법 관련 규정을 직접 제시하고 이를 해석·응용하는 문제를 출제하여 어휘 문제에서도 자료를 해석하는 능력을 측정하였다. 그 외에도 문맥에 따라 문단을 배열하는 문제, 내용을 바탕으로 그래프를 작성하는 문제 등이 출제되었다. 수리능력에서는 숫자의 배열 규칙, 도형의 넓이 계산, 경우의 수 등의 응용 수리 문제와 제시된 도표의 수치를 분석하고 이를 그래프로 변환하는 문제가 출제되었다. 문제해결능력에서 는 명제, 논리오류, 진위판단과 조건추론, 제시된 사례와 관련된 상황을 해결하는 문제가 출제되었다. 자원관 리능력에서는 효율적인 자원관리의 방법과 그 효과에 관한 이론, 자원관리에 관련한 사례에서의 문제 해결을 통해 자원을 관리하는 능력을 측정하는 문제가 출제되었다. 조직이해능력에서는 조직의 특징과 그 유형, 조직 을 관리하는 경영자가 이해해야 할 각종 경영이론과 경영전략, 제시된 업무규정을 이해하고 이에 관한 사례 에 적용하는 문제가 출제되었다.

2023년도 상·하반기 경기도공공기관통합채용 기출 키워드 체크

조직이해능력
가상조직, 조직의 구조 변화, 집단의 특징,
경영의 요소, 7S 모형, SWOT 분석, 팔하원칙,
업무 매뉴얼

의사소통능력
보고서 작성 요령, 문장 부호,
공문서 작성 요령, 로마자 표기,
의사소통의 기능, 경청에 필요한 태도

자원관리능력
타임마케팅, 시간의 낭비 요인,
약속 날짜 결정, 물적자원의 종류,
효과적인 예산관리, 명함 관리,
신입 사원 배정

수리능력
수의 규칙, 도형의 넓이, 닮음비,
경우의 수, 평균과 분산,
사회적 비용 자료, 성인 비만율 보고서

문제해결능력
논리적 오류, 진위판단, 리그 승점 계산, 비판적 사고,
교통사고의 원인 분석, 문제해결의 실패 원인

2023 상·하반기

20% 20% 20% 20% 20%

2022년도 상·하반기 경기도공공기관통합채용 출제유형 분석

2022년도 경기도 공공기관 통합채용은 2021년과 동일하게 상반기와 하반기 두 번으로 이루어졌다. 출제영역은 의사소통능력, 수리능력, 문제해결능력, 자원관리능력, 조직이해능력으로 총 5개의 과목이 50문제 출제되었다. 의사소통능력에서는 한글맞춤법 규정에 따라 어휘를 적절하게 사용하는 문제, 문맥에 따라 빈칸에 들어갈 문장 또는 단어를 추론하는 문제, 경청에 대해 파악하는 문제 등이 출제되었다. 수리능력에서는 수치를 이용하여 평균 또는 분산 등을 구하는 기초적인 통계 문제, 미지수를 설정해 방정식을 풀이하는 연산 문제, 그래프를 해석하는 문제 등이 출제되었다. 문제해결능력에서는 여러 사람의 발언을 토대로 참과 거짓을 구분하는 문제, 일정의 순서나 사람의 위치 등을 추론하는 문제 등이 출제되었다. 자원관리능력에서는 환율을 적용하여 화폐의 가치를 계산하는 문제, 업무를 처리하는 데에 걸리는 시간을 계산하는 문제 등이 출제되었다. 조직이해능력에서는 네트워크 조직이 가지는 특성을 묻는 문제, SWOT 분석을 실시하는 문제 등이 출제되었다.

2022년도 상·하반기 경기도공공기관통합채용 기출 키워드 체크

조직이해능력
리더의 역할, 네트워크 조직, 조직에서의 회의 유형, 7S 모형, 갑의 사임 원인, 비속어 고객 대응 프로세스

의사소통능력
공문서 작성, 스피치 시 유의사항, 알코올 도수, 민트의 종류와 특징, 고령화 사회 기준, 저작권, 유연근무제에 대한 선호도

자원관리능력
시간 낭비의 내재적 요인, 예산 관리기능, 환율의 환산, 펜션의 예약 기간, HRM, 명함관리

수리능력
선분의 길이, 직원의 시험 평균, 영양소별 1일 섭취량, 연분수의 계산, 부품의 조립, 의료기관별 근무인원

문제해결능력
운영위원으로 선발되는 직원, 탕비실 정비 담당, 활동비용 관련 보고, 논리적 오류, 브레인스토밍의 장점, 용적률

고시넷 경기도공공기관통합채용 **NCS**

영역별 출제비중

- ▶ 문서의 종류에 따른 작성법에 관한 문제
- ▶ 올바른 경청 방법에 관한 문제
- ▶ 경우의 수를 구하는 문제
- ▶ 문제해결에 필요한 사고에 관한 문제
- ▶ 자원을 효과적으로 관리하는 방법에 관한 문제
- ▶ 다양한 조직의 유형에 관한 문제

경기도 공공기관 통합채용의 직업기초능력 평가는 의사소통능력, 수리능력, 문제해결능력, 자원관리능력, 조직이해능력이 각각 10문항씩 출제된다. 의사소통능력에서는 어휘, 어문법, 문서이해 이외에도 사례를 통해 효과적인 의사표현 방법, 경청의 방법 등을 묻는 문제가 출제되었다. 수리능력에서는 수 규칙, 도형 계산, 비례식 등의 기초연산과 경우의 수, 확률, 도표이해 문제 등 다양한 유형의 문제가 출제되었다. 문제해결능력에서는 사례에서 나타난 논리적 오류, 조건에 따른 추론, 자료해석을 통한 문제해결 등의 문제가 출제되었다. 자원관리능력에서는 예산편성, 인재채용, 물적자원의 효과적인 관리 등에 관한 이론 문제와 이를 활용한 사례에 관한 문제가 출제되었다. 조직이해능력에서는 조직의 유형과 구조, 조직문화, 기업경영의 전략, 업무매뉴얼 해석 등의 문제가 출제되었다.

경기도공공기관통합채용

파트 1 기출예상모의고사

01. 다음 중 글의 내용과 일치하는 것은?

소셜미디어의 확산과 함께 정치와 미디어, 그리고 정보의 관계가 크게 변화했다. 온라인 정보 이용에 대한 시민의 의존도가 높아질수록 소셜미디어의 사회적 영향력도 상승하게 되었다. 다양한 소셜미디어가 활용되면서 소통의 양이 증가하고, 그 방식 또한 다양화되었다. 플랫폼의 개수가 늘어나면서 소셜미디어에서는 오프라인과는 다른 방식의 다양하고 긴밀한 유대 형성이 진행되고 있다. 소셜미디어에서는 일상다반사를 공유하거나 생활 속 이슈를 논의하는 것에서 나아가 공적인 의제를 발굴하고 토론하며, 실제적 변화를 끌어낼 방법을 함께 고민한다. 시민들은 이러한 과정을 통해서 사회적·정치적 의식의 성장을 경험한다. 사적 네트워크의 형성이 공적 연대로 발전하여 오프라인에서의 현실참여를 이끌어내는 것이다.

그렇다면 소셜미디어로 인해 정치와 같은 사회적 이슈들에 대한 시민참여 환경이 어떠한 방식으로 변화되었을까? 첫째, 정치 사회적 의사 표현이 보다 용이해졌다. 소셜미디어는 메시지 전달의 신속성, 경제성, 신뢰성을 특징으로 네트워크를 통해 정보를 전파하는 게 쉽고 간편하기 때문에 아주 소소한 개인의 의견도 소셜미디어를 거치면서 강력한 정치 사회적 담론으로 발전할 수 있다. 여러 소셜미디어 플랫폼을 통해 진행할 수 있는 청원 신청 독려가 대표적이다. 소셜미디어를 통해 제도변화 및 입법을 청원하는 데 동의하는 사람들을 쉽게 동원할 수 있고, 정치가에게 직접 메시지를 전달할 수도 있으며, 다른 시민과 주요 현안에 대한 즉각적인 논의도 진행할 수 있다. 둘째, 이용자는 소셜미디어를 사용해 정보를 습득하거나 의견교환 과정에 참여하면서 단순한 정보 수용자에서 적극적으로 정보를 찾고 수집하며 그 정보에 대한 관계망을 형성하는 스마트 시민으로 성장할 수 있다. 셋째, 소셜미디어가 공론장으로 발전하면서 시민참여 활동의 질을 향상시킨다. 온라인상에서 의견교환이 진행되는 정보는 대중의 관심사와 다양한 관점을 공유하는 정보일 가능성이 높으며, 소셜미디어를 통해 형성된 네트워크는 시민의 정치·사회 관여도를 증대시킨다.

이처럼 소셜미디어는 유용한 커뮤니케이션과 사적 관계망 구축의 도구에서 비즈니스의 수단으로 그리고 정치나 선거 캠페인 수단까지 관통하며, 현대 대의민주주의의 존속 가능성과 발전 방향을 가늠할 수 있는 주요 매체로 부상했다.

① 소셜미디어로 형성된 온라인상의 유대관계는 오프라인과 같은 방식으로 유대관계가 형성되고 더욱 긴밀하다.

② 소셜미디어로 시민참여의 양이 전반적으로 늘어났지만 질적인 부분에서의 향상은 아직 이루어지지 못했다.

③ 소셜미디어에서는 정치적 이슈를 제외한 소소한 일상과 같은 개인적인 사항들은 더 이상 다루지 않는다.

④ 시민의 온라인 정보 이용이 많아질수록 소셜미디어의 사회적 영향력도 커진다.

02. 다음 공문의 밑줄 친 ⊙ ~ @ 중 공문서 작성법에 따라 잘못 작성된 것을 모두 고르면?

△△공단

⊙발신   관련 기관 대표 및 담당자 등
(경유)
ⓒ내용   세미나 참여 신청 안내

---

1. 귀 기관의 무궁한 발전을 기원합니다.

2. 우리 공단에서는 ○○운동연합, ◇◇윤리연구소, □□윤리협회와 공동주최로 아래와 같이
세미나를 개최하오니 많은 관심과 참여 바랍니다.

- 아 래 -

  가. 주제 : 국내 아동인권의 현재와 미래
  나. 일시 : 20X3. 11. 12.(일) 16 : 00 ~ 18 : 00
  다. 장소 : S 대학교 진리관
  라. ⓒ좌장 : 김▲▲(K 대학교 아동학과 교수)

3. 세미나 참여를 희망하는 기관은 붙임의 신청서를 작성하여 아래와 같이 제출하여 주시기
바랍니다.
  가. 제출기한 : 20X3. 10. 31.(화)
  나. 제출방법 : 이메일 접수(△△공단 홍■■ 과장, abcdefg@korea.or.kr)
  ※ 본 세미나는 향후 코로나19 상황에 따라 변경될 수 있음.

@붙임   1. 세미나 참여 신청 안내문 1부.
          2. 세미나 참여 신청서 1부. 끝.

△△공단 이사장 [직인]

---

① ⊙, ⓒ   ② ⓒ, @

③ ⊙, ⓒ, ⓒ   ④ ⊙, ⓒ, @

03. 다음 글의 맞춤법 검사를 실행할 때, 각 문단 (가) ~ (라)의 밑줄 친 부분이 모두 맞춤법에 따라 바르게 작성되어 수정할 부분이 없는 문단은?

> (가) 미래를 예측하는 것은 언제나 어려운데, 그중에서도 경기 예측은 더더욱 그렇다. 워낙 변수가 많고 복잡한 데다 경제 주체들의 갑작스러운 행동으로 전망치를 엇나가는 일이 허다하다. 그래도 정부나 각종 경제단체들은 경기 예측에 <u>심열</u>을 기울일 수밖에 없다. 일기예보를 봐야 다음 날 우산을 가지고 <u>출근할지말지</u>를 결정할 수 있듯이 경제 주체들이 미래에 대응하기 위해서는 경기 예측이 반드시 필요하기 때문이다.
>
> (나) 그럼 경기는 어떻게 예측할까. 가장 일반적인 방법은 통계청이 매달 발표하는 경기선행지수를 <u>참조</u>하는 것이다. 이 지수는 장래 경제활동에 영향을 많이 주는 10개 선행지표(건축허가 면적, 총유동성(M3), 기계 수주액, 은행 대출금, 코스피지수, 순상품 교역조건, 소비자기대지수 등)에 가중치를 부여해 <u>산출하는데</u> 통상 6개월 뒤의 경기 전망을 보여주는 것으로 받아들여진다.
>
> (다) 이처럼 경기선행지수를 활용하는 것은 개별 선행지표들이 서로 상반된 '사인'을 줄 수 있기 때문이다. <u>예컨대</u> 순상품 교역조건은 <u>나빠지는데</u> 소비자기대 지수는 올라갈 수 있다. 이런 상황에서 종합적 판단을 하기 위해 경기선행지수를 이용하는 것이다. 주식시장에서 코스피지수와 개별 종목의 관계를 떠올리면 된다. A 주식은 오르고 B 주식은 떨어지더라도 코스피지수를 보고 그날의 증시가 올랐는지 떨어졌는지를 판단하는 것과 같은 이치다.
>
> (라) 경기선행지수를 볼 때는 지수 자체보다 지수의 전년 동월 대비 증감율을 의미하는 '경기선행지수 전년 동월비'에 주목해야 한다. 이 수치가 전월보다 올라가면 경기 상승, 내려가면 경기 하강 신호로 해석된다. 과거 경험상 경기선행지수 전년 동월비가 6개월 연속 하락하면 경기가 실제 침체 국면으로 빠지는 경우가 많았다.

① (가)
② (나)
③ (다)
④ (라)

04. 다음 글을 읽고 〈보기〉의 ㉠ ～ ㉢ 중 올바른 설명을 모두 고르면?

'인구(人口, population)'는 한 나라 또는 일정한 지역에 사는 사람들을 뜻하는데, 일정한 지역'을 기준으로 하면 그 의미가 달라질 수도 있다. 최근에는 국가 총인구의 감소와 지역 간 인구유치 경쟁 상황을 극복하기 위해 새로운 인구개념을 도입하여 정책적으로 활용할 필요가 있다.

우선 대표적으로는 흔히 사람들이 생각하는 인구에 대한 개념이자 인구조사에서 가장 기본이 되는 '정주인구(定住人口)'가 있다. 정주인구는 특정지역에 늘 거주하는 사람들로, 일시적 체류자는 제외하지만 반대로 일시적 부재자는 포함한다. 구체적으로는 주택 등 거주지에 대한 재화 및 서비스와 관련된 인구다.

이외에도 '현주인구(現住人口)'는 인구조사 기준 시점에 그 지역에서 머무르고 있는 인구이며, '등록인구(登錄人口)'는 주민등록지 주소에 등록된 경우 포함시키는 인구이다. 그리고 통근이나 통학으로 낮에만 유입되고 야간에 유출되는 이들은 뺀 '주간인구(晝間人口)'와 밤에만 활동하기 위해 야간에만 유입되는 사람들을 더한 '야간인구(夜間人口)' 등이 있다.

여기에 국가 총인구 감소 상황에서 지방소멸에 효과적으로 대응하면서 교통·통신이 발달함에 따라 이동성과 활동성이 증가하는 생활유형을 반영하기 위해 도입된 제도가 있는데 그게 바로 '생활인구'이다. 생활인구는 정주인구뿐만 아니라 통근, 통학, 관광 등으로 그 지역에서 체류하며 지역의 실질적인 활력을 높이는 사람까지 인구로 정의하는 개념이다. 정부에서는 생활인구라는 새로운 인구개념을 본격적으로 도입하기 위해 '인구감소지역 지원 특별법'이라는 법적 근거를 마련했고, 지난 1월 1일 동법 시행령의 위임에 따라 생활인구의 개념을 구체화하기 위해 '생활인구의 세부요건 등에 관한 규정'을 5월 18일에 제정하여 현재 시행중이다.

보기

㉠ A 지역에 거주하는 민주는 매일 오전에 B 지역으로 등교하여 수업을 듣고 오후에 다시 A 지역으로 이동하는데 이때 민주는 B 지역의 야간인구에 포함되지 않는다.
㉡ A 지역에 거주하지만 일시적으로 부재중인 사람은 A 지역 생활인구에 포함되지 않는다.
㉢ 생활인구는 현주인구의 일종이다.

① ㉠   ② ㉡
③ ㉠, ㉢   ④ ㉡, ㉢

[05 ~ 06] 다음 글을 읽고 이어지는 질문에 답하시오.

피아노가 각 건반을 누를 때마다 일정한 소리를 낼 수 있는 데에는 수학적 비밀이 숨어 있다. 1초 동안 진동한 횟수인 진동수에 따라 소리가 다르게 나는데 진동수가 낮으면 낮은 소리가, 높으면 높은 소리가 난다. 예를 들어 '도'의 진동수는 261Hz이고, '시'는 493Hz이다. 이렇게 261Hz인 '도'에서 시작해 '레, 미, 파, 솔, 라, 시'로 이어지는 것을 '음계'라고 하고 이 7개의 음이 반복되는 주기를 '옥타브'라고 한다.

고대 그리스 수학자 피타고라스는 처음으로 각 음계 사이 진동수의 비율을 연구했다고 전해지는데, '두 음의 진동수 비율을 정수로 표현하면 아름다운 화음이 난다'고 주장했다. 그는 쇠를 내리치는 망치의 무게로 음 사이의 비율을 알 수 있었다고 했는데 16세기에 줄을 이용해 실험한 결과 이 주장은 타당하다고 밝혀지게 되었다.

하프처럼 양쪽이 고정된 같은 굵기의 줄이 있다고 상상해 보자. 긴 줄을 퉁기면 천천히 진동하므로 낮은 소리를 내고, 짧은 줄을 퉁기면 빠르게 진동해서 높은 소리를 낸다. 줄 길이의 비가 2 : 1이 되면 두 음은 소리의 높낮이만 다를 뿐 같은 음을 내게 된다.

예를 들어 '도'라는 음을 내는 줄의 길이를 1이라고 하면, 이 길이의 반인 줄이 진동하며 내는 음은 한 옥타브 높은 '도'가 되는 것이다. 줄의 길이와 진동수는 (㉠)에 있으므로 기준이 되는 도와 한 옥타브 높은 도의 진동수 비는 1 : 2이다. 음계에 대한 다른 정수비도 살펴보자. 낮은 도 음을 내는 줄과 그 길이의 비가 3 : 2인 줄에서 나는 음을 도와 함께 연주하면 아름다운 화음이 들리는데 이 음이 '솔'이다. 낮은 도의 진동수를 1이라고 하면 솔의 진동수는 (㉡)이 된다. 도와 솔 두 음계는 5음 차이가 나는 조화로운 소리라는 의미에서 '완전 5도'라고 부른다. 낮은 도 음을 내는 줄과 그 길이의 비가 4 : 3인 음을 낮은 도와 함께 연주할 때도 아름다운 화음을 들을 수 있다. 이 음은 현 음계 중 도와 4음 차이가 나는 '파'에 해당하며 두 음을 같이 연주했을 때 그 음정을 (㉢)라고 한다.

피타고라스와 그 제자들은 옥타브 사이의 다른 음계도 2 : 3 비율을 활용하여 정했다. 위에서와 같은 방식으로 낮은 도의 진동수를 1이라고 하면 솔 음과 진동수의 비가 2 : 3인 음의 진동수는 4분의 9이다. 이 값은 낮은 도의 진동수가 1일 때 높은 도의 진동수인 2를 넘는다. 옥타브는 도에서 시까지의 음이 반복되므로 이 음을 2로 나누면 한 옥타브 아래의 같은 음을 찾을 수 있는데 이때의 진동수는 (㉣)가 되고 이 음이 '레'이다. 다시 이 음을 기준으로 진동수의 비가 일정한 지점을 찾는 과정을 반복하면서 우리가 지금 알고 있는 '도-레-미-파-솔-라-시-도'의 최초 모습을 완성했다.

05. 윗글의 빈칸 ⊙ ~ ⓔ에 들어갈 내용이 바르게 짝지어진 것은?

① ⊙ 비례 관계

② ⓛ 2분의 3

③ ⓒ 완전 3도

④ ⓔ 16분의 9

06. 다음 중 윗글을 통해 추론할 수 있는 내용으로 적절하지 않은 것은?

① 정수비에 따른 음계 구성은 현악기에만 적용이 가능하다.

② 줄의 길이의 비가 1 : 1인 두 현이 내는 음은 같을 수밖에 없다.

③ 낮은 도의 진동수가 261Hz이므로 높은 도의 진동수는 522Hz이다.

④ 현재 음계와 비슷한 형태의 음계는 피타고라스가 가장 먼저 발견했다고 볼 수 있다.

07. 다음은 문장 부호 중 마침표와 물음표에 대한 사용 원칙이다. 밑줄 친 ㉠ ~ ㉣ 중 올바른 맞춤법을 사용하지 않은 것을 모두 고르면?

---

1. 마침표(.)

(1) 서술, 명령, 청유 등을 나타내는 문장의 끝에 쓴다.

　예 젊은이는 나라의 기둥입니다.

　예 제 손을 꼭 잡으세요.

　예 집으로 돌아갑시다.

　예 가는 말이 고와야 오는 말이 곱다.

[붙임 1] 직접 인용한 문장의 끝에는 쓰는 것을 원칙으로 하되, 쓰지 않는 것을 허용한다(ㄱ을 원칙으로 하고, ㄴ을 허용한다).

　예 ㄱ. 그는 "지금 바로 떠나자."라고 말하며 서둘러 짐을 챙겼다.

　　　ㄴ. 그는 "지금 바로 떠나자"라고 말하며 서둘러 짐을 챙겼다.

[붙임 2] 용언의 명사형이나 명사로 끝나는 문장에는 쓰는 것을 원칙으로 하되, 쓰지 않는 것을 허용한다(ㄱ을 원칙으로 하고, ㄴ을 허용한다).

　예 ㄱ. 목적을 이루기 위하여 몸과 마음을 다하여 애를 씀.

　　　ㄴ. 목적을 이루기 위하여 몸과 마음을 다하여 애를 씀

　예 ㄱ. 결과에 연연하지 않고 끝까지 최선을 다하기.

　　　ㄴ. 결과에 연연하지 않고 끝까지 최선을 다하기

　예 ㄱ. 신입 사원 모집을 위한 기업 설명회 개최.

　　　ㄴ. 신입 사원 모집을 위한 기업 설명회 개최

　예 ㄱ. 내일 오전까지 보고서를 제출할 것.

　　　ㄴ. 내일 오전까지 보고서를 제출할 것

(2) 아라비아 숫자만으로 연월일을 표시할 때 쓴다.

　예 ㉠ 1919 3. 1.　　　예 ㉡ 10. 1. ~ 10. 12.

(3) 특정한 의미가 있는 날을 표시할 때 월과 일을 나타내는 아라비아 숫자 사이에 쓴다.

　예 3.1 운동　　　예 8.15 광복

(4) 장, 절, 항 등을 표시하는 문자나 숫자 다음에 쓴다.

　예 가. 인명　예 ㄱ. 머리말　예 Ⅰ. 서론　예 1. 연구 목적

2. 물음표(?)

(1) 의문문이나 의문을 나타내는 어구의 끝에 쓴다.

　예 점심 먹었어?

　예 이번에 가시면 언제 돌아오세요?

　예 제가 부모님 말씀을 따르지 않을 리가 있겠습니까?

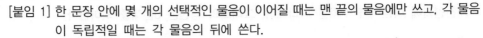

[붙임 1] 한 문장 안에 몇 개의 선택적인 물음이 이어질 때는 맨 끝의 물음에만 쓰고, 각 물음이 독립적일 때는 각 물음의 뒤에 쓴다.

　　예　ⓒ 너는 중학생이냐? 고등학생이냐?

　　예　ⓔ 너는 여기에 언제 왔니, 어디서 왔니, 무엇하러 왔니?

[붙임 2] 의문의 정도가 약할 때는 물음표 대신 마침표를 쓸 수 있다.

　　예　도대체 이 일을 어쩐단 말이냐.

　　예　이것이 과연 내가 찾던 행복일까.

(2) 특정한 어구의 내용에 대하여 의심, 빈정거림 등을 표시할 때, 또는 적절한 말을 쓰기 어려울 때 소괄호 안에 쓴다.

　　예　우리와 의견을 같이할 사람은 최 선생(?) 정도인 것 같다.

　　예　30점이라, 거참 훌륭한(?) 성적이군.

(3) 모르거나 불확실한 내용임을 나타낼 때 쓴다.

　　예　최치원(857 ~ ?)은 통일 신라 말기에 이름을 떨쳤던 학자이자 문장가이다.

　　예　조선 시대의 시인 강백(1690? ~ 1777?)의 자는 자청이고, 호는 우곡이다.

① ㉠, ㉢　　　　　　　　② ㉠, ㉣

③ ㉡, ㉢, ㉣　　　　　　④ ㉠, ㉢, ㉣

08. 질문은 상대방과의 대화를 유도하고 의사소통의 통로를 열어 언어적 교류를 시작하게 한다. 다음 중 최 대리가 밑줄 친 부분과 같이 질문한 이유로 가장 적절한 것은?

> 최 대리 : <u>오늘 오후 4시부터 6시까지 단수된다는 거 알고 있으신가요?</u>
>
> 정 사원 : 아니요. 처음 듣는 얘기인데, 몰랐습니다.
>
> 최 대리 : 물탱크 청소로 인해 단수될 예정이라 화장실 이용이 불가하다고 하네요.
>
> 정 사원 : 네, 참고하겠습니다.

① 상대방에게 정보를 얻기 위해

② 상대방의 생각을 유도하기 위해

③ 주의를 환기시키기 위해

④ 상대방에게 정보를 제공하기 위해

09. 다음 혈당지수 계산방법에 따라 작성한 (가) ~ (라) 그래프 중 잘못된 것은? (단, 그래프의 곡선은 시간경과에 따른 혈당수치를 나타내며, 그래프의 점선은 0분대를 의미한다)

> 혈당지수(Glycemic Index)란 특정 식품을 섭취할 경우 얼마나 빠른 속도로 소화되어 혈당 농도를 증가시키는지를 객관적으로 표시한 지수이다. 혈당지수가 높은 식품일수록 섭취 후 포도당 농도가 빠르게 증가한다. 그리고 포도당 농도가 상승할수록 인슐린(혈당을 정상적인 범위 내로 유지하기 위해 췌장에서 분비되는 호르몬)을 필요 이상으로 분비하게 한다. 혈당지수는 포도당을 50g 먹었을 때의 혈당이 상승한 면적(AUC ; Area Under the Curve)을 기준(100)으로 하여 각 음식에 들어있는 동일한 양의 탄수화물을 섭취했을 때 혈당반응면적을 비교한 값이다.
> 혈당반응면적을 구하는 방법에는 여러 가지가 있지만 각기 다른 혈당지수 결과를 나타내기 때문에 가장 표준화된 방법이 사용된다. 혈당반응면적을 구하기 위한 방법들은 아래와 같다.

그래프	영문명	계산방법
(가)	Total AUC	총 혈당반응곡선 아래 면적
(나)	Incremental AUC$_{cut}$	0분대의 혈당수치를 기준으로 혈당이 떨어지는 시점까지의 증가면적
(다)	Incremental AUC	0분대의 혈당수치를 기준으로 기준선 위의 면적만을 계산하여 합산
(라)	Incremental AUC$_{min}$	가장 낮은 혈당수치를 기준으로 증가면적을 계산
	Net incremental AUC	Incremental AUC에서 공복 시 혈당 아래로 내려간 부분을 제외한 면적

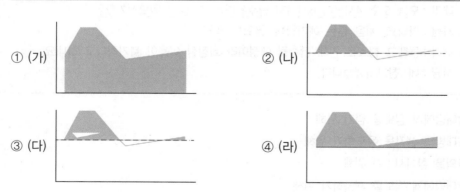

① (가)

② (나)

③ (다)

④ (라)

10. 다음 중 상대방의 말을 경청하는 태도에 대한 설명으로 적절한 것의 개수는?

> • 시선을 마주치며 상대방에게 경청의 의지를 전달하기
> • 상대방이 말을 할 때 말을 자르지 않고 끝까지 듣기
> • 상대방의 말을 들으면서 고개를 가볍게 끄덕이거나 가벼운 추임새 넣기
> • 상대방의 말이 길어질 때 다른 주제의 질문을 던져 대화의 방향 바꾸기
> • 대화 중 상대방의 의도와 입장, 계획 등을 다시 말해 달라고 요청하기

① 2개   ② 3개
③ 4개   ④ 5개

11. 작년 AA사에서 지원하는 사원 1인당 점심 식대는 1인당 교통비의 5배였다. 올해는 작년보다 1인당 점심 식대는 20% 감소하고 1인당 교통비는 20% 증가하여 둘의 차이가 14만 원일 때, 올해 1인당 점심 식대는 얼마인가?

① 30만 원   ② 28만 원
③ 24만 원   ④ 20만 원

12. K사 직원들이 회사 담벼락을 하늘색으로 칠하기 위해 흰색 페인트 10L가 들어있는 통에서 흰색 페인트 xL를 덜어내고 파란색 페인트 xL를 채워 넣어 하늘색 페인트를 만들었다. 그런데 색이 너무 연한 것 같아서 만들었던 하늘색 페인트에서 xL를 덜어내고 다시 파란색 페인트 xL를 채워 넣었더니 흰색과 파란색의 비율이 1 : 3으로 섞인 하늘색이 되었다. x의 값은 얼마인가? (단, 흰색과 파란색 페인트는 100% 원액이다)

① 3   ② 4
③ 5   ④ 6

13. 다음 숫자들의 배열 규칙을 찾아 '?'에 들어갈 알맞은 숫자를 고르면?

| 2 | 6 | 12 | 22 | (?) | 62 | 96 |

① 38

② 36

③ 34

④ 32

14. 반지름의 길이가 각각 6, 4인 두 원이 그림과 같이 두 점에서 만나고 있다. 색칠한 두 부분의 넓이 S_1, S_2에 대해 $S_1 - S_2$의 값을 구하면?

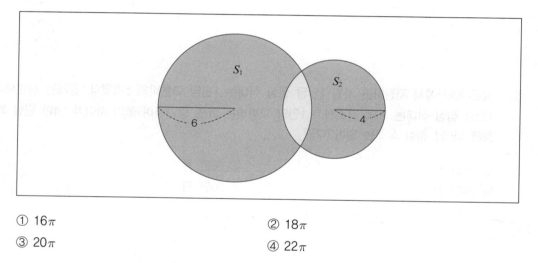

① 16π

② 18π

③ 20π

④ 22π

15. ○○공사에서 승진시험을 진행 중이다. 시험은 총 4과목으로 구성되어 있으며, 승진대상자 중 4과목의 평균 점수가 95점 이상인 사람만 합격한다. 시험은 1주일 단위로 한 과목씩 치르는데 승진대상자인 A는 지금까지 세 번의 시험에서 각각 98점, 90점, 94점을 받았다. A는 마지막 시험에서 최소 몇 점을 받아야 합격할 수 있는가?

① 96점

② 97점

③ 98점

④ 99점

16. 남직원 4명, 여직원 4명을 일렬로 세울 때, 여직원 4명이 서로 이웃하는 경우의 수를 구하면?

① 720가지   ② 980가지

③ 1,440가지   ④ 2,880가지

17. 숫자 1 ~ 9 중 7개를 임의로 모두 뽑은 후 살펴보니 결과가 다음과 같았다. 뽑지 않은 수의 합은? (단, 뽑은 수는 다시 뽑지 않는다)

> • 뽑은 숫자 중 중앙값은 5, 가장 작은 수는 2이다.
> • 뽑은 숫자의 평균은 5.3보다 크다.

① 7   ② 8

③ 9   ④ 10

18. 다음은 지역 평판도에 관한 자료이다. 갑 ~ 무 지역을 평판도 총점이 높은 순서대로 나열하면?

〈자료 1〉 지역 평판도 지표별 가중치

지표	지표 설명	가중치
가	향후 발전 가능성이 높은 지역	10
나	학생 교육이 우수한 지역	5
다	상권이 발달한 지역	10
라	교통이 편리한 지역	5
마	치안이 발달된 지역	10
바	국가 · 사회 전반에 기여가 큰 지역	5
사	쾌적한 공원이 존재하는 지역	5
가중치 합		50

〈자료 2〉 갑 ~ 무 지역의 평판도 지표 점수 및 지역 평판도 총점

(단위 : 점)

지표＼지역	갑	을	병	정	무
가	9	9	7	3	6
나	4	8	5	8	7
다	10	8	10	9	9
라	6	6	4	6	( )
마	4	6	6	6	( )
바	10	9	10	4	6
사	8	6	6	( )	8
지역 평판도 총점	( )	( )	( )	( )	415

※ 지표 점수는 여론조사 결과를 바탕으로 각 지표별로 0 ~ 10점 사이의 점수를 1점 단위로 부여함.

※ 지표환산점수(점)＝지표별 가중치×지표 점수

※ 지역 평판도 총점은 해당 지역 지표환산점수의 총합임.

① 무>정>을>갑>병

② 갑>무>을>병>정

③ 무>을>갑>병>정

④ 을>갑>병>정>무

19. 다음은 ○○고등학교 A반과 B반 학생들의 수학 성적을 나타낸 도수분포다각형이다. 〈보기〉 중 그래프에 대한 설명으로 옳지 않은 것을 모두 고르면?

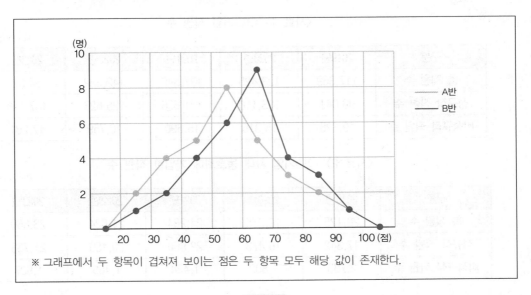

※ 그래프에서 두 항목이 겹쳐져 보이는 점은 두 항목 모두 해당 값이 존재한다.

보기

ㄱ. B반 학생 수가 A반 학생 수와 같다.

ㄴ. 성적이 가장 우수한 학생은 A반에 있다.

ㄷ. 성적이 40점 이상 70점 미만인 학생 수는 A반과 B반이 같다.

ㄹ. 계급값이 75점인 계급에 속한 학생은 A반이 B반보다 더 많다.

ㅁ. 반 평균을 기준으로 판단할 때 A반보다 B반의 성적이 더 우수하다고 볼 수 있다.

---

① ㄹ, ㅁ

② ㄱ, ㄴ, ㅁ

③ ㄴ, ㄷ, ㄹ

④ ㄷ, ㄹ, ㅁ

20. 다음은 ○○기업의 2019 ~ 2023년 직원 수 및 사내 동호회에 가입한 직원 수에 관한 자료이다. 이에 대한 설명으로 옳지 않은 것은?

〈자료 1〉 ○○기업 직원 수

(단위 : 명)

구분	2019년	2020년	2021년	2022년	2023년
총 직원 수	117,369	123,425	137,546	142,382	154,315
정규직 직원 수	98,041	108,110	121,656	125,623	137,114
비정규직 직원 수	19,328	15,315	15,890	16,759	17,201

〈자료 2〉 ○○기업 사내 동호회에 가입한 직원 수

(단위 : 명)

구분	2019년	2020년	2021년	2022년	2023년
총 직원 수	20,125	18,275	24,284	21,624	23,660
정규직 직원 수	17,342	16,473	22,860	20,159	21,733
비정규직 직원 수	2,783	1,802	1,424	1,465	1,927

① 매년 정규직 직원 수는 전체 직원 수의 80% 이상이다.

② 동호회에 가입한 총 직원 수가 전년 대비 감소한 해에는 동호회에 가입한 정규직 직원 수도 전년 대비 감소하였다.

③ 전년 대비 전체 정규직 직원 수의 증가율이 가장 높은 해는 2021년이고, 전년 대비 전체 비정규직 직원 수의 증가율이 가장 높은 해는 2023년이다.

④ 동호회에 가입한 총 직원 수 대비 동호회에 가입한 정규직 직원 수의 비중이 가장 큰 해는 2021년이다.

21. 다음 글에서 나타나는 논리적 오류로 가장 적절한 것은?

> 박 팀장의 직장 내 괴롭힘으로 같은 부서에 근무하던 정 과장이 사표를 내고 회사를 그만두자 신 차장은 박 팀장의 잘못을 사내 회의 중 고발하였다. 그러나 신 차장은 평소 남을 비난하는 것을 좋아하는 사람이므로 신 차장의 고발을 진실이라고 생각해서는 안 된다.

① 자가당착의 오류

② 성급한 일반화의 오류

③ 인신공격의 오류

④ 부적합한 권위에 호소하는 오류

22. 다음 명제가 모두 사실일 때 반드시 참인 것은?

- ○○공사 신입사원은 모두 성실하며 손목시계를 차고 다니지 않는다.
- 정의감이 있고 필기시험뿐만 아니라 면접전형에도 합격한 사람은 모두 ○○공사 임직원이다.
- A는 성실하며 면접전형에 합격하였다.

① A가 손목시계를 차고 다니지 않고 필기시험에 합격했다고 하더라도 ○○공사 신입사원이 아닐수 있다.

② A가 ○○공사 임직원이 아니라면 성실하지 않고 면접전형에도 합격하지 못했을 것이다.

③ A가 안경을 쓰지 않았고 필기시험에 합격하지 않았다면 A는 ○○공사 임직원일 수 있다.

④ A가 정의감이 있다면 ○○공사 임직원이다.

23. 영업부에 직원 A, B, C, D, E, F, G, H 8명은 짜장면 빨리 먹기로 내기를 하였다. 다음 〈보기〉가모두 참이라면, 다섯 번째로 빨리 짜장면을 먹은 사람은 누구인가?

보기

- A는 F보다 빨리 짜장면을 먹었다.
- B는 A보다 빨리 짜장면을 먹었다.
- C는 A보다 빨리 짜장면을 먹었다.
- D는 F보다 느리게 짜장면을 먹었다.
- E는 D보다 느리게 짜장면을 먹었다.
- F는 G보다 빨리 짜장면을 먹었다.
- G는 D보다 빨리 짜장면을 먹었다.
- H는 D보다 느리게 짜장면을 먹었다.

① D   ② E

③ F   ④ G

24. ○○공사 총무팀 팀원인 갑, 을, 병, 정은 자체 투표를 거쳐 팀장을 선발하기로 하였다. 다음과 같은 사실을 참고할 때, 〈보기〉에서 옳은 내용을 모두 고른 것은?

> 팀장 선발은 팀원 4명의 투표로 정한다. 각 팀원은 2번 투표를 할 수 있으며, 본인 스스로에게 투표할 수 없다. 투표를 실시한 결과 다음과 같은 사실을 알 수 있었다.
> • 갑은 을에게 투표하였고, 을은 갑에게 투표하지 않았다.
> • 병은 을에게 투표했다.
> • 정은 3표를 득표하여 단독으로 팀장이 되었다.

보기

ⓐ 갑의 득표는 0표이다.
ⓑ 병은 정에게 투표하였다.
ⓒ 병의 득표는 2표이다.
ⓓ 갑은 을에게 투표하였다.
ⓔ 한 표도 득표하지 못한 팀원이 있다.

① ⓐ, ⓔ
② ⓑ, ⓔ
③ ⓑ, ⓒ, ⓓ
④ ⓒ, ⓓ, ⓔ

25. 다음은 비판적 사고에 대한 설명이다. (가) ~ (라) 중 적절하지 않은 설명의 개수는?

> (가) 어떤 주제나 주장에 대해 적극적으로 분석하는 것이 비판적 사고이다.
> (나) 비판적 사고를 하려면 감정을 잘 다스려 중립적인 입장을 견지해야 한다.
> (다) 비판적 사고의 목적은 상대방 주장의 타당성 판단보다는 단점을 찾는 데 있다.
> (라) 비판적 사고는 학습을 통해 얻는 능력이지 타고나는 것은 아니다.

① 1개
② 2개
③ 3개
④ 4개

26. 다음은 문제해결에 실패한 사례이다. 이와 가장 관련이 깊은 문제해결 실패 요인은?

> 영업팀의 최 대리는 비데 신제품의 주 고객을 20대로 설정했으나 신제품은 판매 부진을 겪고 있다. 최 대리가 이와 같은 선택을 한 이유는 전자제품을 가장 많이 구매하고 신제품에 예민하게 반응하는 것은 20대라고 하는 매체나 언론의 뉴스를 자주 접했기 때문이다.
> 최 대리는 신제품 시장에 대한 자료 조사나 별도의 고객 리서치 없이 주 고객을 20대로 설정하였지만 실상 20대는 해당 제품을 구매하는 계층이 아니었다.

① 고정관념에 얽매이는 경우

② 너무 많은 자료를 수집하려고 하는 경우

③ 문제해결 방법에 대한 지식이 부족한 경우

④ 쉽게 떠오르는 단순한 정보에 의지하는 경우

27. 다음 글을 읽고 K 씨가 농기업 CEO로 성공할 수 있었던 원인을 분석한 내용으로 가장 적절한 것은?

> K 씨는 우연히 고급 호텔의 음식에 사용되는 용꽃을 발견하고 왜 먹지 못하는 것을 장식으로 내놓은 것인지 생각했다. 하지만 이내 그것을 색다른 사업 아이템이라고 생각하며 창업을 하게 되었다. 새싹채소를 작게 만들어 장식용으로 사용하면 먹는 음식에 보는 즐거움까지 얻을 수 있다는 아이디어를 바탕으로 연구에 착수해 지금은 자신만의 대표 브랜드를 가진 한 기업의 CEO로 성공했다. 이렇게 K 씨는 그 누구도 생각지 못한 아이디어로 성공해 농업계의 대표적인 성공 사례가 되어 다른 농업인에게 본보기가 되고 있고 개인 농업인들에게 희망을 주고 있다.

① 경쟁에서 이기기 위해 제품 디자인, 제품 출시 시기 등 제품의 성능 외의 부분에도 전략적으로 접근하였다.

② 문제 해결방안을 찾기 위해 내·외부자원을 효율적으로 활용하였다.

③ 새로운 상품을 출시하기 위하여 타사의 제품을 벤치마킹하였다.

④ 발상의 전환을 통하여 새로운 관점으로 다가갈 수 있는 아이디어를 창출하였다.

28. 다음 글과 표를 근거로 판단할 때, 4개 부서 중 부서별 성과급과 추가 성과급을 합한 금액이 가장 많은 부서는?

○○지부는 1년 동안 부서별 총 영업이익을 다음 표와 같이 산출했으며 총 3가지 항목을 지표로 하여 정해진 기준에 따라 각 부서에 성과급을 지급하기로 하였다. 성과급 지급 기준은 아래와 같다.

〈성과급 지급 기준〉

기준 1) 총 영업이익이 많은 부서 순으로 600만 원, 300만 원, 200만 원, 100만 원의 성과급을 지급한다.

기준 2) 전년 대비 증가율에 따라 부서원 한 명당 '부서의 전년 대비 증가율(%)의 수치×10만 원'의 추가 성과급을 각 부서에 지급한다.

기준 3) 전년 대비 업무 효율성 평가가 향상된 부서에는 부서별 성과급의 20%를 추가로 지급하고, 평가가 하락한 부서에는 부서별 성과급의 10%를 삭감하여 지급한다(단, 효율성 평가가 전년과 동일한 경우에는 부서별 성과급을 그대로 지급한다).

〈○○지부 총 영업이익〉

부서	부서원 수 (명)	1인당 영업이익 (만 원)	전년 대비 증가율(%)	업무 효율성 평가	
				전년	올해
A	8	30	8	중	중
B	10	28	15	상	중
C	15	30	5	하	중
D	12	35	10	중	상

① A
② B
③ C
④ D

29. □□공사에 근무하는 박 과장은 신규상품 개발안 중 내년도 개발상품을 선정해야 한다. 다음 〈선정 지침〉에 따라 각 신규상품 개발안을 평가해 선정할 예정인데 이때 〈제품 현황〉까지 고려한 다면, 박 과장이 내년도 개발상품으로 선정할 신규상품 개발안은 무엇인가?

〈선정 지침〉

I. 항목별 점수 : 항목별로 등급에 따라 점수를 부여

1. 제품성
   (1) 창의성 : 上인 경우 5점, 中인 경우 4점, 下인 경우 1점
   (2) 상품성 : 上인 경우 5점, 中인 경우 3점, 下인 경우 1점

2. 실현성
   (1) 난이도 : 上인 경우 5점, 中인 경우 3점, 下인 경우 1점
   (2) 개발기간

기간	점수(점)	기간	점수(점)
3개월 이내	10	3개월 초과 1년 이내	5
1년 초과 1년 6개월 이내	3	1년 6개월 초과	0

II. 선정 기준 : 항목별 점수를 합한 값이 가장 큰 개발안으로 선정

※ 항목별 등급이 2개 이상 下이거나 개발기간 항목 점수가 0점인 경우 선정 대상에서 제외

〈제품 현황〉

구분	제품성		실현성	
	창의성	상품성	난이도	개발기간
A	中	中	中	9개월
B	上	下	上	1년
C	上	下	下	3개월
D	上	上	上	2년

① A
② B
③ C
④ D

30. 다음은 ○○공사의 신규차량 교체 지침이다. 이를 근거로 최 과장이 각 차량의 교체 여부를 판단한 것으로 옳은 것은?

제1조 ○○공사가 보유한 차량이 다음 각 호의 어느 하나에 해당하는 경우 그 차량을 신규차량으로 교체할 수 있다.
1. 차량이 최단운행연한을 경과하고 총 주행거리를 초과한 경우
2. 최초 등록한 날부터 10년이 경과한 경우

제2조 위의 기준에도 불구하고 다음 각 호의 어느 하나에 해당하는 차량은 신규차량으로 교체할 수 있다.
1. 사고로 차량이 파손되어 수리하여도 사용할 수 없거나, 수리비가 시가의 3분의 2를 초과하는 경우
2. 최단운행연한의 3분의 2를 경과하여 운영한 차량이 고장으로 수리하여도 사용할 수 없거나, 수리비가 시가의 3분의 2를 초과하는 경우

〈용도별 최단운행연한 및 총 주행거리〉

차종	차형	최단운행연한 및 총 주행거리
의전용	대형	• 최단운행연한 : 9년 • 총 주행거리 : 12만 km
업무용	중형	• 최단운행연한 : 8년 • 총 주행거리 : 15만 km
	소형	
	SUV	• 최단운행연한 : 6년 • 총 주행거리 : 15만 km
승합용	대형	• 최단운행연한 : 9년 • 총 주행거리 : 15만 km
	중형	
	소형	
화물용	대형	• 최단운행연한 : 7년 • 총 주행거리 : 12만 km
	중형	
	소형	• 최단운행연한 : 9년 • 총 주행거리 : 15만 km

① 의전용 대형 차량이 사고나 고장이 없는 경우 최초 등록한 날부터 10년이 넘었더라도 총 주행거리가 12만 km를 초과하지 않았다면 신규차량으로 교체할 수 없다.

② 승합용 대형 차량이 사고로 수리비가 시가의 80%에 달하는 경우 운행 햇수가 1년이고 총 주행거리가 15만 km뿐이라 할지라도 신규차량으로 교체가 가능하다.

③ 최초 등록일로부터 7년이 경과한 시점에서 업무용 중형 차량이 사고나 고장이 없는 경우 운행 햇수가 7년이고 총 주행거리가 17만 km라면 신규차량으로 교체할 수 있다.

④ 최초 등록일로부터 9년이 경과한 시점에서 화물용 중형 차량이 사고나 고장이 없는 경우 운행 햇수가 9년이고 총 주행거리가 14만 km라면 신규차량으로 교체할 수 없다.

31. 기업은 물적자원뿐만 아니라 업무를 수행하는 데 소요되는 시간자원을 줄이기 위해 시간관리에 다양한 노력을 기울이고 있다. 다음 중 기업의 입장에서 사용되는 시간을 단축하여 얻을 수 있는 효과로 가장 적절하지 않은 것은?

① 시장점유율 증가
② 생산성 증가
③ 위험 감소
④ 수익성 감소

32. 다음 중 예산에 대한 설명으로 가장 적절하지 않은 것은?

① 예산은 편성, 심의, 집행, 결산의 과정을 거쳐 이루어진다.

② 예산이란 넓은 뜻으로는 모든 단체의 수입과 체계적인 지출계획을 의미한다.

③ 예산은 경제적, 관리적 기능을 가지며 그 목적을 위해 원칙에 따라 집행되어야 한다.

④ 예산은 조직의 목표달성을 위해 효율적으로 자원을 배분할 수 있도록 편성되어야 하므로 예산의 수립이나 집행은 반드시 비공개로 결정되어야 한다.

33. 다음 중 물적자원의 효과적인 관리를 위한 방법으로 가장 적절하지 않은 것은?

① 같은 품종은 같은 장소에 보관하여 특정 물건의 정확한 위치를 모르더라도 대략적인 위치만 파악하고도 편리하게 해당 물품을 찾을 수 있도록 한다.

② 관리할 물품이 많아지는 경우 바코드나 QR코드 등의 기호화를 활용하여 물적자원을 효율적으로 관리할 필요가 있다.

③ 유리류와 플라스틱류는 물품의 크기가 유사하다면 서로 다른 장소에 따로 보관하는 것보다 같은 장소에 함께 보관하는 것이 더 좋다.

④ 자주 사용하는 물건은 자주 쓰지 않는 물건을 보관하는 물품창고나 상자에 함께 두지 않도록 주의하며 구분해 보관한다.

34. 조직과 기업의 발전을 위해 새로운 인재를 채용할 때나 기존의 구성원을 판단할 때 좋은 인재인지 확인하는 것은 중요한 일이다. 다음 중 좋은 인재를 알아보는 방법으로 가장 적절하지 않은 것은?

① 그 사람의 학력이나 경력이 어떠한지를 최우선으로 확인한다.

② 조직과 기업의 가치관과 그 사람의 가치관이 얼마나 부합하는지 알아본다.

③ 편안한 환경에서의 대화를 통해 은연중에 나타나는 그 사람의 성향을 알아본다.

④ 새로운 인재를 채용할 때 인성검사, 직무시험, 실무면접 등 다양한 방법을 활용하여 조직에 적합한 인재인지 확인한다.

35. ○○공사 Y 씨는 하루 8시간인 근무시간 내에 일을 다 하지 못하여 초과근무를 하는 경우가 잦다. Y 씨는 이러한 문제점을 파악하기 위하여 출근한 뒤 소비하는 시간 유형을 다음 표와 같이 정리해 보았다. 이를 통해 Y 씨의 문제점을 분석한 내용으로 가장 적절하지 않은 것은? (단, 업무일지 작성은 실질적인 업무가 아니며 일반적으로 직장인들이 실질적인 업무에 할애하는 시간은 평균 6시간이라고 가정한다)

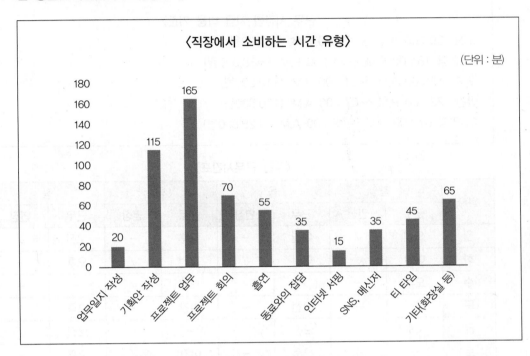

① 정해진 근무시간의 절반 이상을 업무 외의 딴짓으로 시간을 소비하고 있다.

② Y 씨는 업무에 더 많은 시간을 투자하기보다 업무 외에 불필요한 시간을 줄이는 것이 중요하다.

③ Y 씨는 실질적인 업무에 할애하는 시간이 일반적인 직장인들보다 적다.

④ Y 씨의 시간 소비 유형에서 흡연, 동료와의 잡담, 티 타임 3가지 유형의 시간만 아껴도, 충분히 정해진 근무시간 내에 일을 처리할 수 있다.

36. T사는 4명의 임시직 직원이 월요일부터 일요일까지(7일간) 근무한 것에 대한 비용을 그다음 주 월요일에 일괄 지급한다. 근무시간별 지급 비용 기준과 임시직 직원 갑, 을, 병, 정의 주간 근무 시간표가 다음과 같을 때, T사가 가장 적은 비용을 지급하는 임시직 직원은 누구인가? (단, 평일 과 주말근무의 근무 비용은 동일하며 비용에 대한 세액공제는 고려하지 않는다)

〈근무 시간별 지급 비용 기준〉

오전 : 09 : 00 A.M. ~ 17 : 00 P.M. (92,300원)
└, 연장 18 : 00 P.M. ~ 21 : 00 P.M. (+38,300원)
오후 : 12 : 00 A.M. ~ 21 : 00 P.M. (112,500원)
야간 : 22 : 00 P.M. ~ 07 : 00 A.M. (130,500원)
└, 연장 07 : 00 A.M. ~ 09 : 00 A.M. (+28,800원)

〈주간 근무시간표〉

일자	갑		을		병		정	
	근무	연장	근무	연장	근무	연장	근무	연장
월	오전	√	야간	-	오후	-	오전	√
화	야간	√	야간	√	오전	√	오후	-
수	오후	-	-	-	오전	√	-	-
목	-	-	오전	-	야간	-	오후	-
금	오후	-	오전	-	-	-	오전	√
토	-	-	오후	-	야간	√	오후	-
일	야간		오후	-	-	-	오후	-

① 갑
② 을
③ 병
④ 정

37. 물품은 내구성물품과 소모품으로 구분할 수 있으며, 그 정의는 다음과 같다. 〈보기〉의 물품들을 내구성물품과 소모품으로 올바르게 구분한 것은?

• 내구성물품 : 내용연수가 1년 이상이며, 고정시켜 사용하는 물품
• 소모품 : 쓰는 대로 닳거나 없어지거나 못 쓰게 되는 물품
※ 내구성물품의 부품으로서 소모품의 특성을 지닌 것은 소모품이다.

보기

가. 회의실 책상

나. A4용지

다. 내선전화

라. 모니터 받침대

마. 잉크 카트리지

바. 관용차량 와이퍼

	내구성물품	소모품		내구성물품	소모품
①	가, 나, 라	나, 라, 바	②	가, 다, 마	나, 라, 마
③	가, 다, 라	나, 마, 바	④	나, 마, 바	가, 다, 라

38. 과거에는 스펙 위주의 범용성 인재, 상사의 지시를 무조건 따르는 순종적이고 수동적인 인재 위주로 선발하였다. 그러나 최근에는 이러한 과거 방식과 다른 혁신적인 채용 방식을 정립한 기업들이 등장하고 있다. 다음 중 채용 혁신을 주도하는 기업의 사례는 모두 몇 개인가?

- A사는 높은 성과를 내는 자사의 핵심 인재로부터 인지 능력, 리더십, 자사 조직문화 적응력, 직무수행능력이라는 공통되는 특성을 도출하였으며 이를 새로운 인재 선발 기준으로 삼아, 인재 채용에 사용하고 있다.
- B사는 창립 초기부터 자사의 핵심가치로 리더십을 중시하였으며 이를 인재 선발의 기준으로 삼아, 다른 뛰어난 능력과 스펙을 가졌어도 핵심가치에 맞지 않는 인재의 경우 선발하지 않는다.
- C사는 각 직무에 따라 필수로 요구하는 자격 요소, 관련 업무의 과거 경력 유무 등을 점수화하여 순위를 매기고 높은 순위의 사람을 우선 채용하고 있다.
- D사는 매년 약 3만 명이 지원하는 인재 채용에 평가 결과의 일관성을 갖기 위해 AI를 도입하였다. AI가 과거 합격자/불합격자들의 데이터와 자사 인재상을 학습하고 이를 바탕으로 지원자의 합격/불합격 여부를 판단하며, 이 과정에서 불합격한 지원자의 자기소개서는 채용 담당자가 재검토하여 최종 평가하는 방식으로 인재를 선발한다.

① 1개

② 2개

③ 3개

④ 4개

39. 다음 폐기물부담금제도에 따라 부과대상 A ~ E를 폐기물부담금이 많은 순서대로 나열한 것은?

- **폐기물부담금제도란?**

  유해물질 또는 유독물을 함유하고 있거나, 재활용이 어렵고 폐기물 관리상 문제를 일으킬 수 있는 제품, 재료, 용기에 대한 폐기물 처리비용을 해당 제품, 재료, 용기의 제조업자 또는 수입업자에게 부담하도록 하여 폐기물의 발생을 생산단계에서부터 억제하고 자원의 낭비를 막기 위한 제도입니다.

- **대상품목**
  - 살충제(유리병, 플라스틱용기), 유독물(금속캔, 유리병, 플라스틱용기), 부동액, 껌, 1회용 기저귀, 담배(전자담배 포함)의 제조·수입업자 또는 도·소매업자
  - 플라스틱을 재료로 사용한 제품으로서 별표 1의2에 따른 업종의 제조업을 경영하는 자 또는 도·소매업자가 제조하거나 수입한 제품
  - ※ 다만, 합성수지 섬유제품은 제외한다(소비자에게 판매하기 위하여 시장에 유통되는 최종단계의 제품을 말한다).

- **부과요율 및 산출기준**

품목(산출기준)		부과요율 및 금액
살충제, 유독물 용기(개)	가. 플라스틱 500ml 이하 500ml 초과	24.9원 30.7원
	나. 유리병 500ml 이하 500ml 초과	56.2원 84.3원
	다. 금속캔 500ml 이하 500ml 초과	53.9원 78.2원
부동액(ℓ)		189.8원
껌(판매가)		1.8%
1회용 기저귀(개)		5.5원
담배(전자담배의 경우 카트리지, 20개비)		24.4원
플라스틱제품 (합성수지 투입 kg당)	일반	150원
	건축용(플라스틱 관 및 건축용 단열재 포함)	75원

구분	폐기물 품목
A	– 살충제가 담겨있던 356ml 플라스틱용기로, 플라스틱용기의 1개당 무게는 10g이고, 20kg을 폐기한다. – 부동액 250L를 폐기한다.
B	– 포름알데히드 원액이 담겨있던 700ml 유리병으로, 유리병의 1개당 무게는 0.25kg이다. 폐기 대상 유리병들의 총무게는 0.15ton(톤)이다. – 판매가 800원의 껌 1,600개를 폐기한다.
C	– 부동액 400L를 폐기한다. – 일회용 기저귀 3,000개를 폐기한다.
D	– 내용물이 없는 참치 통조림 캔 1,000개를 폐기한다. 그중 600개는 용량 85g이고 400개는 용량 200g이다. – 건축용 우레탄폼 단열재 4ton(톤)을 폐기하며, 우레탄폼 단열재에 합성수지 투입량은 30%이다.
E	– PET 공병 1개당 무게는 9g이며, 1개당 합성수지 투입량은 10%이다. 폐기할 PET 공병은 50만 개다. – 아파트 배관용 PVC 파이프 8,000kg을 폐기하며, PVC 파이프에는 1kg당 40g의 합성수지가 투입되었다.

① A > C > E > D > B
② A > E > C > D > B
③ D > A > E > B > C
④ D > A > E > C > B

40. 다음 〈보기〉 중 학생들의 원활한 사회 진출을 위한 대학 측의 지원 사례로 올바른 것을 모두 고르면?

> **보기**
>
> ㄱ. 입학한 모든 학생이 학기당 최소 1회 의무적으로 전임 교수에게 상담을 받아야 하는 진로 지도교수제와 취업에 성공한 선배와 후배를 연결하는 1 : 1 멘토링 프로그램을 운영하고 있다.
> ㄴ. 다양한 고시반을 운영하여 국가고시 혹은 취업에 필요한 필수 자격증 시험을 준비하는 학생들에게 인터넷강의, 모의고사 시스템, 그룹스터디 등을 제공하고 있다.
> ㄷ. 기업과 제휴를 맺어 졸업예정자 학생들을 대상으로 취업연계 인턴십 제도를 실시하여 희망기업에서 직무를 경험할 수 있는 기회를 제공하고 있다.
> ㄹ. 방학을 이용하여 기업군별 채용 기준에 대한 이해, 유망 산업 분야에 대한 종합적인 정보, 자기소개서 항목별 의도 파악 등 여러 주제에 대한 취업 특강을 진행하고 있다.

① ㄱ, ㄷ
② ㄱ, ㄴ, ㄹ
③ ㄴ, ㄷ, ㄹ
④ ㄱ, ㄴ, ㄷ, ㄹ

41. 내부 운영에 초점을 둔 전통적 조직의 폐쇄시스템(Closed System)과 조직과 외부환경 사이의 개방적 상호작용에 주목하는 개방시스템(Open System)에 대한 설명으로 옳지 않은 것은?

① 개방시스템은 다변하는 환경에 대응하기 위하여 필요한 기능이 영역별로 나누어지기 때문에 전문성이 증가한다.
② 폐쇄시스템은 조직의 구조적인 측면을 강조한다.
③ 폐쇄시스템은 조직의 목표달성을 위한 정확성과 효율성을 강조한다.
④ 안정성을 위해 내부적으로는 개방시스템을, 불확실성에 대한 적응을 위해 외부적으로는 폐쇄시스템을 적용하는 것이 바람직하다.

42. 가상조직이란 다양한 업종의 기업이 각 개별업체가 보유하고 있는 경쟁력 있는 기술과 자원을 통합하여 우수한 제품 및 서비스를 고객에게 신속히 제공할 수 있도록 특정 기간에 일시적으로 구성되는 조직을 의미한다. 다음 중 가상조직의 특징으로 옳지 않은 것은 몇 개인가?

〈가상조직의 특징〉

(가) 민첩하고 기민한 대응이 가능하다.

(나) 새로운 시장에 대한 전통적인 사업방식을 취한다.

(다) 임시적이며 비공식적인 조직이다.

(라) 동적이고, 경영방법 및 구성 등에 있어 비영구적이다.

(마) 상대적으로 구성원 간의 의사결정과 조정이 쉽다.

(바) 조직이 비대해지고 조직의 간접비용이 증가한다.

(사) 시간과 공간의 분산, 네트워크를 통한 협력 및 활동을 한다.

(아) Plug-in-Play 방식의 조직구조이다.

① 1개
② 2개
③ 3개
④ 4개

43. 파스칼과 피터스는 7S 모형을 통해 조직문화 구성요소의 상호작용을 개념화했다. 다음 중 7S 모형 진단의 예로 적절하지 않은 것은?

7S	진단의 예
전력 (Strategy)	㉠ 전략이 조직의 환경에 적절한가? 전략에 대해 조직원 간에 합의가 이루어졌는가?
구조 (Structure)	㉡ 환경에 대응할 수 있는 기능적 구조를 이루고 있는가? 조직의 규모는 적정한가?
운영체제 (System)	㉢ 상하관계가 너무 경직되어 있지는 않은가? 불평등이 만연해 있지는 않은가?
인재 (Staff)	㉣ 너무 순종적인 조직원들로 구성되어 있는 것은 아닌가? 부서장에게 적절한 인재가 배치되어 있는가?

① ㉠
② ㉡
③ ㉢
④ ㉣

44. 기업을 이끌어가는 경영은 목표, 인적자원, 자본, 전략의 4가지 요소로 구성되어 있다. 다음 중 각각의 요소에 대한 설명으로 가장 적절하지 않은 것은?

① 충분한 예산을 확보하고 이를 어떻게 운용할 것인지에 대한 체계적인 계획 및 관리를 선행하고, 이를 기준으로 사업의 전체 손익을 따진다.

② 기업이 보유한 모든 자원을 동원하여 시장 내 경쟁 우위를 점할 수 있는 방침, 활동 등을 계획하고 이를 실행에 옮긴다.

③ 기업의 이윤을 최대로 창출하기 위한 강력한 의사결정을 하고 직원들을 올바른 방향으로 이끌어내야 한다.

④ 우수한 인재를 채용하여 적합한 업무에 배치하며, 필요한 경우 새로운 직책이나 팀을 만든다.

45. 다음 사례에서 ○○그룹이 조직을 운영하는 방식에 대한 설명으로 가장 적절한 것은?

> ○○그룹은 직원들이 역량 향상 및 교육에 참여하고, 자신의 부서 이외에서 일하는 경험을 쌓도록 한다. 또한 신입 직원을 포함한 모든 직원에게 회사의 구조화된 경력 계획 과정을 활용할 수 있는 기회를 제공한다. 경력 개발은 신입 직원을 포함한 모든 직원에게 초점을 맞추고 있다. 모두가 기술을 향상시키고 새로운 기술을 배울 수 있도록 여러 기회가 주어진다.
>
> ○○그룹 초급 코드 개발자는 고급 기술 작업에 일찍 투입되므로 관련 경험을 빨리 얻을 수 있다. 그리고 처음 5 ~ 6년간 회사 내 IT 부서를 돌아다니며 다양한 프로젝트를 수행하고 더 많은 경험을 쌓아 자신이 가장 관심 있는 분야가 무엇인지 파악할 수 있다.
>
> ○○그룹의 VP 겸 CIO는 "우리는 직원들이 관심을 가지고 열정을 보일 수 있는 역할에 그들을 배치하려고 노력하고 있다. ○○그룹의 직원들은 기회가 풍부하다."라고 말했다.
>
> 직원들은 또한 연간 인재 계획 검토 과정을 거치면서 자신의 경력 위치, 조직 내에서 원하는 목표, 앞으로의 경력 형성 방법을 평가한다. 임원직에 관심이 없는 직원들의 경우에도 경력 경로를 개척할 수 있도록 도움을 받는다. 이렇듯 임원직 이외의 다른 길을 발견하는 것은 직원들의 안정된 정착에 큰 도움이 된다.

① 동종업계로 조직원들을 파견하여 새로운 기술을 익힐 수 있는 기회를 제공하고 개개인의 역량 향상을 꾀하고 있다.

② 조직원 개개인이 가장 집중이 잘 되는 효율적인 시간을 찾아 업무 시간을 유연하게 설정하고 있다.

③ 조직원들의 경력 개발에 대한 폭 넓은 투자지원을 통해 조직 내 인재를 개발하고 이를 경영 성과로 이끌어내고 있다.

④ 자동화 기술의 도입으로 고급 인력이 필요한 부분에 대한 조직원들의 집중적인 배치를 통해 업무 효율성을 높이고 있다.

46. 다음 甲 회사와 乙 회사의 구조도에 해당하는 조직형태에 대한 설명으로 적절한 것은? (단, 조직 형태는 기능별 조직, 사업별 조직, 지역별 조직 중 하나이다)

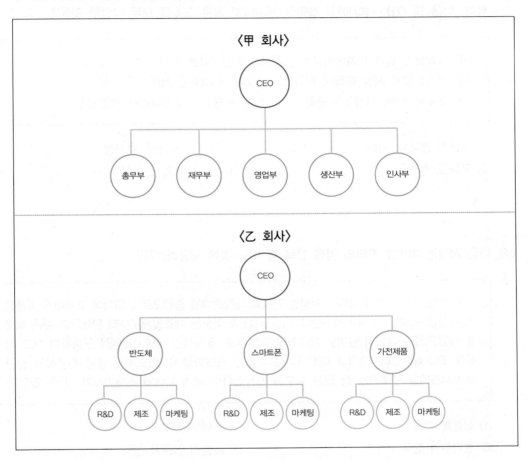

① 甲 회사 : 부서 간의 의존성이 크고, 상호작용이 필요하다.

　乙 회사 : 각 부서 과업에 필요한 기능과 자원을 자체 조달한다.

② 甲 회사 : 각 부서 과업에 필요한 기능과 자원을 자체 조달한다.

　乙 회사 : 부서 간의 의존성이 크고, 상호작용이 필요하다.

③ 甲 회사 : 부서 간의 의존성이 크고, 상호작용이 필요하다.

　乙 회사 : 지역 단위로 지사를 구성하고 각 지역별 특성에 집중한다.

④ 甲 회사 : 지역 단위로 지사를 구성하고 각 지역별 특성에 집중한다.

　乙 회사 : 각 부서 과업에 필요한 기능과 자원을 자체 조달한다.

47. 기업가적 지향성은 혁신성(Innovativeness), 위험감수성(Risk-taking), 진취성(Proactiveness), 경쟁적 공격성(Competitive Aggressiveness), 자율성(Autonomy)의 5가지 요소로 구성되어 있다. 다음 중 (가) ~ (다)에서 설명이 제시되지 않은 요소를 모두 나열한 것은?

> (가) 불확실한 결과가 예상되더라도 과감히 도전하려는 의지
> (나) 한 발 앞서 시장 변화에 참여하고, 신제품과 새로운 서비스를 제공
> (다) 새로운 기술, 시장개척 등을 적극적으로 도입하고 추진하려는 경영활동

① 경쟁적 공격성, 자율성   ② 경쟁적 공격성, 혁신성
③ 자율성, 혁신성   ④ 위험감수성, 진취성

48. 다음 사례는 마이클 포터의 경쟁 전략 중 어느 것에 해당하는가?

> 미국의 유통회사 W 마트는 저렴한 가격과 대량판매를 중점으로 운영하며 고객에게 고품질의 제품을 저렴한 가격에 제공한다. 이를 위해 W 마트는 제조업체로부터 판매하고 싶은 제품을 대량으로 구매하여 단위당 제품가격을 낮추고, 효과적인 물류시스템을 구축하여 재고 비용을 최소화하였다. 그리고 매장면적당 매출을 극대화할 수 있도록 상품을 진열하고 첨단 POS시스템을 구축하는 등 많은 부분을 자동화하여 세계 최대의 소매업체가 될 수 있었다.

① 집중화 전략   ② 차별화 전략
③ 원가우위 전략   ④ 차별적 집중화 전략

49. 기업 구성원 간의 업무 방식이 다르거나 합의점을 찾기 어려운 일이 발생하는 등의 문제점에 대비하여 공동의 업무 매뉴얼을 만들면 업무의 효율성을 제고하고 계획에 맞춰 일을 진행할 수 있다. 다음 중 기업의 업무 매뉴얼을 작성하는 방법으로 가장 적절하지 않은 것은?

① 각자에게 적합한 업무 도구를 설정하여 최적의 산출물을 도출한다.
② 업무를 통해 성취하고자 하는 개개인별 성과를 명확히 설정한다.
③ 기업이 표방하고자 하는 목표와 사업의 목적을 분명히 한다.
④ 업무 방식을 통일하여 불필요한 논쟁으로 지연되는 시간을 줄인다.

50. ○○기업은 자사가 보유한 업무의 부가가치(VA ; Value Added)를 평가하여 업무를 축소·제거·개발하는 전략을 설정하고자 한다. 업무의 부가가치를 효용과 효율, 완성도를 모두 곱한 값으로 나타낼 때, 아래 ○○기업의 업무분석자료에서 High VA에 해당하는 업무를 모두 고른 것은?

- 효용 : 자신이 속한 조직이나 사회에서 주는 가치
- 효율 : 일을 처리하는 속도
- 완성도 : 기대했던 업무 수준의 도달 정도

업무의 부가가치(VA)＝효용×효율×완성도(%)

구분	Low VA	Middle VA	High VA
평가기준	부가가치 1.5 미만	부가가치 1.5 이상 ~ 3 미만	부가가치 3 이상
전략	업무 제거	업무 축소	업무 개발

구분 업무	효용	효율	완성도(%)
A	8	0.5	30
B	5	0.4	70
C	4	0.7	80
D	7	0.9	50
E	6	0.6	60
F	8	0.8	100
G	6	0.8	30

① F
② B, C
③ D, F
④ A, E, G

[01 ~ 02] 다음 글을 읽고 이어지는 질문에 답하시오.

> CTR(Click Through Rate)은 클릭률이라 하며, 사용자가 해당 광고를 클릭하는 빈도를 나타내는 비율이다. CTR을 사용하면 광고의 실적을 파악할 수 있어, 실적이 우수한 광고와 개선이 필요한 광고를 구분할 수 있다. CTR은 광고가 클릭된 횟수를 광고가 게재된 횟수로 나눈 값(CTR $= \dfrac{\text{클릭 수}}{\text{노출 수}} \times 100$)으로, 클릭 수가 5회, 노출 수가 100회인 광고의 경우 CTR은 5%가 된다.
>
> CPM(Cost per Millenium)은 광고가 1,000회 노출되는 데 소요되는 광고비를 의미한다. 광고 상품의 위치가 좋고 특수한 상품일수록 CPM 단가는 높아지게 된다. CPM 방식은 인터넷 광고비를 산출하는 방법 중에 하나로, 일반적으로 포털이나 언론사의 광고 상품들은 대부분 CPM 방식으로 집행된다. CPM을 계산하는 방법은 '$\dfrac{\text{광고비}}{\text{노출 수}} \times 1,000$'으로 광고비가 1,000,000원일 때, 500,000회 노출되었다면 CPM은 2,000원이 되는 것이다.
>
> CPC(Cost per Click)는 광고 클릭당 광고비로 광고 1클릭을 얻기 위해 소요되는 비용을 의미한다. 따라서 동일한 CPM으로 집행했다 하더라도 CTR이 (㉠) CPC는 (㉡), 더욱 효율적인 집행을 했다고 할 수 있다. CPC를 계산하는 방법은 '$\dfrac{\text{광고비}}{\text{클릭 수}}$'로, 예를 들어 5,000,000원 캠페인에서 10,000 클릭이 나왔다면 CPC는 (㉢)이 된다.
>
> CPA(Cost per Action)는 광고를 클릭하고 들어온 사용자가 광고주가 목적으로 한 행동(회원가입, 이벤트 참가, 구매 등)을 할 때마다 광고비를 지불하는 방식이다. CPA의 계산 방법은 '행동 건수× 건당 수수료'이다.

01. 윗글의 ㉠, ㉡, ㉢에 들어갈 내용이 옳게 연결된 것은?

	㉠	㉡	㉢
①	낮으면	떨어지므로	500원
②	낮으면	높아지므로	50원
③	높으면	떨어지므로	500원
④	높으면	떨어지므로	5000원

02. 다음 중 제시된 글의 내용으로 옳지 않은 것은 모두 몇 개인가?

> ㉠ 광고비가 동일한 경우 CPM은 CPC보다 항상 크다.
> ㉡ CPC는 CPM을 CTR×1,000으로 나눈 것과 같다.
> ㉢ 클릭률이 높아지면 CPM와 CPC 중 하나의 값만 변화한다.
> ㉣ 다른 조건이 동일할 때 광고노출 수가 늘어나면 클릭률과 CPM 모두 줄어든다.
> ㉤ 어떤 광고의 CPC가 10만 원이고, 광고 클릭 후 회원가입 시 지불해야 하는 수수료가 건당 1,000원, CPA가 10만 원이라면, CPC 광고비용은 1천만 원 이상이다.

① 1개 　　　　　　　　　　　② 2개
③ 3개 　　　　　　　　　　　④ 4개

03. 다음 (가) ~ (라)를 글의 흐름에 맞게 순서대로 배열한 것은?

> (가) 이러한 대량 공급은 사람의 일자리를 빼앗았다. 당시 사람들에게 기계의 등장은 생존권 박탈의 위협으로 다가왔다.
> (나) 그러나 대량 공급으로 인한 불균형 속에서도 사람들은 곧 안정을 되찾아 갔다. 사람들은 기계가 할 수 없는 부가가치가 있는 영역으로 접근하여 오로지 사람만이 할 수 있는 일을 찾아냈다.
> (다) 지금은 또 상황이 달라졌다. 기술의 발전으로 결국 기계가 제품영역을 넘어서 서비스 영역까지 침범하고 있다. 가성비와 품질에서 경쟁력을 갖춘 플랫폼이나 소프트웨어들이 등장하고 있다. 심지어 기존에 있던 세무사, 공인중개사, 법무사, 변호사 등 전문가의 업무에서도 사람보다 나은 서비스를 저렴한 가격에 제공하고 있다.
> (라) 영국에서 일어난 산업혁명은 인간 생활의 모든 것을 바꾸었다. 산업혁명 이후 일반적으로 사람의 손에서 만들어지던 것들이 동력으로 만들어져 일정한 품질을 유지하면서도 사람의 손으로는 생산이 불가능한 많은 양의 물건들이 사회에 쏟아져 나왔다.

① (다)-(가)-(나)-(라) 　　　　② (다)-(나)-(라)-(가)
③ (라)-(가)-(나)-(다) 　　　　④ (라)-(나)-(가)-(다)

04. 다음 글을 통해 알 수 있는 내용으로 적절하지 않은 것을 〈보기〉에서 모두 고르면?

올림픽은 4년마다 국제올림픽위원회(IOC, International Olympic Committee)가 선정한 도시에서 개최되는 국제 스포츠 경기대회이다. 이 대회의 목적은 신체적·정신적 자질의 발전을 도모하고 보다 발전되고 평화로운 세계를 건설하며 전 세계에 올림픽 정신을 보급하여 국제적인 친선관계를 도모하는 데 있다.

이 대회는 고대 그리스 제전경기인 올림피아제에 기원을 두고 있으며, 프랑스의 쿠베르탱에 의하여 근대 올림픽으로 부활하게 되었다. 1896년 그리스 아테네에서 제1회 대회가 개최되었는데, 총 13개국이 참가하여 육상, 레슬링, 사격 등 9개 종목을 겨루었다.

1916년 제6회 올림픽은 제1차 세계대전으로, 제12회(1940년)와 제13회(1944년) 올림픽은 제2차 세계대전으로 개최되지 못했다. 초기에는 하계대회만 개최되다가, 1924년 프랑스 샤모니에서 제1회 동계 올림픽대회가 개최되었다. 하계대회(통상 올림픽대회)는 2021년 일본 도쿄대회까지 32회, 동계대회는 2022년 중국 베이징대회까지 24회가 개최되었다.

1932년 제10회 미국 LA대회에 김은배 선수 등이 참가하였는데, 이는 우리나라 사람이 처음으로 올림픽대회에 참가한 것이다. 1936년 제4회 독일 가르미슈파르텐키르헨 동계대회에는 스피드스케이팅 종목에 이성덕 선수 등이 참가하였고, 1936년 제11회 독일 베를린대회에 손기정 선수가 마라톤 종목에 참가하여 세계 신기록을 수립하며 금메달을 획득하였다.

우리나라는 1947년에 IOC 가입을 완료했고, 1948년에 개최된 제5회 스위스 생모리츠 동계대회와 제14회 영국 런던대회부터 정식 국가로 참가하였다. 스위스 생모리츠 동계대회에 5명의 선수단을 파견하였으나 입상에는 실패하였고, 런던대회에는 총 67명의 선수단이 7개 종목에 참가하여 역도와 복싱에서 동메달을 획득하였다. 이후 1976년 제21회 캐나다 몬트리올대회 레슬링 종목에서 양정모 선수가 대한민국의 첫 금메달을 땄다. 1988년 제24회 대회가 서울에서 개최되었고, 2018년 제23회 동계대회가 강원도 평창에서 개최되었다.

보기

ㄱ 우리나라는 스위스 생모리츠 동계대회에서 메달 획득에 실패하였다.
ㄴ 우리나라 선수가 참여한 최초의 올림픽 대회는 제11회 대회이다.
ㄷ 우리나라는 동계, 하계 올림픽이 모두 개최된 유일한 국가이다.
ㄹ 하계 올림픽대회와 동계 올림픽대회는 같은 해에 개최된 적이 없다.
ㅁ 제1회 하계 올림픽과 동계 올림픽 모두 유럽에서 개최되었다.

① ㄱ, ㄴ, ㄹ   ② ㄱ, ㄷ, ㄹ
③ ㄴ, ㄷ, ㄹ   ④ ㄴ, ㄹ, ㅁ

05. 다음 (가) ~ (라)를 문맥에 맞게 순서대로 나열한 것은?

> 요새 날씨가 오락가락한다. 낮에는 뜨거운 햇볕이 내리쬐고, 밤에는 폭우가 쏟아져 어느 장단에 맞춰야 할지 모르겠다. 다가오는 장마철엔 이러한 날씨의 변화가 더욱 다채로워질 확률이 높다. 이렇게 맑고 흐린 날이 반복될 때 양산 대신 우산을, 혹은 우산 대신 양산을 사용해도 될까? 우산이 자외선을, 양산이 비를 막아줄 수 있을까? 결론부터 얘기하자면, 검은색 우산은 비와 자외선 모두를 효과적으로 막을 수 있다.

(가) 게다가 검은색 우산은 주변은 물론 땅에서 올라오는 열까지 흡수해 양산으로 활용했을 때 다른 색깔의 우산보다 더 시원하다. 반면 흰색 우산은 땅에서 올라오는 열을 반사해 우산을 들고 있는 사람에게 열이 전달되기 때문에 검은색 우산보다 훨씬 덥다.

(나) 한편 반대로 양산을 우산 대용으로 사용하는 것은 삼가야 한다. 양산은 우산보다 내구성이 떨어지는 재질로 만들어져 비와 바람을 제대로 막기가 어렵다. 거기에 양산이 비를 맞으면 자외선 차단 코팅이 벗겨져 차후 양산의 원래 역할조차 수행하기 어려워질 수 있다.

(다) 검은색이 아닌 일반 우산은 양산만큼의 자외선 차단 효과를 보기 어렵다. 우산에는 양산에 적용되는 안전품질표시기준(85% 이상 자외선을 차단)이 적용되지 않기 때문이다(단, 골프용 우산은 예외).

(라) 그리고 실험을 통해 검은색 우산으로 양산에 버금가는 자외선 차단 효과를 볼 수 있다는 것을 입증했다. 미국 에모리 의대 연구팀은 23가지 색의 우산을 놓고 오전 11시부터 정오까지의 자외선 투과량을 측정했다. 이때 검은색 우산만 90% 이상의 자외선 차단율을 보였다.

① (다)-(가)-(라)-(나) 　　　② (다)-(나)-(라)-(가)

③ (다)-(라)-(가)-(나) 　　　④ (다)-(라)-(나)-(가)

06. ○○시는 외국인 관광객을 대상으로 시티투어 버스를 운영 중이다. 다음 자료를 참고할 때, 〈보기〉의 밑줄 친 ㉠ ~ ㉂ 중 영문 표기가 바르지 않은 것을 모두 고르면?

제1장 표기의 기본 원칙
제1항 국어의 로마자 표기는 국어의 표준 발음법에 따라 적는 것을 원칙으로 한다.
제2항 로마자 이외의 부호는 되도록 사용하지 않는다.

제2장 표기 일람
제1항 모음은 다음 각 호와 같이 적는다.
1. 단모음

ㅏ	ㅓ	ㅗ	ㅜ	ㅡ	ㅣ	ㅐ	ㅔ	ㅚ	ㅟ
a	eo	o	u	eu	i	ae	e	oe	wi

2. 이중 모음

ㅑ	ㅕ	ㅛ	ㅠ	ㅒ	ㅖ	ㅘ	ㅙ	ㅝ	ㅞ	ㅢ
ya	yeo	yo	yu	yae	ye	wa	wae	wo	we	ui

[붙임 1] 'ㅢ'는 'ㅣ'로 소리 나더라도 ui로 적는다.
[붙임 2] 장모음의 표기는 따로 하지 않는다.

제2항 자음은 다음 각 호와 같이 적는다.
1. 파열음

ㄱ	ㄲ	ㅋ	ㄷ	ㄸ	ㅌ	ㅂ	ㅃ	ㅍ
g, k	kk	k	d, t	tt	t	b, p	pp	p

2. 파찰음

ㅈ	ㅉ	ㅊ
j	jj	ch

3. 마찰음

ㅅ	ㅆ	ㅎ
s	ss	h

4. 비음

ㄴ	ㅁ	ㅇ
n	m	ng

---

5. 유음

ㄹ
r, l

[붙임 1] 'ㄱ, ㄷ, ㅂ'은 모음 앞에서는 'g, d, b'로, 자음 앞이나 어말에서는 'k, t, p'로 적는다(발음에 따라 표기함).

[붙임 2] 'ㄹ'은 모음 앞에서는 'r'로, 자음 앞이나 어말에서는 'l'로 적는다. 단, 'ㄹㄹ'은 'll'로 적는다.

제3장 표기상의 유의점

제1항 음운 변화가 일어날 때에는 변화의 결과에 따라 적는다. 다만, 체언에서 'ㄱ, ㄷ, ㅂ' 뒤에 'ㅎ'이 따를 때에는 'ㅎ'을 밝혀 적는다.

　　예 묵호 Mukho, 집현전 Jiphyeonjeon

[붙임] 된소리되기는 표기에 반영하지 않는다.

　　예 압구정 Apgujeong, 낙성대 Nakseongdae, 합정 Hapjeong

제4항 인명은 성과 이름의 순서로 띄어 쓴다. 이름은 붙여 쓰는 것을 원칙으로 하되 음절 사이에 붙임표(-)를 쓰는 것을 허용한다.

1. 이름에서 일어나는 음운 변화는 표기에 반영하지 않는다.

2. 성의 표기는 따로 정한다.

제5항 '도, 시, 군, 구, 읍, 면, 리, 동'의 행정 구역 단위와 '가'는 각각 'do, si, gun, gu, eup, myeon, ri, dong, ga'로 적고, 그 앞에는 붙임표(-)를 넣는다. 붙임표(-) 앞뒤에서 일어나는 음운 변화는 표기에 반영하지 않는다.

　　예 충청북도 Chungcheongbuk-do, 종로 2가 Jongno 2(i)-ga

[붙임] '시, 군, 읍'의 행정 구역 단위는 생략할 수 있다. 예 청주시 Cheongju

보기

〈서울시티투어 코스〉

| 광화문 ㉠ Gwanghwamoon | ← | 명동 ㉡ Myeong-dong | ← | 신라호텔 ㉢ Sinla Hotel |

| 대학로 ㉣ Daehangno | → | 창경궁 ㉤ Changgyeonggung | → | 창덕궁 ㉥ Changdeokgung |

① ㉠, ㉢　　　② ㉠, ㉥　　　③ ㉡, ㉣　　　④ ㉣, ㉥

07. 다음 글에서 밑줄 친 ㉠ ~ ㉢ 중 올바른 맞춤법을 골라 바르게 연결한 것은?

> 번아웃 증후군(Burnout Syndrome)은 정신적 에너지가 모두 소진되어 업무나 일상 등의 모든 일에 열정이 없고 무기력해진 상태를 의미한다. 갑자기 불이 꺼지듯 체내 에너지가 방전된 모습에서 이러한 이름을 붙이게 되었다. 번아웃 증후군에 걸리면 우선 의욕이 저하되고, 성취감이 느껴지지 않는다. 또한 공감 능력이 떨어지는 증상이 나타난다.
>
> 다음 리스트 중 3개 이상이 자신에게 해당하면 번아웃 증후군을 의심해야 하고 일상에서 ㉠<u>틈틈히/틈틈이</u> 쉬는 시간을 가져야 한다.
>
> 1. 일하기에는 몸이 너무 지쳤다는 생각이 든다.
> 2. 퇴근할 때쯤이면 녹초가 된다.
> 3. 아침에 출근할 생각만 하면 피곤하다.
> 4. 일을 하는 것에 부담과 긴장감을 느낀다.
> 5. 일이 주어지면 무기력해지고 ㉡<u>싫증/실증</u>이 느껴진다.
> 6. 내가 하는 업무에 별 관심이 없다.
> 7. 주어진 업무를 할 때 소극적이고 방어적이게 된다.
> 8. 성취감을 느끼지 못한다.
> 9. 스트레스를 풀기 위해 폭식, 음주, 흡연과 같은 쾌락 요소만 찾는다.
> 10. 최근 짜증이 늘고, 불안감을 잘 느낀다.
>
> 한편 번아웃 증후군 증상이 보인다면 심장 건강 또한 주의를 기울여야 한다. 번아웃 증후군으로 인한 스트레스에 의해 체내 염증이 증가하면 심장박동이 빠르게 뛰는 부정맥 질환 중 하나인 심방세동이 발병할 수 있기 때문이다. 미국 캘리포니아대 연구팀은 번아웃 증후군과 심방세동 사이 상관관계를 확인하기 위해, 25년간 무작위로 선정한 1만 1000명의 실험 대상을 추적하고 관찰했다. 그 결과, 번아웃 증후군 점수가 가장 높은 사람은 번아웃 증후군이 전혀 없는 사람보다 심방세동 발병 위험이 20% 더 높았다. 심방세동으로 심장이 제대로 뛰지 못하면 심방 내에 혈액이 고이게 되어 혈전이 생길 가능성이 높아진다. 이렇게 생긴 혈전은 대동맥을 타고 흘러 뇌혈관에 침투할 수도 있는데, 이는 ㉢<u>뇌졸증/뇌졸중</u>을 초래하기도 한다. 따라서 번아웃 증후군이 있을 때 가슴이 답답하거나, 두근거리거나, 어지럽거나, 숨이 차면 바로 심전도 검사를 받아보는 것이 좋다.

	㉠	㉡	㉢
①	틈틈히	싫증	뇌졸증
②	틈틈이	싫증	뇌졸중
③	틈틈이	실증	뇌졸증
④	틈틈히	실증	뇌졸중

08. 보고서 작성능력은 직장인이 업무를 수행하기 위해 갖추어야 할 능력 중 하나이다. 다음 중 보고서 작성 시 주의해야 할 사항으로 적절한 것은?

① 표준서식에 맞추어 작성하기보다는 특정상황에 맞게 작성하여야 한다.
② 제목이나 목차에 보고서의 내용이 최대한 드러나지 않도록 작성한다.
③ 논점과 직접적으로 관련되지 않은 것은 상세하게 설명하지 않도록 주의한다.
④ 자신의 주장을 절대로 기재해서는 안 되며 최대한 다양한 의견을 소개하도록 한다.

09. 다음 중 소통에 대한 설명으로 가장 적절하지 않은 것은?

① 조직 내에서 발생하는 갈등을 소통으로 사전에 예방할 수 있다.
② 소통의 핵심은 자신의 의견을 적극적으로 이야기하는 것이다.
③ 조직의 목표달성을 위한 합리적인 의사결정의 수단으로 활용할 수 있다.
④ 진실성이 확보되지 않은 소통은 독이 되거나 상황을 더욱 악화시킬 수 있다.

10. 토론 시 유의사항에 대한 팀원들의 대화 내용 중 적절한 발언을 한 팀원을 모두 고른 것은?

> 박 차장 : 오늘은 토론할 때 주의할 점에 대해 하나씩 말해봅시다. 저는 토론에서 자신만 아는 은어나 쉬운 단어보다는 전문용어를 사용해야 한다고 조언을 하고 싶군요.
>
> 김 사원 : 자신의 차례가 왔을 때 흥분하거나 부정적인 감정을 가지고 말을 하지 않도록 노력해야 합니다. 감정적인 상태에서는 논점에서 벗어난 말을 할 확률이 높기 때문입니다.
>
> 이 대리 : 자신의 주장을 말할 때는 주장에 대한 적절한 근거를 함께 제시해야 합니다.
>
> 정 과장 : 표본이 적은 사례를 확대해석하여 잘못된 추론을 하지 않도록 말하기 전에 자신의 주장과 그 근거를 점검할 필요가 있습니다.

① 박 차장, 김 사원   ② 이 대리, 정 과장
③ 박 차장, 김 사원, 정 과장   ④ 김 사원, 이 대리, 정 과장

11. □□공사에 90명이 채용지원서를 제출하였는데, 이 중 남자 지원자의 75%와 여자 지원자의 84%는 업무 관련 자격증을 보유하고 있다. 자격증을 보유한 지원자가 전체 지원자의 80%일 때, 자격증을 보유한 여자 지원자의 수는 몇 명인가?

① 42명   ② 45명
③ 48명   ④ 50명

12. A4용지를 계속해서 반으로 접어 나가면서 생기는 사각형의 크기를 차례대로 A5, A6, A7, A8, A9, …라고 했을 때, A4용지와 A8용지의 닮음비를 가장 간단한 자연수의 비로 나타낸 것은?

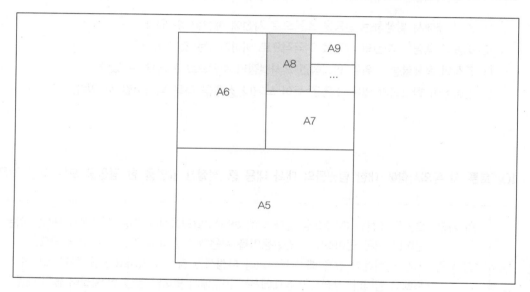

① 32 : 1   ② 16 : 1
③ 8 : 1   ④ 4 : 1

13. 지면에서 초속 50m로 공을 쏘아 올렸을 때 t초 후의 높이 h가 $(50-5t^2)$m라고 한다. 공이 포물선 모양으로 떨어질 때, 공이 처음으로 120m에 도달한 시각과 두 번째로 120m에 도달한 시각은 얼마만큼 차이가 나는가?

① 1초   ② 2초
③ 3초   ④ 4초

14. 다음은 반구와 원기둥을 붙여 만든 입체도형이다. 반구의 반지름은 4cm이고, 원기둥은 밑면의 반지름이 4cm, 높이가 6cm일 때, 입체도형의 겉넓이는 몇 cm²인가?

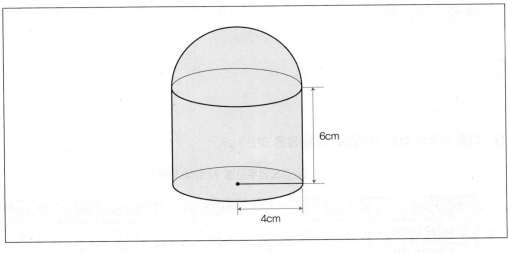

① 92πcm²

② 94πcm²

③ 96πcm²

④ 98πcm²

15. ○○공사에 입사한 정 사원은 회사 홈페이지에 회원가입을 하였는데, 비밀번호는 다음 〈조건〉에 따라 여섯 자리로 만들었다. 만들 수 있는 비밀번호의 경우의 수는 몇 가지인가? (단, 음의 정수는 사용할 수 없으며 알파벳은 소문자만 사용한다)

조건

    앞 두 자리는 알파벳으로 하되, 첫 번째 자리는 w로 하고, 두 번째 자리는 알파벳 순서가 w보다 뒤인 것으로 한다. 세 번째 자리는 5로 하되, 나머지 수는 5보다 작은 정수로 하며, 숫자는 중복되면 안 된다.

① 160가지

② 180가지

③ 350가지

④ 860가지

16. 5개의 변량 5, x, y, 10, 4의 평균이 6이고 분산이 4.4일 때 xy의 값을 구하면?

① 12   ② 30

③ 40   ④ 42

17. 다음 자료에 대한 설명으로 옳지 않은 것은?

〈환경오염부문별 사회적 비용〉

(단위 : 백억 원, %)

구분	20X1년	20X2년	20X3년	20X4년
대기오염비용	1,450	1,582	1,717	1,543
수질오염비용	1,163	1,118	1,203	1,337
폐기물처리비용	11,292	13,571	12,023	14,514
토양오염비용	2,631	2,745	2,825	2,905
온실가스비용	132	307	1,385	1,407
소음비용	382	309	319	321
합계	17,050 (16.2)	19,632 (16.6)	19,472 (16.7)	22,027 (16.6)

※ (   ) : GDP 대비 환경오염부문 사회적 비용의 비중

① 20X1 ~ 20X4년 동안 매년 폐기물처리비용은 소음비용의 25배 이상이다.

② 20X4년 GDP는 20X1년에 비해 30,000백억 원 이상 증가하였다.

③ 20X1 ~ 20X4년 동안 매년 비용이 증가한 부문은 2개이다.

④ 20X2년 환경오염부문별 사회적 비용에서 대기오염비용이 차지하는 비중은 20X1년에 비해 감소하였다.

18. 다음 표는 2023년 화장품 생산량 상위 10개국 현황에 관한 자료이다. 〈보기〉 중 이에 대한 설명으로 옳은 것은 모두 몇 개인가? (단, 구성비는 전 세계 화장품 생산량에서 각 국가의 화장품 생산량이 차지하는 비율이다)

〈2023년 화장품 생산량 상위 10개국 현황〉

구분 국가	2023년 생산량 (만 L)	구성비 (%)	전년 대비 생산량 증가율(%)
A	1,485	16.5	-2.3
B	1,425	15.8	3.1
C	1,116	12.4	-10.3
D	893	9.9	-1.4
E	402	4.5	-3.1
F	387	4.3	1
G	357	4	-2.5
H	336	3.7	16.3
I	298	3.3	3.5
J	265	2.9	2.3

보기

ㄱ. 2023년 전 세계 화장품 생산량의 합은 8,500만 L 이상이다.
ㄴ. 2022년 H국의 화장품 생산량은 300만 L 이상이다.
ㄷ. 2022년 화장품 생산량 상위 10개국의 구성비의 합은 75% 이하이다.
ㄹ. 2022년 대비 2023년 화장품 생산의 변화율이 가장 큰 국가는 C국이다.

① 1개　　　　　　　　② 2개
③ 3개　　　　　　　　④ 4개

19. 다음 2022 ~ 2023년 우리나라 국민건강영양조사 결과에 관한 〈보고서〉를 토대로 작성한 그래프로 적절하지 않은 것은?

〈보고서〉
- 2023년 19세 이상 성인의 비만율은 남성 36.3%, 여성 24.8%였고, 30세 이상 성인 중 남성의 경우 30대의 비만율이 가장 높았으며, 여성의 경우 60대의 비만율이 가장 높았다.
- 2020 ~ 2023년 동안 19세 이상 성인 남성의 현재 흡연율과 월평균음주율은 각각 매년 증가하였다. 같은 기간 동안 19세 이상 성인 남성과 여성의 간접흡연 노출률도 각각 매년 증가하였다.

① 〈19세 이상 성인의 비만율〉

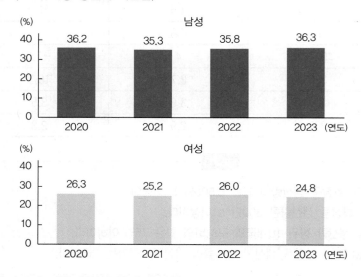

② 〈19세 이상 성인의 현재 흡연율〉

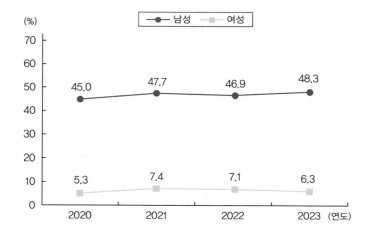

③ 〈19세 이상 성인의 월평균음주율〉

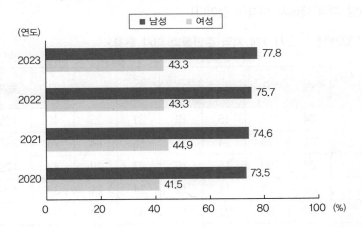

④ 〈19세 이상 성인의 간접흡연 노출률〉

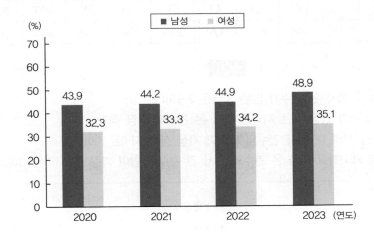

20. 다음 자료에 대한 설명으로 옳은 것은 〈보기〉에서 모두 몇 개인가? (단, 이사 간 지역과 이사 온 지역이 동일한 경우, 해당 지역 내에서 이사한 것이다)

〈202X년 ○○시 7개 지역 주민들의 이사 현황〉

(단위 : 건)

이사 간 지역 \ 이사 온 지역	A	B	C	D	E	F	G	합계
A	34	28	15	12	31	25	40	185
B	61	76	24	31	56	44	76	368
C	27	30	15	15	27	19	42	175
D	26	28	11	19	24	21	37	166
E	86	86	31	41	94	60	114	512
F	99	82	31	40	75	94	104	525
G	113	107	43	57	101	75	180	676
합계	446	437	170	215	408	338	593	2,607

보기

㉠ 이사 간 건수보다 이사 온 건수가 많은 지역은 2개이다.
㉡ 지역 내 이사 건수가 가장 적은 지역은 이사 온 건수도 가장 적다.
㉢ 이사 온 건수 중 지역 내 이사 건수의 비중이 가장 작은 지역은 A이다.
㉣ 지역 내 이사를 제외하고 이사 온 건수와 이사 간 건수의 합이 가장 큰 지역은 G이다.

① 0개
② 1개
③ 2개
④ 3개

21. 다음 내용이 모두 참이라고 할 때, 5명의 응시자 갑, 을, 병, 정, 무 중 반드시 합격한 사람을 모두 고른 것은?

> • 갑이 합격했다면 병도 합격했다.
> • 갑이 합격하지 못했다면 을 또는 병은 합격했다.
> • 병은 합격하지 못했다.
> • 정이 합격하지 못했다면 을도 합격하지 못했다.
> • 무가 합격했다면 정도 합격했다.

① 갑, 병   ② 을, 정

③ 갑, 병, 무   ④ 을, 정, 무

22. 논리적 오류란 추론을 진행하는 데 있어 타당하지 않은 방식을 사용하는 것을 의미한다. 오류의 원인에는 여러 가지가 존재하지만, 같은 범주로 묶을 수 있는 오류도 있다. 다음 중 나머지 선택지와 다른 범주로 묶이는 논리적 오류는?

① A는 평상시 환경보호를 매우 중요하게 생각하므로 이번 토론에서 A는 경제 발전이나 일자리 증가는 필요 없다고 주장할 것이 뻔하다.

② S사에서 새로 나온 스마트폰의 성능은 걱정할 필요가 없다. 왜냐하면 유명 연예인들을 광고모델로 기용했기 때문이다.

③ 경제학자들은 최근 들어 흉악범죄가 늘어나는 이유를 잘못된 교육으로 보고 있다. 우리는 이번 기회에 교육제도를 다시 면밀하게 분석할 필요가 있다.

④ 산부인과 의사인 J씨에 따르면 매일 30분씩 빠르게 걷는 운동을 통해 피부암을 예방할 수 있다고 한다. 따라서 우리는 빠르게 걷는 운동을 해야 한다.

23. 다음은 ○○공사의 인사팀 팀원들이 올해 해야 할 업무에 대해 나눈 대화이다. 팀원들 중 한 명만 거짓말을 했다면 인사팀이 올해 반드시 해야 하는 업무를 모두 고른 것은? (단, 업무인 ㉠, ㉡, ㉢ 중 적어도 1개 이상은 진행해야 한다)

> • 김 대리 : ㉠을 하지 않는다면 ㉢도 하지 않을 것이다.
> • 송 과장 : ㉠을 한다면 ㉡도 해야 한다.
> • 차 사원 : ㉢을 하지 않는다면 ㉡도 하지 않을 것이다.
> • 황 대리 : ㉠이나 ㉡ 중 반드시 한 가지는 해야 한다.
> • 박 차장 : ㉠은 하지 않을 예정이지만 ㉢는 반드시 해야 한다.

① ㉠

② ㉠, ㉡

③ ㉡, ㉢

④ ㉠, ㉡, ㉢

24. 202X년 월드컵 조별예선은 A, B, C, D 국가가 서로 1경기씩 맞대결을 하고, 이길 경우 승점 3점, 비길 경우 승점 1점, 패할 경우 0점을 부여하여 승점의 합계가 높은 순으로 최종 순위를 정한다. 4개 국가의 경기 결과가 다음과 같을 때, 최종 순위가 높은 순서대로 나열한 것은?

> • A국은 C국에게 승리하였고, 승점은 총 7점을 얻었다.
> • 1승만을 거둔 국가가 2개 존재한다.
> • B국은 한 번도 이기지 못하였고, A국과 무승부를 기록하였다.
> • C국의 승점은 총 3점이다.

① A, B, C, D

② A, C, D, B

③ A, D, B, C

④ A, D, C, B

25. A, B, C, D, E, F 6명은 □□공사의 최종면접자이다. 다음 〈조건〉에 따를 때, 옳은 것은?

조건

- □□공사에서는 최종면접자 중 일부를 채용하여 인사팀이나 재무팀에 배치할 계획이다.
- 인사팀은 최대 2명, 재무팀은 최소 3명을 채용할 계획이다.
- A와 B는 반드시 채용하고 같은 팀으로 배치한다.
- C와 E가 함께 채용될 경우, 둘은 같은 팀에 배치하지 않는다.
- F는 반드시 채용하되 재무팀에 배치하지 않는다.
- D와 E는 함께 채용될 수 없으며, D가 채용될 경우 D는 재무팀에 배치한다.

① C와 D는 같은 팀에 배치될 수 없다.

② 만약 인사팀에 F만 배치되었다면, D는 반드시 채용되지 않는다.

③ □□공사의 최종면접자 중 채용하는 사람은 4명일 수 있다.

④ E의 채용여부와 상관없이 재무팀에 배치되는 최종면접자는 3명이다.

26. 다음 그림과 같이 점 O(0, 0)을 첫 번째 점으로 하여 반시계반향으로 격자점(x좌표와 y좌표의 값이 모두 정수인 점)을 찍어나가고 있다. 3번째, 13번째에 찍힌 점의 좌표가 차례로 (1, 1), (2, 2)이었다면, (5, 5)는 몇 번째 좌표인가?

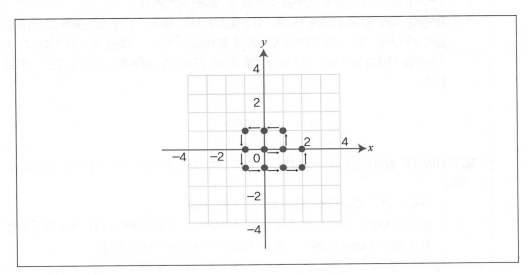

① 88번째   ② 89번째

③ 90번째   ④ 91번째

27. 다음은 □□공사 정관의 일부이다. 이를 근거로 〈상황〉을 판단한 내용으로 옳은 것은?

제9조(임원) □□공사는 임원으로 사장 1명, 부사장 1명, 이사 8명 이내, 당연직 감사 1명을 둔다.

제10조(임원의 임기) ① 사장의 임기는 3년으로 하고, 1회에 한하여 연임할 수 있다.

② 부사장과 이사의 임기는 2년으로 하되, 1회에 한하여 연임할 수 있다.

③ 당연직 감사의 임기는 해당 직위에 재직하는 기간으로 하되, 재임기간이 2년을 초과할 때에는 ◇◇장관으로부터 재승인을 받아야 한다.

④ 임원 중에 결원이 생기면 2개월 내에 충원하여야 한다. 임기가 만료되는 임원의 후임자는 임기만료 1개월 이전에 선임하여야 한다.

⑤ 임원의 결원으로 인한 후임자의 임기는 임명한 날부터 새로 기산한다.

제11조(임원의 해임) ① 이사회는 임원이 다음 각 호에 해당하는 행위를 한 때에는 재적 이사 3분의 2 이상의 찬성으로 해당 임원을 해임할 수 있다.

  1. 고의 또는 중대한 과실로 □□공사의 명예를 훼손하거나 상당한 손해를 끼친 때

  2. □□공사의 목적에 위배되는 행위를 하였을 때

  3. □□공사의 업무를 방해하는 행위를 하였을 때

  4. 직무 여부와 관계없이 품위를 손상하는 행위를 하였을 때

  5. 임원 간의 분쟁, 회계부정 또는 현저한 부당행위를 하였을 때

  6. 질병 등 기타 사유로 업무를 수행할 수 없게 되었을 때

② 제1항에 따라 임원에 대한 해임을 의결하고자 하는 때에는 해당 임원에게 그 이유를 알려 사유서를 제출하게 하거나 이사회에 출석하여 해명할 기회를 주어야 한다. 다만, 사유서를 제출하지 아니하거나 이사회에 출석하지 아니한 경우에는 이의가 없는 것으로 본다.

(중략)

제20조(이사회 참여제한) 이사는 다음 각 호에 관한 사항에 대해서는 의결권을 행사할 수 없다.

  1. 이사의 선임 및 해임에 있어 자신에 관한 사항

  2. 금전 및 재산의 수수 또는 소송 등과 관련하여 자신과 재단이 이해관계가 되는 사항

  3. 해당 의안이 이사의 배우자 또는 친족과 이해관계에 있는 사항

상황

현재 □□공사의 임원으로는 사장 A, 부사장 B, 이사 C, D, E, F, G 5명, 감사 H가 있다. A는 3년 6개월째 재직 중이고 H는 3년째 재직 중이다. 현재 H는 질병을 이유로 병원에 입원 중이다.

① A는 2년 6개월 뒤 임기가 만료되고 나면 1회에 한하여 연임할 수 있다.

② H가 질병으로 직무를 수행할 수 없어 해임된 경우, 반드시 1개월 이내에 충원해야 한다.

③ □□공사 이사회의 의결을 거쳐 선임한 H는 임기만료 후 1회에 한하여 연임할 수 있다.

④ 만약 □□공사의 임원이 모두 참석한 이사회에서 F의 해임결의를 진행하였고 해임에 찬성하는 임원이 A를 포함하여 5명이라면 F는 해임된다.

28. 총무팀의 팀원 A ~ G는 다음에 따라 카드 숫자 맞추기 게임을 하고 있다. 네 자리 숫자인 Q에서 백의 자리와 일의 자리의 숫자를 더한 값을 x, 천의 자리와 십의 자리의 숫자를 더한 값을 y라고 할 때, $x - y$는?

A가 1부터 9까지 숫자가 적힌 카드를 차례대로 뽑아 네 자리의 수(Q)를 만들었다. B ~ G는 각자 각 자리 숫자가 다른 임의의 네 자리 수를 만들어 A의 수와 일치하는 경우 일정 점수를 부여받았다.

자리는 맞지 않지만 Q와 일치하는 숫자가 있는 경우 숫자 하나당 2점씩 점수를 부여한다. 자리와 수가 동시에 일치하는 경우 숫자 하나당 3점씩 점수를 부여한다. 그리하여 B ~ G가 만든 수와 점수는 다음과 같았다.

팀원	만든 수	점수(점)	팀원	만든 수	점수(점)
B	2345	2	E	1254	4
C	5821	6	F	6392	4
D	8371	3	G	4537	2

① −7

② −1

③ +1

④ 7

29. 다음 글에서 Y 과장이 교통사고를 낸 것이 문제라면, 이 문제의 원인으로 가장 적절한 것은?

> Y 과장은 퇴근 중 자동차전용도로에서 운전을 하고 있었다. 그런데 오늘 진행한 업무 중에 거래처 S 차장에게 전달해야 하는 사항이 있었다는 것을 깨닫고 운전을 하면서 한 손으로 스마트폰 메시지를 작성하였다. 메시지를 제대로 작성했나 보던 중 전방의 교통정체로 차량들이 서행하고 있음을 보지 못하여 앞 차량을 받았다. 더 이상의 추돌을 막고자 브레이크를 밟았지만 충돌로 인해 브레이크가 작동하지 않자 핸들을 옆으로 꺾었고, 옆 차량과도 충돌하였다. 이 상황에서 에어백이 터지면서 Y 차장은 기절하였다.

① 교통정체
② 충돌로 인한 브레이크 고장
③ 운전 중 스마트폰으로 메시지를 작성한 것
④ 에어백이 터져 Y 과장이 기절한 것

30. □□기획은 이번에 진행하는 광고에 젊은 모델만 쓰던 기존 광고와는 다르게 장년층 모델을 기용하기로 했다. 변화에 대한 반응을 파악하기 위해 □□기획 임직원 중 10명을 무작위로 선발하여 설문조사를 실시하였고 그 결과가 다음과 같다고 할 때, 설문조사에 대한 분석으로 적절하지 않은 것은?

> 무작위로 선발된 임직원 10명에게 이번 광고를 기존의 것과 비교했을 때 '좋음', '비슷', '나쁨' 중 하나를 선택하도록 하였으며, 선택에 따라 '좋음'은 3점, '비슷'은 0점, '나쁨'은 -2점을 부여하였다. 설문조사가 끝나고 점수를 합산한 결과는 9점이었다.

① '비슷'으로 응답한 임직원은 없을 수도 있다.
② '나쁨'으로 응답한 임직원은 과반수를 넘을 수 없다.
③ '비슷'으로 응답한 임직원의 수를 정확하게 알 수 없다.
④ '나쁨'으로 응답한 임직원이 '좋음'으로 응답한 임직원의 수보다 적다.

31. 기존의 판매가 단순히 물건을 사고파는 개념이었다면, 최근에는 시간의 개념이 더해져 시간을 마케팅의 도구로 사용하여 물건을 사고파는 것으로 확장되었다. 다음 중 시간을 활용한 판매 사례를 모두 고르면?

> 가. 미국의 신발 브랜드 T 슈즈는 '오늘 신발 한 켤레를 팔면 내일 신발 한 켤레를 기부한다'는 정책을 펼쳐 고객이 신발을 구매하면 저소득층 아이들에게 그것과 똑같은 신발을 기부한다. 이러한 정책 덕분에 비싼 신발 가격에도 소비자들로부터 지지를 받고 있다.
>
> 나. 인터넷 쇼핑몰 G사는 시간대별 고객의 거래량과 거래액을 분석하여 직장인들이 출근하는 시간대에 대중교통 안에서 모바일을 통해 제품 구매를 많이 한다는 점을 파악하였고, 이를 토대로 매일 오전 8 ~ 10시 동안 더 높은 할인율을 적용하는 이벤트를 진행하였다.
>
> 다. H 마트는 제품을 구매하는 고객을 대상으로 제품을 두 개 사면 10%, 세 개 사면 20%, 네 개 사면 30%를 할인하는 할인 정책을 펼치고 있다.
>
> 라. A 홈쇼핑에서는 시간대별로 주요 시청자를 설정하여, 출근 혹은 등교시간이 지난 오전에는 주부를 대상으로 주방기기, 화장품, 침구류 등을 판매하고, 늦은 저녁에는 주로 청년층을 위한 최신 전자제품이나 레포츠, 캠핑 용품과 같은 취미용품 등을 판매한다.
>
> 마. K 마트는 당일에 들어온 신선한 식재료를 당일 판매하는 방식을 채용하여 당일 재고가 발생하면 다음 날에는 판매할 수 없어 재고 처리에 큰 비용이 들었다. 따라서 이러한 비용을 줄이기 위해, 마감 시간대에 재고를 50% 이상 대폭 할인하여 판매하기 시작하였고 이후 재고 처리 비용을 크게 줄일 수 있었다.

① 가, 나
② 가, 다, 마
③ 나, 라, 마
④ 나, 다, 라, 마

32. 예산은 무한정으로 쓸 수 있는 것이 아니므로 효율적인 예산관리가 필요하다. 다음 중 효과적으로 예산을 관리하는 방법으로 가장 적절한 것은?

① 예산 사용 내역 등은 꼼꼼히 수시로 기록하고 문서화하여 이를 이해관계자로부터 확인받는다.
② 소요될 예산을 산정할 때는 현실적으로 생각해야 하기 때문에 예상외의 사태가 발생하는 것을 가정하지 말고 예산을 책정한다.
③ 업무를 진행하는 데 방해가 될 수 있기 때문에 업무나 프로젝트 도중에는 예산을 재검토하지 말고, 업무 및 프로젝트가 종료된 다음에 사용한 비용을 검토한다.
④ 조직의 구성원이나 업무의 관계자에게 예산 지출 상황이나 제약 등을 최대한 알리지 않는다.

33. 다음 글을 읽고 시간과 관련하여 깨달을 수 있는 교훈으로 가장 적절한 것은?

> 우리가 평소 사용하는 전기에는 '대기전력'이라는 것이 있다. 이는 전자기기를 사용하지 않지만 의식하지 않는 사이에 소모되는 전기에너지를 말한다. 쥐도 새도 모르게 전기를 잡아먹는다고 하여 '전기흡혈귀(Power Vampire)'라고도 불린다.
>
> 일반 가정에서 대기전력으로 소모되는 전기가 평균 사용량의 최대 11%에 달한다. 1년간 소모되는 대기전력만 아껴도 한 달 전기료를 아낄 수 있는 셈이다.

① 지나간 시간을 통해 미래의 시간을 바꿀 수 있다.

② 자투리 시간을 그냥 흘려보내지 않고 활용하여, 나만의 유용한 시간을 만들어야 한다.

③ 오늘이 마지막이라는 생각으로 하루하루의 시간을 가치 있게 사용해야 한다.

④ 시간을 돈으로 환산하였을 때의 가치를 생각하여 효율적인 계획을 세워야 한다.

34. 신 대리는 친구들과 함께 다음 주 단풍축제에 갈 계획을 세우고 있다. 다음 주의 날씨 예보가 다음과 같을 때, 신 대리와 친구들이 K 톡 메신저를 통해 나눈 대화를 토대로 단풍축제에 가기 가장 적절한 요일을 고르면?

요일	월	화	수	목	금	토	일
날씨	☀	⛅	⛅	☀	☁	☂	☂
강수확률	15%	30%	20%	20%	35%	75%	80%
미세먼지	$81\mu g/m^3$	$10\mu g/m^3$	$12\mu g/m^3$	$28\mu g/m^3$	$23\mu g/m^3$	$8\mu g/m^3$	$7\mu g/m^3$

※ 미세먼지 농도 예보 등급 기준 : 좋음(0 ~ $30\mu g/m^3$), 보통(31 ~ $80\mu g/m^3$), 나쁨(81 ~ $150\mu g/m^3$), 매우나쁨($151\mu g/m^3$ 이상)

〈K 톡 메신저 속 대화〉

Messages

Find people and groups

신 대리 @Sinsin19 · 12 oct. 2022
How are you? :)

친구 A @FriendA09 · 17 aug. 2022
Where are you?

친구 B @FriendB09 · 17 jun. 2022
Hi my friend...

신 대리
@Sinsin19

신 대리: 얘들아. 우리 다음 주에 단풍축제 가기로 약속한 날 기억하고 있지?
3 oct 2023 09:28 a.m. ✓

친구 A: 그럼 물론이지. 그런데 우리가 원래 가려고 했던 날에 비가 온다는 예보가 있던데 가는 날을 바꿔야 하지 않을까?
3 oct 2023 10:24 a.m.

친구 B: 맞아. 비가 온 뒤에 가면 단풍이 다 져버릴 거야.
3 oct 2023 10:28 a.m.

신 대리: 바람이 많이 불면 단풍이 다 지지 않을까?
3 oct 2023 10:32 a.m.

친구 A: 바람이 불면 오히려 단풍잎이 바람에 날려 더 예쁠 것 같으니 바람이 강한 날이어도 괜찮겠어.
3 oct 2023 10:40 a.m.

친구 B: 바람이 부는 날도 괜찮다면 미세먼지 농도가 좋음이거나 보통인 날로 정하자.
3 oct 2023 10:45 a.m.

신대리: 좋아. 중요한 건 비가 오지 않고 미세먼지 농도가 나쁘지 않은 날이어야 한다는 거네. 강수확률이 30% 이하라면, 비가 오지 않을 거라고 생각해도 되겠어.
3 oct 2023 11:00 a.m. ✓

친구 A: 그런데 미세먼지 농도가 보통이어도 공기가 탁할 날에는 사진을 찍었을 때 흐릿하거나 어둡게 나오기도 하더라고.
3 oct 2023 11:10 a.m.

친구 B: 그건 곤란해. 난 그날 SNS에 올릴 예쁜 사진을 많이 찍고 싶단 말이야.
3 oct 2023 11:25 a.m.

신 대리: 그리고 구름이 많은 날은 아무래도 사진이 예쁘게 안 찍히더라.
3 oct 2023 11:27 a.m.

친구 A: 그럼 약속 날짜를 언제로 하는 게 좋을까?
3 oct 2023 11:40 a.m.

Write a message

---

① 월요일   ② 화요일

③ 목요일   ④ 금요일

35. Q사에 근무하는 윤 과장은 2월 중 일본 거래처에 방문하여 미팅을 하기로 했다. 다음 〈대화〉를 참고할 때, 윤 과장의 미팅 일자로 가장 적절한 날짜는? (단, 미팅 예정일 하루 전에 출국, ◇◇ 관광지 방문 후 당일 입국하며, 미팅은 평일에 연속하여 진행한다. 또한 가능한 날짜 중 왕복 비행기 요금이 저렴한 경우로 선택한다)

〈2월 ▲▲항공 국제선 운임정보〉

– 성인 1인 편도 운임 기준(통화 : 원)

출발지 : ICN 서울/인천 → 도착지 : HND 도쿄/하네다

일	월	화	수	목	금	토
			1	2	3	4
			204,000	204,000	174,000	204,000
5	6	7	8	9	10	11
204,000	279,000	279,000	204,000	174,000	204,000	204,000
12	13	14	15	16	17	18
319,000	279,000	359,900	359,900	279,000	204,000	204,000
19	20	21	22	23	24	25
319,000	239,000	204,000	204,000	279,000	239,000	279,000
26	27	28				
204,000	144,000	134,000				

출발지 : HND 도쿄/하네다 → 도착지 : ICN 서울/인천

일	월	화	수	목	금	토
			1	2	3	4
			154,000	134,000	144,000	144,000
5	6	7	8	9	10	11
134,000	134,000	121,000	121,000	144,000	144,000	144,000
12	13	14	15	16	17	18
134,000	134,000	111,000	121,000	134,000	144,000	144,000
19	20	21	22	23	24	25
239,000	144,000	239,000	134,000	134,000	144,000	204,000
26	27	28				
144,000	140,000	140,000				

대화

안녕하세요. Q사의 윤 과장입니다. 2월 미팅 일자를 조율하고자 연락드렸습니다.

윤 과장

안녕하세요. 그렇지 않아도 연락을 기다리고 있었습니다.

거래처 담당자

죄송합니다. 조금 더 일찍 연락드렸어야 하는데 연초라 마무리해야 할 업무가 많아 미리 일정을 계획하기가 어려웠습니다. 혹시 7일에 미팅을 시작하는 것은 어떠신가요?

윤 과장

제가 6일부터 3일간은 개인 일정으로 미팅이 어렵습니다.

거래처 담당자

그렇군요. 그럼 담당자님 개인 일정 이후로 방문하도록 하겠습니다.

윤 과장

네, 양해해주셔서 감사합니다. 미팅은 3일간 진행하는 게 좋겠습니다. 여러 가지 논의할 사항이 많을 것 같습니다.

거래처 담당자

알겠습니다. 그리고 저희 박 과장 잘 아시죠? 박 과장이 14일부터 일주일간 일본을 여행할 예정이라고 하는데 괜찮으시면 미팅 중 하루는 같이 참석해도 될까요?

윤 과장

아주 좋습니다. 저도 박 과장님이 어떻게 지내시는지 정말 궁금했습니다. 이왕이면 미팅 첫날 함께하는 게 좋겠습니다.

거래처 담당자

윤 과장

네. 그럼 날짜를 조율해 봐야겠군요.

네. 요일은 상관없으니 편하신 날짜로 잡아주세요. 그리고 일본에 오신 김에 미팅 끝나고 그날 제가 관광 가이드를 해드리고 싶은데 어떠신가요?

거래처 담당자

윤 과장

너무 감사하죠. ◇◇관광지가 미팅장소와 멀지 않은 곳에 있다고 하여 방문해보고 싶었거든요.

정말 좋은 곳입니다. ◇◇관광지는 첫째 주, 셋째 주 금요일에는 휴장을 하니, 참고하시고 일정을 잡으시는 게 좋을 것 같습니다.

거래처 담당자

윤 과장

그렇군요. 그럼 미팅 일정은 (   )일로 잡겠습니다.

네. 그럼 그날 뵙겠습니다.

거래처 담당자

① 14 ~ 16일
③ 20 ~ 22일
② 15 ~ 17일
④ 21 ~ 23일

36. 다음 자료를 통해 판단한 내용으로 옳지 않은 것은?

〈BIS 자기자본비율 산정 정보〉

- BIS 자기자본비율＝{은행의 자기자본/(은행이 보유한 대출금×그 유형에 따른 위험가중치)의 총합}×100
- 자기자본＝자본금＋순이익 잉여금
- 위험가중치는 중앙정부대출은 0%, 주택담보대출은 50%, 일반대출은 100%를 적용한다.
- BIS 자기자본비율이 높을수록 은행의 재무건전성이 높다.

〈각 은행의 정보〉

(단위 : 억 원)

구분	A 은행	B 은행	C 은행	D 은행
자기자본	30,000	18,000	60,000	20,000
자본금	20,000	15,000	30,000	17,000
중앙정부대출	15,000	10,400	11,000	13,000
주택담보대출	60,000	20,000	90,000	30,000
일반대출	50,000	20,000	70,000	40,000

---

① 재무건전성이 가장 낮은 은행의 일반대출금 규모가 타 은행과 비교하여 가장 작은 것은 아니다.

② 자본금이 많은 은행일수록 해당 은행의 주택담보대출금도 많다.

③ 순이익 잉여금이 가장 많은 은행과 자본금을 가장 많이 가지고 있는 은행이 같다.

④ BIS 자기자본비율이 가장 높은 은행은 C 은행이다.

37. 개인 차원의 인적자원관리 방법으로는 명함관리가 있다. 명함에는 자신의 이름, 연락처, 소속 등의 정보가 기재되어 있다. 다음 중에서 명함의 가치에 대한 설명으로 적절하지 않은 것은?

① 자신을 PR하는 도구가 될 수 있다.

② 후속 교류를 위한 도구로 사용할 수 있다.

③ 대화의 단서를 제공할 수 있다.

④ 개인의 신분을 법적으로 증명할 수 있다.

38. 2008년부터 5년 주기로 국내 매출액 상위 100대 기업의 인재상을 분석한 결과 다음 그림과 같이 인재상의 순위 변화가 나타났다. 다음 자료와 표를 참고할 때, 인재상 변화 및 2023년 조사 결과에 대한 해석으로 적절하지 않은 것은?

〈매출액 상위 100대 기업 인재상 변화 추이〉

기업들이 요구하는 3대 인재상은 '책임의식', '도전정신', '소통 · 협력'으로 조사됐다. '책임의식'을 내세운 기업은 67개사, '도전정신'은 66개사, '소통 · 협력' 64개사에 달했다. 이어 '창의성'(54개사), '원칙 · 신뢰'(53개사), '전문성'(45개사), '열정'(44개사), '글로벌 역량'(26개사), '실행력'(23개사), '사회공헌'(14개사) 등의 순이었다.

2023년 인재상은 2018년 조사에서 중위권이던 '책임의식'이 1위로 부상한 반면, 지난 3번의 조사에서 상위권에 머물렀던 '전문성'은 6위로 급락했다. 또한 지난 조사들에서 포함되어 있지 않았던 '사회공헌'이 인재상으로 새롭게 등장했다

① '사회공헌'이 인재상으로 처음 등장했다는 것은 ESG경영 확산에 따라 기업뿐만 아니라 구성원에게도 이러한 인식이 요구된다는 것을 알 수 있다.

② 인재상은 고정되어 있는 것이 아니라 계속하여 변화하고 있으며, 2023년에는 책임의식과 도전정신을 강조하는 방향으로 변화하였다.

③ 금융 · 보험업에서 직원의 횡령 · 배임 등 금융사고가 잇따라 발생해 기업평판이 훼손되고 있는 경우 구성원들에게 '도전정신'을 강조할 것임을 추론할 수 있다.

④ 기업의 핵심 인력으로 떠오르는 Z세대의 요구에 맞게 수평적 조직, 공정한 보상, 불합리한 관행 제거 등의 노력을 하는 한편, 그에 상응하는 조직과 업무에 대한 집중과 '책임의식'을 요구한다고 볼 수 있다.

39. 다음을 근거로 판단할 때, 배정 부서와 신입 직원이 바르게 연결된 것은?

- ○○공사는 신입 직원 8명을 5개 부서 중 하나에 배치하려고 한다.
- 신입 직원들은 5개 팀 중 각자의 선호도에 따라 1, 2, 3지망을 지원한다.
- 각 신입 직원의 입사시험과 인턴평가 점수를 합친 종합 성적이 높은 순으로 순위를 정하여 1등부터 순서대로 지망한 부서에 배정한다.
- 각자의 지망 순위에 따라 배정하고 본인이 지원한 부서 모두에 배정되지 못한 직원들은 정원이 남는 부서로 배정된다.
- 각 부서별 배정될 신입 직원 수와 신입 직원들의 시험 점수 및 지망 부서는 아래와 같다.

〈부서별 신입 직원 배정 수〉

부서	기획조정	경영지원	재무회계	인사노무	홍보지원
인원수	1명	2명	2명	1명	2명

〈신입 직원들의 시험 점수 및 지망 부서〉

신입 직원	종합 성적(점)		지망 부서		
	입사시험	인턴평가	1지망	2지망	3지망
A	58	48	경영지원	재무회계	기획조정
B	60	54	기획조정	재무회계	경영지원
C	37	59	기획조정	홍보지원	재무회계
D	45	58	기획조정	인사노무	홍보지원
E	48	41	재무회계	경영지원	인사노무
F	51	60	인사노무	재무회계	경영지원
G	41	39	기획조정	인사노무	재무회계
H	46	47	재무회계	기획조정	경영지원

	배정 부서	직원		배정 부서	직원
①	경영지원	G	②	재무회계	F
③	인사노무	D	④	홍보지원	E

40. 다음 중 물적자원을 올바르게 관리한 경우는?

① A는 회사에서 사용하던 마우스가 고장이 나자, 비품창고에 있던 새 마우스를 가져와 새로 설치 하였고, 고장이 난 마우스는 새 마우스가 있던 비품창고 자리에 넣어두었다.

② B는 프린터기의 용지가 부족하여 인쇄물 출력이 되지 않아, 옆 부서에서 당장 필요한 만큼의 A4용지를 빌려 출력을 마쳤다. 이후 B는 옆 부서에서 빌린 만큼의 A4용지를 돌려주었고 본인의 부서에는 A4용지를 채워두지 않았다.

③ C는 회사에서 필요한 물건을 찾는 데 종종 시간이 걸렸다. 물건들이 서랍에 잘 분류되어 있었으 나 어떤 물건이 어디에 있는지 파악하기 어려웠기 때문이다. 이에 C는 라벨지에 분류된 내용을 기재하여 서랍 위에 붙여 두었다.

④ D는 외근이 많은 마케팅 부서에서 일하여, 회사에서 제공하는 법인차량을 자주 이용하고 있다. D는 법인차량을 사용하면서 안개등과 우측 후미등이 고장난 것을 알았지만, 당장 차량 주행에 큰 문제가 없다고 판단하고 회사에 보고하지 않았다.

41. 화이트칼라(White Collar), 블루칼라(Blue Collar) 등 종사하는 업무의 특성을 옷깃(Collar)의 색 으로 표현하는 용어가 직업군의 다양화와 함께 확장되었다. 다음 중 용어와 그 설명으로 적절하지 않은 것은?

① 논칼라(Non-collar) : 어느 업무에도 종사하지 않고 노동을 하지 않는 집단을 뜻한다.

② 골드칼라(Gold Collar) : 아이디어로 정보화 사회를 이끄는 고도 전문직 종사자를 뜻한다.

③ 그린칼라(Green Collar) : 대체에너지를 개발하거나 오염 물질 배출을 줄이는 업무와 같은 친환 경산업의 종사자를 뜻한다.

④ 브라운칼라(Brown Collar) : 육체적 노동에 새로운 아이디어를 접목하여 새로운 가치를 창출해 내는 직업군을 뜻한다.

42. 다음은 최근 조직구조에 변화를 준 L사에 관한 기사이다. L사의 변화된 조직 문화에 대한 분석으로 가장 적절한 것은?

L사는 일하는 방식에 대대적인 변화를 줘 과거의 조직구조를 탈피하는 혁신을 시도했다. L사 측은 정보에 접근하는 권한에 차등을 두면서 임직원 간의 수직적인 구조를 만들었던 과거의 조직구조를 과감히 파괴하기 위해 이러한 혁신을 시작하게 되었다고 지난 1일에 밝혔다.

L사는 회사 핵심정보에 대한 접근에 제한을 두지 않는 온라인 업무공간을 구축하기 위해 마이크로스프트(Microsoft)가 제공하는 프로그램 '팀즈(Teams)'를 적극 활용하려는 계획이다. 팀즈를 통해 국내는 물론 미국, 중국, 폴란드 등 전 세계 사업장의 사무ㆍ기술직 임직원 18,500명을 하나의 업무공간으로 묶을 수 있는데, 이는 팀즈를 도입한 국내 기업 중 가장 큰 규모다.

L사의 목표는 팀즈를 활용해 정보에 대한 차등으로 비롯되는 수직적 조직구조를 벗어나 수평적 조직구조로 개편하는 것이다. 생산과 유통에서 세계 시장 상황에 영향을 많이 받는 석유화학부터 최근에 본격적으로 성장하고 있는 2차 전지까지 신속한 정보를 전체 조직원에게 빠르게 전달해야 하는 현 상황에서 조직원 개인의 가치가 커지는 수평적 조직구조로의 변화는 올바른 선택으로 보인다.

이러한 혁신을 구체적으로 살펴보면 우선 L사는 얼굴을 마주보며 진행하는 보고 및 회의를 줄이고 회사에서 진행되는 모든 사업에 대한 보고서를 누구나 검색해 열람할 수 있도록 했다. 그리고 L사가 글로벌 기업인 만큼 팀즈를 통해 원활하게 의사소통할 수 있도록 다국어 번역 시스템도 별도로 도입했다. 팀즈에 올라오는 모든 정보는 클릭 한 번에 영어, 중국어, 폴란드어 등 최대 22개 언어로 번역되어 제공된다.

한편 L사는 수직에서 수평으로 조직구조를 변화시키는 작업과 동시에 업무 시간과 공간의 제약도 없앴다. 팀즈에 접속할 수 있는 기기(스마트폰, 노트북 등)만 있다면 언제 어디서든 업무를 볼 수 있게 되었다. 보안 문제로 회사 내부 기기로만 업무하던 예전 방식에서 드디어 벗어나게 된 것이다. 이런 흐름 속에서 사무실 등 물리적 사무공간의 활용방안에 대해서도 혁신적인 아이디어가 나온다면 새롭게 적용될 것으로 보인다.

---

① L사는 각자의 역할과 책임을 명확하게 하여 독립적인 업무가 가능한 업무 환경을 마련하였다.

② 온라인 공간에서만 업무가 가능하므로 대면회의, 미팅 등 물리적 만남은 지양한다.

③ 팀즈 프로그램을 도입하였지만 임원과 일반직원 간 활용할 수 있는 정보에는 차이가 있다.

④ 핵심정보 접근에 대한 제한이 없기 때문에 회사 기밀 유지를 위한 보안 강화가 필요하다.

43. 다음 사례를 읽고 T사의 조직 체제 개편 과정에 대하여 해석한 내용으로 적절하지 않은 것은?

세계 최고의 자동차기업 T사가 팀워크와 조직 체제를 강화해 과거 기업문화를 부활시키는데 나섰다.

1989년 이전까지 T사는 상하관계가 뚜렷한 피라미드형 체제를 유지해 왔다. 각 부서는 대개 부장−차장−과장−계장−평사원의 수직 관계로 구성됐으며 업무도 직책에 따라 구분됐다. 이 같은 유기적 조직 체제는 사원들의 충성도를 높이며 T사가 세계적 자동차 기업으로 올라서는 데 기여했다.

그러나 1980년대 말부터 지나치게 수직적인 조직 구성이 의사소통을 지연시키고 개인의 역량 발전을 저해한다는 지적이 늘어나면서 T사는 당시 다른 기업들과 마찬가지로 미국과 유럽 기업을 모델로 삼아 조직 체제를 플랫형으로 전환했다. 플랫형 체제는 각 부서의 차장, 과장 등 중간급 간부를 없애 부서장과 사원이 직접 소통할 수 있도록 한 형태로, T사는 여기에 성과를 내면 승진과 보너스 등 혜택을 받도록 하는 성과주의 경쟁체제를 함께 도입하였다.

그러나 성과만 강조한 결과 개인주의가 팽배해지면서 플랫형 체제는 회사의 조직력 와해와 생산력 저하를 초래했다. 성과주의가 도입된 뒤 사원들은 달성하기 쉬운 목표만 설정하려는 경향이 생겼고 다른 부서나 사원의 일에 관심을 두지 않는 등 많은 문제를 일으켰다.

플랫형 체제의 부작용을 감지한 T사는 2007년 이후 부서장(그룹장)과 평사원 사이에 중간 책임자인 리더를 추가하고 조직을 소집단형으로 재편했다. 피라미드형 체제 당시처럼 중간 간부가 많아진 것은 아니지만 리더가 평사원을 직접 담당하고 관리하게 만들어 팀워크를 강조한 것이다. 피라미드형과 플랫형의 장점을 결합해 인재 육성을 꾀하는 소집단형 체제로의 재편 이후 사원들 사이에 문제점 해결을 위한 논의와 학습이 활발해지고 업무의 효율이 높아졌다.

• 1단계 : 피라미드형(1989년 이전)

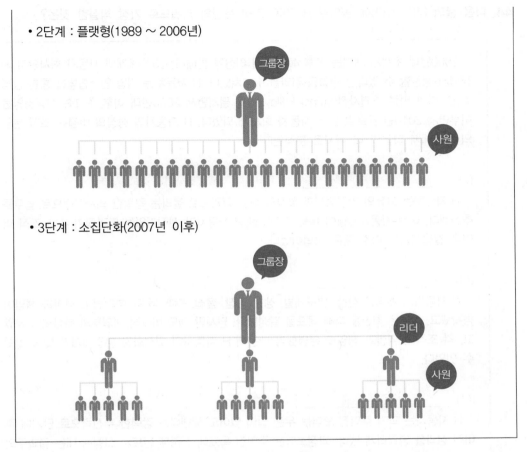

- 2단계 : 플랫형(1989 ~ 2006년)
- 3단계 : 소집단화(2007년 이후)

① T사는 조직보다 개인을 우선시하는 조직 문화를 개선하고자 피라미드형 체제로 조직을 재편하였다.

② 피라미드형 체제는 탄탄한 조직 체계를 구축하고 사원들의 충성도를 높여주어, 초기 T사가 세계에서 손꼽히는 자동차 기업으로 자리를 잡는 데 도움을 주었다.

③ T사는 플랫형 체제의 한계를 극복하기 위해 2007년 이후 그룹장과 사원 사이에 중간관리자를 두고 그룹장과 사원 사이에서 의사소통의 연결고리를 만드는 방식으로 조직을 재편하였다.

④ T사는 2007년 도입한 소집단화 체제를 통해 피라미드형의 팀워크와 플랫형의 수평적 의사소통의 장점만을 취하는 조직 균형을 찾았다.

44. 다음 글의 (가) ~ (라)에 들어갈 네 가지 조직 운영의 키워드로 가장 적절한 것은?

2000년대 초까지 세계는 향후 400만 대 이상을 판매하는 5 ~ 6개의 자동차 회사만이 시장에서 생존할 수 있다는 컨설팅 결과들이 넘쳐났다. H 자동차는 기업 인수합병을 통한 양적 성장전략과 빠른 추격자전략(Fast Follower)을 펼치면서 2000년대 이후 초고속 성장경영을 이루면서 2010년 글로벌 톱 5 자동차 회사가 되었다. H 자동차의 성장의 비결은 조직 운영의 관점에서 다음의 네 가지로 분석된다.

(가) _____

H 자동차는 고유의 기업정신과 회장의 뚝심 경영으로 불리는 강력한 의사결정으로 업무를 추진했다. 이는 자동차시장에 뒤늦게 진입한 H 자동차가 선진기업을 따라잡기 위해 조직 역량을 결집시키는 아주 좋은 방법이었다.

(나) _____

H 자동차의 조직은 상품, 연구개발, 생산 공장, 품질, 판매 등 각 부문별로 역할과 책임이 명확했고, 이들은 최선을 다해 목표를 달성했다. 당시만 해도 비교적 내외부의 복잡성이 낮았고, 각 조직의 역할과 책임도 분명했기 때문에 H 자동차의 최적화된 분업체계가 빛을 발할 수 있었다.

(다) _____

H 자동차는 과거 주어진 오더는 무슨 일이 있어도 해낸다는 강력한 추진력으로 단기에 주어진 성과를 명확하게 냈다. 과정보다는 주어진 목표에 집중해 반드시 실행해 내는 결과주의가 거의 매년 사업계획을 초과 달성하게 만드는 원동력이었다. 명확한 방향과 목표가 정해지면 그것을 실행해내는 능력은 타의 추종을 불허할 정도였다.

(라) _____

H 자동차의 시장 진출 당시에는 조직의 성장이 우선이고, 생존이 중요한 시절이었다. 당시 직원들의 강한 애사심과 열정으로 효율적인 조직 운영을 통해 빠른 성장을 뒷받침했다.

---

① (가) 과업 중심의 사고와 효율적인 조직 운영

② (나) Bottom-up 리더십

③ (다) 단기-결과 최우선주의

④ (라) 부문별로 최적화된 분업체계

45. 집단 응집성은 구성원이 자신을 집단의 일부라고 느끼거나 소속 집단을 '우리'라고 느끼는 정도를 의미한다. 다음 중 응집성과 관련된 설명으로 〈보기〉에서 옳은 것을 모두 고르면?

보기

ㄱ. 집단의 목표와 방향에 대해 구성원과 의견이 일치하지 않을 경우 응집성이 증가한다.
ㄴ. 집단 내 갈등이나 싸움이 잦을 경우 응집성이 감소한다.
ㄷ. 집단 내에서 서로에 대한 신뢰감이 감소하면 응집성이 감소한다.
ㄹ. 집단의 규모가 작아지면 구성원들끼리 상호작용 빈도가 줄어들어 응집성이 감소한다.

---

① ㄱ, ㄴ　　　　　　　　　　　　　② ㄱ, ㄷ
③ ㄴ, ㄷ　　　　　　　　　　　　　④ ㄷ, ㄹ

46. 다음 글을 참고할 때, 수직적 통합의 사례로 적절하지 않은 것은?

　　수직적 통합이란 한 기업이 수직적으로 연관된 두 개의 활동분야를 동시에 소유하는 것으로 이러한 수직적 통합에는 전방통합과 후방통합이 있다. 전방통합은 기업이 유통부문에 대한 소유권과 통제능력을 갖는 것이고, 후방통합은 기업이 부품과 원료와 같은 투입요소에 대한 소유권과 이를 통제할 수 있는 능력을 갖는 것이다.

---

① 명품을 판매하는 B사는 비용과 상표이미지 등을 관리 및 통제하면서 소비자의 취향을 고려한 신상품을 개발하기 위해 소매 점포를 직접 소유하고 운영한다.

② M사는 외주 인력을 통해 전문성을 보완하면서 내부 직원들의 업무 부하를 줄여 직원들이 효율적으로 일할 수 있게 되었다.

③ ☆☆마트는 ☆☆생수, ☆☆휴지, ☆☆피자 등의 PB(Private Brand Goods)상품을 통해 마케팅이나 유통비용을 절감하여 합리적인 가격으로 소비자에게 제품을 판매하고 있다.

④ S 커피는 커피원두 조달 및 커피 제조와 포장, 자사 소유의 소매점으로의 유통에 이르는 활동까지 모두 통제한다.

47. 마케팅 부서에 근무하는 G 대리는 다음의 내용을 바탕으로 전략 PPT에 아래의 SWOT 표를 삽입하기로 하였다. SWOT 표의 ⓒ에 들어갈 내용으로 알맞은 것은?

> ○○유통에 근무하는 G 대리는 자사에서 운영 중인 편의점에 대한 마케팅 전략을 수립하는 업무를 맡게 되었다. 이를 위해 자사의 내/외부환경 분석 및 조사를 진행한 결과는 다음과 같다.
>
> ○○유통은 넓은 유통망으로 전국에 안정적인 물류 공급이 가능하며 자체 PB 상품을 판매하면서 제조업체까지 지배력을 강화해 나가고 있다. 하지만 최근 브랜드명 변경으로 인지도가 떨어졌으며, 전체 물품 중 수익성이 떨어지는 품목이 다수 존재하는 것이 발견되었다. 최근 1인 가구의 증가로 인해 편의점을 이용하는 고객이 많아질 것으로 예상되며, 신규 물류센터를 구축하고 있어 가맹점 상황에 맞춰 다양한 상품운영이 가능해지고, 간편식 공급 리드타임 단축 효과 등이 나타날 것으로 예상한다. 하지만 현재 국내 편의점 시장은 경쟁이 과열되어 있으며, 대부분 비슷한 상품을 제공하고 있어 가격경쟁이 심화되고 있다.

내부환경	강점(Strength)	약점(Weakness)
	㉠	㉡
외부환경	기회(Opportunity)	위협(Threat)
	㉢	㉣

① 1인 가구의 증가

② 국내 편의점 수의 하락

③ 전국적으로 넓게 퍼져 있는 유통망

④ 수익성이 떨어지는 품목을 다수 보유

[48 ~ 49] 다음은 ◆◆시 공공기관에서 운영하는 동행콜·경유콜 및 다인승 장애인 미니버스 이용에 대한 안내이다. 제시된 자료를 읽고 이어지는 질문에 답하시오.

◆◆시 장애인콜택시는 중증장애인에게 이동편의를 제공하여 장애인의 사회참여 확대를 위하여 노력하고 있습니다. 또한 보다 많은 고객의 효율적인 탑승을 위해 동행콜·경유콜 및 다인승 미니버스를 운행하고 있습니다.

□ 동행콜이란?
출발지와 목적지가 동일한 2명 이상의 고객이 함께 이동하는 방법
• 이용방법 : 동일한 출발지에서 동일한 목적지로 함께 이동한다면 콜센터 동행콜(1588-438X)로 출발 2시간 전까지 접수
• 이용요금
  – 기본요금 1,500원(5km까지), 추가요금 1km당 150원(1km 이하도 150원 지불)
  – 시간 및 지역 할증 없음.
  – 콜 접수 시부터 콜 종료 시까지 운행상 필요한 기타요금 발생 시 고객 요금 부담(주차비용, 유료도로 사용료 등)
  – 고객님 중 1명만 지불(요금은 탑승 전 고객 간에 미리 협의 필요)
• 탑승가능인원
  – 휠체어 이용자 1명+휠체어 비이용자 1명인 경우 : 활동보조 및 보호자 포함 4명
  – 휠체어 비이용자 2명인 경우 : 활동보조 및 보호자 포함 최대 3명

□ 경유콜이란?
출발지 또는 목적지 중 하나가 동일한 2명 이상의 고객이 함께 이동하는 방법
• 이용방법 : 동일 경로상에 출발지 또는 목적지 중 하나가 동일하여 함께 이용할 고객이 있다면 콜센터 경유콜(1588-438Y)로 출발 2시간 전까지 접수
• 이용요금
  – 기본요금 1,500원(5km까지), 추가요금 1km당 150원
  – 시간 및 지역 할증 없음.
  – 콜 접수 시부터 콜 종료 시까지 운행상 필요한 기타요금 발생 시 고객 요금 부담(주차비용, 유료도로 사용료 등)
  – 경유지에서 1번, 목적지에서 1번, 총 2번의 결제가 이루어짐.
• 탑승가능인원
  – 휠체어 이용자 1명+휠체어 비이용자 1명인 경우 : 활동보조 및 보호자 포함 4명
  – 휠체어 비이용자 2명인 경우 : 활동보조 및 보호자 포함 최대 3명

□ 정기 예약제로 운행되는 다인승 미니버스
동일시간대 3인 이상의 고객이 함께 이동할 수 있는 다인승 미니버스(6인승)

- 이용방법 : 동일시간대 고객 집중시설에서 시설로 이동을 희망하는 3인 이상의 고객은 콜센터 (1588−438Z)에 출발 이틀 전까지 신청
- 이용지역 : ◆◆시 ○○구에 한하여 이용 가능
  ※ 학교, 복지관, 병원 등 이용 집중시설 간의 이동이 가능
- 탑승가능인원 : 6명(휠체어 이용자 4명＋휠체어 비이용자 2명)
- 이용요금 : 고객 1인당 900원
- 운영시간 : 08 ～ 17시(평일 기준)
  ※ 미니버스는 정기 예약제로 운행되고 있으며, 이용고객 증가 시 이용시간 및 노선이 변동될 수 있음.

48. K는 1588−438Y에 전화하여 다음과 같이 예약 관련 문의를 했다고 한다. 이때, K가 들을 수 있는 답변으로 올바른 것을 〈보기〉에서 모두 고르면?

> 안녕하세요. ◆◆시 경유콜을 이용하려고 문의드립니다. 저와 L, 그리고 활동보조인 M이 탈 예정입니다. 그리고 세 명 중 L은 휠체어를 타고 있습니다. 지금으로부터 2시간 뒤에 제가 먼저 타고 중간지점(출발지에서 6.5km에 위치)에서 L과 M이 함께 탑승할 예정입니다. 저희가 가려고 하는 곳은 제가 타는 곳에서 8,700m 떨어져 있는 ◇◇시 ◎◎동으로 유료도로(통행료 2,000원)를 타고 가야 하는 곳입니다. 요금은 전부 제가 지불하려고 하는데, 총 가격을 미리 알고 싶습니다.

보기

가. 1588−438Z로 다시 전화하여 접수하시기 바랍니다.
나. 경유지까지의 예상 결제금액은 1,800원입니다.
다. 유료도로의 통행료는 고객 부담으로 목적지까지 총 이용요금은 4,080원으로 예상됩니다.
라. 죄송합니다, 고객님. ◆◆시 ○○구를 벗어난 지역은 경유콜 이용이 어렵습니다.
마. 고객님께서 전부 결제하실 예정이라면, 도착하는 곳에서 한 번에 요금을 지불하실 수 있습니다. 정확한 금액은 도착 후 기사님께 확인 바랍니다.

① 가, 다
② 나, 다
③ 나, 라
④ 라, 마

49. 다음 중 위 안내사항을 바르게 이해한 것은? (단, A ~ P는 모두 장애인이며 ◆◆시에 거주한다)

① 휠체어를 타는 A와 휠체어를 타지 않는 B가 ◆◆시 ◎◎동에서 ◆◆시 ☆☆동으로 오후 4시에 함께 이동할 경우 1588−438Y로 오후 2시까지 전화해 접수해야 한다.

② C와 D의 거주지는 2km 떨어져 있다. C의 집에서 먼저 픽업해 D의 집에 들른 후 ◆◆시 내에 있는 재활병원으로 이동한다면, 동행콜 이용요금은 1명만 지불하면 된다.

③ E, F, G 세 사람은 모두 휠체어를 타며 각각 한 명의 보호자와 항상 동행한다. 여섯 사람 모두가 13일까지 △△시 공항에 가야 한다면 늦어도 11일까지 다인승 미니버스를 예약해야 한다.

④ ◆◆시 ○○구에서 장애아동복지관을 운영하는 김 씨는 한 달에 한 번씩 아이들(H ~ P) 9명과 함께 ○○구의 재활병원에 검진을 위해 방문하고 있다. 9명 중 5명이 휠체어를 타고 있다면 김 씨는 검진일 이틀 전에 미니버스 2대를 예약하여야 한다.

50. 다음 중 보고서 작성 시의 팔하원칙(5W3H)과 그에 대한 내용이 바르게 연결되니 않은 것을 모두 고르면?

> ㉠ What : 왜 이 기획을 입안하는지 그 의도와 이유, 배경을 파악한다.
>
> ㉡ Why : 필요한 자료를 어떻게 찾을 것인지 고민한다.
>
> ㉢ Who : 팔하원칙에서 가장 중요한 원칙으로 누가 쓰고, 누구에게 전달되고, 누가 읽느냐를 고려해 대상에 맞게 작성한다.
>
> ㉣ When : 기획을 언제 실시할 것인지 확인한다.
>
> ㉤ Where : 보고서에 작성된 내용을 어디서 실현할 것인지를 확인한다.
>
> ㉥ How : 무엇을 위해서 보고서를 작성하는지 확인한다.
>
> ㉦ How Much : 실행안에 소요되는 예산과 비용이 얼마나 되는지를 파악한다.
>
> ㉧ How Many : 건수와 수량이 얼마나 되는지를 파악한다.

① ㉠, ㉡, ㉥

② ㉠, ㉣, ㉤

③ ㉡, ㉢, ㉦

④ ㉡, ㉣, ㉧

기출예상문제

01. 다음 대화의 ㉠~㉣ 중 한글맞춤법 규정에 맞지 않는 것은?

> 김 대리 : 부장님, 안녕하세요. 드릴 말씀이 있습니다.
> 서 부장 : 오늘 김 대리 안색이 눈에 ㉠ <u>띄게</u> 안 좋아 보이는데, 무슨 일 있나요?
> 김 대리 : 어머니가 패혈증 증상이 있어 ㉡ <u>몇 일</u> 휴가를 내야 할 것 같습니다. 오늘 품의서도
> 상신해야 되는데 죄송합니다.
> 서 부장 : 아이고, 그랬구나. 어머니 ㉢ <u>금세</u> 회복하실 거니까 너무 걱정하지 마요. 김 대리
> 자리 비우는 동안 업무는 내가 대신 처리할게요.
> 김 대리 : 감사합니다, 부장님. 매번 이렇게 ㉣ <u>일일이</u> 챙겨 주셔서 감사합니다.

① ㉠

② ㉡

③ ㉢

④ ㉣

02. 다음 〈보기〉 중 보고서 작성 방법으로 적절하지 않은 것을 모두 고르면?

> **보기**
>
> ㉠ 내용에 대한 예상 질문을 사전에 파악하여 미리 대비한다.
> ㉡ 정확한 자료로 구성하고, 가독성이 높게 작성한다.
> ㉢ 완성도에 신경 쓰며 한 번에 최종 완성하여야 한다.
> ㉣ 상대방이 내용을 빠르게 파악할 수 있도록 한 장에 내용을 담아낸다.
> ㉤ 핵심 내용을 구체적으로 제시하되 간결한 표현을 사용한다.

① ㉠, ㉣

② ㉠, ㉤

③ ㉢, ㉣

④ ㉢, ㉤

03. 다음 글을 이해한 내용으로 적절하지 않은 것은?

- 애플 민트

  애플 민트는 햇빛을 잘 받을 수 있는 곳에 있다면 쉽게 키울 수 있으며, 요리에 자주 활용되는 허브다. 이름 그대로 사과와 민트의 향이 오묘하게 느껴지며, 차, 샐러드에 넣거나 모히토와 같은 칵테일이나 레모네이드를 만들 때 사용하여 나만의 홈캉스를 즐길 수 있다. 수분이 풍부하고 물이 잘 빠질 수 있는 비옥한 토양에서 가장 잘 자라며, 건조한 날씨에는 주의해 키워야 한다.

- 바나나 민트

  미국에서는 정원사들이 독특한 향을 위해 선택하는 가든 허브 품종으로 여겨진다. 또한 다른 민트 종류들에 비해 많은 벌들과 나비들을 정원으로 유인하는 매력적인 꽃을 피우기 때문에 꽃가루 매개자로서 다른 종류의 식물들을 유지하는 데 도움이 된다. 음식으로는 칵테일을 포함한 다양한 음료나 푸딩의 토핑 등으로 활용할 수 있다. 애플 민트와 자라는 조건이 같으며, 다른 민트들에 비해 주위 식물에 피해를 덜 준다. 그러나 만약 다른 식물들이 영향을 받는다면 개별적인 용기에서 키우는 것을 추천한다.

- 자몽 민트

  감귤류의 향과 맛이 나는 자몽 민트는 바나나 민트처럼 멋진 꽃으로도 유명하다. 한여름에서 늦여름 사이에 매력적인 보라색 꽃을 피우며, 다른 민트들처럼 많이 퍼지지 않기 때문에 특히 사랑받고 있다. 물론 식재료로 사용할 수 있지만 원예용으로 더 많이 찾는다. 자몽 민트 역시 수분, 배수, 햇빛이 중요하며, 정기적으로 흙에 물을 주는 것이 좋다.

- 딸기 민트

  훌륭한 딸기 향을 지닌 딸기 민트는 다른 과일 이름의 민트와 마찬가지로 벌과 나비들에게 인기 있는 허브다. 잎을 잘게 다져 과일 디저트 혹은 치즈에 넣거나, 차, 과일 펀치, 레모네이드 등에 넣어도 좋다. 굉장히 침습적인 편이기 때문에 다른 식물들과는 거리를 유지해 따로 키우는 것이 좋다.

- 초콜릿 민트

  과일은 아니지만 달콤한 초콜릿 향기와 맛을 지닌 초콜릿 민트는 이름과 어울리게 디저트용으로 많이 활용된다. 아이스크림, 무스, 커스터드 등에 넣거나, 은은한 코코아 향과 맛을 더하기 위해 칵테일 재료로 사용하기도 한다.

① 애플 민트, 바나나 민트는 수분이 많고 양분이 많은 토양에서 잘 자란다.

② 애플 민트와 바나나 민트, 초콜릿 민트는 칵테일 재료로 사용한다.

③ 애플 민트, 딸기 민트, 초콜릿 민트는 이름에 나타나는 과채나 음식의 향이 난다.

④ 딸기 민트와 바나나 민트는 벌과 나비를 유인하여 꽃가루를 옮기게 하므로 다른 식물과 함께 키우는 것이 좋다.

04. 다음 인터뷰 내용에 따라 ㉠~㉣에 들어갈 질문으로 적절하지 않은 것은?

Q. 자기소개 부탁드립니다.

A. 안녕하세요, S 공사에서 근무하는 김○○입니다. 저는 대학생 때부터 S 공사에서 주최한 대외 활동을 하면서 철도인이 되기를 꿈꾸어 왔습니다. 현재 그 꿈을 이루어 행복한 직장생활을 하고 있습니다. 좋은 선배, 동기, 회사를 만났기에 가능했고 책임감도 생긴 것 같습니다.

Q. (㉠   )

A. 저는 현재 △△정비 2팀에서 전동차가 입장하면 대자프라임을 분해하여 브레이크 즉, 다이아프램 등 각종 부품을 검사하고 교환하는 업무를 맡고 있습니다. 이 일은 시민들의 안전과 직결되기 때문에 항상 책임감과 자부심을 가지며 일하고 있습니다. 저의 가족, 친구, 지인들이 안전한 전동차를 탈 수 있도록 최선을 다하는 것이 저의 업무입니다.

Q. (㉡   )

A. 합격 후 임용되기 전까지 인재 개발원에서 3주 동안 교육을 받았습니다. 교육을 받으면서 여가생활도 즐겼습니다. 운동을 좋아하기에 족구, 농구 등을 하면서 쌓였던 스트레스를 풀고 지인들과 술도 원 없이 먹었던 것 같습니다. 그때는 월급을 받지도 않았는데 친구들을 만나면 항상 술값을 내는 바람에 부모님께서 걱정하시며 혼내셨던 기억이 납니다.

Q. (㉢   )

A. 시민으로서 저는 공사에게 항상 고마운 마음을 가지고 있었습니다. 해외여행을 많이 다녔는데, 그곳들과 비교하면 서울 지하철의 환승 시스템과 정시성은 정말 세계 최고 수준이라 느꼈습니다. 입사 후 직원으로서는 더욱더 강한 책임감을 가지게 되었습니다. 전동차를 타면 제 분야가 아닌 전광판, 스크린도어 등에도 신경을 쓰게 되고 운행 중 진동에도 관심을 가지게 되었습니다.

Q. (㉣   )

A. 저는 공사의 미래를 이끌어 가는 인재가 되고 싶습니다. 현재 4차 산업혁명시대가 도래하여 빅데이터, 사물인터넷 등의 기술을 활용한 정비 시스템에도 많은 관심을 기울이고 있습니다. CBM(Condition Based Maintenance), SCM(Smart Connected Metro) 도입, 안전 5중 방호벽 등의 변화와 혁신을 추구하고 있습니다. 비록 지금은 신입사원이기에 주어진 업무가 제한적이지만 현장 경험을 쌓고 꾸준한 역량 개발을 통해 4차 산업혁명이 전동차 정비에 안정적으로 도입되는 데 보탬이 되는 인재가 될 것입니다.

> Q. 앞으로 S 공사에 바라는 점은 무엇인가요?
>
> A. 직원들의 친목을 도모하기 위한 행사가 좀 더 많이 마련되면 좋겠습니다. 아직 잘 모르는 선배님들이 많은데, 평소 친해질 기회가 많이 없는 것 같습니다. 전동차 정비 업무는 혼자 할 수 없는, 다 같이 하는 업무라 생각합니다. 같은 팀이 아니더라도 친해질 수 있도록 공사에서 자리를 마련해 준다면 조금 더 돈독한 선후배 관계를 바탕으로 업무 효율이 증가할 것이라 생각합니다.

① 앞으로 어떤 직원이 되고 싶나요?

② 현재 맡고 있는 업무는 무엇인가요?

③ 입사 후 아쉬운 점이 있다면, 무엇인가요?

④ 시민으로서의 나와 직원으로서의 나를 비교한다면?

05. 적극적 경청(Active Listening)은 말하는 사람에게 주의를 집중하고, 공감하는 경청을 말한다. 다음 중 적극적 경청을 하는 방법으로 적절하지 않은 것은?

① 상대방의 어조, 표정, 몸짓 등을 통해 전달하는 말 뒤에 숨은 동기와 감정을 파악한다.

② 상대방이 말하는 동안 무슨 이야기를 해야 할지 끊임없이 생각하여 상대방의 말에 빠르게 반응한다.

③ 상대방이 말하는 도중에 잠시 흐름을 놓쳤다면 솔직히 말하고 다시 한 번 이야기해 줄 것을 요청한다.

④ 눈을 맞추거나 고개를 끄덕이는 등 비언어적 단서를 활용하여 상대방의 말을 잘 듣고 있다는 것을 표현한다.

06. 다음 글에 나타난 유연근무제를 선호하지 않는 원인으로 적절한 것은?

> 국내 5대 그룹 계열사 중 한 곳인 C 기업은 신종 코로나바이러스 감염증 사태로 업무시간 및 장소를 각자의 선택에 맡기는 유연근무제를 시행한 후, 임직원들을 상대로 설문조사를 진행했다. '유연근무제를 시행한 뒤 가장 선호하는 업무 공간은 어디입니까?'가 조사의 주된 내용이었는데 집 혹은 공유오피스라는 답변이 가장 많을 것이란 예상과 달리 상당수의 임직원이 사무실을 가장 선호한다고 응답했다. '사내 여러 부서들과 수시로 의사소통을 해야 하는데 온라인으로는 너무 불편하다', '일상생활을 하는 공간과 업무공간이 분리되지 않는다', '메신저나 화상대화로 의사소통함에 따라 오해가 생기는 일이 많다' 등 다양한 어려움을 호소했다.
>
> 재택 및 원격근무, 유연근무제 등 업무 환경을 바꾸는 기업이 늘고 있다. 그러나 코로나19 이후 이와 같은 근무 형태의 지속가능성에 대해서는 여전히 회의적인 시선을 보내는 사람이 적지 않다. 장기적으로 봤을 때 기존 업무 방식에 익숙했던 조직원들이 새로운 업무 방식에 적응하지 못하고 불협화음을 야기할 수 있다고 보는 것이다.
>
> 재택근무가 효율적이지 못하다는 의견도 있다. 사회공헌 활동을 기획하는 팀에서 근무하는 박○○ 부장은 재택근무 시행 후 팀원들에게 더 많은 보고를 요구하게 되었다고 한다. 전화나 화상회의로 회의를 진행하고 2 ~ 3주 후에 결과물을 보면 회의 결과와 완전히 다른 방향성을 지닌 보고가 올라오기 일쑤였던 것이다. 박 부장은 "프로젝트성 업무는 리더가 구성원들에게 방향을 제시해 줘야 하는데 요즘은 지시를 내릴 때마다 조직원들이 잘 이해하고 있는 건가 미심쩍다."라며 "그렇다 보니 중간 과정을 체크하고 싶어 불필요한 보고를 더 많이 요청하게 된다."라고 말했다.

① 출퇴근 시간이나 이동 시간을 줄일 수 있다.

② 기존 방식보다 스스로 해야 하는 업무가 많이 늘었다.

③ 집, 사무실, 공유오피스 등 계속해서 바뀌는 근무 장소에 대한 적응이 어렵다.

④ 비대면 의사소통은 대면 의사소통보다 대화의 요지, 정보, 핵심 내용의 전달이 더 어렵다.

07. 다음 글을 읽고 〈Q&A〉의 답변 ㉠ ~ ㉣ 중 옳은 것을 모두 고르면? (단, 노래 A는 저작권의 보호기간이 만료되지 않은 저작물로 저작권자는 갑이다)

> 저작권자는 다른 사람에게 그 저작물의 이용을 허락할 수 있고, 저작물 이용의 허락을 받은 사람은 정해진 이용방법 및 조건의 범위에서 그 저작물을 이용할 수 있습니다. 저작물 이용은 그 목적의 영리성 여부와 상관없이 허락을 받아야 합니다. 공익을 위해 사용하더라도 이용허락이 없다면 해당 저작물을 사용할 수 없습니다.
>
> 다만 저작권의 보호기간이 만료된 저작물을 이용하는 경우 또는 법령에서 특별히 정한 경우에는 저작권자의 허락 없이도 목적의 영리성 여부와 상관없이 자유롭게 이용할 수 있습니다.

〈Q&A〉

질문 : 제가 직접 노래 A를 부르는 모습을 촬영한 영상을 유튜브에 올려 수익을 발생시키려 합니다. 저작권자 갑의 허락을 받지 않는다면 문제가 될까요?

㉠ : 네. 저작권이 있는 저작물을 이용하려면 저작권자의 허락을 받아야 합니다.

질문 : 불우이웃돕기를 목적으로 저작권자 갑의 허락을 받지 않고 노래 A를 부르려고 합니다. 버스킹 공연을 하면서 관람객으로부터 소정의 금품을 걷을 계획인데 문제가 될까요?

㉡ : 아니오. 비영리성을 띤 공익적 목적이라면 저작권자의 허락 없이도 이용이 가능합니다.

질문 : 유료공연에서 노래 A를 부를 계획인데, 만약 노래 A의 저작권 보호기간이 공연일 기준으로 만료된 상태이더라도 저작권자 갑의 허락을 받아야 합니까?

㉢ : 네. 저작권의 보호기간이 만료된 저작물이라도 영리를 목적으로 사용할 경우에는 저작권자의 허락을 받아야 합니다.

질문 : 법규를 찾아보니 '재판절차를 위하여 필요한 경우 그 한도 안에서 저작물을 복제할 수 있다'고 되어 있습니다. 저작권자 갑의 허락 없이 재판을 위한 증거 자료로 노래 A를 복제하여 제출하는 경우 문제가 될까요?

㉣ : 아니오. 법령에서 정한 경우에 해당되므로 저작권자의 허락이 없어 제출하여도 됩니다. 다만, 저작권자의 경제적 이익에 상충하거나 저작물의 잠재적인 시장에 악영향을 미치는 경우에는 허용되지 않습니다.

① ㉠, ㉢
② ㉠, ㉣
③ ㉡, ㉢
④ ㉡, ㉣

[08 ~ 09] 다음 글을 읽고 이어지는 질문에 답하시오.

비등(Boiling)은 외부에서 공급된 열을 받아 액체의 내부에서 일어나는 기화현상이다. 비등은 압력에 따라 정해지는 특정한 끓는점인 비등점에서 일어난다. 이에 반해 증발(Evaporation)은 끓는점 이하의 온도에서 일어나는 기화현상이다. 액체 표면에 있는 분자들 중에서 높은 에너지를 가진 분자가 분자들 사이의 인력을 이겨내고 튀어나오면서 기화된다. (㉠) 증발은 비등점 이하의 어떤 온도에서도 일어날 수 있는 것이다.

증발은 어떠한 과정을 거쳐 일어나는 현상일까? 액체의 온도는 액체 분자들의 평균 운동에너지를 나타낸다. 액체 상태의 분자들은 액체 내에서 각기 다른 속도로 무질서하게 돌아다니는데, 액체 분자들은 돌아다니면서 다른 분자들과 충돌하여 운동에너지를 얻기도, 잃기도 한다. 이는 수많은 당구공들이 서로 충돌하는 모습과 유사하다고 볼 수 있다. 액체 표면의 분자들은 밑에서 치받는 다른 분자들로부터 충분한 운동에너지를 얻으면 액체 표면을 떠나 기체가 되어 자유로이 날아간다. 이러한 현상이 바로 증발이다. 이 과정을 통해 남은 분자들의 평균 에너지가 낮아져 액체의 온도가 내려가게 된다. (㉡) 증발이 일어나면 액체 전체의 평균 운동에너지는 줄어들고 액체는 냉각되는 것이다. 물이 식는 과정에도 증발이 관여한다. 뜨거운 물 표면에서 일어나는 증발로 인해 물은 많은 열을 잃어버리게 되어 온도가 내려간다.

여름철에 냉장고 안에 있던 차가운 음료수를 밖에 꺼내 놓으면 잠시 후 병 바깥쪽에 작은 물방울이 생기는 것을 볼 수 있다. 이는 공기 중의 수증기가 액화되어 차가운 병 바깥쪽에 달라붙은 것이다. 이러한 현상을 응결(Condensation)이라고 한다. (㉢) 응결은 상온에서 기체가 액체로 변하는 현상으로 증발의 역현상이다. 응결은 어떻게 일어나는 걸까? 공기 중에는 항상 물 분자들이 수증기로 존재한다. 빠르게 움직이던 공기 중의 물 분자들이 상대적으로 느린 병 표면의 분자들과 충돌하게 되면 운동에너지를 잃어버리는데, 이때 수증기 분자들 중 많은 운동에너지를 잃어버려서 더 이상 기체 상태로는 존재할 수 없게 된 수증기 분자가 응결하는 것이다.

물 분자들은 서로에게 끌려서 달라붙으려는 경향이 있다. (㉣) 공기 중에서는 평균속력이 빠르기 때문에 물 분자들이 서로 충돌하며 달라붙기는 어렵다. 물 분자의 속도가 느려진다면 서로 달라붙기 쉬워진다. 공기가 냉각되고 수증기 분자의 속도가 감소할 때 응결현상이 더 잘 발생하게 된다. 기체 분자들이 액체 분자에 의해 붙잡힐 때에도 응결이 일어난다. 아무렇게나 운동하던 기체 분자들이 액체 표면과 충돌하면서 운동에너지를 잃을 수 있다. 이때 액체 분자들은 기체 분자들을 인력으로 끌어당겨 붙잡는다.

08. 제시된 글의 문맥상 ㉠ ~ ㉣에 들어갈 접속어를 바르게 연결한 것은?

	㉠	㉡	㉢	㉣
①	즉	따라서	다시 말해	하지만
②	따라서	따라서	다시 말해	그러므로
③	이에 반해	하지만	즉	하지만
④	하지만	따라서	한편	이에 반해

09. 제시된 글에 대한 이해로 적절한 것은?

① 공기 속의 기체는 모두 같은 종류끼리 뭉치려고 한다.

② 액체 속에 있는 분자들의 운동에너지가 클수록 해당 액체의 온도는 낮다.

③ 기체상태인 물 분자가 운동에너지를 잃으면 물 분자들의 인력에 의해 액체로 변할 가능성이 높아진다.

④ 주전자에 담긴 물에 끓는 점 이상으로 온도변화를 주면 비등은 발생하지 않고 증발만 생긴다.

10. 다음 글의 흐름상 빈칸 ⓐ, ⓑ에 들어갈 내용을 바르게 연결한 것은?

연말연시가 되면 방송에서 각종 시상식을 볼 수 있다. 이때 빠지지 않는 인사말로 "이 자리를 빌어 감사의 말씀을 드립니다.", "이 자리를 빌어 고맙다는 말을 하고 싶어요."와 같은 표현이 있다. 하지만 '이 자리를 빌어'라는 표현은 잘못된 표현이다.

'빌어'의 기본형은 '빌다'로, '간절히 바라다, 용서를 구하다, 공짜로 달라고 호소하다'의 의미로 쓰인다. 예를 들자면 '소원을 빌어', '잘못을 빌어라', '집집마다 다니며 밥을 빌었다'와 같이 사용한다.

어떤 일을 하기 위해 기회를 이용한다는 뜻을 가진 말은 '빌다'가 아니라 '빌리다'이다. 시상식에서 자주 쓰이는 '이 자리를 빌어'는 모두 '이 자리를 빌려'로 바뀌어야 한다. '남의 도움을 받거나 사람·물건 따위를 믿고 기대다, 일정한 형식·이론 또는 남의 말·글 따위를 취해 따르다'의 의미일 때도 마찬가지다. '남의 손을 빌어 ~', '추리극 형식을 빌어 ~', '이 지면을 빌어 ~', '관계자의 말을 빌어 ~'로 표현하는 일이 많지만, 이와 같은 표현에서도 모두 '빌리다'의 활용형인 '빌려'를 써야 옳다.

'빌리다'가 올 자리에 종종 '빌다'를 잘못 사용하게 되는 경우가 많아진 이유는 바뀐 표준어 규정 때문이다. 1988년 이전에는 남의 것을 돌려주기로 하고 얼마간 사용하는 경우에는 '빌다'를, 내 것을 돌려받기로 하고 남에게 내줄 때는 '빌리다'를 쓰도록 했다.

그러나 시간이 흐르면서 점점 둘의 기준이 모호해져 두 단어의 뜻을 모두 담은 말인 '빌리다'만 표준어로 지정했다. 이런 과정을 거치면서 '빌다'와 '빌리다'의 쓰임이 지금과 같이 바뀌었지만 아직까지 혼란을 야기하고 있다. 이를 다시 정리하자면 (ⓐ   )의 의미로 사용할 때는 '빌다'를, (ⓑ   )의 의미로 사용할 때는 '빌리다'가 옳은 표현이다.

	ⓐ	ⓑ
①	구걸, 차용	기원, 사죄, 임차, 축원
②	임차, 축원	기원, 차용, 사죄, 구걸
③	기원, 축원, 사죄, 구걸	임차, 차용
④	기원, 축원, 임차, 차용	사죄, 구걸

11. △ABC의 $\overline{AB}$의 연장선과 $\overline{AC}$의 연장선이 끝나는 점을 각각 D와 E라고 한다. $\overline{DE}$와 $\overline{BC}$가 서로 평행이고, 각 선분의 길이가 다음과 같을 때, 선분 $\overline{BD}$의 길이는?

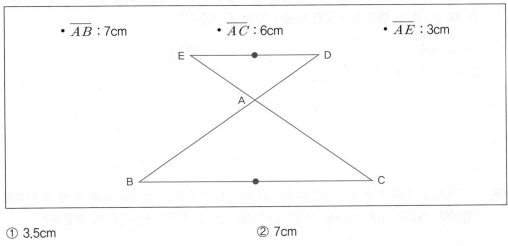

- $\overline{AB}$: 7cm
- $\overline{AC}$: 6cm
- $\overline{AE}$: 3cm

① 3.5cm

② 7cm

③ 10.5cm

④ 14cm

12. ○○공사의 신입사원 공개채용 필기시험은 5지선다형 50문항으로 1문항당 점수는 4점이다. 모든 문항의 답을 임의로 고른 지원자의 평균 점수가 0점이 되도록 하기 위해 틀린 문항에 대한 감점을 하려고 한다면, 틀린 1문항당 몇 점을 감점해야 하는가?

① 0.5점

② 1점

③ 1.5점

④ 2점

13. $\dfrac{49}{61}$의 분모와 분자에서 같은 수를 뺀 후 이를 소수로 고쳤더니 0.75가 되었다면, 분모와 분자에서 공통으로 뺀 수는?

① 9

② 11

③ 13

④ 15

14. 어떤 공장에서 부품을 조립하는데 A는 1분 동안 5개, B는 1분 동안 3개의 부품을 조립한다고
한다. 각자에게 동일하게 할당된 부품을 조립하기 시작한 후 A가 본인에게 할당된 부품의 조립
을 모두 마치고 B에게 남아 있는 부품을 같이 조립하였다. 5시간 후에 모든 부품의 조립이 끝났
을 때, A, B 두 명에게 할당된 부품은 모두 몇 개인가?

① 1,200개   ② 1,800개
③ 2,400개   ④ 3,000개

15. ○○기업의 전체 직원 수는 30명이다. 이 중 남자 직원은 20명이고, 남자 직원 중 마케팅팀은
5명이다. 임의로 남자 직원을 한 명 선택했을 때, 그 직원이 마케팅팀일 확률은?

① 0.2   ② 0.25
③ 0.4   ④ 0.55

16. 다음은 ○○기업 연구개발팀의 월급이다. 이 자료의 분산은?

이름	월급(만 원)
A	350
B	450
C	500
D	400
E	300

① 1,000   ② 2,500
③ 5,000   ④ 5,500

17. 다음은 20X1년, 20X3년 영양소별 남녀 1일 섭취량을 나타낸 자료이다. 이에 대한 〈보기〉의 설명 중에서 옳은 것을 모두 고르면?

〈20X1년 영양소별 남녀 1일 섭취량〉

영양소 \ 성별	남자	여자
단백질(g)	83.7	58.5
지방(g)	54.7	39.1
탄수화물(g)	327.4	251.7
식이섬유(g)	25	20.8
콜레스테롤(mg)	290.1	207.7

〈20X3년 영양소별 남녀 1일 섭취량〉

영양소 \ 성별	남자	여자
단백질(g)	82.6	57.7
지방(g)	56.9	41.1
탄수화물(g)	298.4	234.6
식이섬유(g)	24.9	20.9
콜레스테롤(mg)	302.5	222.8

보기

ㄱ. 20X1년과 20X3년 식이섬유 섭취량 차이값은 남자와 여자가 서로 같다.
ㄴ. 20X1년 대비 20X3년 지방 섭취량의 증가율은 여자가 남자보다 더 크다.
ㄷ. 20X3년 탄수화물과 콜레스테롤 섭취량의 차이값은 여자가 남자보다 더 크다.

① ㄱ   ② ㄷ

③ ㄱ, ㄴ   ④ ㄴ, ㄷ

18. 〈자료 1〉은 S국의 국내총생산 및 1인당 국내총생산이고, 〈자료 2〉는 S국의 20X5년 국내총생산 구성을 나타낸 것이다. 이에 대한 설명으로 옳지 않은 것은?

〈자료 1〉 20X1 ~ 20X5년 S국 국내총생산 및 1인당 국내총생산

(단위 : 조 원, 백만 원)

연도	국내총생산	1인당 국내총생산
20X1년	1,689	63.5
20X2년	1,702	65.2
20X3년	1,729	66.8
20X4년	1,785	68.4
20X5년	1,834	70.6

〈자료 2〉 20X5년 S국 국내총생산 구성

(단위 : 조 원)

민간지출	857
정부지출	325
총고정자본형성	543
재고증감	−12
총수출	802
총수입	683

※ 국내총생산＝민간지출＋정부지출＋총고정자본형성＋재고증감＋총수출−총수입＋통계상불일치
※ 총투자＝총고정자본형성＋재고증감

① 20X5년 S국의 통계상불일치 값은 0보다 크다.

② 20X3년 S국의 인구는 2천 4백만 명 이상이다.

③ 20X2 ~ 20X5년 동안 S국 1인당 국내총생산의 전년 대비 증가율은 매년 감소했다.

④ 20X5년 S국의 국내총생산에서 총투자가 차지하는 비율은 30% 이하이다.

19. 다음은 의료기관별 근무인원에 대한 자료이다. 이를 분석한 내용으로 옳은 것은?

〈의료기관별 근무인원〉

(단위 : 명, %)

연도	계	종합병원	병원	치과	한방	보건기관
20X1년	137,446	56,194	34,304	20,318	17,812	8,818
20X2년	139,633	57,529	34,616	20,709	18,117	8,662
20X3년	148,375	63,056	36,393	21,248	18,676	9,002
20X4년	154,937	66,642	38,442	21,735	19,097	9,021
20X5년	161,692	70,483	40,334	22,434	19,510	8,931
20X6년	174,885	80,831	42,179	23,096	19,854	8,925
20X7년	178,947	83,383	41,757	24,195	20,527	9,085
20X8년	186,923	88,750	43,363	24,671	21,164	8,974
20X8년 전년 대비 증가율	4.46	6.44	3.85	1.97	3.10	-1.22
연평균 증가율 (20X1 ~ 20X8년)	4.5	6.75	3.4	2.81	2.49	0.25

※ 근무인원에는 의사, 치과의사, 한의사, 약사, 간호사가 해당함.

※ 치과에는 치과병원, 치과의원이 해당함.

※ 한방에는 한방병원, 한의원이 해당함.

※ 보건기관에는 조산원, 보건의료원, 보건소, 보건지소, 보건진료소가 해당함.

① 종합병원과 한방 모두 전년 대비 근무인원 수가 가장 크게 증가한 해는 20X6년이다.

② 20X1 ~ 20X8년 동안 의료기관 전체 근무인원이 매년 증가하지는 않았다.

③ 20X2 ~ 20X7년 동안 병원 근무인원의 전년 대비 증가율이 20X8년 병원 근무인원의 전년 대비 증가율보다 작은 연도가 있다.

④ 20X1 ~ 20X8년 동안 보건기관의 근무인원 중 간호사의 증가율은 다른 의료기관에 비해 낮다.

20. 다음은 자동차 A ~ C와 자동차 사용자 갑, 을, 병에 관한 자료이다. 세 명의 사용자가 자동차를 구매하기 위해 지불할 금액의 합계는?

〈자동차 A, B, C의 제공 기능 및 가격〉

구분	기능										가격 (만 원)
	1	2	3	4	5	6	7	8	9	10	
A	○			○		○			○		2,300
B		○			○			○	○		3,700
C	○		○			○	○	○		○	4,600

※ 각 자동차는 ○ 표시된 기능을 제공함.

〈사용자별 자동차의 필요 기능〉

구분	기능									
	1	2	3	4	5	6	7	8	9	10
갑				○		○			○	
을		○		○	○			○		
병	○	○	○	○	○	○	○	○	○	○

- 사용자는 각자가 필요로 하는 기능을 제공하는 자동차를 구매한다.
- 사용자는 ○ 표시된 기능을 모두 필요로 하며, 필요를 모두 충족하기 위해 여러 대의 자동차를 구매하기도 한다.
- 자동차는 최소 비용으로 구매해야 한다. 예를 들어 1번 기능만 필요하다면 A와 C 중 A를 구매한다.

① 17,900만 원   ② 18,900만 원
③ 19,900만 원   ④ 20,900만 원

21. 다음 중 〈보기〉의 대화에서와 동일한 유형의 논리적 오류가 나타난 것은?

보기

A : 청소년 범죄가 점점 심각해지는데, 최근에는 경찰에게 폭력을 휘두르는 청소년까지 나왔
잖아. 자신들은 처벌을 받지 않는다고 뻔뻔하게 나오는데 이건 진짜 심각한 문제야.
B : 맞아. 술을 많이 먹으면 공격성이 발현되기도 한대. 아예 복권처럼 주류도 1인당 구매제
한을 둘 필요가 있어.

① 그도 실수한 적 있으면서 내게만 벌금을 내라고 하다니.

② 이 볼펜은 유명인이 사용하는 필기구야. 당연히 좋을 테니까 나도 이번에 구매했어.

③ 내 친구의 태몽이 학이 나오는 꿈이었대. 결국 그 친구는 학자가 됐잖아.

④ 너도 바다에 가는 걸 좋아하지? 역시 캠핑도 좋아할 줄 알았어.

22. 다음 명제에 대해 추론한 내용으로 옳지 않은 것은?

(가) H사에 근무하는 사람은 모두 전기차를 소유하였다.
(나) H사에 근무하는 사람 중 전기차를 소유한 사람은 없다.
(다) H사에 근무하는 사람 중 일부는 전기차를 소유하였다.
(라) H사에 근무하는 사람 중 일부는 전기차를 소유하지 않았다.

① (가)가 참이면 (라)는 거짓이다.

② (나)가 거짓이면 (다)는 참이다.

③ (나)가 참이면 (다)는 거짓이다.

④ (라)가 참이면 (다)는 거짓이다.

23. 문제해결방법은 크게 소프트 어프로치, 하드 어프로치, 퍼실리테이션의 3가지로 구분된다. 다음 〈보기〉에서 설명하는 문제해결방법의 특징으로 적절한 것은?

> **보기**
>
> 　최근 많은 조직에 보다 생산적인 결과를 가져올 수 있도록 조직이 어떤 방향으로 나아갈지 알려주고, 주제에 대한 공감을 이룰 수 있도록 도와주는 능숙한 조력자가 있다. 이러한 문제 해결방법은 깊이 있는 커뮤니케이션을 통해 서로의 문제점을 이해하고, 공감함으로써 창조적 인 문제해결을 도모한다.

① 구성원의 동기가 강화되고 팀워크도 한층 강화된다.

② 문제해결을 위해서 직접적인 표현이 바람직하지 않다고 여긴다.

③ 이심전심으로 서로를 이해하는 상황을 가정한 문제해결방법이다.

④ 의견을 조정해 가는 과정에서 중심적 역할을 하는 것은 사실과 원칙에 근거한 토론이다.

24. 브레인스토밍(Brainstorming)은 어떠한 생각에서 다른 생각을 계속해서 떠올리는 작용을 통해 특정 주제에 대해 생각나는 것을 열거해 나가는 창의적 사고 방법인 자유 연상법의 대표적인 예이다. 다음 〈보기〉에서 브레인스토밍의 장점을 모두 고른 것은?

> **보기**
>
> ㉠ 자연스럽게 모든 참가자들의 참여를 유도할 수 있다.
> ㉡ 참가자들의 자유로운 발언 속에서 창의적인 아이디어를 이끌어 낼 수 있다.
> ㉢ 회의의 주제에서 벗어날 가능성이 매우 적다.
> ㉣ 아이디어의 다양한 결합으로 인하여 획기적인 해결책이 도출될 수 있다.
> ㉤ 비판을 통하여 불필요한 발언을 줄일 수 있다.
> ㉥ 자유롭게 아이디어를 도출할 수 있다.

① ㉠, ㉡, ㉣, ㉥

② ㉠, ㉢, ㉣, ㉥

③ ㉡, ㉢, ㉣, ㉥

④ ㉡, ㉢, ㉤, ㉥

25. 다음 글을 근거로 판단할 때, 탕비실 정비 담당 일정으로 적절한 것은?

A 팀의 탕비실은 커피, 차, 다과 등을 두루 갖춘 곳으로, 여러 직원들이 사용하므로 매일(월요일 ~ 금요일) 탕비실 정비업무를 해야 한다. A 팀은 탕비실 정비업무를 위해 제비뽑기를 하였는데 김 과장은 주 2회, 나머지 직원(이 대리, 박 대리, 정 사원)은 주 1회 정비업무를 담당하기로 하였다.

각자의 업무 특성상 아래와 같은 조건을 반드시 충족하여야 한다.

조건

- 김 과장 : 이틀 연속으로 정비업무를 담당하는 것은 어려울 것 같습니다. 격일로 이사님 보고를 해야 하거든요.
- 이 대리 : 저는 월요일은 안 돼요. 월요일은 오전부터 외근이거든요.
- 박 대리 : 저는 화요일 또는 목요일만 가능합니다.
- 정 사원 : 저는 수요일만 아니면 괜찮습니다. 그런데 제가 다과류 구매 담당이고 박 대리님은 재고파악 담당이니 저는 반드시 박 대리님 바로 다음 날에 정비를 해야 합니다.

	월	화	수	목	금
①	김 과장	이 대리	김 과장	박 대리	정 사원
②	김 과장	박 대리	이 대리	정 사원	김 과장
③	정 사원	김 과장	이 대리	박 대리	김 과장
④	정 사원	이 대리	김 과장	박 대리	김 과장

26. 다음 글을 근거로 판단할 때 운영위원으로 최종 선발되는 직원을 모두 고른 것은?

> 경영팀에 소속된 A ~ E 5명은 연례행사 운영위원으로 선발될 예정이다. A와 E는 운영위원으로 선발이 확정된 상태에서, 추가적인 운영위원의 선별은 다음의 상황을 반드시 고려해야 한다.
> ----
> • A와 D는 보안업무를 맡고 있어, 둘 중에 1명만 선발될 수 있다.
> • A와 C가 모두 선발되면 B도 선발된다.
> • B가 선발되면 E는 선발되지 않는다.

① A, E

② A, B, E

③ A, C, E

④ A, D, E

27. A 공사의 승무본부, 차량본부, 신성장본부, 영업본부, 기술본부의 직원들은 다음과 같은 방식으로 순환근무를 하게 된다. 다음 명제가 모두 참일 때, 결론으로 적절하지 않은 것은?

> • 본부가 신설되면 순환근무 부서가 추가된다.
> • 영업본부에서 근무한 직원은 신성장본부에서 근무한다.
> • 승무본부에서 근무한 직원은 차량본부에서도 근무한다.
> • 기술본부에서 근무하지 않는 직원은 영업본부에서 근무한다.
> • 차량본부에서 근무한 직원은 신성장본부에서는 근무하지 않는다.

① 승무본부에서 근무한 직원은 기술본부에서 근무한다.

② 기술본부에서 근무한 직원은 차량본부에서 근무한다.

③ 영업본부에서 근무한 직원은 승무본부에서 근무하지 않는다.

④ 차량본부에서 근무한 직원은 영업본부에서 근무하지 않는다.

28. 4층짜리 건물에 갑 ~ 무가 거주하고 있다. 다음의 〈그림〉과 〈보기〉로 판단할 때, 반드시 참인 것은?

그림

	1호 라인	2호 라인	3호 라인
4층			
3층			
2층			
1층			

보기

- 갑과 같은 층에 사는 사람이 있으며, 갑은 같은 라인의 정보다 3층 높은 층에 산다.
- 을은 제일 높은 층에 살지 않고 병보다 높은 층에 살며 2호 라인에 산다.
- 병은 3층에 거주하지 않으며 1호 라인에 거주한다.
- 무는 3호 라인에 거주하지 않는다.
- 2명이 거주하는 층은 4층뿐이며, 각 라인의 거주민 수는 2명 이하이다.

① 갑은 4층 2호 라인에 거주한다.
② 병은 3층 1호 라인에 거주한다.
③ 정은 1층 3호 라인에 거주한다.
④ 무는 4층 1호 라인에 거주한다.

29. ○○기업은 이번 프로젝트 완료 후 평가를 통해 우수사원 2명을 선정하여 포상으로 10만 원 상당의 상품권을 지급하기로 하였다. 다음 자료를 바탕으로 추론할 때, 옳은 것은?

> 업적평가 점수와 관리평가 점수를 합한 최종 점수가 높은 순으로 우수사원 2명을 선발한다. 동점자가 발생하는 경우 업적평가 점수가 더 높은 사원을 우수사원으로 선정한다.
> 항목별 배점은 아래 표에 따른다.
>
> (1) 업적평가
>
> | 평가등급 | A | B | C | D |
> |---|---|---|---|---|
> | 점수 | 10 | 8 | 4 | 2 |
> | 배정인원 | 1명 | 2명 | 1명 | 1명 |
>
> (2) 관리평가
>
> | 평가등급 | A | B | C | D |
> |---|---|---|---|---|
> | 점수 | 10 | 7 | 5 | 3 |
> | 배정인원 | 1명 | 1명 | 2명 | 1명 |

> 〈배점 현황〉
> 배점 현황에서 몇 군데에 얼룩이 묻어 정확한 평가등급을 알 수 없는 상황이다.
>
> | 구분 | 업적평가 | 관리평가 |
> |---|---|---|
> | 김 사원 | | A |
> | 이 사원 | A | D |
> | 정 사원 | | C |
> | 박 사원 | B | |
> | 홍 사원 | C | C |

① 김 사원이 최종점수 2위로 우수사원으로 선정되는 경우도 있다.

② 이 사원이 우수사원으로 선정되어 10만 원 상당의 상품권을 받는 경우는 없다.

③ 정 사원은 어떠한 경우에도 우수사원으로 선정되지 않는다.

④ 박 사원이 우수사원으로 선정되어 10만 원 상당의 상품권을 받을 수 없는 경우도 있다.

30. 다음과 같은 〈활동비용 보고지침〉에 따라 A 기업 회계담당 김민수 사원이 4월 10일부터 6월 3일까지 회계팀에 활동비용 관련보고를 한 횟수는?

〈활동비용 보고지침〉

　각 팀의 회계담당 직원은 아래 사용에 해당하는 경우 반드시 회계팀에 활동비용 관련보고를 해야 한다.

1. 활동비용을 사용하지 않은 달 : 활동비용미사용 확인서를 작성하여 익월 5일에 회계팀에 보고한다.
2. 활동비용을 사용한 달
　　가. 경영 보고 : 활동비용을 사용한 날을 포함하여 3일내에 회계팀에 일별 내역서 및 개별 영수증을 첨부하여 보고한다.
　　나. 결산 보고 : 개별 보고와 별개로 월간 활동비용 사용 확인서를 작성하여 익월 5일에 회계팀에 보고한다.

〈A 기업 활동비용 사용내역〉

- 3월 : 활동비용을 사용하지 않음.
- 4월 : 활동비용을 10일, 24일에 사용함.
- 5월 : 활동비용을 15일, 22일, 30일에 사용함.

① 5회　　　　　　　　　　　② 6회
③ 7회　　　　　　　　　　　④ 8회

31. 하루 24시간이라는 한정된 시간을 효과적으로 사용하는 것보다 시간을 낭비하지 않는 것이 더 어려운 일이다. 시간 낭비 요인을 외적인 요인과 내적인 요인으로 나눌 때, 내적인 요인에 해당하는 것을 모두 고르면?

㉠ 계획의 부족	㉡ 오늘 할 일을 다음으로 미루기
㉢ 교통 혼잡	㉣ 상사의 잦은 부탁

① ㉠   ② ㉠, ㉡

③ ㉢, ㉣   ④ ㉠, ㉡, ㉣

32. 예산관리기능은 계획기능, 조정기능, 통제관리기능으로 구분할 수 있다. 그중 계획기능에 대한 설명으로 옳은 것을 〈보기〉에서 모두 고르면?

보기

㉠ 기업 전체의 활동과 각 부문별 활동에 대한 장기 및 단기 계획을 수집한다.

㉡ 각 부문 활동 간의 부조화에 대한 사전 조정을 통해 기업 전체를 종합 관리한다.

㉢ 기업의 경영전략과 경영방침에 따라 예산을 각 부문에 할당하고 이를 감독·관리한다.

㉣ 예산과 실제 지출을 비교하여 각 부문의 성과를 평가하고 부작용 및 장단점을 개정하여 반영한다.

㉤ 장·단기적인 예산편성을 통해 합리적이고 일관성 있는 자원배분을 위한 종합예산을 편성한다.

① ㉠, ㉡   ② ㉠, ㉤

③ ㉡, ㉢   ④ ㉣, ㉤

33. 기업은 조직성과를 위해 인적자원을 파악하고 실제 업무에 적절히 배치하여 구성원들이 최고의 능력을 발휘할 수 있게 해야 한다. 이를 위한 인사관리의 원칙에 대한 〈보기〉의 내용과 명칭의 연결이 바르지 않은 것은?

보기

㉠ 직장에서 신분이 보장되고 계속해서 근무할 수 있다는 믿음을 갖게 하여 근로자가 안정된 회사 생활을 할 수 있도록 해야 한다.

㉡ 근로자의 인권을 존중하고 공헌도에 따라 노동의 대가를 공정하게 지급해야 한다.

㉢ 개인의 능력을 발휘할 수 있는 기회를 제공하고 그에 대한 보상을 해야 한다.

㉣ 구성원들이 서로 유대감을 가지고 협동하고 단결할 수 있도록 한다.

---

① ㉠ 종업원 안정의 원칙
② ㉡ 공정 인사의 원칙
③ ㉢ 창의력 계발의 원칙
④ ㉣ 단결의 원칙

34. 김 사원은 업무 시간 이외의 시간을 활용하여 자기개발을 하려고 한다. 김 사원이 다음 SMART 법칙을 참고하여 계획을 세운다고 할 때, 그 내용으로 적절한 것은?

SMART 법칙이란 목표달성을 위한 계획을 세울 때 지켜야 할 원칙을 말한다. 잘 세워진 계획이 목표달성을 이루는 원동력이 되기 때문에 새로운 계획을 세우거나, 목표를 설정할 때 SMART 법칙을 참고하면 유용하다.

01 S(Specific) : 목표는 구체적이어야 한다.

02 M(Measurable) : 측정이 가능해야 한다.

03 A(Attainable) : 달성이 가능해야 한다.

04 R(Realistic) : 결과 지향적이어야 한다.

05 T(Time limited) : 기한의 정함이 있어야 한다.

---

① 일주일에 한 번씩 외국인과 대화하기

② 1년 뒤부터 매일 17시간씩 공인중개사 자격증 공부를 하여 3년 뒤에 합격하기

③ 매일 경제학 관련 도서를 10페이지씩 읽어서 1달 동안 2권 완독하기

④ 오늘부터 매일 숨이 가쁠 때까지 달리기를 진행하여 날씬한 몸매 만들기

35. 명함관리는 개인의 인적자원관리 방법 중 하나이다. 개인의 성명, 주소, 직업, 신분과 같은 정보가 표기되어 있는 명함이 가지는 가치에 대한 설명으로 적절한 것을 〈보기〉에서 모두 고르면?

> **보기**
>
> ㉠ 개인의 정보를 얻을 수 있다.
> ㉡ 신분이 보장되고 계속해서 근무할 수 있다는 믿음을 갖게 한다.
> ㉢ 대화의 실마리를 제공할 수 있다.
> ㉣ 개인의 정보를 전달한다.
> ㉤ 후속 교류를 위한 수단으로 사용할 수 있다.

① ㉠, ㉢, ㉣   ② ㉠, ㉣, ㉤
③ ㉠, ㉡, ㉢, ㉣   ④ ㉠, ㉢, ㉣, ㉤

36. J 항공사에 근무하는 승무원 양 씨는 5월 10일에 부산에서 방콕으로 가는 비행 스케줄이 있다. 기상악화로 비행기가 원래 출발시각보다 2시간 늦게 출발하였다면, 양 씨가 방콕에 도착하는 날짜와 시간은 방콕을 기준으로 언제인가? (단, 방콕의 시간대가 부산보다 2시간 느리다)

〈비행 스케줄〉

노선	출발시각(출발지 기준)	비행시간
부산 → 방콕 (PUS) (BKK)	5월 10일 오후 8시	5시간 30분

① 5월 10일 오후 11시 30분
② 5월 11일 오전 1시 30분
③ 5월 11일 오전 2시 30분
④ 5월 11일 오전 6시 30분

37. 갑 공단은 주민들의 체육시설 만족도 향상을 위해 추가적인 체육시설 건립을 추진하고자 한다. 현재 갑 공단이 보유하고 있는 체육시설과 가용예산이 다음과 같을 때, 현황에 대한 설명으로 옳지 않은 것은?

〈갑 공단 보유 체육시설 및 예산 현황〉

1. 체육시설 현황

(단위 : 개소)

구분	스포츠센터	야구장	축구장	풋살장	수영장
○○공단 보유 현황	1	1	2	1	0
문체부 권고 기준	1	2	1	2	1
시설당 건립비용	100억 원	30억 원	80억 원	20억 원	60억 원

※ 주민들이 가장 원하는 체육시설은 수영장이다.

2. 갑 공단 예산 현황

- 갑 공단에서 확보한 올해 체육시설 건립 예산은 50억 원이다.
- 갑 공단은 목적이 지정되지 않은 예비비가 70억 원이 있다.
- 내년도 예산은 현재 100억 원으로 구의회에서 심의 중이다.

---

① 예비비 예산 적용 시 문체부 권고 기준을 충족할 수 있다.

② 올해 확보된 예산만으로 주민들이 가장 원하는 체육시설을 건립할 수 있다.

③ 올해 확보된 예산으로는 문체부 권고 기준의 체육시설을 건립할 수 없다.

④ 문체부 권고 기준으로 체육시설을 확보하려면 110억 원의 예산이 필요하다.

38. K 공사 총무팀에 근무하는 박 대리는 협력업체에게 다과세트를 선물하려고 한다. 업체사이트에 다음과 같은 안내사항이 공지되어 있을 때, 배송에 대한 설명으로 적절하지 않은 것은?

<연휴 배송 안내>

1. 오후 2시 이전 주문 건은 당일 출고합니다.
2. 오후 2시 이후 주문 건은 익일 출고합니다.
3. 출고일부터 1 ~ 2일 간 배송이 진행됩니다(예를 들어 출고일이 2일인 경우 3일에서 4일 사이에 택배를 수령할 수 있습니다).
4. 주문일부터 1 ~ 3일 내에 배송이 완료되어, 택배를 수령하실 수 있습니다.
5. 토요일, 일요일, 법정공휴일(설, 추석 연휴 포함)에는 출고 및 배송이 중단됩니다.

일	월	화	수	목	금	토
		1	2	3	4	5
6	7	8	9(오늘)	10	11	12
13	14	15	16	17	18	19
	배송 지연		추석연휴			
20	21	22	23	24	25	26
	배송 지연					
27	28	29	30	31		

※ 배송 지연 : 해당 기간 주문 건은 정상 출고되나, 물류 증가로 처음 예정된 배송일에서 최대 1 ~ 2일 더 소요됩니다.

① 14일 오후 2시 전에 주문을 할 경우, 주문자는 늦어도 23일에는 택배를 수령할 수 있다.

② 15일 오후 3시에 주문을 하면 22일까지 택배를 받을 수 없다.

③ 오늘 오후 4시에 주문을 했을 때 빠르면 11일에 택배를 받을 수 있다.

④ 내일 오전 11시에 주문을 하면 늦어도 14일에는 택배를 받을 수 있다.

39. 다음 글에 부합하는 사례를 〈보기〉에서 모두 고르면 몇 개인가?

회사의 최고 인재는 누구이고, 사업에 중대한 영향을 미치는 주요 보직들이 무엇인지 제대로 이해하는 것은 어렵지만 무척 중요한 일이다. 특히 한 조직에서 중심이 되는 보직의 가치를 파악하고 정량화하는 것은 인재를 가치에 연결하는 데 있어 가장 핵심적인 단계이다. 경영진은 이를 판단하기 위해 종종 조직의 위계나 관계, 혹은 직관을 이용한다. 그리고 사업에 결정적 영향을 미치는 요직들이 늘 최상위 직급에서 서너 계층 아래에 있다는 사실을 모른 채 '최상위팀'에 있다고 추정한다. 실상 결정적 보직과 결정적인 인재는 조직 전체에서 찾을 수 있는데도 불구하고 말이다.

인재와 가치의 단절을 막을 수 있는 좋은 방법이 있다. 회사가 정량적 평가와 지표들로 조직의 인재들과 가치 창출 기회를 단단히 엮는 것이다. 이를 통해 디자인, 제조, 인사, 구매, 기타 어떤 부문이든 회사 성과에 가장 결정적인 역할을 하는 보직을 구석구석에서 찾을 수 있다. 이때 경영진은 보직을 명확히 규정함으로써 적절한 역량을 가진 최고 실력자에게 가장 중요한 역할을 맡길 수 있다. 그리고 각 보직의 올바른 승계 계획도 세울 수 있다. 이런 방법을 활용할 줄 아는 리더는 가장 큰 가치를 창출하는 자리에 인재를 재배치하는 일이 자본을 재배치하는 일만큼이나 중요하다는 사실을 잘 알고 있는 리더이다. 조직의 경쟁우위를 가장 잘 예측할 수 있는 인재관리 관행은 전략적 우선순위가 높은 보직들에 능력 있는 인재를 얼마나 자주 재배치하는지에 달려 있다.

맥킨지 연구 결과에 따르면 회사 보직을 명확하게 규정하는 능력은 조직의 전체 실적 그리고 조직의 건강도와 밀접하게 관련돼 있다. 보직을 명확히 규정하려면 반드시 사람보다 역할을 먼저 생각해야 한다. 첫 번째 목표는 조직 내 어디에서 잠재적으로 가장 큰 가치가 발생할 수 있는지, 그리고 그 가치를 실현시키기 위해서는 어떤 능력이 필요한지를 측정하는 것이다. 실적이 가장 뛰어난 직원을 찾는 것과는 다르다. 리더들은 이런 접근법을 통해 단지 개인의 역량에 초점을 맞추기보다 인재와 가치를 연결하는 방법을 좀 더 전략적으로 고민하게 된다.

보기

㉠ A 기업은 100개 보직을 면밀히 검토한 후 잠재적 가치가 높은 보직에 회사 실적이 가장 우수한 사원을 배치시켰다.

㉡ B 기업의 최고경영자들은 상위 보직들에 부여되는 미션을 구체적으로 명시하여 담당해야 할 직무리스트와 그 역할을 평가하는 핵심성과지표(KPI)를 작성하여 주요 보직에 요구되는 역량을 더 객관적으로 파악할 수 있게 하였다.

㉢ C 스타트기업은 애자일 원칙을 기본으로 움직이는 수평적인 조직을 가지고 있다. 이에 따라 보직에 맞는 인재 재배치 과정이 자주 일어난다.

㉣ D 기업은 새해를 맞아 조직의 대대적 개편을 위해 조직의 위계질서에서 상위에 해당되는 보직에 중요한 인재들을 배치하였다.

① 1개　　　　② 2개　　　　③ 3개　　　　④ 4개

40. 다음은 S사의 진급 규정이다. 진급대상자는 진급 기준과 근속연수에 따라 1등급, 2등급으로 구분된다. 지난달에 각 대상자에 대한 인사고과 평가가 완료되었으며, 이에 근거하여 다음 달인 2022년 9월 1일부터 진급 기준을 충족한 직원에 대한 진급이 적용된다고 한다. 다음 달부터 연봉이 5% 상승하는 직원을 모두 고른 것은?

	1등급	2등급
혜택	• 직급 1 상승 • 연봉 10% 상승	• 직급 1 상승 • 연봉 5% 상승
기준	• 완료한 프로젝트 5개 이상 • 인사고과 종합점수 90점 이상	
근속연수	2년 이상	1년 이상 ~ 2년 미만
	※ 현직급이 과장 이상인 경우 근속연수 5년 이상	

	입사일	프로젝트 현황	직급	인사고과 종합점수
김	2022. 6. 1.	(완) A백화점 계획 외 3건 (진) B파크 설계	사원	93점
이	2020. 2. 8.	(완) C병원 복합설계 (진) D복합단지 내진설계 외 2건 (완) E대학 건물 공모 외 3건	대리	90점
박	2021. 5. 15.	(완) F사옥 리모델링 외 2건 (완) G경마장 증축 외 4건 (진) H영화관 복합설계	차장	91점
정	2021. 6. 30.	(완) I쇼핑센터 현상설계 외 2건 (완) J미술관 신축 외 1건 (완) K문화센터 현상설계 외 3건	대리	95점
주	2015. 3. 10.	(완) L박물관 신축 외 1건 (진) M사 사옥 설계 외 1건 (완) N복합단지 현상공모 외 3건 (진) S병원 암센터 신축	과장	89점

※ 직급 체계 : 사원 → 대리 → 과장 → 차장 → 부장
※ (완) : 완료한 프로젝트, (진) : 진행중인 프로젝트

① 김

② 정

③ 박, 정

④ 이, 정, 주

41. 조직문화란 조직의 영감·목적, 개인의 동기·믿음 그리고 그룹 상호작용의 패턴을 통해 리더와 조직원의 행동을 이끌어 내며 결과를 창출하는 결합이라 볼 수 있다. 다음 자료를 참고하여 조직 문화에 관하여 분석한 내용 중 적절하지 않은 것은?

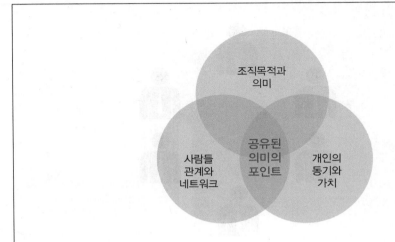

- 인류학과 철학의 분야
  사람들이 그들의 경험을 해석하고 그들의 행동을 지도하는 관점에서 의미의 집단적이고 상징적인 구조
- 심리학의 분야
  사람들이 보통 도달하고 만족하기 위해 노력하는 핵심목표, 원하는 것, 필요한 것
- 사회학의 분야
  행동이 보통 가지는 형태, 사회적 패턴과 권력 상호 작용

① 조직문화는 사람들이 상호작용 할 때 일어나는 행동패턴에서 관찰되는 사회적인 현상으로 볼 수 있다.

② 조직문화에 대한 철학적 접근은 조직 내 개인에 의해 사용되는 정신모델을 강조한다.

③ 문화의 교차점에서 공유되는 의미는 개인, 그룹, 회사를 조화시키는 지렛대가 될 수 있다.

④ 조직문화의 규범을 중심으로 접근하는 것은 사회학적 접근으로 볼 수 있다.

42. 네트워크 조직이란 독립된 사업 부서들이 각자의 전문 분야를 추구하면서도 제품을 생산하거나 프로젝트의 수행을 위한 관계를 형성하여 상호 협력하는 조직을 의미하며, 그림과 같은 관계를 갖고 있다. 다음 중 네트워크 조직에 대한 설명으로 옳지 않은 것은?

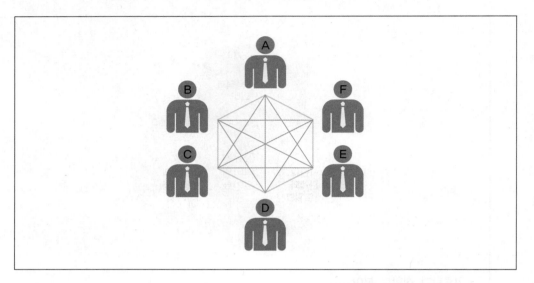

① A ~ F는 서로 업무적인 상호의존성이 크지만, 각자의 독립성을 유지하고 있다.

② 수직적, 수평적, 공간적 신뢰관계로 안전한 조직구조이다.

③ 상호의존적인 구조로 인해 구성원들의 창의성과 책임감의 향상을 기대하기 어렵다.

④ 네트워크 조직 구조가 장기화될 경우 네트워크 전체가 폐쇄화되고 유연성이 상실될 수 있다.

43. 퀸(Quinn)의 경쟁가치 모형에 대한 설명으로 옳지 않은 것은?

① 혁신 지향문화는 도전의식과 창조적 정신을 강조한다.

② 위계 지향문화는 내부과정모형이라 하며, 명령과 통제, 보고의 정보관리를 강조한다.

③ 관계 지향문화는 인간관계모형이라 하며, 응집성, 사기, 훈련 등이 주요 수단이다.

④ 과업 지향문화는 조직의 외부환경 적응, 조직의 성장과 자원의 획득을 강조한다.

44. 다음 글은 조직에서 발생할 수 있는 심리학적 현상을 설명하고 있다. 기업의 조직 문화에서 다음 글과 관련된 심리학적 현상이 발생할 수 있는 경우로 적절하지 않은 것은?

> 영화 '300'에서는 300명에 불과한 스파르타의 왕과 전사들이 페르시아 100만 대군에 맞서 수적 열세를 극복하여 선전하는 장면이 나온다. 이는 페르시아 군대가 수적 우세만을 과신한 것에 반해 스파르타 왕은 전사 개인별로 명확한 역할 부여를 통해 군대의 역량을 하나로 집중시키는 통합적 리더십을 보여 주었기에 가능했던 것이다. 100만 페르시아 군대는 산술적인 수적 우세만을 과신해서 진격하였고, 자신의 군대 역량을 이미 알고 있는 스파르타 군대는 적은 인원으로 최대의 성과를 내기 위해 철저한 역할 분담과 조직에 충성하는 몰입도를 보여 줬다.
>
> 회사나 조직은 개인들이 각자 자기 일을 할 때보다 더 큰 힘을 발휘할 수 있도록 만든 인위적 집단이다. 대체로 많은 기업들은 조직이 방대해지고 직원의 수가 늘어날수록 전체의 성과가 개인의 성과의 합보다 적어져 버린다. 다시 말하면 능률과 생산성이 역으로 떨어지는 현상을 맞게 되는 것이다.
>
> 조직이라는 집단 속에 포함된 개인의 수가 늘어날수록 그 성과에 대한 1인당 공헌도가 비례적으로 늘어나지 않고 오히려 떨어지는 현상이 나타나기도 한다. 즉, 1+1=2가 되지 못하고 오히려 1.3이나 1.7처럼 2보다 적게 되는 현상인데, 이것은 개인이 혼자 일할 때 100%의 역할을 하는 구성원이 남들과 함께 집단 속에서 일할 때는 1보다 적은 성과를 내는 조직 심리학 측면의 현상이라고 할 수 있다. 즉 자신에게 명확한 역할과 책임이 부여되는 1:1의 상황과는 달리 '여러 명' 가운데 한 사람으로 존재할 때 '익명성'의 보호로 인해 최선의 노력을 다하지 않는 심리에서 기인하는 것이다.

① 조직 내 커뮤니케이션이 잘 이루어지지 않은 경우
② 조직의 업무에서 개인의 기여도가 불분명한 경우
③ 조직원 개개인의 성과에 대한 평가를 진행하는 경우
④ 개인별로 업무가 명확히 구분되지 않아 팀 업무의 책임감이 분산될 경우

45. 다음 〈사례〉에서 나타난 갑의 사임 원인을 지적한 의견으로 적절한 것은?

사례

갑은 언론인으로서 사건에 관한 냉철한 판단력과 유려한 언변으로 다른 기자들보다 일찍 이름을 알렸다. 현장 기자로 일할 때나, 편집부의 일원으로 일할 때 평소 자기중심적이라는 평판이 있기는 했지만 갑의 남다른 분석력과 역량은 조직에도 큰 도움이 되었다.

갑은 승진을 거듭하여 결국 M사의 보도국장으로 취임하면서, 최종 의사결정을 내릴 수 있는 위치에 올랐다. 그리고 갑은 자신의 생각만이 옳다고 믿으면서 자신과 다른 의견을 가진 사람들의 말은 귀담아 듣지 않았다. 이에 갑의 동료 을은 "갑은 자기 생각대로 일을 진행하고, 그 과정에서 자신을 따르지 않는 사람들을 배척한다."라고 평가하기도 하였다. 점점 갑의 동료들도 수동적으로 갑의 말을 따를 뿐 자유로운 토론 문화가 조직에서 사라졌다. 결국 ○○ 보도 조작 사건 등의 불미스러운 일들이 발생하였고 갑은 3년 만에 사임하게 되었다.

---

① 자신의 노하우를 다른 사람들과 공유하지 않았기 때문이다.

② 객관적인 근거와 사실만 중시하여 회사의 이해관계를 무시하면서 회사를 운영하였기 때문이다.

③ 다른 사람들이 자신과 동일한 생각을 하고 있다고 믿어 다른 사람들의 의견에 그대로 따랐기 때문이다.

④ 자신의 지식과 판단력이 다른 사람들에 비해 우월하다는 생각에 타인의 의견을 무시하고 독단적인 결정을 하였기 때문이다.

46. 조직에서 수행되는 회의 유형을 정리한 다음 자료의 ⓐ ~ ⓓ에 들어갈 내용으로 알맞은 것은?

〈회의 유형〉

구분	빈도	목적	방법
사외 리뷰 회의	분기 1회	ⓐ	일상 업무에서 한 발짝 떨어져 팀의 미션, 핵심가치, 경영 목표 등을 살피고 점검
심층 토론 회의	월 1회	ⓑ	팀의 차원에서 해결해야 할 중대한 사항이나 이슈 해결을 위한 심층 토론
주간 정기 회의	주 1회	ⓒ	팀 또는 팀원이 수행하는 최우선 과제 가운데 주요 안건을 정해 토론하고 실행 아이디어 탐색
일일회의	매일 (생략가능)	ⓓ	한 일이나 수행할 일에 대해 10분 이내로 가볍게 논의

① ⓐ 정보 교환

② ⓑ 팀의 방향 설정 및 점검

③ ⓒ 수시 난제 해결

④ ⓓ 핵심 문제 해결

47. 다음에서 나타난 경영전략의 이점으로 적절한 것은?

> 미국의 스타트업 베비(Bevi)는 원하는 음료를 제작할 수 있는 자판기를 통해 소비자 입맛 정보를 수집하고 있다. 이용 방법은 간단하다. 정수기처럼 생긴 기계에 컵을 놓고 터치 스크린에서 탄산이 든 것과 들어 있지 않은 물을 고르고, 거기에 레몬, 복숭아, 라임, 수박 등 10여 가지 맛 중 원하는 것을 골라 필요한 만큼 넣으면 된다.
>
> 스마트 자판기를 통해 수집된 정보는 크게 재고 관리와 마케팅에 활용할 수 있다. 베비는 실시간으로 재고와 자판기 상태를 확인한다. 이를 통해 자판기가 설치된 곳에서 연락이 오기 전, 먼저 가서 부족한 물량을 채워 넣는다.
>
> 또 고객들이 어떤 맛을 선택해 섞었는지 등의 정보는 마케팅 전략 수립에 도움을 준다. 각자 원하는 맛을 고르기 때문에 다른 사람 눈치를 보다 원치 않는 맛을 선택하는 등의 예외 상황을 통계에서 제외할 수 있고, 정확한 수치를 바탕으로 통념에서도 벗어날 수 있다.

① 고객들에게 이전보다 더 나은 애프터서비스를 제공할 수 있다.

② 고객 친화적인 서비스 제공이 가능하며, 고객의 진짜 니즈를 파악할 수 있다.

③ 제품의 품질에 대한 객관적인 평가 자료를 마련할 수 있다.

④ 현지화 전략을 통해 글로벌 마케팅을 수립할 수 있다.

48. 다음 글의 빈칸에 들어갈 말로 적절한 것은?

> 자동차 생산 업체인 K사는 올해 국내 판매가 저조하자 작년에 출시한 신형 차량 3종으로 해외시장에 진출하기로 했다. 이는 신규시장을 개척하고 신규시장에서 현지 마케팅을 강화함으로써 회사의 성장을 도모하겠다는 의도이다. 이러한 K사의 행보는 새로운 시장에서 기존 제품으로 경쟁을 하는 것을 의미하는 (   ) 전략에 해당한다.

① 시장개발   ② 다각화

③ 제품개발   ④ 시장침투

49. B사에서 상담원으로 일하는 박 씨는 고객이 성희롱이나 비속어를 사용할 경우 회사의 〈고객 상담 업무 지침〉과 〈비속어 고객 대응 프로세스〉에 따라 대응하도록 교육 받았다. 다음 중 비속어 고객에 대한 박 씨의 대응으로 적절하지 않은 것은?

〈고객 상담 업무 지침〉

고객이 성희롱, 비속어를 사용하는 경우

1. 먼저, '감정 자제'를 요청한다.
2. 문제적 발언이 지속될 경우, '발언을 계속하면 상담이 중단될 수 있음'을 분명하게 고지한다.
3. 그럼에도 불구하고 상황이 지속될 경우, '상담 진행 불가로 전담 관리팀으로 이관하겠다'는 양해 안내 멘트 전달 후 통화를 종료한다.

〈비속어 고객 대응 프로세스〉

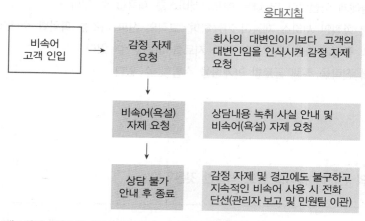

※ 비속어 고객 : 상담 진행 중 연속 2회 이상 비속어(욕설), 성희롱 사용 고객

① 계속된 욕설 사용으로 더 이상 상담 진행이 어렵습니다. 짧은 시간 내로 전담 관리팀에서 고객님께 전화 드릴 것입니다.

② 고객님. 지속적으로 폭언을 하시는 경우 통화녹음을 근거로 형사고발되시거나 입건될 수 있습니다. 자제 부탁드립니다.

③ 현재 상담 내용이 녹음되고 있습니다. 비속어는 자제해주시고, 업무와 관련된 내용을 말씀 부탁드립니다.

④ 고객님, 고객님께서 화가 나신 점은 충분히 이해합니다. 그렇지만 계속 화만 내시면 제가 고객님의 요청을 알아듣기 어려워 도움을 드리기가 어렵습니다.

50. C사 경영전략팀 영민 대리는 ○○국 해외 지부에 대한 SWOT 분석을 실시하여 다음 자료를 작성하였다. ㉠ ~ ㉢에 들어갈 내용으로 옳은 것은?

〈○○국 해외지부 SWOT 분석〉

강점(Strength)	약점(Weakness)
– 해외 시장과 가까운 거리 – 높은 브랜드 선호도 – 우수한 인적자원	– 국내에 비해 낮은 마진율 – 부족한 고객서비스센터 – 판매제품 부족
기회(Opportunity)	위협(Threat)
– 웰빙 관련 신시장 등장 – 해당 국가의 수입 규제 완화 – 해당 국가의 정부의 투자 확대	– 비슷한 수준의 경쟁업체 증가 – 트렌드 변화 빠름

〈분석에 따른 전략〉

S(강점)를 활용한 전략	
O(기회) 살리기	T(위협) 피하기
㉠	㉣
㉡	㉢

① ㉠ 우수한 인적자원을 이용하여 웰빙 관련 신시장에 투자한다.

② ㉡ 높은 브랜드 선호도를 활용하여 판매제품 부족을 판매제품 품귀현상으로 홍보한다.

③ ㉢ 수입규제가 완화된 기회를 활용하여 마진율이 높은 프리미엄 상품을 도입한다.

④ ㉣ 고객서비스센터를 늘려서 경쟁업체보다 고객만족도를 올린다.

01. 다음 중 문서작성능력에 대한 설명으로 옳지 않은 것은?

> 업무를 진행하면서 글을 쓰는 행위는 정보를 전달하는 수단 중 하나이다. 업무 중 작성하는 문서는 대부분 일, 경험 그리고 일을 통해 알게 된 정보와 관련된 것이다. 정보통신기술이 발전한 시대에는 자신의 생각을 구체적이고 논리정연하게 표현할 수 있는 문서작성능력이 무엇보다 중요하다. 이러한 문서작성능력을 기르기 위해서는 다음과 같은 교육이 필요하다.
>
> (후략)

① 업무 내용과 관련된 요청사항이 있는 경우 대개 공문서를 사용한다.

② 정보제공과 관련된 문서에는 홍보물이나 제품 설명서, 안내서 등이 있다.

③ 문서를 작성할 때에는 문서의 대상, 목적, 시기, 기대효과 등을 고려해야 한다.

④ 즉각적인 업무 추진이 실행되어야 하는 경우 상대방의 대응이 필요한 업무지시서를 사용하는 것은 적합하지 않다.

02. 다음 중 문법적 표현이 〈보기〉의 밑줄 친 표현과 다른 것은?

> **보기**
>
> 공 팀장 : 이번 신규사업 프로젝트에 우리 회사의 사활이 걸려있습니다. 더 나아가 이번 프로젝트는 직원 여러분들끼리 <u>서로 상생(相生)</u>할 수 있는 기회가 될 것입니다.

① 지금은 이웃에 대한 따뜻한 온정의 손길을 베풀 때입니다.

② 가장 최근에 나온 기사가 정확할 것이다.

③ 잦은 야근 때문에 눈동자가 충혈되었습니다.

④ 역전 앞에서 기다리는 중이다.

03. 다음 (가) ~ (라)의 설명과 〈보기〉의 ㉠ ~ ㉣을 바르게 연결한 것은?

(가) 그냥 듣거나 메모하지만 말고, 말로 상대가 사용한 단어, 문장을 따라 하는 것이다. 이것은 단순하지만 효과가 크다. 시청률이 높은 쇼 프로그램이나 리얼 버라이어티의 사회자를 주의 깊게 관찰해 보면 그들은 출연자가 말한 단어를 똑같이 따라 하거나 사용한 문장을 다시 확인하는 '리액션'을 보여 준다.

(나) 상대의 단어, 문장을 이해하고 당신이 듣고 있다는 몸짓까지 하려면 상당한 집중력을 발휘해야 한다. 그런데 강연에 참석한 당신의 컨디션이 엉망이라면 경청을 할 수 있을까? 어려울 것이다. 경청을 하려면 육체적으로도 정신적으로도 미리 준비되어 있어야 한다.

(다) 의외로 많은 사람들이 대화 중간에 상대의 말을 자르고 들어온다. 우리가 상대의 말을 막거나 고쳐서 얻을 이득이 하나도 없는데 말이다. 메모를 해 두었다가 상대의 말이 다 끝난 후 내가 하고 싶은 말을 하는 것이 경청에 도움이 되는 행동이다. 메모를 해야 하기 때문에 상대의 말을 더 주의 깊게 듣게 되고, 상대가 자신의 이야기에 집중하는 모습을 보고 좋은 인상을 얻을 수 있다.

(라) 상대는 질문하는 것 그 자체로 당신이 자신의 말을 경청하고 있다고 여기게 된다. 필요하다고 생각하는 것 이상으로 질문하는 것이 좋다. 상대의 말 중에 잘 이해가 되지 않는 부분을 재차 설명해 달라고 요구하는 것도 바람직하다.

보기

㉠ 상대의 단어와 문장을 반복하기
㉡ 질문을 많이 하기
㉢ 상대의 말을 막거나 가로채지 않기
㉣ 주의를 집중하기 위해 준비하고 노력하기

	(가)	(나)	(다)	(라)
①	㉠	㉣	㉢	㉡
②	㉠	㉣	㉢	㉡
③	㉣	㉡	㉠	㉢
④	㉣	㉢	㉡	㉠

04. ◇◇대 생태학과에 다니는 해준이는 다음 학과 행사에서 꿀벌 개체 감소에 관한 발표의 발표자로 참여하게 되었다. 이때 해준이가 주의해야 할 사항으로 적절하지 않은 것은?

〈202X년 ◇◇대 생태학과 정기발표회〉

202X. 12. 04. (토) 10 : 30 ~ 16 : 00 □□홀 510호

프로그램 안내	
10 : 30 ~ 11 : 00	참가자 확인 및 안내자료 배포
11 : 00 ~ 11 : 45	개회사 및 축사
11 : 45 ~ 12 : 00	환영사
점심시간	
13 : 30 ~ 13 : 45	일촉즉발의 위기 : 꿀벌
13 : 45 ~ 14 : 30	생물 다양성 보전의 미래적 가치
14 : 30 ~ 15 : 00	둘레길은 과연 자연을 보존할 수 있을까
15 : 00 ~ 15 : 30	생태계와의 공존을 위한 지속가능발전의 필요성
15 : 30 ~ 16 : 00	폐회 및 기념촬영

① 점심시간 이후는 식곤증 때문에 듣는 이의 주의가 흐트러지기 쉬우므로 발표 시 리듬감을 주어 집중을 돕는다.
② 꿀벌 개체 감소의 위험성을 알리기 위한 자리이므로 가급적 유머의 사용은 피한다.
③ 꿀벌의 중요성을 간과한 결과가 생태계에 초래할 위험을 강조하며 이야기를 전개한다.
④ 찬성과 반대의 의견이 명확한 사람들이 논리적으로 상대를 설득하기 쉽도록 충분한 시간을 준다.

[05 ~ 06] 다음 글을 읽고 이어지는 질문에 답하시오.

편의점 대국으로 불리는 일본은 포인트 서비스가 활성화되어 있으므로 이용자들이 보다 현명하게 편의점을 이용할 수 있다. ⓐ <u>싸인/쌀인</u> 포인트는 다음 쇼핑대급의 지불에 이용하거나 상품 및 상품권으로, 제휴 여부에 따라 타사 포인트 등으로도 교환할 수 있다. 일본 편의점에서는 ⓑ <u>원래/월래</u> 할인 판매를 하지 않는다. 하지만 포인트 서비스를 이용하면 가격할인과 실질적으로 동일한 효과가 있기 때문에 포인트 서비스의 활용도가 상당히 높다. 그런데 기업 및 점포에게 이익이 되지 않는 이 서비스를 굳이 도입한 이유는 무엇일까? 통상적으로는 이용자들의 쇼핑 관련 개인정보와 언제 무엇을 구입했는지, 보통 무엇과 무엇을 같이 구입하는지, 그리고 이용 빈도수는 얼마나 되는지 등의 구매행동 이력을 수집하는 것이 주요 목적이다. 물론 수집한 정보는 불법적인 용도가 아닌 향후 상품 개발 및 점포 내 물품 체제 관리 등에 활용되는 것을 전제로 한다. 자신만 혜택을 보면 그만이라 생각하는 일부 이용자들도 있겠지만 ⓒ <u>대개/대게</u>는 모두가 이용하기 쉽고 환경 친화적이고 안전한 점포가 되기를 바랄 것이다. 편의점에게 포인트 서비스는 커뮤니케이션 수단의 하나이다. 따라서 편의점 회사와 회원들 간의 연계를 심화시키고 장기적으로 지속적인 관계를 구축해 나가는 것을 ⓓ <u>지양/지향</u>한다. 약관에 가입하여 회원이 되는 것은 어느 정도 신뢰감을 가지고 부분적이지만 개인의 정보 분석을 '허락'하는 행위나 마찬가지이다. 따라서 회원이 되는 측도 본인의 정보를 어느 정도는 제공함으로써 지속적인 관계를 이어갈 각오를 가져야 한다고 생각한다. 인구 감소와 저출산 및 고령화가 지금과 같은 양상으로 진행된다면 서로 경쟁 관계에 있는 복수의 점포 중에서 그때그때 자신에게 적합한 점포를 선택할 수 있는 현재와 같은 환경이 지속될 것으로 생각하기 어렵다. 그렇다면 특정 점포에 대한 충성도로 점포를 선택하기보다 자신에게 보다 적합한 서비스를 제공하는 점포를 선택할 가능성이 더욱 커질 것이다. 이미 가까운 거리에 점포가 없거나 지금 자신에게 맞는 점포가 없는 상황에 있는 '쇼핑 약자'도 발생하고 있다. 이 경우는 처음부터 자신의 상황에 맞춘 점포를 만들어 가는 수밖에 없다.

05. 편의점 측이 포인트 서비스로 얻게 되는 이익이 아닌 것은?

① 고객과의 연결고리
② 나에게 특화된 점포 찾기
③ 가입자 정보
④ 점포 서비스 부분 개설

06. 지문의 밑줄 친 ⓐ ~ ⓓ에 들어갈 단어의 쓰임이 적절하지 않은 것은?

① ⓐ 쌀인
② ⓑ 원래
③ ⓒ 대개
④ ⓓ 지양

[07 ~ 08] 다음 글을 읽고 이어지는 질문에 답하시오.

(가) 영화 〈비바리움〉은 완벽한 삶의 공간을 찾던 한 커플이 미스터리한 마을의 9호 집에 갇히게 되는 상황을 소재로 한다. 감독 로칸 피네건과 각본가 가렛 샨리는 2008년 글로벌 금융위기로 시작된 부동산 시장 침체가 야기한 아일랜드의 유령 부동산과 그곳에서 집을 팔지 못해 떠나지 못하는 사람들에 주목했다. 그 결과 주택단지에 갇힌 젊은 커플을 주인공으로 한 단편 영화 〈여우들(2011)〉을 만들었다. 그 이후에 개봉한 장편 영화 〈비바리움〉은 〈여우들〉의 설정을 바탕으로 정치, 사회, 문화 문제들에 공상과학적인 상상력을 덧붙인 일종의 '확장판'이다. 로칸 피네건 감독은 "딜레마에 직면했을 때 인간은 어떻게 행동하는지, 극단적 상황에 처한 인간의 본능을 보고 싶었다."라고 연출 의도를 설명했다.

(나) 비바리움은 관찰이나 연구를 목적으로 동물, 식물을 사육하는 공간을 뜻한다. 욘더 마을의 수많은 집은 모두 같은 모양을 하고 있다. 거리도 규격화된 모습이다. 흡사 공장의 생산라인처럼 꾸며진 욘더 마을은 대량 생산 활동을 중요시하는 자본주의 시스템을 풍자한다. 이 속에서 톰과 젬마는 노동, 육아, 즉 생산을 하면 대량으로 만든 식료품, 생활용품을 배달받아 소비한다. 욘더 마을은 저항과 변화를 거부한 채로 전통적인 가족상과 남녀 역할을 강요하는 사회 시스템이기도 하다. 욘더 마을에서 톰과 젬마는 매일 똑같은 하루를 보낸다. 톰은 아침이면 마당에 나가 종일 구멍을 판다. 직장에서 일하는 남편처럼 말이다. 젬마는 요리, 빨래 같은 집안일을 하고 아이를 보살핀다. '욘더의 집들은 정말 이상적'이라는 마틴의 말은 곧 남자가 돈을 벌고 여자가 집안일을 하는 성 역할에 충실한 삶이 이상적이라는 주장이다. 두 사람은 매일 똑같이 반복되는 일상의 공포를 경험한다. 탈출구는 없다. 아기를 기르면 탈출할 수 있게 해 준다고 했지만, '기른다'의 정의는 모호할 따름이다. 하루 이틀 시간이 흐를수록 둘의 관계엔 균열이 점차 커진다. 그렇게 집은 스스로 판 무덤처럼 변한다. 영화는 자신의 목소리와 선택의 자유를 상실한 채로 누군가 정한 기준에 맞춰 욕망하며 순응하는 상황에 '(㉠   )' 갇혔다고 본 것이다.

(다) 톰은 여자친구 젬마와 함께 지낼 안락한 집을 알아보다가 부동산 중개인 마틴으로부터 욘더 마을을 소개받는다. 두 사람은 똑같은 모양의 주택들이 세워진 욘더 마을의 9호 집을 둘러보다가 기묘함에 사로잡힌다. 그런데 마틴이 사라지고 둘은 어떤 방향으로 가도 다시 9호 집으로 통하며 마을에 갇히게 된다. 며칠 후 9호 집 앞에 아기가 담긴 박스가 도착한다. 박스엔 '아기를 기르면 풀려난다.'고 적혀있다. 욘더 마을에서 벗어날 수 없음을 알게 된 톰은 두려움과 공포에 사로잡혀 나가는 길을 찾기 위해 마당을 파기 시작한다. 반면에 젬마는 아이를 키우며 희망을 잃지 않으려 애쓴다.

(라) 〈비바리움〉에서 이야기만큼이나 강력한 힘을 가진 것은 시각이다. 〈비바리움〉의 미술 콘셉트는 단순함과 반복적임이다. 영화는 르네 마그리트의 〈빛과 제국〉과 같이 구름을 반복적으로 배치하고 마치 그림을 그린 것처럼 마을의 하늘을 꾸몄다. 화면의 주된 톤으로 사용된 녹색은 원래 생명력을 상징하는 색깔이다. 하지만 욘더 마을에 위치한 집에 과장스럽게 칠해져 있는 녹색은 인공적인 분위기를 자아내며 관객의 불안감을 유발한다.

07. 윗글의 (가)~(라)를 글의 흐름에 맞게 순서대로 나열한 것은?

① (나)-(가)-(다)-(라)　　　　　② (다)-(가)-(나)-(라)

③ (다)-(나)-(가)-(라)　　　　　④ (다)-(나)-(라)-(가)

08. 다음 중 ㉠에 들어갈 말로 적절한 것은?

① 과거에서 현재까지　　　　　② 요람에서 무덤까지

③ 천국에서 지옥까지　　　　　④ 시련에서 희망까지

09. 총무팀 조 대리는 컴퓨터를 바꾸기 위해 비품명세서를 작성하고 있다. 다음 중 작성요령으로 적절하지 않은 것은?

진행부서	담당	팀장	비품명세서	승인부서	담당	팀장

---

1. 팀명 :

2. 비품내역 :

구분	품명	비품번호	구입일자	기존장소	이전장소	비고
1						
2						
3						
4						
5						
6						
7						

3. 보고사유 :

작성일 : 202X년 11월 30일

신청인 : 조○○ 대리(인)

① 신청부서와 승인부서가 다른 경우 승인부서에서 비품 구매 결정을 내린다.

② 특별한 사항을 기입해야 할 경우 비고에 작성하거나 자료를 첨부한다.

③ 날짜는 연도를 제외하고 월일을 반드시 함께 기재한다.

④ 비품을 구입할 경우 새로 배치할 장소 이외에 기존에 놓여 있던 장소도 같이 기입한다.

10. 다음은 보고서의 논리 구성이다. ㈀ ~ ㈂에 들어갈 구성항목으로 적절한 것은?

내용		논리 패턴	구성항목
시작	설득	왜 이 사업을 하는가? (왜 보고를 하는가?)	㈀
	WHY	왜 이런 과제가 주어졌을까?	
중간	설명	어떻게 이 사업을 할 것인가? (어떤 내용을 보고할 것인가?)	㈁
	HOW	어떻게 해결할 것인가?	
마무리	결정	무엇을 결정해야 하는가? (무엇을 판단해야 하는가?)	㈂
	WHAT	무엇을 결정하고 판단할 것인가?	

① ㈀ 제목, 개요, 추진 배경
② ㈁ 개요, 문제점과 원인, 기대효과
③ ㈁ 문제점과 원인, 기대효과, 조치 사항
④ ㈂ 해결방안, 기대효과, 조치 사항

11. 다음 숫자들의 배열 규칙에 따라 '?'에 들어갈 숫자로 적절한 것은?

7　10　19　46　127　(?)

① 216　　　　　　　　　② 255
③ 326　　　　　　　　　④ 370

12. 다음 그림과 같이 점 B를 꼭짓점으로 하는 이차함수 $y = x^2 - 2x - 3$의 그래프가 y축과 만나는 점을 A, x축의 양의 부분과 만나는 점을 C라고 할 때, 사각형 OABC의 넓이는? (단, O는 원점이다)

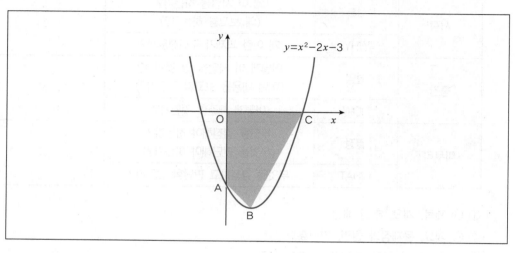

① 6.5

② 7

③ 7.5

④ 8

13. 김 과장은 4일에 한 번씩, 박 과장은 6일에 한 번씩 공장을 다녀온다. 20X1년 11월 1일 수요일에 김 과장과 박 과장이 함께 공장에 갔다면, 다음에 또 수요일에 함께 공장을 가는 날은 며칠 후인가?

① 12일 후

② 24일 후

③ 48일 후

④ 84일 후

14. 주머니에 빨간 공 2개, 파란 공 3개, 노란 공 5개가 들어 있다. 공을 하나씩 꺼내서 빨간 공은 3점, 파란 공은 2점, 노란 공은 1점을 얻는다면, 동시에 공 두 개를 꺼냈을 때 4점을 얻을 확률은?

① $\dfrac{4}{15}$

② $\dfrac{13}{45}$

③ $\dfrac{14}{45}$

④ $\dfrac{1}{3}$

15. 다음 자료는 찬민이가 사용하는 ○○신용카드의 혜택과 지난달 ○○신용카드를 사용한 내역이다. 찬민이가 지난달 ○○신용카드를 사용하여 할인받은 총 금액은?

〈○○신용카드의 혜택〉

1. 연회비 없음.
2. 커피 전문점 30% 할인
3. 온라인 쇼핑 10% 할인
4. 통신요금 10% 할인
5. 대중교통 20% 할인
6. 편의점 5% 할인

〈찬민이의 지난달 ○○신용카드 사용 내역〉

커피 전문점	50,000원
온라인 쇼핑	120,000원
통신요금	90,000원
대중교통	150,000원
편의점	80,000원

① 7만 원
② 8만 원
③ 9만 원
④ 10만 원

16. 어느 가방 브랜드에서 원가가 80만 원인 가방에 이윤 60%를 추가한 가격을 정가로 하여 판매하고 있다. 정기세일 기간에 정가의 20%를 할인하여 판매한다면, 가방 1개를 판매할 때 이 브랜드에서 얻는 이윤은 얼마인가?

① 166,000원
② 198,000원
③ 224,000원
④ 480,000원

17. 다음은 ○○시 과일가게의 딸기와 사과 가격을 정리한 표이다. 딸기 1kg 당 가격의 평균값과 중앙값의 합에서 사과 한 개당 가격의 평균값과 중앙값의 합을 뺀 값은 얼마인가?

구분	딸기(원/kg)	사과(원/개)
A 과일가게	1,300	1,400
B 과일가게	1,500	1,500
C 과일가게	1,400	1,600
D 과일가게	1,600	1,100
E 과일가게	1,800	1,700
F 과일가게	1,700	1,200
G 과일가게	1,900	1,300

① 200원
② 300원
③ 400원
④ 500원

18. 다음은 A 기업의 영업사원 김 씨에 대한 만족도 조사 결과이다. 친절도와 약속이행 항목 중 평균 점수가 더 낮은 항목과 평균 점수의 차이를 바르게 나열한 것은?

〈영업사원 김 씨에 대한 만족도 조사 결과〉

(단위 : 명)

약속이행 \ 친절도	5점	4점	3점	2점
5점	1	2	2	1
4점	1	3	2	1
3점	0	2	3	0
2점	1	0	0	1

① 친절도, 0.25점
② 친절도, 0.35점
③ 약속이행, 0.25점
④ 약속이행, 0.35점

19. 다음은 반도체 기업의 형태별 매출규모를 나타낸 표이다. 이에 대한 설명으로 옳지 않은 것을 〈보기〉에서 모두 고르면?

〈반도체 기업의 형태별 매출규모〉

(단위 : 억 달러)

구분		파운드리(수직생산) 시장		반도체 시장
		파운드리 기업 매출	종합반도체 기업 매출	
20X1년	12.5	8.7	3.8	160.4
20X2년	15.6	11.6	4.0	185.1
20X3년	21.6	16.6	5.0	229.2
20X4년	21.1	16.3	4.8	237.8
20X5년	26.4	19.5	6.9	260.2

보기

ⓖ 20X5년 이후 4년 동안 반도체 시장의 매출이 20X1년 대비 20X5년의 성장률과 같은 속도로 증가한다면 20X9년 반도체 시장의 매출액은 410억 달러 이하일 것이다.

ⓛ 20X1 ~ 20X5년 동안 반도체 시장의 매출은 매년 파운드리 시장 매출의 10배를 초과한다.

ⓒ 20X2년 대비 20X5년 파운드리 기업 매출의 증가율은 동기간 종합반도체 기업 매출의 증가율보다 높다.

---

① ⓖ, ⓛ

② ⓖ, ⓒ

③ ⓛ, ⓒ

④ ⓖ, ⓛ, ⓒ

20. 다음은 A 지역의 출산율에 관한 자료이다. 이를 그래프로 나타낸 것으로 옳지 않은 것은?

〈A 지역의 연령별 출산율〉

(단위 : 명)

구분	2019년	2020년	2021년	2022년
15 ~ 19세	0.8	0.7	0.7	0.7
20 ~ 24세	9.2	7.6	6.7	5.9
25 ~ 29세	48.3	41.8	36.5	32.3
30 ~ 34세	100.6	94.7	89.3	83.3
35 ~ 39세	47.5	47.2	46.2	44.3
40 ~ 44세	6.1	6.5	7.2	7.5
45 ~ 49세	0.2	0.2	0.2	0.2
합계출산율	1.06	1.002	0.943	0.878

※ 연령별 출산율 : 해당 연령 여성인구 1천 명당 출생아 수

※ 합계출산율 : 가임여성 1인당 출생아 수

① 합계출산율(단위 : 명)

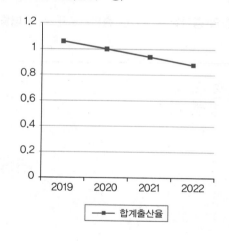

② 25 ~ 39세 연령별 출산율(단위 : 명)

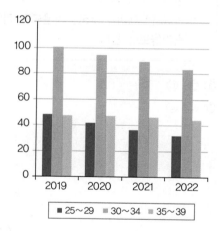

③ 연도별 25 ~ 29세 출산율(단위 : 명)

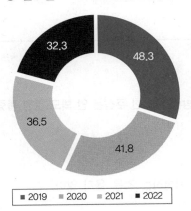

■ 2019 ■ 2020 ■ 2021 ■ 2022

④ 2021년 30 ~ 40대의 연령별 출산율(단위 : 명)

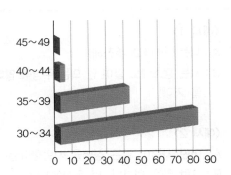

21. 다음 대화에서 드러난 논리적 사고의 요소로 가장 적절한 것은?

> 갑 : 20대인 사원이 회사에 제안할 수 있는 일이라면 무엇이 있을까? 작은 업무 개선이라도 좋지 않을까?
>
> 을 : 지난번에 한 동료와 이야기했을 때, "이익을 볼 수 있었는데 담당할 사람이 없다는 이유로 착수하지 못한 일이 있었어. 그때 조금 더 구체적으로 제안할걸."이라고 말하더군.
>
> 병 : 그렇지만 같은 제안이라도 제안자에 따라 결정권자가 이를 받아들일지의 여부가 분명치 않아. 제안자에게 기회가 주어지도록 결정권자의 마음을 움직이려면 먼저 기본적인 일을 실수 없이 처리하고 누구도 생각하지 못한 새로운 관점의 제안을 들고 가는 것이 중요하지 않을까?
>
> 을 : 아마도 젊을 때는 틀에 짜여진 일부터 해야 하는 것이 귀찮다고 생각하는 경우가 많겠지? 그래서 모순이 생기는 것은 아닐까? 남보다 더 많은 일을 처리하려는 마음을 갖고 있으면서도 귀찮은 일을 하지 않으니까 말이야.
>
> 병 : 귀찮은 일이라고 생각하면 충분히 그럴 수 있다는 생각이 들어. 스스로 아주 귀찮다고, 누구든지 했으면 좋겠다고 생각하는 일을 '간단한', '누구라도 할 수 있는' 일로 바꿀 수 있는 계획을 평상시에 생각해보면 좋지 않을까?

① 타인에 대해 이해하기

② 생각하는 습관 갖기

③ 상대 논리를 구조화하여 생각하기

④ 상대를 설득하기

22. 다음의 〈예시 1 ~ 4〉는 인터넷에서 볼 수 있는 댓글들이다. 이들이 공통적으로 범하고 있는 논리적 오류로 적절한 것은?

〈예시 1〉

A : 나는 … 라고 주장해.

B : 쟤는 평소에도 말이 안 되는 주장을 많이 하잖아. 방금 A가 한 주장은 안 봐도 분명 틀렸을 거야!

〈예시 2〉

A : 어떤 사람이 같은 성별을 사랑한다는 이유만으로 차별하는 것은 옳지 않아.

B : 그런 말을 하다니, 너 동성애자냐?

〈예시 3〉

A : … 이유 때문에 히딩크가 한국으로 다시 오는 걸 반대해.

B : 우리나라 축구의 영웅인 히딩크가 오는 걸 반대해? 너는 분명히 축구를 싫어하는구나.

〈예시 4〉

A : MSG라고 무조건 다 몸에 해로운 건 아니야!

B : MSG가 몸에 해롭지 않다고? 알겠으니까 너나 먹어.

---

① 무지에 호소하는 오류　　　　　② 애매성의 오류

③ 허수아비 공격의 오류　　　　　④ 원천봉쇄의 오류

23. 다음 대화에서 문제해결을 위한 접근을 가장 적절하게 하고 있는 직원은?

> A 대리 : 문제가 발생하면 무엇보다 속도가 가장 중요합니다. 따라서 철저한 분석보다는 빠른 분석이 중요합니다.
>
> B 과장 : 아닙니다. 문제를 해결하기 위해서는 자료가 중요합니다. 자료는 많으면 많을수록 무조건 좋으므로 최대한 많이 수집해야 합니다.
>
> C 대리 : 자료 수집도 수집이지만 기존 방식을 지키는 것도 중요합니다. 기존 방식을 사용해야 결과를 바람직하게 예측할 수 있어요.
>
> D 사원 : 문제를 전체로만 보지 말고 개별 요소로 나누어 요소별로 분석하고 이에 따라 구체적인 문제 해결법을 실행하는 것도 좋은 방법입니다.

① A 대리   ② B 과장

③ C 대리   ④ D 사원

24. 가, 나, 다라고 표기되어 있는 세 개의 컵 중 하나에 공이 들어 있다. 공에 대한 아래의 세 진술 중 오직 하나만 진실이라 할 때, 다음 중 반드시 거짓인 설명은?

> 김 대리 : 공은 가 컵에 있거나 나 컵에 있다.
>
> 이 대리 : 공은 나 컵에 있거나 다 컵에 있다.
>
> 박 대리 : 공은 가 컵에 없고 다 컵에도 없다.

① 김 대리는 진실을 말했다.   ② 이 대리는 진실을 말했다.

③ 박 대리는 진실을 말했다.   ④ 공은 가 컵에 있다.

25. △△그룹 신입사원 최종면접에서 5명 중 순위를 매겨 상위 2명을 뽑을 예정이다. 다음 대화를 통해 최종 순위가 2위와 4위가 될 수 있는 사람을 바르게 연결한 것은? (단, 다섯 명 모두 진실을 말하며, 동점자는 없다)

> A : 그렇지. 내가 꼴찌일 리가 없어.   B : 내가 E보다도 점수가 낮을 것 같아.
>
> C : 나는 3등일 것 같아.   D : 내 점수가 E보다는 높을 거야!
>
> E : A가 나보다 점수가 높아.

	2위	4위			2위	4위
①	A	B		②	B	E
③	D	E		④	E	A

26. 업무수행 과정 중 발생한 문제의 유형 중에서 다음 〈보기〉의 유형과 가장 거리가 먼 것은?

> **보기**
>
> 　탐색형 문제(찾는 문제)는 현재의 상황을 개선하거나 효율을 높이기 위한 문제이다. 또한 탐색형 문제는 눈에 보이지 않는 문제로, 별도의 조치 없이 방치하면 추후 큰 손실이 따르거나 결국 해결할 수 없는 문제로 나타나게 된다.

① 재고 감축   ② 신규 사업 창출
③ 생산성 향상   ④ 영업이익 향상

27. A 기업 인사부의 임 과장은 올해 진행한 직무능력향상교육 중 하나를 최우수과정으로 선정하려고 한다. 다음을 바탕으로 임 과장이 최우수과정으로 선정할 과정은?

- 수강만족도는 20점, 관리만족도는 30점 만점으로 평가하였다. 수강만족도와 관리만족도의 가중치 비율은 2 : 1이다.
- 수강만족도와 관리만족도 점수에 가중치를 적용한 후 두 값을 합산하고, IT계열은 합산점수의 10%를 가산점으로 부여하여 최종 점수를 산출한다.
- 최종 점수가 가장 높은 과정을 최우수 직무능력향상교육으로 선정한다.

〈직무능력향상교육 과정별 평가〉

분야	과정 명	수강만족도(점)	관리만족도(점)
인사	인싸들의 인사관리	14	30
재무	세상에서 가장 쉬운 회계원리	18	21
홍보	디지털 마케팅 실무	16	24
IT	AI · 빅데이터 · IoT의 융합	12	29

① 인싸들의 인사관리
② 세상에서 가장 쉬운 회계원리
③ 디지털 마케팅 실무
④ AI · 빅데이터 · IoT의 융합

28. 다음 글을 바탕으로 한 추론으로 옳지 않은 것은?

A는 학교에서 문제 수가 총 20개인 시험을 보았다. 채점방식은 한 문제당 정답을 쓴 경우에는 2점, 오답을 쓴 경우에는 −1점, 아무런 답을 쓰지 않은 경우에는 0점을 부여한다. 시험 결과 A는 19점을 받았다.

① A가 오답을 쓴 문제가 반드시 있다.
② A가 정답을 쓴 문제는 9개를 초과한다.
③ A가 답을 쓰지 않은 문제가 반드시 있다.
④ A가 정답을 쓴 문제는 13개를 초과하지 않는다.

29. 다음 상황을 근거로 판단할 때, K사 직원인 A, B, C의 자동차 번호 끝자리 숫자의 합으로 가능한 최댓값은? (단, 차량은 각 1대씩 소유하고 있으며 0은 짝수로 한다)

상황 1

- K사는 자동차 요일제를 시행하고 있으며, 요일별로 운행할 수 없는 자동차 번호 끝자리는 다음과 같다.

요일	월	화	수	목	금
끝 번호	1, 2	3, 4	5, 6	7, 8	9, 0

- 미세먼지 비상저감조치가 시행될 경우 K사는 요일제가 아닌 차량 홀짝제를 시행하며, 시행하는 날이 홀수이면 자동차 번호 끝자리 숫자가 홀수인 차량만 운행할 수 있고 짝수일 경우에는 끝자리 숫자가 짝수인 차량만 운행할 수 있다.
- 자동차 요일제와 차량 홀짝제로 인해 자동차를 운행할 수 없는 날을 제외하면, 모두 자신의 자동차로 출근한다.
- A, B, C는 5월 10일(월)부터 14일(금)까지 모두 출근한다.
- 10일, 11일, 12일은 미세먼지 비상저감조치가 시행되었다.
- A와 B는 자신의 자동차로 출근한 날이 두 번 겹친다.

상황 2

〈5월 14일 출근 후 A, B, C가 나눈 대화〉

A : 나는 10일에 내 차로 출근했어. 그리고 보니 이번 주는 총 사흘이나 내 차로 출근했네.
B : 나도 이번 주에 사흘을 내 차로 출근했네요.
C : 나는 11일, 13일에 내 차로 출근했어.

---

① 9
③ 15

② 11
④ 17

30. 다음은 S 공사의 신입사원 채용에서 각 전형별 점수 조정 방법과 5명의 채점 결과를 정리한 표이다. 서류, 필기, 면접 점수의 합이 100점 미만인 경우 최종 합격자가 될 수 없다고 할 때, 최종 합격자가 될 수 있는 지원자를 모두 고른 것은?

〈점수 조정 방법〉

구분	점수 반영 비율
서류전형	취득점수 × 0.2
필기전형	취득점수 × 0.4
면접전형	취득점수 × 0.6

〈신입사원 선발 채점표〉

구분	은화	정철	석규	태수	혜영
서류전형	90점	78점	80점	78점	80점
필기전형	81점	88점	83점	87점	90점
면접전형	89점	85점	90점	80점	79점

① 은화, 정철, 석규
② 은화, 정철, 태수
③ 은화, 석규, 혜영
④ 석규, 태수, 혜영

31. 다음 〈보기〉는 자원을 재생 가능 여부에 따라 구분한 것이다. (가) ~ (다) 중 '사용량과 투자 정도에 따라 재생 수준이 달라지는 자원'에 해당하는 것은?

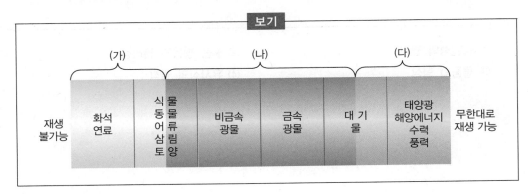

① (가)
② (나)
③ (다)
④ 해당 없음.

32. 인적자원관리(HRM)에 있어서 직무 중심의 HRM과 사람 중심의 HRM을 비교한 내용으로 옳지 않은 것은?

	구분	직무 중심의 HRM	사람 중심의 HRM
①	인재상	창의성, 변화적응, 도전정신	성실, 근면, 조직 충성도
②	채용기준	직무수행능력	인성, 태도
③	인력육성	다기능 일반관리자 육성	특정 직무 전문가 육성
④	보상	직무수행에 따른 성과보상	직급승진 중심 보상

33. 다음은 효과적인 물적자원관리의 과정에 대한 설명이다. 이와 가장 연관성이 있는 개념은?

> 물품을 정리하고 보관하고자 할 때, 해당 물품을 앞으로 계속 사용해야 하는지 여부를 먼저 파악해야 한다. 그렇지 않을 경우 가까운 시일 내에 활용하게 될 물품을 창고나 박스 등에서 다시 꺼내야 하는 경우가 발생하기 때문이다. 이러한 과정이 반복되다 보면 물품 보관 상태는 다시 나빠지게 될 것이다. 많은 사람들이 이와 유사한 경험을 가지고 있다. 처음부터 철저하게 물품의 활용계획이나 사용 여부를 확인했다면 이러한 시행착오를 줄일 수 있었을 것이다.

① 동일성의 원칙   ② 물품 활용의 편리성
③ 물품의 형상   ④ 유사성의 원칙

34. 다음 〈보기〉에서 시간의 특징에 대해 잘못 설명하고 있는 사람을 모두 고른 것은?

보기

A : 시간은 유형의 자원으로 상대적으로 통제가 어렵고 관리하기가 쉽지 않아.
B : 시간은 모든 사람에게 공평하게 하루에 24시간이 주어진다.
C : 시간의 흐름은 누구도 통제하지 못한다.
D : 시간은 저장하여 필요할 때 사용할 수 있다.
E : 시간은 지속해서 흐르고 양방향으로 흐른다.

① A, C, D   ② A, D, E
③ B, C, D   ④ B, C, E

35. 다음은 물적자원을 품종구분의 기준에 따라 분류한 것이다. (가)와 (나)에 들어갈 종류가 올바르게 짝지어진 것은?

종류	기준
(가)	그 품질 현상이 변하지 않고 비교적 장기간 사용할 수 있는 물품
(나)	그 성질이 사용함으로써 소모되거나 파손되기 쉬운 물품 및 공작물 기타의 구성부분이 되는 물품

    (가)   (나)   (가)   (나)
①   신품   소모품   ②   신품   폐품
③   비품   폐품   ④   비품   소모품

36. 다음은 일중독 하위 차원에 따른 유형을 분류한 그래프이다. (A) ~ (D)에 대한 설명으로 적절한 것은?

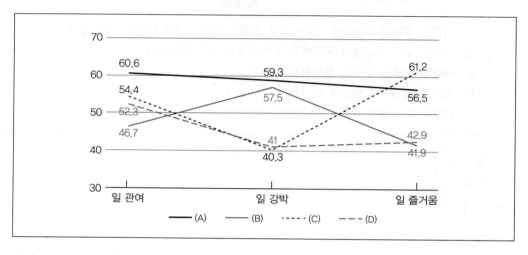

① (A), (B)는 일중독자 유형이고 (C), (D)는 일성실자 유형이다.

② (A), (B), (C) 중 일에 대한 자존감이 가장 높은 유형은 (A)이다.

③ (C)는 정서적 고갈, 비인간화, 개인적 성취감 감소 등에 대한 문제가 가장 낮다.

④ (B)는 개인 내적인 차원보다는 주어진 업무에 대한 의무감에 따라 일하는 유형이다.

37. 다음 예산의 종류에 대한 표의 ㉠에 들어갈 내용으로 적절한 것은?

자본예산	㉠
현금예산	
종합예산	

① 부동산이나 임대와 같은 큰 규모의 자금이 소요되는 주요 자산의 구매와 관련된다.

② 타인의 자본을 사용할 때 부담해야 하는 지급 이자 등과 같은 고정채무비용과 관련된다.

③ 기업의 기대 수익이 발생했을 때 이를 운용하는 데 필요한 각종 비용과 지출별 현금 분배와 관련된다.

④ 기업이 단기차입금 상환이나 새로운 기회에 탄력적으로 대처하기 위해 일정기간 동안 적절한 유동성을 유지할 수 있는 현금 관리와 관련된다.

38. 다음은 Flow형 인적자원관리에 관한 설명이다. 〈사례〉의 (가)와 (나) 기업에 해당하는 Flow형 인적자원관리 방법을 적절하게 연결한 것은?

〈Flow형 인적자원관리〉

경영 환경의 불확실성이 높아질수록 경쟁 우위의 원천으로서 인적자원의 경쟁력 제고가 중요하다. 시스템이나 제도와 같은 하드웨어 측면은 조직이라는 공간의 특성, 일의 수행 방식이나 여건을 조성해 주는 보조적 요소로서 경쟁자들이 쉽게 모방하고 따라올 수 있지만, 인적 자원의 역량은 다른 기업이 모방하거나 손쉽게 구할 수 없는 핵심 역량의 가장 근본이 되기 때문이다.

인적자원의 역량 강화를 위해서는 전반적 인적자원관리의 시스템을 체계적으로 관리하는 Flow형 인적자원관리가 필요하다. Flow형 인적자원관리란 인적 자원의 경쟁력 확보를 위해 관리의 3가지 측면(Inflow, Process, Outflow)의 체계적 관리를 통해 높은 성과를 창출하고 인재 활용의 유연성과 효율성을 도모하는 것이다.

〈Flow형 인적자원관리 방법〉

Inflow (인력 유입)	우수 인재의 유치
Process (인력 관리)	인재 육성과 동기 부여
Outflow (인력 유출)	핵심 인재의 유출 방지 및 관리

사례

(가) ○○그룹은 매년 잠재력이 낮은 성과부진자와 문제 사원을 중심으로 일정 비율의 인력을 상시적으로 퇴출시키는 엄격한 인사 관리를 시행하고 있다.

(나) △△그룹은 인적자원을 정규직, 계약직, 임시직으로 나누어 운영하는 '클로버형 조직'이다. 정규직은 풀타임 장기 근무자로 기술자, 전문가, 관리자 등 조직성과 창출의 핵심이 되는 업무를 수행한다. 계약직은 일정 기간 계약제 근무자로 프로젝트 업무나 높은 유동성이 요구되는 업무 수행을 위해 일정 기간 고용된다. 임시직은 피크 타임 시 업무 수행을 위해 한시적 필요에 의해 고용된 근무자이다.

	(가)	(나)			(가)	(나)
①	Inflow	Process		②	Process	Inflow
③	Outflow	Inflow		④	Outflow	Process

39. J 과장은 가족들과 K 시로 여행을 가기로 하였다. 숙박 예약을 위해 확인해 보니 ○○펜션은 성수기, 준성수기, 비수기 그리고 평일과 주말에 따라 요금이 달랐다. J 과장이 휴가를 갈 수 있는 날 중, 요금이 가장 저렴할 때 2박 3일로 펜션을 예약하려고 한다면 적절한 예약 날짜는 언제인가?

〈○○펜션 요금 기준표〉

월	화	수	목	금	토	일
8월 1일	8월 2일	8월 3일	8월 4일	8월 5일	8월 6일	8월 7일
평일 성수기	평일 성수기	평일 성수기	평일 성수기	주말 성수기	주말 성수기	평일 성수기
8월 8일	8월 9일	8월 10일	8월 11일	8월 12일	8월 13일	8월 14일
평일 성수기	평일 성수기	평일 성수기	평일 성수기	주말 성수기	주말 성수기	주말 성수기
8월 15일	8월 16일	8월 17일	8월 18일	8월 19일	8월 20일	8월 21일
주말 성수기	평일 성수기	평일 성수기	평일 성수기	주말 성수기	주말 성수기	평일 성수기
8월 22일	8월 23일	8월 24일	8월 25일	8월 26일	8월 27일	8월 28일
평일 성수기	평일 성수기	평일 성수기	평일 성수기	주말 성수기	주말 성수기	평일 성수기
8월 29일	8월 30일	8월 31일	9월 1일	9월 2일	9월 3일	9월 4일
평일 비수기	평일 비수기	평일 비수기	평일 비수기	주말 비수기	주말 비수기	주말 비수기

※ 기본요금은 150,000원으로 주말인 경우 기본요금의 30%를, 성수기인 경우 평일/주말요금을 반영한 금액에 100%를 가산한다.

〈J 과장 스케줄〉

월	화	수	목	금	토	일
8월 1일	8월 2일	8월 3일	8월 4일	8월 5일	8월 6일	8월 7일
8월 8일	8월 9일	8월 10일	8월 11일	8월 12일	8월 13일	8월 14일
8월 15일	8월 16일	8월 17일	8월 18일	8월 19일	8월 20일	8월 21일
8월 22일	8월 23일	8월 24일	8월 25일	8월 26일	8월 27일	8월 28일
8월 29일	8월 30일	8월 31일	9월 1일	9월 2일	9월 3일	9월 4일

※ 빗금 친 부분은 휴가 가능일자이다.

① 8월 6일 ~ 8월 8일

② 8월 17일 ~ 8월 19일

③ 8월 25일 ~ 8월 27일

④ 9월 2일 ~ 9월 4일

40. S사 행정팀 소속 박 대리는 〈사내 문서보관 및 보존에 관한 규정〉 자료를 보고 있다. 이에 근거하여 박 대리가 판단한 각 문서의 보존기간으로 옳은 것은?

문서는 보존기간에 따라 6종으로 구분한다.

1. 보존기간의 제한이 없는 영구 보존 문서
   가. 예규문서, 규정문서 중 공포 원본문서, 인사발령대장, 학위수여대장 등
   나. 공사에 참고가 될 문서(중요연혁 증명서류 등)
   다. 특수대장 원부

2. 10년 이상 50년 미만 보존할 문서
   가. 영구 보존 문서에는 속하지 않으나 후일에 증거 또는 참고가 되는 문서
   나. 중요 정책문서 중 준영구적으로 보존할 필요성이 있는 문서

3. 10년간 보존할 문서
   가. 일반정책 및 제도에 관한 계획, 조사, 연구 및 보고서에 관한 문서
   나. 각종 인가, 허가 및 면허 등에 관한 원본문서

4. 5년간 보존할 문서
   가. 예산 및 결산 등의 관계문서
   나. 각종 감사 관계문서

5. 3년간 보존할 문서
   가. 각종 증명서의 발급 관계문서
   나. 주요업무계획 관계문서

6. 1년간 보존할 문서
   가. 1회로서 완결되는 성질에 속하여 후일에 참고할 필요가 없는 문서
   나. 일일명령 든 단순업무 처리에 관한 지시문서
   다. 부서간 단순 요구자료, 업무연락, 조회 등을 위한 문서

---

① 외근, 출장 등 여비에 관한 규정에 대한 공포 원본문서 - 3년 보존
② 재직증명서 발급에 관련된 문서 - 5년 보존
③ A 프로젝트 하반기 운영비 관련 정산서류 - 영구 보존
④ 사옥 신축 허가에 대한 원본문서 - 10년 보존

41. 다음 〈보기〉의 밑줄 친 ㉠ ~ ㉭에 대한 설명으로 올바르지 않은 것은?

> 보기
>
> ㉠T 전자에 근무하는 이 사원은 오전 7시 40분에 집 앞에서 출발하는 ㉡버스를 타고 출근하였다. 오전 11시 인사과로부터 주민등록등본이 필요하다는 연락을 받고 점심시간을 이용하여 ㉢주민센터에 들렀다. 그리고 회사로 들어오는 길에 ㉣은행에 들러서 밀린 전기세를 납부하였다. 오후가 되자 갑자기 배가 아파서 근처 ㉤병원에 가서 진료를 받았다. 퇴근 이후에는 사내 동호회인 ㉥클라이밍 모임에 참석하였다.

① 조직을 공식성을 기준으로 분류하면 ㉠은 공식조직에 해당된다.

② 조직은 2인 이상이 공동의 목표를 달성하기 위해 의식적으로 모인 집단이므로 ㉡은 조직이라 볼 수 없다.

③ 조직을 영리성을 기준으로 분류하면 ㉢, ㉣, ㉤은 비영리조직에 해당된다.

④ ㉥은 인간관계에 따라 형성된 자발적인 집단으로 ㉠의 기능을 보완해 준다.

42. 다음 〈보기〉는 어느 조직구조의 특징 중 하나를 은유적으로 표현한 글이다. 이 글에서 설명하고 있는 조직구조의 장점으로 보기 어려운 것은?

> 보기
>
> 개미는 지구상에서 가장 널리 퍼져 있는 종으로 전체 곤충 개체 수의 약 80%를 차지하고 있다. 집단생활을 하는 개미는 엄격한 신분계층에 따라 생활한다. 번식의 중앙에 있는 여왕개미는 15년 동안 100만 개의 알을 낳아 종족을 번식시키고, 수개미는 암개미의 교미 상대가 되고 나서 죽음을 맞는다. 다른 종을 향해 더듬이를 치켜세우고 공격적인 행위만을 수행하는 전투개미, 새 구성원인 알들을 지키고 양육하는 유모개미, 왕국 백성들을 먹여 살릴 먹이만을 찾아다니는 탐험개미, 여왕개미가 사는 여왕처소의 통로를 지키는 문지기개미 등 각자 자신의 위치에서의 역할을 수행한다.

① 같은 일을 반복함으로써 업무의 전문성이 향상되어 작업속도가 빨라진다.

② 업무가 세분화되어 조직 내 유동성이 높아지고 변화에 쉽게 대응할 수 있다.

③ 각자 자신이 잘하는 일을 전문적으로 하기 때문에 인적자원의 효율적인 운영이 가능하다.

④ 한 사람이 여러 가지 도구와 생산시설로 옮겨 다니는 시간을 줄이고 번거로움을 피할 수 있다.

43. A 기업의 외부 시장환경을 분석하였을 때, 〈보기〉와 같은 특징을 도출할 수 있었다. 이를 바탕으로 향후 자사의 제품을 서비스하기 위해 갖춰야 할 본원적 경쟁전략으로 적합한 것은?

> **보기**
>
> 1) 자사 제품의 판매 시장현황은 이미 기존 제품 간 경쟁이 치열하다.
> 2) 제품의 수요보다 공급되는 서비스와 제품이 더 많기 때문에, 기존 수요를 적극적으로 활용함이 요구된다.
> 3) 일부 제품은 기술 등 차별화를 시도하였으나, 기존 판매 제품에 비해 수익성이 현저하게 떨어져 결국 차별화 제품의 경우 시장에서 사라졌다.
> 4) 자사의 경우, 특정 소비자 집단과 지역을 바탕으로 제품을 서비스하기에는 소비자 조사를 선행적으로 시행해야 하기 때문에 물리적 어려움이 존재한다.

① 시장세분화를 통해 특정 소비자의 욕구를 발굴하여 그 욕구에 맞춰 제품을 판매해야 한다.

② 제조과정의 원가절감을 통해 다른 서비스 제공 업체보다 저렴한 가격으로 경쟁우위를 확보해야 한다.

③ 고객의 소득 수준 등을 분석하여 소득 수준이 높은 고객을 대상으로 경쟁우위를 확보해야 한다.

④ 브랜드의 인지도 향상이 필요하므로 차별화된 브랜드를 특·장점을 발굴하고 광고 등을 통해 경쟁우위를 확보해야 한다.

44. 다음 〈사례〉에서 나타난 ○○사의 조직구조 강화 전략으로 적절한 것은?

> **사례**
>
> CPU(중앙처리장치) 소매시장의 1위 기업 ○○사는 반도체 및 관련 장치 분야에서는 세계 10위권에 해당한다. ○○사는 최근 자율주행 자동차 분야, 딥러닝 분야에서도 압도적인 실적을 거두고 있다. 이에 ○○사는 기업 구조 강화전략으로 반도체 설계 시장의 점유율 90% 이상을 차지하고 있는 △△사에 대한 인수합병을 추진하고 있다.

① 기능별 제휴   ② 합작투자
③ 수직적 통합   ④ 비관련 다각화

45. 민츠버그(Mintzberg)의 경영자 역할 분류 중 〈보기〉의 김○○ 대표가 해당되는 역할은?

> **보기**
>
> K 인더스트리의 김○○ 대표는 A 건설 주식을 컨소시엄에 매각하는 양해각서에 사인하였다. 매매 대상주식은 2억 1,093만 1,200주이며 지분율은 50.75%이다. 김 대표는 "K 인더스트리는 향후 A 건설의 매각 절차를 차질 없이 진행해 A 건설이 조속한 경영 안정화는 물론 지속 가능한 경영 기반을 구축할 수 있도록 지원하겠다."고 밝혔다.

① 대인적 역할 　　　　　　　　　　② 정보적 역할

③ 문제해결자 역할 　　　　　　　　④ 자원배분자 역할

46. 다음 ○○쇼핑몰의 목표 설정에 반영된 목표관리 방법의 특징으로 적절하지 않은 것은?

> • 목표
>   - MZ세대에게 어필할 수 있도록 쇼핑몰 홈페이지 개편
>
> • 핵심 결과
>   - 쇼핑몰 홈페이지 체류시간 100% 증가
>   - MZ세대 신규 가입자 1만 명
>   - 지난 분기 대비 쇼핑몰 신규 가입자 2배 증가

① 목표의 100% 성취율을 보여야 성공한 것으로 한다.

② 목표 설정은 구체적이고 행동지향적인 것이어야 한다.

③ 목표 달성 기간을 3개월 정도의 단기간으로 설정한다.

④ 핵심 결과는 측정과 검증이 가능한 정량적인 것이어야 한다.

47. 다음은 업무를 배분하고 조정하는 조직화 과정을 나타낸 표이다. (가)에 들어갈 내용으로 적절한 것은?

과정	내용	원칙
1단계 일의 분할	업무를 개인이나 집단에 따라 적절히 수행할 수 있도록 분할하는 단계	
2단계 일의 부문화	업무의 성격에 따라 유사하거나 관계가 깊은 구성원들을 집단화하여 관리하는 단계	(가)
3단계 책임과 권한의 부여	업무의 수행과 관련된 책임과 권한을 부여하는 단계	
4단계 조정	구성원의 일을 업무와 부서의 전체적인 관점에서 조정하는 단계	
5단계 수정	조직의 효율성을 위해 피드백 과정을 거쳐 문제점을 수정하는 단계	

① 조직 질서를 유지하기 위해서 한 사람의 하위자는 한 사람의 직접 상위자로부터 명령·지시를 받아야 한다는 '명령 일원화의 원칙'이다.

② 조직에서 필요한 일 또는 업무를 중심으로 조직화해야 한다는 '기능화의 원칙'이다.

③ 상위자는 조직의 규모가 확대되거나 더 중요한 일을 하기 위하여 하위자에게 일의 일부와 이에 따르는 권한을 위양해 주어야 한다는 '권한 위양의 원칙'이다.

④ 조직구성원에게 가능한 한 단일의 전문화된 업무를 수행하도록 일을 분담해야 한다는 '분업의 원칙'이다.

48. 다음 〈사례〉에서 발생한 조직갈등의 종류로 적절한 것은?

> **사례**
>
> ○○회사의 개발팀은 새로운 광고 기획 프로젝트를 맡아 프로젝트의 진행을 위해 회의를 진행 중이다. 그런데 프로젝트 프레젠테이션 디자인을 누가 할 것인가에 대해 M 대리와 B 과장 사이에 갈등이 벌어졌다. M 대리는 디자인학과 출신으로 자신의 특기를 살릴 수 있는 디자인을 맡기를 원했고 B 과장은 기존 프로젝트의 디자인을 담당했기 때문에 이번에도 자신이 담당하기를 원했다.

① 관계갈등 ② 업무갈등
③ 구조갈등 ④ 과정갈등

49. 다음은 경영 통제에 대한 내용이다. 빈칸 ㉠ ~ ㉣에 대한 설명으로 옳지 않은 것은?

〈경영 통제〉

01. 경영 통제의 절차

기업에서 수립한 목표가 제대로 달성되고 있는지 확인하는 과정을 말한다. 경영 활동이 계획대로 진행되고 있는지 확인하고 측정한 결과가 계획과 다르다면 원인을 파악하여 수정하고, 새로운 계획에 반영해야 한다.

02. 경영 통제의 기능

	계획에 따라 목표가 달성될 수 있도록 성과를 측정한다.
	성과가 목표에 일치하도록 시정 활동을 한다.
㉠	계획과 성과 사이에 차이가 있으면 수정한다.
	미래의 의사결정을 위한 피드백 기능이다.

03. 경영 통제의 유형

(1) 통제 시기에 따른 분류

사전	㉡
동시	㉢
사후	

(2) 통제 (㉣)에 따른 분류

생산	
자원	
재무	

---

① ㉠에는 '편차의 수정'이 들어가야 한다.

② ㉡는 신제품 개발 시 사전에 수요를 예측하고 소비자 기호에 따라 제품을 설계하는 것을 말한다.

③ ㉢는 정확한 정보를 미리 확보해 두는 정보 통제를 말한다.

④ 경영 통제를 생산, 자원, 재무로 나누는 것은 내용에 따른 분류로 ㉣에는 '내용'이 들어간다.

50. 직장 내에서 회의를 진행하다 보면 여러 유형의 사람들을 만나 볼 수 있으며, 대표적으로 4가지 유형으로 구분할 수 있다. 다음 〈각 유형별 특징〉을 고려할 때, '실용 지향' 유형의 사람과 회의 시 주의해야 할 사항으로 가장 적절한 것은?

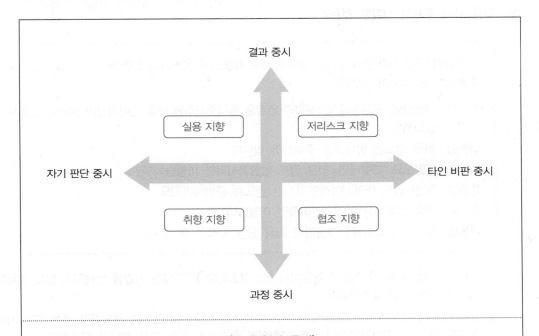

〈각 유형별 특징〉

• 실용 지향 : 단도직입적이며 자기 의견대로 판단하는 성향이 크고, 다른 사람의 이야기를 다 듣기도 전에 결론을 낸다.
• 저리스크 지향 : 사실과 데이터를 바탕으로 행동하는 것을 좋아하며, 자신이 모르는 영역에 대해 비판하는 경향이 있다.
• 취향 지향 : 자기 판단을 우선하며, 관심 있는 주제에는 몰입하여 끝없이 물고 늘어지는 편이다.
• 협조 지향 : 상대의 의견에 따라 상황을 모면하려고 하며, 사후 불만을 토로하는 경우가 많다.

① 논의와 관련이 없는 지지부진한 이야기는 끊고 논점에 집중하도록 한다.
② 회의할 내용에 대한 판단 기준을 사전에 정의하고, 결정 전 이의사항이 없는지를 확인한다.
③ 상대방의 이야기를 다 듣고 나서 자기 의견을 내기 전에 왜 자신의 생각과 다른 의견이 나왔는지를 생각하고 발언할 것을 요구한다.
④ 충분한 수준의 대안을 제시하지 않으면 기존 안건이 채택됨을 명시하고, 이의를 제기하기를 원한다면 다른 사람들을 설득할 수 있도록 의견에 대한 데이터를 직접 수집해 올 것을 요구한다.

01. 다음 글의 주제로 적절한 것은?

> 미국의 28대 대통령인 토머스 우드로 윌슨 대통령은 웅변가로 유명했다. 어느 날 윌슨 대통령에게 한 기자가 물었다.
>
> 기　자 : 대통령님, 저희들에게 5분짜리 연설을 들려주시려면 보통 준비기간이 얼마나 필요하십니까?
>
> 대통령 : 하루 정도는 밤낮으로 준비해야 합니다.
>
> 기　자 : 그렇군요. 그렇다면 30분 정도 말씀하시려면 어떻습니까?
>
> 대통령 : 30분 정도 이야기하려면 3시간 정도는 준비해야지요.
>
> 기　자 : 그럼 연설 시간이 2시간이라면 어떻습니까?
>
> 대통령 : 두 시간이라고요? 그렇다면 지금 당장 시작할 수 있지요!

① 프레젠테이션을 할 때 초반에 농담이나 우스갯소리로 너무 많은 시간을 낭비하지 말고 본론부터 공략하는 것이 효과적이다.

② 프레젠테이션에서 설득력 있게 말하기 위해서는 메시지가 무엇인지가 중요하다. 특히 짧은 시간에 설득력 있게 말하려면 메시지를 명확하게 전달하기 위해 많은 준비가 필요하다.

③ 프레젠테이션을 할 때 청중의 몰입도를 높이기 위해서는 시청각자료의 구성에도 신경을 써야 한다.

④ 프레젠테이션을 준비하면서 거의 전문가급이 되더라도 듣는 사람을 배려하여 용어를 사용해야 한다.

02. ○○기업 직원들이 '고객만족'을 주제로 회의를 하고 있다. 다음 대화의 빈칸 ㉠에 들어갈 문장으로 적절하지 않은 것은?

> 김 부장 : 올해의 목표는 고객중심 경영을 최우선으로 두는 것입니다. 어떻게 해야 고객을 만족시킬 수 있을까요?
> 전 과장 : 고객의 입장에서 생각하는 것이 필요합니다.
> 김 부장 : 예를 들면?
> 전 과장 : '티켓 파는 곳'을 '티켓 사는 곳'으로 바꾸는 거예요. 고객의 입장에서는 티켓을 사는 거니까요. 같은 맥락에서 (　　　　　　㉠　　　　　　)

① '버스 타는 곳'은 '버스 서는 곳'으로 표현해야겠지요.
② '현금지급기'는 현금인출기'로 표현해야겠지요.
③ '세금징수'는 '세금납부'로 표현해야겠지요.
④ '어떤 음식을 드릴까요?'는 '어떤 음식으로 드시겠습니까?'로 표현해야겠지요.

03. 다음 글을 통해 얻을 수 있는 교훈으로 적절하지 않은 것은?

> 꿀벌은 서식지가 필요할 경우 먼저 정찰 벌들을 따로따로 여러 곳으로 보내 후보지를 물색한다고 한다. 그리고 그 정찰 벌들이 집으로 돌아와서 자신이 보고 온 곳을 추천하는 춤을 추면 그 후보지를 확인하기 위해 집을 나선 다른 꿀벌들이 정찰 벌의 춤에 동참하여 '동의'를 표시하게 된다는 것이다. 결국 가장 많은 꿀벌이 동의하는 춤을 추는 후보지가 새로운 서식지로 최종 결정된다. 이처럼 동물들에게는 성공적인 결과를 가져다주는 집단정신과 집단적 의사결정능력이 있고 이를 통해 종의 생존을 보장받는다.

① 백지장도 맞들면 낫다.
② '우리'는 언제나 '나'보다 강하다.
③ 밥 열 술이 모여 한 그릇이 된다.
④ 경험을 통해 어리석은 자도 현명해진다.

04. 다음 중 한글맞춤법의 교정이 바르게 적용되지 않은 것은?

한글맞춤법 제11항 한자음 '랴, 려, 례, 료, 류, 리'가 단어의 첫머리에 올 적에는 두음 법칙에 따라 '야, 여, 예, 요, 유, 이'로 적는다.

붙임 1

단어의 첫머리 이외의 경우에는 본음대로 적는다.

다만, 모음이나 'ㄴ' 받침 뒤에 이어지는 '렬, 률'은 '열, 율'로 적는다.

붙임 2

외자로 된 이름을 성에 붙여 쓸 경우에도 본음대로 적을 수 있다.

붙임 3

준말에서 본음으로 소리나는 것은 본음대로 적는다.

붙임 4

접두사처럼 쓰이는 한자가 붙어서 된 말이나 합성어에서 뒷말의 첫소리가 'ㄴ' 또는 'ㄹ' 소리로 나더라도 두음 법칙에 따라 적는다.

---

① 이발소, 연이율
② 신립 장군, 열역학
③ 해외여행, 합격율
④ 유행가, 협력

05. 다음 중 공문서 작성법의 4가지 원칙에 대한 설명으로 적절하지 않은 것은?

① 정확성 – 육하원칙에 따라 내용을 작성하고 단어나 문장 부호 등을 맞춤법에 맞게 사용하도록 한다.

② 용이성 – 독자들이 이해하기 쉽게 알기 쉬운 단어나 문장으로 표현되어야 하며 가급적 전문 용어나 어려운 한자 등은 사용하지 않도록 한다.

③ 간결성 – 필요한 내용만 간략히 쓰고 항목을 구분해 쓰기보다는 문장으로 서술하여 작성한다.

④ 경제성 – 용지와 서식 등을 통일하여 자주 쓰는 문장을 활용한다.

06. 다음 글의 빈칸 ㉠ ~ ㉣에 들어갈 단어를 적절하게 연결한 것은?

최근 어린이집·유치원을 둘러싼 아동학대, 부실급식 등이 크게 논란되면서 안심하고 맡길 수 있는 보다 질 높은 영유아 보육·교육에 대한 요구가 높아지고 있다. 이에 따라 정부는 국공립 시설을 확충하고 회계 관리를 강화하는 방안을 발표하였다. 하지만 상당수의 아동은 여전히 민간시설을 이용할 수밖에 없다는 현실을 (㉠)할 때, 근본적인 해결책은 모든 영유아가 기관 유형이나 가정 여건에 관계없이 보편적으로 우수한 어린이집과 유치원에 다닐 수 있도록 하는 방향에서 찾아야 할 것이다.

노르웨이와 네덜란드는 영유아 보육·교육의 모범적 국가로 알려져 있다. 노르웨이의 국공립과 사립 유치원을 동시에 (㉡)하는 시스템과 네덜란드의 민간보육사업에만 (㉢)하는 시스템은 바람직한 보육·교육 방향을 모색하는 우리나라에 많은 시사점을 제공한다. 특히 두 국가의 사례에서 공통적으로 확인되는 원칙이 있다. 첫째, 영유아 보육·교육비 지원과 정부의 질적 규제에 있어 기관 유형 간 차이가 없고, 둘째, 기관 운영에 있어 부모의 적극적 참여를 (㉣)하며, 셋째, 정부가 엄격한 기준하에 재원의 사용이 교육적 목적에 부합하도록 정기적으로 감독한다는 것이다.

	㉠	㉡	㉢	㉣
①	생각	운용	의뢰	보증
②	감안	운영	의존	보장
③	고려	운용	의존	보증
④	감안	경영	의지	보존

07. 다음 〈사례〉에서 김 대리에게 조언할 내용으로 적절하지 않은 것은?

─── 사례 ───

김 대리는 회의나 대화를 할 때 머리카락을 돌린다든지, 손가락을 만지작거린다든지 불필요한 행동을 한다. 시종일관 안절부절 못하는 김 대리를 보고 있으면 회의나 대화가 지루해 딴청을 피우고 있는 것처럼 느껴지곤 한다.

① 상대방의 말에 집중하며 진정성을 가지고 마음을 쏟아 귀를 기울여야 합니다.
② 고개를 끄덕거리거나 눈을 맞추는 등 대화에 적절한 반응을 보이는 것이 좋습니다.
③ 상대방의 말을 듣는다는 것은 언어뿐만 아니라 상대방의 과제에 집중한다는 의미도 포함됩니다.
④ 상대방의 이야기에 충분히 공감하고 숙지한 후 동의의 의사 표현을 하는 것이 좋습니다.

[08 ~ 09] 다음 글을 읽고 이어지는 질문에 답하시오.

(가) '경기도 도우미견 나눔센터'는 경기도에서 직접 운영하는 유기동물 보호 · 입양기관으로, 2013
년 화성시 마도면에 문을 열었다. 이곳에서는 시군 보호시설에서 보호 중인 유기견 중 사회성이
좋은 강아지를 선발해 치료와 훈련, 질병 예방 등의 절차를 마친 뒤 도우미견을 필요로 하는
도민에게 무료로 입양하는 업무를 수행 중이다. 선발한 유기견들 중 일부를 동물매개활동견으로
심층 훈련시켜 사회복지사나 동물매개활동 전문가에게 입양을 보내는 일도 하고 있다. 강아지
입양을 희망하는 도민은 도우미견 나눔센터(㉠공삼일−팔공공팔−○○○○) 또는 센터 홈페
이지를 통해 문의하면 된다.

(나) 올해 2월부터 코로나19로 인한 '사회적 거리두기' 캠페인이 대두되며 전화나 홈페이지는 물
론, 많은 도민들이 직접 도우미견 나눔센터를 방문해 반려견 입양에 대해 문의하는 경우가
부쩍 늘었다. 입양 마리 수 역시 고공행진 중이다. 특히 초 · 중 · 고 자녀를 둔 가족들이 센터
의 문을 많이 두드리고 있다. 학교나 학원에서 친구와 보내는 시간보다 집에 머무르는 시간이
늘며 많은 학부모들이 '반려동물 입양'에 눈을 돌리고 있다는 것이 센터 측의 설명이다. 반려
견은 자라나는 청소년들의 사회성을 향상하는 데 매우 ㉡효과적이다. 직접 사료와 물을 챙겨
주고 산책을 함께 다니다 보면 생명에 대한 존중감과 책임감은 물론, 배려심도 함께 키울 수
있기 때문이다.

(다) (㉢) 반려견과 지속적으로 교감하며 유대감을 강화하다 보면, 정서적인 안정과 스트레스
해소에도 큰 도움이 될 수 있다. 김○○ 경기도 도우미견 나눔센터장은 "평소 반려견 입양을
원했으나 집을 비우는 시간이 많아 계속 미뤄왔던 이들에게는 지금이 입양의 적기"라며 "망설
이지 말고 경기도 도우미견 나눔센터에 방문해 자신과 맞는 반려견을 찾길 바란다."고 말했다.

(라) 최근 코로나19로 '사회적 거리두기'가 장기화됨에 따라 외로움을 호소하는 이들이 많아지고
있다. 심지어는 코로나19 확산으로 인해 우울감이나 무기력증을 호소하는 경우가 많아져 '코
로나 블루(Blue)'라는 ㉣신조어까지 등장한 상황이다. 이에 경기도 도우미견 나눔센터가 외로
움도 극복하고, 소중한 생명도 구할 수 있는 '반려견 입양'에 적극 동참해 줄 것을 당부했다.

08. 윗글의 (가) ~ (라)를 문맥에 따라 순서대로 바르게 배열한 것은?

① (가)−(나)−(다)−(라) ② (가)−(나)−(라)−(다)

③ (라)−(나)−(다)−(가) ④ (라)−(다)−(가)−(나)

09. 다음 중 윗글의 ㉠ ~ ㉢에 대한 설명으로 적절하지 않은 것은?

① ㉠은 공문서 작성요령에 따를 때 잘못된 표기이다.

② ㉡의 한자어는 '效果的'이 적절하다.

③ ㉢에는 '그러나'가 들어가는 것이 적절하다.

④ ㉣은 시대의 변화에 따라 새로운 것들을 교환하기 위해 새롭게 만들어진 말이나, 기존에 있던 말이라도 새로운 의미를 부여한 말을 의미한다.

10. 다음 글의 빈칸 ㉠에 들어갈 말로 적절하지 않은 것은?

> "(㉠   )"
> 아버지가 아들에게 말했다.
> "지혜로워 보이고 싶다면 정말로 지혜롭게 행동하는 것 말고 다른 길은 없다. 네가 좋은 농부가 아닌데 좋은 농부처럼 보이고 싶다면 혹은 좋은 의사나 좋은 플루트 연주자처럼 네가 아닌 어떤 사람처럼 보이고 싶다면, 너의 허세에 맞추기 위해 얼마나 많은 계획을 세워야 할지 한번 생각해 보아라. 만약 네가 사람들을 설득해 너를 칭송하도록 만들었다 해도, 너의 일에 맞는 좋은 옷을 어렵게 구해 입었다 해도, 속임수를 썼다는 것이 금방 탄로 나고 말 것이다. 그리고 오랜 후에, 네가 너의 기술을 보여 주어야 할 때, 너는 사기꾼으로 비치고 너의 모든 속임수도 들통나고 말 것이다."
> "그러면 어떻게 해야 정말로 지혜로워질 수 있을까요?"
> 아버지가 말했다.
> "아들아, 배워서 얻을 수 있는 것이라면 무엇이든 누구에게라도 배워야 한다."

① 배움보다 더 빠른 길은 없다.

② 허장성세(虛張聲勢)를 경계해야 한다.

③ NO PAIN, NO GAIN.

④ 스스로의 모습으로 지혜롭게 행동해야 한다.

11. 2021년에 지수 어머니 나이는 지수 나이의 3배이고, 2016년에 어머니 나이는 지수 나이의 4배보다 2세가 많다고 할 때, 어머니와 지수의 나이 차이는?

① 20세

② 22세

③ 24세

④ 26세

12. 농도가 6%인 설탕물과 13%인 설탕물을 섞었더니 농도가 9%인 설탕물 350g이 되었다고 할 때, 농도가 6%인 설탕물은 몇 g인가?

① 50g

② 100g

③ 150g

④ 200g

13. 다음 〈조건〉에 따라 두 동아리에 모두 가입된 학생의 최솟값을 A명, 최댓값을 B명이라 할 때, B−A의 값은?

> 조건
>
> ㄱ. ○○학교의 학생은 모두 20명이다.
> ㄴ. ○○학교의 동아리는 축구동아리와 야구동아리가 있다.
> ㄷ. 동아리 구성원을 조사한 결과 축구동아리에는 15명의 학생이, 야구동아리에는 12명의 학생이 가입되어 있다
> ㄹ. ○○학교에서 두 동아리를 모두 가입하지 않은 학생의 수는 4명 이상 8명 이하라고 한다.

① 1명

② 2명

③ 3명

④ 4명

14. 다음 숫자들의 배열 규칙에 따라 '?'에 들어갈 알맞은 숫자는?

4	11	31	90	(?)	793

① 263

② 266

③ 269

④ 372

15. A 기관 신입사원 채용시험의 기술직 지원자와 사무직 지원자의 비는 7 : 4였다. 합격자 중 기술직과 사무직의 비는 11 : 3, 불합격자 중 기술직과 사무직의 비는 3 : 5였을 때, 기술직의 합격률은?

① $\dfrac{3}{8}$

② $\dfrac{5}{8}$

③ $\dfrac{11}{14}$

④ $\dfrac{6}{7}$

16. 다음은 ○○기업 영업부 A 팀과 B 팀 직원들의 실적 평가자료이다. 이에 대한 설명으로 옳은 것은?

A 팀 : 31점	50점	48점	24점	19점	37점	41점	22점
B 팀 : 40점	36점	35점	31점	50점	25점	46점	17점

① A 팀의 평균이 B 팀의 평균보다 높다.

② A 팀의 평균과 중앙값은 같다.

③ B 팀의 표준편차가 A 팀의 표준편차보다 크다.

④ 중앙값을 대표값으로 비교하면 A 팀이 B 팀보다 실적이 높다.

17. 비가 온 다음 날 비가 올 확률은 0.4이고, 비가 오지 않은 다음 날 비가 올 확률은 0.3이다. A가 비가 오는 날 지각할 확률은 0.7이고, 비가 오지 않는 날 지각할 확률은 0.1이다. 월요일에 비가 왔다면 A가 수요일에 지각할 확률은?

① 0.304

② 0.238

③ 0.172

④ 0.066

18. 다음 중 가구의 주거유형 현황에 대한 설명으로 옳지 않은 것은?

〈가구의 주거유형〉

(단위 : 천 가구)

구분	20X7년	20X8년	20X9년
단독주택	6,549	6,415	6,312
아파트	9,671	10,013	10,405
연립·다세대	2,269	2,312	2,339
비거주용 건물 내 주택	327	319	318
주택 이외의 거처	858	920	969
계	19,674	19,979	20,343

① 주택 이외의 거처에 주거 중인 가구 수는 매년 증가했다.

② 20X7 ~ 20X9년 동안 주택 이외의 거처에 주거 중인 가구 수는 비거주용 건물 내 주택에 주거 중인 가구 수의 2배 이상이다.

③ 연립·다세대에 거주하는 가구 수는 증가하는 추세이다.

④ 아파트에 거주하는 가구 수는 매년 전체 가구의 50% 이상을 차지한다.

19. 다음 도시가스 요금표에 대한 설명으로 옳은 것을 〈보기〉에서 모두 고르면?

(단위 : 원, 원/MJ)

구분	주택용				업무용
	기본요금	취사용	난방용 (단독주택용)	난방용 (아파트용)	
서울	1,000	15.93	15.93	15.93	16.20
경기	850	16.26	16.22	16.22	16.47
인천	840	16.22	16.26	16.26	16.50
부산	900	16.94	16.94	16.94	17.73
대구	820	16.94	16.94	16.90	17.65
광주	750	15.83	15.83	17.03	16.97
대전	850	16.05	17.58	17.58	18.05
울산	778	16.50	16.50	16.57	16.77

※ 도시가스 요금＝(기본요금＋사용량×단가)＋부가세(10%)
※ 업무용은 기본요금을 면제하며, 모든 도시가스 요금의 100원 단위 이하는 버린다.
※ 회사는 모두 업무용 도시가스를 사용한다고 가정한다.

보기

ㄱ. 서울에 위치한 ○○회사의 12월 도시가스 사용량이 1,700MJ일 때, 12월 도시가스 요금은 30,294원이다.

ㄴ. 경기도 □□아파트에 거주 중인 김나라 씨의 12월 난방용 도시가스 사용량이 2,412MJ, 취사용 도시가스 사용량이 0MJ일 때, 12월 도시가스 요금은 43,000원이다.

ㄷ. 광주에서 단독주택에 거주 중인 나대한 씨의 12월 도시가스 요금은 70,000원이고 취사용과 난방용의 사용량이 동일하다면, 취사용으로 1,900MJ 이상 사용하였을 것이다.

① ㄱ
② ㄴ
③ ㄱ, ㄴ
④ ㄴ, ㄷ

20. 다음 표에 대한 설명으로 옳지 않은 것을 〈보기〉에서 모두 고르면?

〈국가별 Q 바이러스 감염증 발생현황〉

국가	확진자 수(명)	확진자 수 비율	확진자 증감 (전일 대비)	사망자 수(명)
A	6,830	0.52%	+387	401
B	5,921	0.44%	+109	36
C	5,640	0.43%	+130	58
D	5,389	0.41%	+658	45
E	5,111	0.39%	+507	158

※ 사망률(%) = $\dfrac{사망자\ 수}{확진자\ 수} \times 100$

보기

ㄱ. 전일 대비 확진자 증감이 가장 큰 국가의 확진자 수 비율이 가장 크다.

ㄴ. B 국가의 Q 바이러스 감염증 사망률은 약 0.6%다.

ㄷ. C 국가의 인구수는 약 1,311,628명이다.

ㄹ. A ~ E 국가의 국가별 Q 바이러스 감염증 사망률은 모두 5% 미만이다.

---

① ㄱ, ㄴ 　　　　　　② ㄱ, ㄹ
③ ㄴ, ㄷ 　　　　　　④ ㄷ, ㄹ

21. 다음 (A) ~ (C)에 해당하는 문제 유형을 옳게 연결한 것은?

(A) ◇◇헤어숍 직원들에게 고객만족도를 15% 올리라는 임무가 내려왔다.

(B) ☆☆유치원 황 원장은 김 선생님에게 제기된 학부모들의 불만을 듣고 있다.

(C) ○○전자의 영업 담당 송 주임에게 남미 시장 진출 사업이 계속될 경우 발생할 가능성이 있는 문제를 파악하라는 지시가 떨어졌다.

	(A)	(B)	(C)
①	설정형 문제	발생형 문제	탐색형 문제
②	탐색형 문제	설정형 문제	발생형 문제
③	설정형 문제	탐색형 문제	발생형 문제
④	탐색형 문제	발생형 문제	설정형 문제

22. 다음 〈보기〉에서 B와 동일한 논리적 오류를 범하고 있는 것은?

보기

A : 우리는 환경을 보존하기 위해 더 많은 일을 해야 한다고 생각합니다. 푸른 하늘, 맑은 공기를 가진 청정한 시골을 고속도로로 뒤덮을 게 아니라요.

B : 그럼 고속도로를 아예 놓지 말자는 말인가요? 그럼 대체 어떻게 돌아다니라는 말인가요?

---

① H 영화에 출연하는 배우들은 인기가 정말 많은 배우들이야. 그렇기 때문에 H 영화는 천만 관객으로 흥행에 성공할 거야.

② 술을 많이 마시면 오래 살 수 있어. 우리 할아버지는 술을 많이 마시는데 오래 살고 계시거든.

③ 넌 내 의견에 반박만 하고 있는데 넌 이만한 의견이라도 낼 실력이 되니?

④ 아이들이 도로에서 노는 것이 위험하다는 말은 아이들을 집 안에 가둬 키우라는 소리야.

23. 윤석, 정승, 종호, 민석 4명의 직원이 휴가에 관한 대화를 하고 있다. 대화 중 3명은 진실을, 나머지 1명은 거짓을 말한다고 할 때, 다음 중 거짓을 말한 직원과 그 직원이 휴가를 다녀온 날을 순서대로 나열한 것은? (단, 네 명의 휴가일은 서로 겹치지 않으며 휴가는 하루씩 다녀왔다)

> 윤석 : 나는 15일에 휴가를 가지 않았고, 내가 휴가를 다녀온 다음 날 정승이가 휴가를 갔어.
> 정승 : 나는 10일에 휴가를 다녀왔고, 종호는 13일에 휴가를 다녀왔어.
> 종호 : 나는 윤석이와 정승이보다 늦게 휴가를 다녀왔어.
> 민석 : 나는 10일에 휴가를 다녀왔고, 윤석이는 13일에 휴가를 다녀왔어.

① 정승, 12일
② 정승, 14일
③ 민석, 13일
④ 민석, 15일

24. 다음 〈보기〉의 내용과 가장 관련이 깊은 것은?

> 보기
>
> • 실패를 포용하기
> • 새롭고 색다른 사람들과 이야기하기
> • 도전정신 없이 그저 이미 알고 있던 것, 전에 생각해 봤던 것을 반복하지 않기
> • 음악회, 연극, 예술제, 공개강좌 등 자극을 줄 수 있는 장소에 가기
> • 폭넓은 독서하기
> • 마인드맵을 만들어 아이디어를 펼치고 시각화하기
> • 기존의 틀에 박힌 시각과 방식에서 벗어나 다른 시각에서 문제를 바라보려 노력하기

① 분석적 사고
② 창조적 사고
③ 비판적 사고
④ 논리적 사고

25. 다음 5명 중 3명은 거짓을 말하고 있다. 1명만 S 공사의 9호선을 이용해 보았다고 할 때, 진실을 말하고 있는 사람을 모두 고른 것은?

- 갑 : 정은 진실만을 말하고 있어요.
- 을 : 어제 병이 타고 있는 것을 봤어요.
- 병 : 무가 9호선을 이용해 봤다는 말은 거짓이에요.
- 정 : 아, S 공사 9호선이요? 무가 타는 것을 봤어요.
- 무 : 여자 친구랑 데이트 하러 가기 위해 9호선을 이용했어요.

① 갑, 을   ② 갑, 병

③ 을, 병   ④ 정, 무

26. 다음 글을 참고할 때, 〈보기〉의 건축물들 중 A시의 제2종 전용주거지역에서 허용되는 용적률에 해당하는 경우를 모두 고른 것은?

용적률이란 대지면적에 대한 건물 연면적의 비율로 건축물에 의한 토지의 이용도를 보여주는 기준이 된다. 용적률은 용도지역 · 용도지구별로 최대한도가 다르다. A시에서 허용되는 제1종 전용주거지역의 용적률은 100% 이하이며, 제2종 전용주거지역의 용적률은 150% 이하이다.

건물 연면적이란 건물 각 층의 바닥면적의 총합을 의미하지만, 용적률 산정 시 지하층과 주차장으로 사용되는 면적은 제외한다.

보기

ㄱ. 대지면적이 1,000m² 이고 바닥면적이 1층은 700m², 2층은 600m², 3층은 400m²인 3층 건물

ㄴ. 대지면적이 1,000m² 이고 각 층의 바닥면적이 500m²인 지상 3층, 지하 1층인 건물

ㄷ. 대지면적이 800m² 이고 주차장으로 사용하는 면적은 100m²이며, 1층 면적이 700m², 2층 면적이 500m²인 지상 2층 건물

① ㄱ   ② ㄴ

③ ㄱ, ㄷ   ④ ㄴ, ㄷ

27. 다음 글에서 나타난 김 사원이 놓치고 있는 논리적 사고의 요소로 적절한 것은?

> 김 사원은 오늘 상사에게 제출한 기획안을 거부당했다. 이에 의문이 생긴 김 사원은 하루 종일 '왜 그럴까?', '왜 내 생각처럼 되지 않았을까?' 고민하며 늦은 시간까지 잠자리에 들지 못하고 뒤척거리다 결국 자신 혼자만의 생각에 빠져 버렸다.

① 타인에 대한 이해
② 구체적인 생각
③ 생각하는 습관
④ 상대 논리의 구조화

28. 오늘 하루 M 기업 각 부서에서는 소외계층을 대상으로 실시하고 있는 사회공헌 업무를 지원하고자 한다. 부서별로 지원 가능한 인원에 대한 정보가 다음과 같을 때, 5개 부서에서 오늘 완성할 수 있는 방한용품 세트는 총 몇 개인가?

〈부서별 지원 인원〉

부서명	지원 가능 인원
총무처	4명
영업기획처	1명
철도사업처	1명
승무기획처	2명
비상계획처	2명

〈방한용품 세트 포장 정보〉
- 기본적으로 30분 작업 후 10분간의 휴식 시간을 가진다.
- 한 사람이 하나의 방한용품 세트를 포장하는 데 5분이 소요된다.
- 방한용품 세트 포장 작업 시간은 오후 3시에 시작하며 오후 6시에 마감한다.
- 승무기획처는 오후 5시에 회의를 진행해야 하므로 그 전까지만 작업이 가능하다.

① 250개
② 260개
③ 270개
④ 280개

29. △△조선은 선박(가 ~ 바)에 대한 건조를 5월 1일에 시작하여 20일 이내에 최대한 많은 수익을 창출할 수 있도록 진행하고자 한다. 다음 〈공정표〉에 근거하여 기간 내에 (ㄱ) 건조 가능한 최대 선박 수와 (ㄴ) 벌어들일 수 있는 최대 수익을 알맞게 연결한 것은? (단, 선박 건조를 진행하는 시기에는 주말에도 근무한다)

〈공정표〉

선박 종류	소요기간	필요 근로자 수(1척당)	수익
가	5일	200명	150억 원
나	10일	300명	200억 원
다	10일	500명	400억 원
라	15일	400명	350억 원
마	15일	600명	450억 원
바	20일	700명	350억 원

조건

- 하루 최대 투입가능한 근로자 수는 1,000명이다.
- 각 근로자는 자신이 투입된 선박의 건조가 끝난 뒤에 다른 선박의 건조에 투입될 수 있다.
- 1일 필요 근로자 수 이상의 근로자가 투입되어도 선박 건조 소요기간은 변동 없다.
- 선박 건조가 완료되어야 수익을 얻을 수 있다.
- 기간 내에는 같은 종류의 선박을 여러 척 건조할 수 있으나, 같은 종류의 선박을 동시에 여러 척 건조할 수는 없다.
- 제시된 조건 외 다른 시간과 기타 비용 등은 고려하지 않는다.

	(ㄱ)	(ㄴ)		(ㄱ)	(ㄴ)
①	5척	1,200억 원	②	6척	1,400억 원
③	7척	1,600억 원	④	8척	1,800억 원

30. 다음은 화학 반응식을 만드는 과정이다. 이를 바탕으로 질소(N_2) 기체와 수소(H_2) 기체가 반응하여 암모니아(NH_3) 기체가 생성되는 반응의 화학 반응식을 구하려고 한다. 빈칸 (A)에 들어갈 반응식으로 적절한 것은?

〈수소와 산소가 반응하여 수증기를 생성하는 반응〉

1단계	반응물과 생성물을 화학식으로 나타낸다.	반응물 : 수소 H_2, 산소 O_2 생성물 : 수증기 H_2O
2단계	반응물은 왼쪽에, 생성물은 오른쪽에 쓰고, 그 사이를 '→'로 연결한다. 또 반응물이나 생성물이 두 가지 이상이면 각 물질을 '+'로 연결한다.	수소+산소 → 수증기 $H_2 + O_2 \rightarrow H_2O$

3단계	반응물과 생성물을 구성하는 원자의 종류와 수가 같아지도록 화학식의 계수를 맞춘다. 이때 계수는 가장 간단한 정수로 나타내고, 1이면 생략한다.	i) 산소의 원자 수를 같게 맞춘다.
		  $H_2 + O_2 \rightarrow 2H_2O$
		ii) 수소의 원자 수를 같게 맞춘다.
		  $2H_2 + O_2 \rightarrow 2H_2O$

4단계	물질의 상태는 ( ) 안에 기호를 써서 화학식 뒤에 표시한다.	고체 : (s), 액체 : (l), 기체 : (g), 수용액 : (aq) $2H_2O(g) + O_2(g) \rightarrow 2H_2O(g)$

〈질소와 수소가 반응하여 암모니아를 생성하는 반응〉

1단계	반응물 : 질소(N_2), 수소(H_2) 생성물 : 암모니아(NH_3)
2단계	질소+수소 → 암모니아 $N_2 + H_2 \rightarrow NH_3$

3단계	i) 질소의 원자 수를 같게 맞춘다.
	  $N_2 + H_2 \rightarrow 2NH_3$
	ii) 수소의 원자 수를 같게 맞춘다.
	  (A)

① $N_2 + 3H_2 \rightarrow 3NH_3$

② $N_2 + 2H_2 \rightarrow 2NH_3$

③ $N_2 + 2H_2 \rightarrow 3NH_3$

④ $N_2 + 3H_2 \rightarrow 2NH_3$

31. 다음 〈사례〉에 나타난 자원의 특성으로 적절한 것은?

사례

신항로 개척을 위한 대항해 시대의 유럽 국가들은 앞다퉈 아프리카 해안에 무역기지를 세웠다. 이 과정에서 유럽인인 선원들과 아프리카 원주민 사이에 교역이 시작되었다. 선원들은 자신들이 가지고 있는 흔한 물건인 옷, 신발, 음식 등을 원주민에게 건네주면 그들이 가지고 있는 금과 보석 같은 값비싼 물건과 교환할 수 있다는 사실을 알게 되었다. 이 거래를 보고 콜럼버스는 그의 일기에 당시의 상황을 묘사하면서 자신의 선원들이 유럽에서라면 버릴 만한 물건을 가지고 원주민이 가진 보석과 교환하는 모습에 양심의 가책을 느낀다고 적었다. 하지만 선원들이 가진 물건과 원주민의 보석 등을 교환한 것은 원주민에게도 그리 나쁜 거래는 아니었을 것이다.

---

① 자원의 희소성　　　　　　② 자원의 가변성

③ 자원의 편재성　　　　　　④ 자원의 유한성

32. 재고 관리란 시장 수요에 신속하고 경제적으로 적응할 수 있도록 재고를 최적 상태로 관리하는 것을 말한다. 다음 재고의 유형 중 ㉠에 들어갈 설명으로 적절한 것은?

안전재고 (Safety Inventory)	
주기재고 (Cycle Inventory)	
예상재고 (Anticipation Inventory)	㉠
수송재고 (Pipeling Inventory)	

① 완성된 제품이나 생산 공정에서 가공하는 재공품이 이동하고 있을 때 발생한다.

② 제품 수요에 계절성이 있어 불규칙한 수요와 공급에 대응하기 위해 발생한다.

③ 고객 서비스의 차질과 부품 부족에 따른 기회비용을 예상하기 위해 비축할 때 발생한다.

④ 할인 혜택을 받거나 비용을 절감하기 위해 연간 주문 횟수를 줄였을 때 한꺼번에 많은 양을 주문하게 되어 발생한다.

33. 다음 〈사례〉에서 나타난 직무설계 방법에 대한 설명으로 적절하지 않은 것은?

사례

숙련되지 않은 노동자가 혼자서 모든 공정을 담당해서 생산할 경우 하루 20개의 핀도 만들기 어려운데, 철사 자르기나 뾰족하게 하기 같은 18개의 생산 공정을 10명의 핀 만드는 장인이 적당히 나누어 담당하면 하루에 48,000여 개를 생산할 수 있다.

① 특별한 직무교육이 필요 없어 미숙련공들의 취업이 용이하다.
② 작업 전체에 대해 책임을 져야 하기 때문에 근로자의 책임 부담이 크다.
③ 근로자의 입장에서는 반복 작업으로 권태감이나 피로감이 늘어날 수 있다.
④ 회사 측의 입장에서는 작업자의 선발과 훈련이 쉽다는 장점이 있다.

34. 다음 〈철강제품 탄소함유량 정보 현황〉과 〈정보〉를 바탕으로 할 때, 등급이 '우수'인 제품은?

〈철강제품 탄소함유량 정보 현황〉

제품	제품 무게 (g)	제품 1g당 탄소함유량 (mg)	제품의 탄소함유량 (mg)
A	1,000	6.0	( )
B	1,200	14.0	( )
C	800	8.5	( )
D	1,500	20.0	( )

정보

• 제품의 탄소함유량＝계수×제품 무게×제품 1g당 탄소함유량
 (단, 계수는 0.625이다)
• 제품의 탄소함유량별 등급

등급	최우수	우수	보통	미달
탄소 함유량 (g)	4 미만	4 이상 8 미만	8 이상 16 미만	16 이상

① A
② B
③ C
④ D

35. 다음은 인사자원관리의 기능을 분류해 놓은 표이다. (가)에 들어갈 내용으로 적절한 것은?

구분	내용
확보관리 기능	(가)
육성개발 관리 기능	
처우보상 관리 기능	
유지관리 기능	

① 신입사원을 대상으로 입사 후 3개월 동안 OJT를 실시하였다.

② 2023년 상반기 신입사원 모집 공고를 냈다.

③ 최종합격자를 대상으로 입사 전 건강검진을 실시하였다.

④ 노사협의회를 통해 출퇴근 선택 시간제를 조속히 시행하기로 합의하였다.

36. 다음 〈보기〉의 밑줄 친 ㉠, ㉡에 대한 설명으로 옳지 않은 것은?

> 보기
>
> 고대 그리스인들은 시간을 '㉠ 크로노스(Chronos)'와 '㉡ 카이로스(Kairos)'로 구분했다. 크로노스는 그리스 신화에 나오는 태초신(太初神) 중의 하나로 자연적으로 해가 뜨고 지는 시간이자 지구의 공전과 자전을 통해 결정되는 시간을 말한다. 카이로스는 그리스 신화에 나오는 제우스의 막내아들이다. 카이로스는 앞머리는 풍성한데 뒤쪽은 매끈한 대머리다. 등에 달린 커다란 날개도 모자라, 두 발목에도 날렵한 날개를 달았다. 그리고 한 손에는 저울, 한 손에는 날카로운 칼을 들었다. 앞에서 다가올 때엔 누구나 쉽게 머리카락을 움켜쥘 수 있지만, 바람처럼 지나가 버리면 그만이다.

① '과거 – 현재 – 미래'로 연속해서 흘러가는 시간은 ㉠의 의미이다.

② ㉡은 주관적, 심리적, 상대적, 논리적 시간을 뜻한다.

③ ㉡은 기회 또는 결정적 순간의 의미를 가진다.

④ ㉠은 질적 시간을 뜻하고 ㉡은 양적 시간을 뜻한다.

37. 다음 〈인사관리의 정의〉에 관한 설명으로 적절하지 않은 것은?

〈인사관리의 정의〉

01. 인사관리자의 역할 모형

장기/전략적 초점

(다)	(라)
(가)	(나)

시스템 ⟷ 사람

단기/업무적 초점

02. 인사부서의 역할 변화

목적적 차원	
구조적 차원	
기능적 차원	

① 인사관리자 역할 모형에서 (가)는 일상적인 인사업무를 수행하는 행정전문가이다.

② 인사관리자 역할 모형에서 (나)는 근로자의 대변인으로 고충 처리, 인간관계관리 등의 역할을 한다.

③ 인사관리자 역할 모형에서 (다)는 전략적 파트너, (라)는 변화담당자이다.

④ 인사부서는 구조적 차원에서 종업원을 관리하는 서비스 센터의 역할을 해야 한다.

38. 다음 〈○○기업 승진 규정〉을 통해 추론할 수 있는 승진의 가장 중요한 요소는?

〈○○기업 승진 규정〉

경력		근무 성적 평정		연수 성적 평정	
점수	반영기간	점수	반영기간	점수	반영기간
100점	25년	70점	2년	30점	2년

① 성별

② 숙련도

③ 잠재능력

④ 학습능력

39. W 기업 영업팀은 최근 영업이익이 크게 증가하여 가장 우수한 직원 한 명을 선정해서 소정의 보상을 하려고 한다. 다음 〈조건〉을 따를 때, 우수 직원으로 뽑히는 사람은?

조건

• 다음 표는 각 영역별 직원들의 점수이며, 점수는 100점 만점이다.

〈직원평가〉

구분	업무 성과도	근무 태도	봉사 활동
A	75점	85점	90점
B	65점	90점	80점
C	80점	90점	75점
D	75점	80점	100점

• 각 영역별 평가비중은 업무 성과도 40%, 근무 태도 30%, 봉사 활동 30%이다.
• 평가비중을 고려하여 각 영역별 점수를 구하고 합한 총점이 가장 높은 직원이 우수 직원으로 선정된다(단, 영업팀은 업무 성과를 중요시하는 만큼 업무 성과도 점수가 70점 미만인 직원은 우수 직원으로 선정될 수 없다).

① A
② B
③ C
④ D

40. ○○사가 고객에게 서비스를 제공하거나 제품을 생산할 때, 직접 소비된 비용을 직접비용이라 하며 서비스 혹은 생산과 직접 관련되지 않은 비용을 간접비용이라 한다. ○○사의 예산 구성 요소 ㉠ ~ ㉺ 중 직접비용에 해당하는 것을 모두 고르면?

㉠ 보험료	㉡ 시설비	㉢ 광고비
㉣ 재료비	㉤ 통신비	㉥ 건물 관리비

① ㉡, ㉣
② ㉣, ㉥
③ ㉠, ㉡, ㉣
④ ㉡, ㉣, ㉥

41. 다음 〈보기〉의 (가)에 들어갈 내용으로 옳은 것은?

보기

　　조직은 특정한 목표를 여러 사람이 모여 함께 달성하기 위해 인위적으로 구성된 것이다. 그리고 그 목표는 조직이 미래에 도달하고자 하는 상태를 말하며 전체 부서와 구성원이 노력이 집중되어야 할 최종지점이다. 조직의 목표는 조직을 탄생시키는 근거가 되기도 하지만 조직구성원의 행동이나 조직 활동의 동기가 되기도 하며 조직이 효율적으로 움직이는 근거가 되어 주기도 한다.

　　조직에게는 전체적인 목표가 존재하지만 조직의 구성원도 개인적 목표가 있다. 그러나 개인적으로 가지는 목표는 조직목표와 일치하는 경우가 드물다. 따라서 이러한 개인목표와 조직목표를 조화롭게 통합시키는 방법으로는 다음 3가지가 있다.

교환 모형	
교화 모형	(가)
수용 모형	

① 성과를 달성한 직원의 월급을 올려 준다.

② 회사가 가지고 있는 우수한 면을 부각하여 직원들의 애사심을 키운다.

③ 오랫동안 근무한 직원에게 휴가와 복지 포인트를 지급한다.

④ 회사의 의사결정 과정에 직원들을 참여시키고 재량권을 부여한다.

42. 조직이 가진 특성에 따라 조직을 구분할 때 다음 〈사례〉의 밑줄 친 ㉠~㉢에 대한 설명으로 적절한 것은?

사례

　　K 씨는 현재 ㉠○○전자의 미국 지사에서 근무하고 있다. 처음에는 외국 생활에 적응하기 위해 ○○전자 미국 지사에 ㉡야구 동호회에도 가입하여 적극적으로 생활하였다. 그러나 ㉢가족과도 떨어져 외국에서 혼자 생활하다 보니 외로움이 커지고 있다.

① ㉠는 2차 집단이고, ㉡는 1차 집단이다.

② ㉢는 가입과 탈퇴가 자유롭다.

③ ㉠는 공동 사회이고 ㉢는 이익 사회이다.

④ ㉡와 ㉢ 모두 공동 사회이다.

43. 리더십이란 조직의 목표의 비전을 제시하고 구성원들을 이끌어가는 힘이다. 유능한 리더가 되기 위한 원칙 중 다음 〈질문〉을 해야 하는 단계로 옳은 것은?

> **질문**
>
> • 지속적인 커뮤니케이션이 이루어지고 있는가?
> • 직원들에 대한 평가가 공정하게 이루어지고 있는가?
> • 조직의 목표는 명확하게 설정되어 있는가?

① 의사결정을 한다.
② 리더십을 평가하고 되돌아본다.
③ 구성원을 신뢰하고 동기를 부여한다.
④ 비전을 제시한다.

44. 다음 〈보기〉의 문화 적응 상황을 설명한 내용으로 적절한 것은?

> **보기**
>
> K 공사에서 일하는 김민국 대리는 해외사업 진출을 위해 S국에 출장을 가게 되었다. 김민국 대리는 직원들 교육을 위해 교재로 한국어 교재와 외국어 교재를 함께 준비하는 등 기대가 많았다. S국에 도착하고 김민국 대리는 처음으로 S국의 공장에 출근했다. 새로운 직원들을 한자리에 모아 두고 교육을 진행하며 오전 근무를 마쳤다. 하지만 김민국 대리는 점심시간이 되자마자 공장 직원들이 너나 할 것 없이 박스나 천을 깔고 누워서 낮잠을 자는 모습을 보았다. 김민국 대리는 처음 보는 모습에 놀라 사무실에 들어가지 못하고 주변을 배회했다. S국에서 오래 근무한 부장님의 말로는 덥고 습한 날씨여서 기온이 높은 낮 시간에는 낮잠을 자는 시간인 시에스타를 가진다고 했다.

① 해외에서 다른 문화에 대해 전적으로 긍정적인 태도를 보이는 허니문 단계다.
② 문화의 차이로 인해 혼란과 불만을 느끼게 되는 문화 대면 단계다.
③ 문화의 차이를 배우고 인정하며 새로운 문화에 적응하게 되는 문화 적응 단계다.
④ 다양한 문화를 습득하고 지식을 쌓아 사고의 폭이 넓어지는 문화 순응 단계다.

45. 다음 〈보기〉에서 설명하는 ◇◇사의 조직에 대한 특징으로 옳지 않은 것은?

> **보기**
>
> 전자상거래라는 용어와 함께 세계적인 대형 서점으로 떠오른 ◇◇사는 큰 회사이지만 비싼 땅에 건물을 지을 필요도 없고 책을 전시해 둘 책장도 없고 심지어 재고를 쌓아 둘 창고도 없다. 책을 훔치는 사람이 있는지 감시하는 사람을 채용할 필요는 더욱 없다.
>
> 창립 초기 캘리포니아에 있는 ◇◇사 본사에는 직원도 별로 없고 컴퓨터도 고작 몇 대뿐이었다. 창문에 회사 이름을 알리는 대형 현수막 한 개만 걸려 있었다. 이제는 온라인 소매상으로 발전하여 책뿐만 아니라 가전에서 부엌 주방기구까지, 유아용 가구에서 골프클럽, 명품 자동차까지 모든 상품을 취급하는 대형 회사로 발전했다.
>
> 그러나 이 회사에는 여전히 재고를 쌓아 두는 창고가 없다. 대개는 협력사들이 가지고 있다. 즉 ◇◇사는 수백 개의 대형·소형의 소매점들과 협력관계를 맺고 있다. ◇◇사는 주문을 받고 결재를 하지만 실제 주문은 각 소매점에서 처리한다.

① 다양한 다른 종류의 업종들이 전략과 제휴를 통해 통합된 형태이다.

② 외부 환경 변화에 빠르게 적응할 수 있고 관리비용도 절약된다.

③ 정보통신기술에 의존하여 연결되어 있어 통제가 매우 쉽다.

④ 구성원들의 소속감이 약하고 조직몰입과 응집력을 창출하기 어렵다.

46. 다음 중 조직의 의사결정과정에 대한 설명으로 옳지 않은 것은?

① 조직의 의사결정과정은 개인의 의사결정에 비해 불확실한 환경에서 이루어지는 경우가 많다.

② 의사결정이 필요한 문제를 인식하고 이를 진단하는 단계를 확인단계라고 한다.

③ 조직 내의 기존 해결방법 중에서 당면한 문제의 해결방법을 찾는 설계과정에서는 공식적인 문서 등을 이용한다.

④ 긴급한 사항이라면 이해관계집단의 토의에 의한 집단의사결정보다 의사결정권자가 직접 판단하는 것이 적절하다.

47. 다음은 경영자의 역할에 관한 글이다. 빈칸 ㉠ ~ ㉣에 들어갈 단어가 바르게 나열된 것은?

> 경영자는 조직의 목표 달성을 위해 목표를 정의하고 그 목표를 달성하기 위한 방법을 제시해 주는 사람이다. (㉠)은/는 조직의 목표를 정의하고 이러한 목표를 달성하기 위한 전략을 수립하며 제반업무의 통합 및 조정에 대한 전반적인 활동 등을 포함한다. 경영자는 또한 조직의 구조를 설계해야 할 책임이 있는데 이를 (㉡)(이)라고 한다. 여기에는 어떤 과업이 수행되어야 하는지, 누가 그 과업을 수행할 것인지, 어떻게 그 과업을 편성할 것인지, 누가 누구에게 보고할 것인지, 의사결정은 어디에서 맡아서 할 것인지 하는 활동 등이 포함된다.
>
> 모든 조직은 사람들로 구성된다. 그리고 이러한 사람들에게 지시하고 조정하는 것이 경영자의 직무로서 (㉢)라고 한다. 경영자가 종업원에게 동기부여를 하고 다른 사람들이 업무활동을 지시하여 가장 효과적인 커뮤니케이션 채널을 선택하거나, 조직원들 사이의 갈등을 해결할 때, 경영자는 이를 주도하는 기능을 수행하고 있는 것이다.
>
> 한편 추진해야 할 방향으로 업무가 진행되는지 확인하기 위해 경영층에서는 조직의 성과를 감식하고 이를 사전에 설정된 목표와 비교하도록 해야 한다. 만약 설정한 목표와 실제로 달성한 성과 간에 상당한 편차가 있다면 조직을 다시 올바른 방향으로 가도록 수정하는 것이 경영자의 일이다. 이러한 모니터링활동, 성과비교활동, 방향수정활동 등이 경영자의 (㉣)에 해당한다.

	㉠	㉡	㉢	㉣
①	조직화	계획	통제	지휘
②	조직화	계획	지휘	통제
③	계획	조직화	지휘	통제
④	계획	조직화	통제	지휘

[48 ~ 49] 다음 조직문화의 〈경쟁가치 모형〉과 〈사례〉를 바탕으로 이어지는 질문에 답하시오.

〈경쟁가치 모형〉

```
        (d)            분권화 및 분권지향              (a)
     관계 및                                      확장 및
   집단문화 지향                                  변혁지향
                      자    융
                      발    통
                      성    성
   사회기술시스템의    내부적 초점        단기적 시야      시스템 전체의
      유지지향        장기적 시야        외부적 초점      경쟁력 확보지향
                      예    질
                      측    서
                      가
                      능
                      성
     위계 및                                      결과 극대화
    균형 지향                                      지향
        (c)            집권화 및 통합지향              (b)
```

사례

A ~ D는 대학동창으로 졸업 후 각자 다른 자신들이 원하던 회사에 입사하였다. 졸업 후 오랜만에 만나 대화를 나누던 도중 자신들이 다니고 있는 회사 조직문화를 소개하기 시작했다.

A : 우리 회사는 직장은 가정과 같이 화목한 곳이어야 한다는 문화가 있어. 그래서 그런지 충성심과 전통을 매우 중시하지.

B : 우리는 역동성과 창의성을 중시하는 문화야. 그래서 새로운 시도를 하다 실패를 하더라도 질책 보다는 격려가 우선하지.

C : 나는 예전부터 안전성을 제일로 여겼잖아? 그래서 그런지 우리 회사의 문화와 딱 맞는 것 같아.

D : 내가 근무하는 회사는 사원들 사이에 경쟁의식이 대단해. 과업의 성공적인 목표달성이 가장 중요한 관심사라고 할 수 있지.

48. 위 A ~ D의 진술을 바탕으로 할 때, (a)에 해당하는 조직문화를 가진 회사에 다니는 사람은 누구인가? (단, A ~ D는 (a) ~ (d)의 조직문화에 해당하는 회사 중 각각 다른 한 회사에 근무하고 있다)

① A

② B

③ C

④ D

49. C가 근무하는 회사의 조직문화가 이상 비대화되었다고 가정할 때, 나타날 수 있는 문제점으로 적절하지 않은 것은?

① 규정만능주의

② 토론 문화의 부재

③ 관료주의

④ 방만한 실험문화

50. 다음 밑줄 친 ㉠과 관련 있는 생산시스템의 특징으로 옳지 않은 것은?

> 모든 정보가 실시간으로 전달된다. 모든 공정이 자동화되어 있으며 염색, 제단 등 핵심 공정을 제외하고는 대부분 아웃소싱을 하기 때문에 소수 인력으로도 공장 가동이 가능하다. 완제품은 자동으로 포장되어 대형 물류센터로 옮겨진다. 이 물류센터에서는 하루에 3만여 개의 의류상자가 로봇과 바코드시스템 체제에 의해 자동으로 분류된 후 전 세계 매장으로 신속하게 배송된다. 고객의 주문에 빨리 대응하기 위한 ㉠이 방식은 염색 공정에도 적용된다. 직물을 염색한 뒤 옷을 싸던 방식에서 탈피해 미리 옷을 만들어 놓은 뒤 주문이 들어오면 그때 유행하는 물감을 들이는 후염 기술이 바로 그것이다. 이 같은 노하우는 수시로 변하는 소비자의 수요에 신속히 대응하기 위한 노력의 결과이다.

① 다품종 소량 생산에 적합한 생산시스템이다.

② 작업자들이 다수의 기능을 보유하여 제조준비시간을 단축할 수 있어야 한다.

③ 생산되는 제품이나 과정이 달라도 적용할 수 있다는 장점이 있다.

④ 공급사와 네트워크 강화를 통해 즉시 공급체계를 마련하는 것이 중요하다.

01. 다음 글의 내용과 일치하지 않는 것은?

> ○○출판사에서 출간한 〈XX세기 △△학습백과사전〉은 우리나라의 초·중·고등학생들이 새로운 교육환경에서 보편적인 지식을 균형 있고 폭넓게 학습하며, 온갖 형태의 학교 숙제를 혼자 힘으로 해결할 수 있도록 미국의 유명한 학습백과사전 출판사인 W사와 손잡고 최첨단의 과학적인 방법을 이용해 편찬한 21세기형 백과사전이다.
>
> 전체 내용의 약 65%는 전 세계에서 가장 많이 팔리는 세계 최고의 학습백과사전인 〈W백과사전〉에서 최신 연구 자료 위주로 골라 싣고, 나머지 35%는 우리나라 학교 교육에 필요한 내용을 새로 집필하여 21권의 책과 별도의 CD-ROM 타이틀인 〈XX세기 멀티미디어 △△학습백과〉 속에 담았다. 또한 원하는 정보를 가장 빠르면서도 편하게 찾고, 재미있게 읽으면서도 오래 기억할 수 있도록 새로운 방법과 효율적인 방법을 다양하게 개발하여 이용했다. 주제별로 권을 나누어 가나다 순으로 편찬한 것, 항목 서술을 기본적이고 쉬운 설명에서 출발하여 전문적이고 어려운 것까지 계단식으로 심화시킨 것, 백과사전의 전통을 깨고 항목 끝에는 익힘문제를 두어 복습할 수 있게 한 것 등이 그 예이다.
>
> 표제어는 현직 대학교수와 초·중·고등 교사 그리고 각 분야의 뛰어난 전문 연구원 63명으로 구성된 '표제어선정위원회'에서 검토하고 선정했다. 번역 및 집필, 감수는 내용의 객관성·균형성·정확성·보편성을 위하여 그 분야의 뛰어난 전문가, 전문 연구원, 대학교수 500여 명이 맡아 글을 쓰고 검토했다.

① 기존의 백과사전 방식을 탈피한 독특한 시스템으로 주목받았다.

② 동영상과 음향 등의 시각 자료는 CD를 활용한다.

③ 이 책의 편찬은 전문적 지식을 지닌 집단이 주도하였다.

④ 전체 분량의 약 $\frac{1}{3}$은 기존 자료를 활용하였다.

02. 다음 대화에서 파악할 수 있는 경청의 방해 요소는?

> 문경 : 어제 ○○역에서 직거래로 중고 컴퓨터를 구매했어.
>
> 태한 : 컴퓨터를 중고로 구매해도 괜찮아? 성능은 믿을 만한 거야?
>
> 문경 : 응, 혹시 고장이 나 있진 않을까 걱정했는데 직접 눈으로 확인하니 큰 이상은 없었어. 좋은 물건을 싸게 내놓으신 것 같더라고. 너도 컴퓨터 구매할 일 있으면 중고로 구매하는 것을 고려해 봐. 훨씬 저렴하게 살 수 있어.
>
> 태한 : 그나저나 ○○역 하니까 생각났는데, 거기 좀 위험한 동네 아니야? 예전에 살 게 있어서 방문했었는데, 그 동네 조금 무섭던데?

① 더 강도 높은 이야기로 상대를 능가하려고 하고 있다.

② 문제를 진단해 해결책을 제시하려고만 하고 있다.

③ 대화의 주제를 자기가 원하는 대로 전환하고 있다.

④ 대화 도중 갑자기 상대의 말을 끊고 다른 사람과 이야기하고 있다.

03. 다음 중 기행문에 대한 설명으로 적절하지 않은 것은?

① 예상 독자를 설득의 대상, 설명의 대상으로 인식하지 않는 필자 중심의 글이다.

② 여행정보를 전달하기 위해 쓰이는 객관적인 성격의 글이며 사진과 같은 보조 자료를 풍부하게 활용하는 것이 좋다.

③ 기행문은 정보 제공과 정서 표현의 성격을 모두 보이지만 견문 구상이 기행문의 내적 구조를 이룬다.

④ 여행을 매개로 하는 글이기 때문에 여정이 중요한 영향을 미치며, 여행 정보 자체도 글쓴이의 주관적 견해에 의해 재해석되기도 한다.

[04 ~ 05] 다음 글을 바탕으로 이어지는 질문에 답하시오.

(가) 친환경농업직불제 개편 방안에 대한 논의가 활발하다. 특히 농업생태환경보전프로그램을 통해 공익형 직불제 실험을 먼저 했던 충청남도가 이 논의에 앞장서고 있다. 19일엔 예산 충남농업기술원에서 친환경농업직불제 개편방안에 대한 대(對)정부 제안이 있었다. 강○○ 충남연구원 경제산업연구실 연구위원은 규제와 보상체계가 균형을 이루는 친환경농업직불제(기본형) 개편방안과 농업환경보전사업(공익형) 실행방안을 중앙정부와 충청남도에 제시했다.

(나) 지급단가와 관련해선 기본형의 경우 현행 직불제보다 최소 2배, 최대 6배 이상 지급해야 하며, 지급기준은 경영비 차액을 인정, 매년 물가상승률을 반영한 실질 인상이 필요하다는 게 강 연구위원의 입장이다. 단기적으론 경영비 보장수준으로, 중장기적으론 생산비 보장수준으로 확장해 가자는 것이다. 특히 기존의 직불제가 개별농가 단위로 사업하다 보니 공간범위 지정이 불필요했던 반면, 직불제 개편 시 환경보전이 필요한 최소구역·단위·지구 중심으로 운영해야 한다는 주장도 제기됐다. 환경보전이 필요한 수계·유역·호소 단위로 적정 공간범위를 설정하는 방식이다.

(다) 예컨대 하천 중심으로 농업환경보전사업을 할 시, 특정 상류수계 중심의 친환경 특별권역을 설정해 협동조합을 구성하고, 유급 생산관리자를 배치해 전반적인 지역 환경을 관리하는 식이다. 이를 통해 수계 및 주변 농업환경보전 과정에서 성과를 거둘 수 있을 것으로 보인다. 한편 친환경직불제 개편방안 논의와 관련해 현재 농림축산식품부가 추진하는 농업환경보전프로그램의 제도개선 주장도 제기된다. 해당 프로그램에 참여 중인 충남 홍성군의 권봉관 홍성군청 친환경농정발전기획단 전문위원은 현행 농업환경보전프로그램에 대해 △전문인력이 사실상 전무해 대부분 마을에서 이장 등 마을대표자의 헌신에 의지하는 상황 △사업내용이 복잡하고 개별 농민·농가 역량을 고려치 못해 농민 참여가 제한적 △기존 친환경농민의 참여에 대한 인센티브 부족 등을 지적했다.

(라) 현행 직불제는 면적 기준의 일정단가를 현금으로 지급하며, 대상은 무농약 및 유기농 등 친환경인증을 받은 농가다. 강 연구위원은 "농가 단위 지급방식과 면적 단위 지급방식을 혼합시키고, 지급대상은 중장기적으로 자주인증 및 참여형 인증 농가 중심으로 지급할 필요가 있다."고 주장했다. 기존 직불제가 면적 기준을 채택함으로써 토지소유자에게 직불금 혜택이 돌아가고, 그 과정에서 부재지주의 부정수급 문제가 초래된 측면이 있었기에 지급방식 변경이 필요하다는 것이다.

04. 윗글의 문단 (가) ~ (라)를 문맥에 맞게 순서대로 바르게 배열한 것은?

① (가)-(다)-(라)-(나)　　　　② (가)-(라)-(나)-(다)

③ (라)-(가)-(다)-(나)　　　　④ (라)-(나)-(가)-(다)

05. 윗글의 내용을 통해 추론할 수 없는 것은?

① 친환경농업직불제 개편 내용에는 규제에 따른 보상도 포함되어 있다.

② 강△△ 연구위원은 직불제 개편에서 매년 물가상승률이 지급기준에 반영되어야 한다고 주장했다.

③ 현행 직불제는 실제 경작자에게 직불금 혜택이 돌아가지 않을 수 있다는 문제점을 가진다.

④ 현행 직불제는 현금 지급이 어렵다면 현물로 지급할 수 있다.

06. 다음 한글맞춤법에 따른 쓰임으로 적절하지 않은 것은?

> **한글맞춤법 제30항**
> 사이시옷은 순우리말과 순우리말 또는 순우리말과 한자어로 된 합성어로서 앞말이 모음으로 끝난 경우에, 다음과 같은 소리 환경에서 받쳐 적는다.
>
> > 1. 뒤 단어의 첫소리 'ㄱ, ㄷ, ㅂ, ㅅ, ㅈ'이 된소리로 나는 것
> > 2. 'ㄷ'이 뒤의 'ㄴ, ㅁ'에 동화되어 'ㄴ'으로 발음되는 것
> > 3. 뒤 단어의 첫소리로 'ㄴ'이 첨가되면서 'ㄷ'이 동화되어 'ㄴㄴ'으로 발음되는 것

① 빗물, 냇물　　　　　　　　② 햇님, 햇볕

③ 전셋집, 훗날　　　　　　　④ 예삿일, 훗일

07. 다음 〈보기〉의 내용에 따라 (가)에 들어갈 예시로 적절하지 않은 것은?

> **보기**
>
> 　피동문은 피동형이나 피동사 중 하나를 쓰면 된다. 그런데 이 두 가지를 한꺼번에 쓰는 경우가 있다. 이러한 문장을 이중피동이라고 한다. 예를 들어 '보이다' 또는 '보아지다' 중 하나만 쓰는 것이 적절한데, '보여지다'로 쓰는 것이 이중피동이다. 글이나 말에서 이중피동을 쓰는 경우는 실제로도 어렵지 않게 찾아볼 수 있다. '＿＿＿＿＿＿＿＿＿(가)＿＿＿＿＿＿＿＿＿'가 바로 그 예시이다.

① 산책로까지 잘 닦여진 도로를 걸었다

② 탁자 위에 놓여진 꽃병에 물을 담아라

③ 실수는 유리수와 무리수로 나뉘어진다

④ 어젯밤에 눈이 와 문 앞에 쌓인 눈을 치우고 있다

08. 다음 대화 내용에서 나타나는 의사소통의 오류는?

> 며느리 : 아버님, 형님 노래가 떴어요.
>
> 시아버지 : 정임이가 떴다고? 어디로? 비행기 타고 아주 떠나갔대?
>
> 며느리 : 아니, 그게 아니고요, 인터넷에서 확 떴다고요.
>
> 시아버지 : 나 이거, 어느 나라 말을 하고 있는지, 원…….
>
> 시어머니 : 정임이가 유명해졌대요.

① 단어 발음상의 오류   ② 단어 구조의 오류

③ 언어 발달의 오류   ④ 단어 인식의 오류

09. 다음 대화의 밑줄 친 부분의 기능으로 적절한 것은?

> 정 부장 : 하 대리, 이 보고서를 상무님께 가져다 드리면 됩니다.
>
> 하 대리 : 네, 알겠습니다.
>
> 정 부장 : 참, 지난번처럼 보고서만 가져다 드리지 말고, 투명 파일 같은 데 넣어서 드려요.
>
> 하 대리 : <u>아~</u>, 알려 주셔서 감사합니다.

① 불편함을 나타낸다.   ② 칭찬을 나타낸다.

③ 이해를 나타낸다.   ④ 경청하고 있음을 나타낸다.

10. 다음 중 〈보기〉의 사례와 다른 내용을 제시한 사람은?

> **보기**
>
> 확증 편향(Confirmation bias)은 원래 가지고 있는 생각이나 신념을 확인하려는 경향으로, 흔히 '사람은 보고 싶은 것만 본다'와 같은 것이 바로 확증 편향이다. 사람들은 자신이 원하는 결과를 간절히 바랄 때 또는 어떤 사건을 접하고 감정이 앞설 때 그리고 저마다의 뿌리 깊은 신념을 지키고자 할 때 확증 편향을 보인다. 확증 편향은 원하는 정보만 선택적으로 모으거나, 어떤 것을 설명하거나 주장할 때 편향된 방법을 동원함으로써 나타난다.

① **홍세화**
실상 우리는 아무도 남을 설득하려고 노력하지 않는다. 뒤집어 말하면, 나 또한 아무한테도 설득되지 않는다. 모든 사람이 이미 완성 단계에 이른 양 살아간다. 이런 사회 구성원들에게 편향이 한번 빠지면 결코 빠져나올 수 없는 깊은 함정이 되는 것은 당연한 귀결이다. 또 '나'로서 생각한 적이 없으므로 남의 자리에서 생각하는 역지사지의 지혜도 갖기 어렵다. 나의 자리에서도 생각하지 않았는데 어떻게 남의 자리에서 생각하겠는가. 한국인의 편향을 강고하게 만드는 또 하나의 이유다.

② **막스 베버**
만약 누군가가 유능한 교수라면, 그의 첫 번째 임무는 학생들에게 그들 자신의 가치입장의 정당화에는 불리한 사실들 즉, 학생의 당파적 견해에 비추어볼 때 학생 자신에게 불리한 그런 사실들을 인정하는 법을 가르치는 일입니다. 나의 견해를 포함한 모든 당파적 견해에는 이 견해에 극도로 불리한 사실들이 있습니다. 만약 대학교수가 그의 수강생들을 그것에 익숙해지도록 유도한다면, 그는 단순한 지적 업적 그 이상을 행하는 것이라고 나는 생각합니다. 너무나 소박하고 당연한 일에 대한 표현치고는 어쩌면 너무 장중하게 들릴지 모르지만, 나는 감히 그것을 '도덕적 업적'이라고까지 부르고 싶습니다.

③ **버트런드 러셀**
우리들은 모두 세상을 자신의 선입관에 맞춰 생각하는 경향이 있습니다. 그와 상반된 관점은 필연적으로 생각하는 수고로움을 동반하고, 대부분의 사람들은 생각하느니 차라리 죽는 것을 선택할 것입니다.

④ **아인슈타인**
내 상대성 이론이 성공적으로 증명된다면, 독일은 내가 독일인이라고, 프랑스는 내가 전 세계의 시민이라고 선언할 것이다. 내 이론이 틀렸다고 증명된다면, 프랑스는 내가 독일인이라고, 독일은 내가 유대인이라고 선언할 것이다

11. 둘레의 길이가 1,560m인 호수의 산책로를 윤석이와 상호가 일정한 속력으로 걷고 있다. 두 사람이 같은 지점에서 동시에 출발하여 같은 방향으로 걸으면 52분 후에 처음으로 만나고, 반대 방향으로 걸으면 13분 후에 처음으로 만난다고 할 때, 윤석이의 속력은? (단, 윤석이가 상호보다 걸음이 빠르다)

① 45m/분   ② 60m/분

③ 75m/분   ④ 90m/분

12. ○○기업에서 여름 야유회로 캠핑장을 가기로 했다. 캠핑장에서 텐트를 배정하는데 한 텐트에 4명씩 들어가면 11명이 남고, 7명씩 들어가면 텐트가 1개 남는다고 한다. 이때 야유회에 참여한 인원은 최대 몇 명인가?

① 35명   ② 39명

③ 43명   ④ 47명

13. 어떤 두 자리 자연수를 4, 5, 6 중 어느 것으로 나누어도 나머지는 3이라고 한다. 이 두 자리 자연수의 각 자릿수를 합한 값은?

① 6   ② 7

③ 8   ④ 9

14. 다음 〈규칙〉에 따라 식을 계산하려고 한다. 〈보기〉의 식이 성립하도록 □ 안에 사칙연산기호를 한 번씩만 넣으려고 할 때, □에 들어갈 사칙연산기호를 순서대로 바르게 나열한 것은? (단, ◎는 사칙연산보다 먼저 계산한다)

규칙

- 1◎3＝1＋2＋3＝6
- 2◎4＝2＋3＋4＋5＝14
- 3◎5＝3＋4＋5＋6＋7＝25

보기

(5◎5)□(3□2)□7□(6◎3)＝28

---

① －, ×, ÷, ＋   ② ÷, －, ×, ＋

③ －, ÷, ＋, ×   ④ ÷, ＋, ×, －

15. 같은 종류의 연필 7자루를 같은 종류의 필통 3개에 나누어 담으려고 한다. 모든 필통에는 적어도 1자루의 연필을 넣는다고 할 때, 가능한 경우의 수는 몇 가지인가?

① 4가지   ② 12가지

③ 24가지   ④ 35가지

16. 다음은 한 지방 의회의 연도별 투입시간, 구성인력 및 산출에 관한 표이다. 상임위당 평균 심사 처리 안건 수가 가장 적은 연도와 상임위당 일일 평균 심사처리 안건 수가 가장 많은 연도를 차례대로 나열한 것은?

〈△△의회 연도별 투입 및 산출 현황〉

(단위 : 개, 입, 시간, 명)

구분	투입시간			투입인력	산출
	상임위 수	총 개의 일수	총 회의 시간	참석의원 총수	심사처리 안건 수
20X1년	10	197	594	2,543	358
20X2년	9	182	528	2,064	349
20X3년	9	197	581	2,104	386
20X4년	9	251	573	2,700	389
20X5년	8	215	526	1,869	418
20X6년	9	150	493	1,497	285

① 20X1년, 20X3년
② 20X3년, 20X5년
③ 20X3년, 20X6년
④ 20X6년, 20X5년

17. 다음 중 가구원 수별 가구 현황에 대한 설명으로 옳지 않은 것은?

〈가구원 수별 가구 현황〉

(단위 : 천 가구)

구분	20X7년	20X8년	20X9년
1인 가구	5,619	5,849	6,148
2인 가구	5,260	5,446	5,663
3인 가구	4,179	4,204	4,218
4인 가구	4,616	4,481	4,315

① 조사기간 동안 매년 3인 가구 수의 비중이 가장 작다.
② 조사기간 동안 매년 1인 가구 수의 비중은 30% 미만이다.
③ 1인 가구 수는 매년 증가하는 추세이다.
④ 20X8년과 20X9년의 2인 가구 수의 비중 차이는 1%p 미만이다.

18. 다음 자료를 바탕으로 할 때, 적절하지 않은 설명은?

〈전자부품업계 주요 기업 폐기물 재활용률〉

(단위 : %)

기업	20X7년	20X8년	20X9년
A	82.3	75.5	73.3
B	95.9	64.6	-
C	88.5	86.3	86.7
D	86.0	83.0	83.0

〈A 기업 폐기물 처리방법〉

(단위 : 톤)

구분	20X7년	20X8년	20X9년
총 발생량	113,366	92,453	117,688
재활용	93,346	69,837	86,267
매립	11,064	12,704	20,040
소각	8,956	9,912	11,381

① A 기업에서 20X9년에 발생된 폐기물 중 17.0%가 소각됐다.

② B 기업의 20X8년 폐기물 총 발생량이 10만 1,324톤이라면 재활용으로 처리된 폐기물은 약 6만 5,455톤이다.

③ C 기업의 20X9년 재활용률은 20X8년 대비 0.4%p 증가했다.

④ D 기업의 20X7년 폐기물 총 발생량이 11만 2,468톤이라면 재활용으로 처리된 폐기물은 약 9만 6,722톤이다.

19. 다음은 우리나라 부패인식지수(CPI)의 연도별 변동 추이에 대한 표이다. 이에 대한 설명으로 적절하지 않은 것은?

〈부패인식지수(CPI)의 연도별 변동 추이〉

(단위 : 점, 개국, 위)

구분		20X2년	20X3년	20X4년	20X5년	20X6년	20X7년	20X8년	20X9년
CPI	점수	56.0	55.0	55.0	54.0	53.0	54.0	57.0	59.0
	조사대상국	176	177	175	168	176	180	180	180
	순위	45	46	44	43	52	51	45	39
OECD	회원국	34	34	34	34	35	35	36	36
	순위	27	27	27	28	29	29	30	27

※ 점수가 높을수록 청렴도가 높다.

① CPI 순위와 OECD 순위가 가장 낮은 해는 각각 20X6년, 20X8년이다.

② 청렴도가 가장 높은 해와 20X2년도의 청렴도 점수의 차이는 3.0점이다.

③ 조사 기간 동안 우리나라의 CPI는 OECD 국가에서 항상 상위권을 차지하였다.

④ 우리나라는 다른 해에 비해 20X9년에 가장 청렴했다고 볼 수 있다.

20. 다음은 전기요금 누진제 개편 후의 주택용 요금표와 여름(7 ~ 8월)에만 요금 부담 완화를 목적으로 운영되는 누진구간 확장안에 따른 요금표이다. 이에 대한 설명으로 적절한 것을 〈보기〉에서 모두 고르면?

〈전기요금 누진제 개편 후 주택용 요금표〉

구간		기본요금(원/호)	전력량 요금(원/kWh)
1구간	200kWh 이하	910	93.3
2구간	201 ~ 400kWh	1,600	187.9
3구간	400kWh 초과	7,300	280.6

〈7 ~ 8월에 한정 운영되는 누진구간 확장안〉

구간	현재	조정
1구간	200kWh 이하	300kWh 이하
2구간	201 ~ 400kWh	301 ~ 450kWh
3구간	400kWh 초과	450kWh

- 전기요금계(원단위 미만 버림)＝기본요금＋전력량 요금
- 부가가치세(원단위 미만 반올림)＝전기요금계×10%
- 전력산업기반기금(10원 미만 버림)＝전기요금계×3.7%
- 청구요금 합계＝전기요금계＋부가가치세＋전력산업기반기금

보기

ㄱ. A 주택의 6월 전기 사용량이 300kWh이었을 때, 6월 전기요금계는 39,050원이다.

ㄴ. B 주택의 6월과 7월 전기 사용량이 모두 300kWh이었을 때, 7월 전기요금계는 6월보다 10,150원만큼 감소한 28,900원이다.

ㄷ. C 주택의 7월 전기 사용량이 300kWh이었을 때, 7월 청구요금 합계는 32,850원이다.

① ㄱ
② ㄱ, ㄴ
③ ㄴ, ㄷ
④ ㄱ, ㄴ, ㄷ

21. 다음과 같은 종류의 논리적 오류를 범하고 있는 것은?

> 사람들은 늘 자신의 이익을 우선한다. 사람들은 언제나 이기적이기 때문이다.

① 갑 : 세상에 귀신은 있어. 귀신이 없다는 절대적 근거가 없기 때문이야.
② 을 : 사람들이 가치 있다고 말하는 것들은 모두 돈이야. 내가 만난 사람들은 다 그랬거든.
③ 병 : 신이 존재한다는 것은 성서에 적혀 있어. 성서는 신의 말이니까, 신은 존재해.
④ 정 : 저 사람은 찬물을 싫어하니 반드시 뜨거운 물을 좋아할 거야.

22. 취업준비생 L 씨는 ○○회사에 지원하여 면접을 보게 되었다. 다음 면접관 P와의 대화를 바탕으로 할 때, 면접관이 원하는 대답으로 적절한 것은?

> P : 네, 그러면 다음 질문으로 넘어가겠습니다. 면접을 보러 오시면서 우리 회사 1층에 있던 카페를 보셨나요?
> L : 네, 사람이 참 많더라고요.
> P : 그 카페의 하루 매출이 얼마 정도 될지 맞혀 보실 수 있나요?
> L : 네? 그걸 어떻게 맞힐 수 있죠?
> P : 하하, 맞히는 건 불가능하죠. 그저 지원자분이 아는 기본적인 정보를 토대로 논리적 추론을 해서 추측할 수 있는지를 보고 싶습니다. 다시 말해, 구조화 접근을 할 수 있는지를 보는 거죠.
> L : 네, 그렇다면……

① 사실 제가 그 카페에서 아르바이트를 한 적이 있어 대략 알고 있는데, 매출이 월 1억 원 정도 나옵니다.
② 아마 그 카페의 하루 매출은 이 회사 하루 매출의 1% 정도 되지 않을까요.
③ 음료와 빵의 평균 가격이 4,000원 정도 하고 하루에 평균 300명의 손님이 방문하시는 것 같습니다. 따라서 120만 원 정도일 것 같습니다.
④ 제가 그 카페에 대해 아는 정보는 개업한 지 4년이 되었다는 것과 약 50평이라는 것입니다. 따라서 일 매출은 약 100만 원 정도일 것 같습니다.

[23 ~ 24] 다음 글을 읽고 이어지는 질문에 답하시오.

문제해결의 목적은 최고의 해법을 선택하는 것으로, 문제해결 방법을 연습함으로써 문제해결을 성취하는 능력을 향상시킬 수 있다. 문제해결 방법을 이해하고 연습하면 문제해결 기술이 발전되어 효율적인 문제해결자(Problem solver)가 될 수 있을 것이다.

효과적 문제해결자와 그렇지 못한 사람을 구분하는 가장 중요한 요소로는 문제에 접근하는 태도, 문제해결 과정에서 나타나는 적극성, 정확성에 대한 관심 그리고 그들이 이용하는 문제해결 절차를 들 수 있다. 예를 들어, 효과적 문제해결자는 (㉠)을 이용하고, 주의 깊고 끈질긴 분석을 통하여 모든 문제를 해결할 수 있다고 믿는다. 또한 효과적 문제해결자는 문제를 해결할 때 매우 (㉡)이다. 그러나 비효과적 문제해결자는 "이 문제를 안다 또는 모른다."라고 단순하게 생각한다. 또한 문제를 해결하기 위해 요구되는 노력의 수준을 정확하게 이해하지 못한다.

효과적 문제해결자는 모든 사실과 관계들을 정확하게 이해하기 위하여 매우 주의를 기울인다. 하지만 ㉢비효과적 문제해결자는 해결책의 정확성을 검사하지 않고 주관적으로 판단한다.

▫ 효과적－비효과적 문제해결자의 특징

효과적 문제해결자	비효과적 문제해결자
태도	
• 문제가 풀릴 것이라고 믿는다. • "난 이것을 풀 수 있다."라고 말한다.	• ㉣문제를 풀 때 전향적이다. • 쉽게 포기한다.
행동양식	
	(가)
해결 절차	
• 문제를 여러 개의 하위문제로 나눈다. • 막히더라도 끝까지 인내한다.	• 주요 개념을 규명하지 못한다. • 특별한 형식을 사용하지 않는다.

23. 윗글의 ㉠ ~ ㉣에 관련된 설명으로 적절하지 않은 것은?

① ㉠에는 '발견적 학습법'이 들어가야 한다.
② ㉡에 '수동적'이 들어가면 적절하지 않다.
③ 밑줄 친 ㉢은 비효과적 문제해결자의 특성으로 적절하다.
④ 표의 밑줄 친 ㉣은 올바르게 분류되었다.

24. 위 표의 (가)에 들어갈 말로 적절한 것은?

① 문제를 반복하여 여러 번 읽어 본다.

② 스스로에게 그리고 다른 이들에게 물어본다.

③ 문제를 다시 기술하지 않는다.

④ 성급하게 결론을 내리지 않는다.

25. 다음 전제를 근거로 할 때, 반드시 참인 결론은?

전제 1	요리를 잘하는 사람은 모두 똑똑하다.
전제 2	요리를 잘하는 어떤 사람은 날씬하다.
결론	

① 날씬한 사람은 모두 똑똑하다.

② 요리를 잘하는 어떤 똑똑한 사람은 날씬하지 않다.

③ 날씬한 사람은 모두 똑똑하지 않다.

④ 어떤 날씬한 사람은 똑똑하다.

26. 다음과 같은 유형의 사고가 유용한 경우로 옳지 않은 것은?

이슈	Y 통신사의 10대 가입자 수가 지속적으로 줄고 있다.

⇩

가설	10대 청소년들이 가입할 만한 요금제가 없을 것이다.

⇩

분석	요금제별 가입자 수를 분석한다.

⇩

정보원 / 수집방법	요금 담당 부서 / 요금제를 관리하고 있는 부서에 관련 자료를 요청한다.

① 실험, 시행착오, 실패가 비교적 자유롭게 허용되는 경우에 사용한다.

② 여러 사안 및 여러 팀들이 감정적으로 대립하고 있는 경우에 사용한다.

③ 사내 커뮤니케이션이나 정보공유가 제대로 이루어지지 않는 경우에 유용하다.

④ 난해한 문제에 맞닥뜨려 원인을 명확히 알지 못해 찾아야 하는 경우에 유용하다.

[27 ~ 28] 다음 글을 바탕으로 이어지는 질문에 답하시오.

> 문제해결을 위한 기본적 사고의 방법에는 네 가지가 있다. 첫 번째는 어떠한 현상을 거시적이고 새로운 관점에서 바라보며 조직에 영향을 미치는 외적 요인과 그 영향력을 분석하는 _____ ㉠ _____ 이며, 두 번째는 주어진 문제를 단순한 부분들로 구분하고 각 부분들을 명료하게 나누어 조직하고 분석하는 _____ ㉡ _____ 이다. 세 번째는 인식의 틀을 전환하여 눈에 띄는 것들을 토대로 공통점과 차이점을 도출해 내어 눈에 띄지 않는 부분에서 경쟁력을 찾아내는 _____ ㉢ _____ 이고, 마지막으로 기술, 재료, 방법, 사람 등 필요한 자원을 확보하고 계획을 수립하는 내·외부자원의 _____ ㉣ _____ 이(가) 있다.

27. 위 ㉠~㉣에 들어갈 단어들로 올바르게 짝지어진 것은?

	㉠	㉡	㉢	㉣
①	분석적 사고	전략적 사고	발상의 전환	효과적 활용
②	분석적 사고	전략적 사고	합리적 사고	환경 변화
③	전략적 사고	분석적 사고	합리적 사고	환경 변화
④	전략적 사고	분석적 사고	발상의 전환	효과적 활용

28. ㉠~㉣ 중 다음 사례에서 C가 행한 문제해결을 위한 기본적 사고로 적절한 것은?

> C는 ○○업체의 신입사원이다. C가 입사한 회사는 경쟁업체인 P 기업보다 판매율과 인지도가 뒤떨어지는 회사였고, 그 기업에서 근무하는 사람들은 모두 그러한 현실을 받아들이고 있는 상황이었다. C는 이러한 업계상황을 바꾸기 위하여 P 기업과 자사 간의 차이를 분석하게 되었다. 그 결과 자신의 회사가 위생의식에 있어 P 기업보다 교육이 부족하다는 것을 알게 되었고, 소비자 역시 위생에 점점 예민해지고 있다고 판단하였다. 그래서 문제, 원인, 해결안을 보고서로 제출하였지만, 결국 회사의 전략으로 채택되지 못하였다.

① ㉠

② ㉡

③ ㉢

④ ㉣

29. 다음은 맥킨지의 문제해결 기법인 MECE의 적용 절차에 관한 내용이다. 빈칸에 들어갈 적용절차를 〈보기〉에서 골라 올바른 순서로 배열한 것은?

〈MECE의 적용 절차〉

(1)	중심 제목에 문제의 핵심을 정리한다.

⇩

(2)	

⇩

(3)	

⇩

(4)	

⇩

(5)	

⇩

(6)	

⇩

(7)	

⇩

(8)	현 상태에서 할 수 있는 최선의 실행 가능한 해결책을 제시한다.

⇩

(9)	최선의 선택이라고 판단하여 제시한 대책이 유용하지 않을 경우 선택하지 않은 방법 중에 최선의 방법을 다시 제시하고 실행한다.

보기

ⓐ 실행 가능한 요소를 분해할 수 없을 때까지 반복해서 분해한다.
ⓑ 분해된 요소 중 실행 가능한 요소를 찾아낸다.
ⓒ 분해된 핵심 요소를 다시 하위 핵심 요소로 분해한다.
ⓓ 실행 가능한 대책을 제시하여 가설을 정립한다.
ⓔ 분해된 핵심 요소가 중복과 누락 없이 전체를 포함하고 있는지 확인한다.
ⓕ 어떤 점이 문제의 핵심 요소인지 여러 가지 분류 기준으로 분해하여 기록한다.

① ⓒ → ⓔ → ⓐ → ⓕ → ⓑ → ⓓ
② ⓒ → ⓕ → ⓐ → ⓑ → ⓔ → ⓓ
③ ⓕ → ⓒ → ⓔ → ⓑ → ⓐ → ⓓ
④ ⓕ → ⓔ → ⓒ → ⓐ → ⓑ → ⓓ

30. 다음은 대한민국의 법률상 나이와 대통령의 피선거권을 가지는 조건을 설명한 것이다. 〈보기〉의 A ~ D 중 선거일 기준으로 대통령 피선거권을 가진 사람은?

- 법률상 나이 : 생후 생존 개월 수를 12개월로 나눈 시간이다. 예를 들어 1993년 3월 6일에 태어난 사람은 2020년 2월 20일 시점에서 생일이 지나지 않았기 때문에 법률상 나이가 26살이다.
- 대통령의 피선거권 : 선거일 현재 5년 이상 국내 거주한 법률상 나이 40세 이상의 국민이어야 한다. 공무로 외국에 파견된 기간, 국내에 주소를 두고 일정기간 외국에 체류한 기간은 국내 거주기간에 포함한다(공직선거법 제16조 제1항). 단, 선거범은 피선거권이 없다.

보기

대통령 선거일은 2022. 03. 09.이다.

A : 생년월일은 1978. 05. 17.로 서울특별시에 거주 중이다. 미국 단일 국적을 가진 사람으로 대한민국 생활 7년 차이다. 대한민국에 큰 애정을 가지고 있고 여러 차례 정치적 의견을 피력하는 모습을 보여 주며 국민들의 이목을 끌었다.

B : 생년월일은 1975. 10. 29.로 충청남도 서산시에 거주 중이다. 외국 국적을 가졌다가 대한민국 국적을 취득해 귀화를 한 사람이고, 2018. 01. 12.부터 대한민국에 거주하고 있다. 다문화 가정을 위한 다양한 사회 활동을 하였고, 방송에도 자주 출연하며 인지도가 높은 편이다.

C : 생년월일은 1983. 02. 05.로 서울특별시에 거주 중이다. 3선 서울시장 출신으로 시정에 대한 이해가 깊다. 서울특별시에서 닦은 행정 능력을 바탕으로 대한민국을 이끌고 싶다는 포부가 크다.

D : 생년월일은 1981. 04. 10.으로 제주특별자치도에 거주 중이다. 외교관 부모님 밑에서 태어나 외국에서 25세까지 거주했고 군 입대 전날에 귀국했다. 군 복무 2년간 외무고시를 공부하여 전역하자마자 외무고시에 합격했다. 외무고시 합격 후 30년간 각국 주재 대한민국 대사관에 근무하며 외교관으로 이름을 떨쳤다. 공무상 이유로 대한민국 영토 내에서의 체류 기간은 4년이다.

① A   ② B

③ C   ④ D

31. 다음 〈사례〉에서 설명하는 승진제도에 대한 설명으로 적절한 것은?

> **사례**
>
> T 방송사에서는 프로그램별로 일을 나누기 때문에 직급은 조연출－PD－CP로 나눈다. 회사가 점차 성장하면서 조연출과 PD들이 많아졌지만 CP의 직급은 수가 적어 승진하지 못하고 PD로 남아 있는 경우가 늘어났다. 승진을 오랫동안 하지 못하자 직원들의 불만이 커졌다. 그러자 T사는 대우와 연봉은 PD와 같지만 직급명칭을 높여 HP라는 새로운 직급을 만들었다.

① 개인의 직무수행능력을 기준으로 승진시키는 방법이다.

② 근속연수, 학력, 연령 등에 관계없이 근무성적이 우수한 직원을 승진시키는 방법이다.

③ 먼저 직무의 분석, 평가, 분류가 이루어진 후 직무의 자격요건에 따라 적격자를 선정하여 승진시키는 방법이다.

④ 직원이 대외업무를 수행하는 경우 고객의 신뢰를 높이기 위해 승진시키는 방법이다.

32. 다음 시간관리 매트릭스에 따라 우선적으로 처리해야 할 업무를 순서대로 바르게 나열한 것은?

구분	긴급함	긴급하지 않음
중요함	• 긴급 회의 • 곧 마감인 프로젝트	• 실험데이터 정리 • 중요한 장기 프로젝트
중요하지 않음	• 중요하지 않은 보고 • 불필요한 이메일 회신	• 송년회 장소 예약 • 개인 SNS 확인

① 긴급 회의－송년회 장소 예약－실험데이터 정리－불필요한 이메일 회신

② 곧 마감인 프로젝트－중요한 장기 프로젝트－송년회 장소 예약－중요하지 않은 보고

③ 긴급 회의－중요하지 않은 보고－중요한 장기 프로젝트－개인 SNS 확인

④ 곧 마감인 프로젝트－실험데이터 정리－불필요한 이메일 회신－송년회 장소 예약

[33 ~ 34] 다음은 외부효과에 관한 글이다. 이를 바탕으로 이어지는 질문에 답하시오.

외부효과는 금전적 거래 없이 개인이나 기업과 같은 경제주체의 행위가 다른 경제주체에게 예상치 못한 혜택이나 손해를 발생시키는 효과를 의미한다. 이때, 혜택을 발생시키는 경우를 긍정적 외부효과 또는 외부경제라고 하며, 손해를 발생시키는 경우를 부정적 외부효과 또는 외부불경제라고 한다.

예컨대, 누군가의 집 앞에 예쁘게 가꾸어진 정원을 지나가며 구경할 수 있는 행인은 긍정적 외부효과를 누리고 있는 것으로 볼 수 있다. 금전적 거래 없이 꽃 감상이라는 편익을 누리고 있기 때문이다. 반대로 공장과 그 주변 주택가의 관계는 부정적 외부효과의 사례이다. 공장에서 발생하는 매연이나 소음, 폐수가 인근 주민들에게 피해를 입히기 때문이다.

외부효과와 관련한 경제적 문제는 다음과 같다. 긍정적 외부효과를 수반하는 경제행위는 사회적으로 바람직한 수준보다 더 적게 일어나게 되는 반면, 부정적 외부효과를 수반하는 경제행위는 바람직한 수준을 크게 초과하여 일어나게 된다는 것이다.

집 앞 정원을 보기 좋게 가꾸기 위해서는 집주인 한 명이 수많은 노력을 들여야 한다. 그러나 그 집 앞을 지나가는 수많은 행인은 아무런 노력 없이 예쁜 정원을 마음껏 감상할 수 있다. 결국에 집주인은 계속된 노력에 지쳐 정원 가꾸기를 포기하게 될지도 모른다. 이처럼 긍정적 외부효과는 생산의 측면에서 볼 때 개인적으로 드는 사적 비용이 사회적 비용보다 크고, 소비의 측면에서 볼 때 사적 편익이 사회적 편익보다 적기 때문에 결과적으로 과소 생산될 수밖에 없다.

한편, 공장은 각종 오염물질을 몰래 방출하는 것이 처리 비용은 덜 들고 이득은 더 많이 볼 수 있는 방안임을 알고 있다. 때문에 별다른 제재가 가해지지 않으면 공장은 주민들의 원성에도 개의치 않고 인근에 오염물질이 퍼지도록 방치할 것이다. 이처럼 부정적 외부효과는 생산의 측면에서 볼 때 사적 비용이 사회적 비용보다 적고, 소비의 측면에서 볼 때 사적 편익이 사회적 편익보다 크기 때문에 결과적으로 과대 생산될 것이다. 그래서 우리 정부는 적절한 정책을 마련하여 사회에 존재하는 다양한 경제적 외부효과를 해결하고자 끊임없이 노력하고 있다.

33. 윗글에 대한 설명으로 적절하지 않은 것은?

① 긍정적 외부효과는 외부경제와 같은 개념이다.
② 생산의 측면에서 볼 때, 외부불경제는 사적 비용이 사회적 비용보다 적다.
③ 소비의 측면에서 볼 때, 외부경제는 사적 비용이 사회적 비용보다 크다.
④ 금전적 거래가 있다면 외부효과라고 볼 수 없다.

34. 서로 부정적 외부효과를 가진 관계로 적절한 것은?

① 양봉업자-과수농가

② 흡연자-비흡연자

③ 골프장 사장-골프장 회원

④ 특허를 등록하지 않고 신기술을 공개한 업체-이 기술을 활용해 공모전에서 입상한 대학 동아리

35. 다음 인적자원관리(HRM)에 대한 설명을 참고할 때, ㉠~㉢에 대한 예시로 적절한 것은?

> 인적자원관리(HRM ; Human Resource Management)란 조직의 목표달성을 위해 미래 인적자원 수요 예측을 바탕으로 인적자원을 확보·개발·배치·평가하는 일련의 업무를 의미한다. 구성원들이 조직의 목적과 그들의 능력에 맞게 활용되고 그에 걸맞은 물리적, 심리적 보상과 더불어 실질적으로 조직의 구성원들의 발탁, 개발 그리고 활용의 문제뿐만 아니라 구성원들의 조직과의 관계 및 능률을 다루기도 한다.
>
> 구체적으로는 HRP(Human Resource Planning, ㉠인적자원계획), HRD(Human Resource Development, ㉡인적자원개발), HRU(Human Resource Utilization, ㉢인적자원활용)라는 3가지 측면으로 성립된다.
>
> HRP는 변화되는 환경이나 조건, 이러한 요구를 만족시킬 수 있는 활동을 개발하는 데 필요한 인적자원을 결정하는 것이며, HRD의 목표는 구성원의 역량개발과 업무수행개선을 통해 성과향상을 이루는 것이다. HRU는 인적자원을 조직 내에 배치하고 활용하는 것을 말한다.

	㉠	㉡	㉢
①	평가	교육	훈련
②	승진	부서이동	고용
③	교육	보상	부서이동
④	고용	개발	보상

36. 다음은 (주)무한의 영업부 신입사원을 대상으로 하는 명함 관리에 대한 교육 강좌 내용의 일부이다. 마지막 질문에 대한 답으로 적절하지 않은 것은?

> "여러분들이 업무를 수행하다 보면 많은 사람들을 만나고, 그만큼 명함을 주고받을 일이 많습니다. 명함을 교환한 후 받은 명함에다 이 명함을 준 사람에 대한 간단한 정보를 메모하면, 다음에 명함을 보면서 이 사람이 어떤 사람이었는가에 대한 기억을 환기할 수 있겠죠. 그렇다면 명함에 적을 만한 메모는 어떤 것들이 있을까요?"

① 언제, 어디서, 무슨 일로 만났는지에 관한 내용
② 상대의 업무 내용이나 취미
③ 상대의 대외적 평판이나 소문
④ 대화를 나누고 나서의 느낀 점

37. 다음은 마감기한과 팀의 유무에 따라 네 가지 영역으로 나눈 우선순위 매트릭스이다. (A) ~ (D)에 대한 설명으로 적절하지 않은 것은?

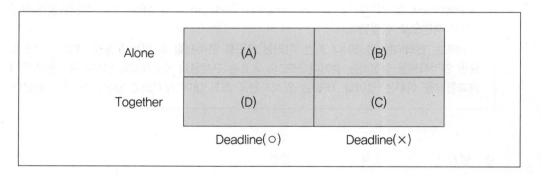

① (A) 혼자 처리할 수 있는 일이기 때문에 최우선으로 처리해야 한다.
② (B) 세미나 참석, 자료 조사, 업무 목표 수립 등의 일이 해당된다.
③ (C) 시간을 많이 투자할수록 자신의 업무에 대한 통찰력이 생겨날 수 있다.
④ (D) 일을 처리하는 과정에서 팀의 동의를 구하고 절차적 정당성을 확보할 수 있다.

38. 다음은 어느 마스크 제조업체에서 KF-80, KF-94 두 종류를 A, B 세트로 각각 한 세트씩 만드는 데 필요한 마스크의 개수이다. 하루에 제조할 수 있는 KF-80 마스크는 1,000장이고 KF-94 마스크는 800장이라고 한다. 두 세트를 같은 수량으로 생산하되, 재고가 남을 시 생산 가능한 세트를 제조하라는 지시를 받았을 때, 제조하는 B 세트의 개수는?

세트 \ 마스크	KF-80	KF-94
A	4	10
B	10	3

① 59개　　　　　　　　　② 61개

③ 63개　　　　　　　　　④ 65개

39. 다음은 (주)에이스에서 근무하는 갑과 (주)베타에서 근무하는 을의 항목별 연봉 자료이다. 갑과 을의 연봉 차이는? (단, 연봉은 주어진 모든 항목의 합과 같다)

〈항목별 연봉〉

구분	갑	을
기본급	6,000만 원	5,000만 원
상여금	기본급의 35%	기본급의 50%
추석선물비	200만 원	300만 원
휴가비	기본급의 5%	600만 원
연차수당	기본급의 6%	상여금의 10%
특근수당	기본급의 6%	기본급의 10%
교통비	기본급의 5%	기본급의 5%

① 220만 원　　　　　　　② 420만 원

③ 470만 원　　　　　　　④ 520만 원

40. ○○기업의 직원들은 반드시 일정 기간 동안 해외파견을 나가야 한다. 다음은 올해 해외파견 대상자들의 간략한 프로필이다. 각자의 프로필을 종합적으로 고려했을 때, 파견지역이 적절하지 않게 짝지어진 것은?

이름	근무부서	전공	가능 외국어	비고
홍길동	기획팀	경영학	영어, 중국어	파견 경험 없음.
이몽룡	유럽경제 연구팀	행정학	영어, 일본어, 독일어	• 일본 파견(2008 ~ 2012년) • 유럽지역 파견 희망
마동석	서아시아팀	경제학	영어, 아랍어	• 사우디아라비아 파견(2010 ~ 2011년) • 사우디아라비아 전문가
송강호	동아시아팀	경제학	영어	파견 경험 없음.

① 홍길동 – 중국
② 이몽룡 – 일본
③ 마동석 – 사우디아라비아
④ 송강호 – 홍콩

41. 다음 〈보기〉의 밑줄 친 ㉠ ~ ㉢에 대한 설명으로 적절하지 않은 것은?

> 보기
>
> 독일의 사회학자 퇴니스는 조직을 ㉠_____에 따라 게마인샤프트(Gemeinschaft)와 게젤샤프트(Gesellschaft)로 구분하였다. ㉡게마인샤프트는 'Community'로 해석되며 선천적·자연적으로 만들어진 집단이다. 반면 ㉢게젤샤프트는 'Society'로 해석되며 후천적·의도적으로 결성된 집단이다.

① ㉠에는 '구성원의 결합 의지'가 들어가야 한다.
② ㉡은 혈연, 지역 등의 관계에서 발생하는 집단이다.
③ ㉡은 결속력이 강한 조직, ㉢은 목적 달성력이 강한 조직을 좋은 조직이라 말한다.
④ ㉢은 이해관계와 계약에 의해 발생하기 때문에 가입과 탈퇴의 자유가 없다.

42. 조직의 목표를 달성하기 위한 조직구성원들의 유형화된 상호작용과 이에 영향을 미치는 매개체를 조직구조라고 한다. 조직구조를 적절하게 관리하기 위한 원칙과 그 내용을 적절하지 않게 짝지은 것은?

> 가. 단계를 전문화하여 생산성을 증대해야 한다.
>
> 나. 하위자는 한 사람의 상사로부터 명령 지시를 받는다.
>
> 다. 권력과 권한은 상위 계층에게 집중적으로 부여해야 한다.
>
> 라. 종업원의 안정적인 신분을 위해 노력해야 한다.

① 가-분업의 원칙   ② 나-명령 일원화의 원칙

③ 다-집권화의 원칙   ④ 라-공정성의 원칙

43. 다음 글을 통해 파악할 수 있는 경영자의 역할로 적절한 것은?

> 미국의 애플(Apple)사의 CEO 스티브 잡스(Steve Jobs)는 지난 현지시각 7일 미국 샌프란 시스코 모스콘 컨벤션센터에서 열린 신제품 발표회를 통해 새로운 아이폰 모델을 발표할 예정이다. 애플이 현지 언론에게 보낸 초대장은 애플의 모바일 운용체계인 ios의 아이콘과 같은 디자인으로 구성되어 있어 신제품에 대한 관심을 더욱 증가시켰다.
>
> 신제품에 대해서는 물론 신제품 발표 이벤트까지 극도의 신비주의를 고수하는 스티브 잡스 덕분에 올 초부터 애플사의 신제품에 대한 업계와 대중들의 관심은 더욱 컸다. 더욱이 이 자리에서는 새롭게 바뀐 아이패드도 선보일 예정이다.

① 자원분배자의 역할   ② 분쟁조정자의 역할

③ 대변인의 역할   ④ 청취자의 역할

44. 장 사원은 올해 S 기업의 기획팀에 입사한 신입사원으로, 입사 첫날 천 과장과 함께 다음과 같은 대화를 나누었다. 이때 빈칸 A, B에 들어갈 대답으로 적절하게 짝지어진 것은?

장 사원 : 안녕하십니까? 오늘부터 기획팀에서 일하게 된 장○○입니다. 열심히 하겠습니다.

천 과장 : 그래요, 반가워요. 처음이라 모르는 게 많겠지만 선배들에게 잘 배우도록 해요.

장 사원 : 네, 열심히 배우고 익히겠습니다. 잘 부탁드립니다.

천 과장 : 파이팅이 넘치네요. 그런데 장○○ 씨, 우리 팀이 정확히 무슨 업무를 하는지 알고 있나요?

장 사원 : 알고 있습니다. (A   )

천 과장 : 아주 잘 알고 있네요. 그렇다면 우리 기업의 총무팀에서는 무슨 업무를 담당하는지 알고 있나요?

장 사원 : 네, 총무팀은 (B   )

천 과장 : 하하, 좋아요. 아주 잘 알고 있군요. 앞으로 기대할게요.

---

① (A) 조직의 비전 및 경영 목표를 달성하기 위해 전략을 수립하고 효율적으로 자원을 배분합니다.

　(B) 집기비품 및 소모품의 구입과 관리, 복리후생 업무를 담당합니다.

② (A) 행사지원, 출장관리, 문서관리 등의 지원업무를 합니다.

　(B) 조직 직무 및 인력운용을 위한 업무지원과 관련된 제반 업무를 담당합니다.

③ (A) 재무상태 및 영업실적을 보고하고 재무제표를 분석합니다.

　(B) 마케팅 전략수립 및 다양한 홍보매체 운영 및 팀 기획, 콘텐츠 개발을 담당합니다.

④ (A) 기관 운영과 관련된 결산 등 회계실무 및 자금 관리 등 지원에 관한 업무를 합니다.

　(B) 사업 환경 분석, 타당성 조사 등을 통해 연간 사업계획을 수립하는 업무를 담당합니다.

45. 다음에서 설명하고 있는 조직 의사결정에서의 비합리적 행동으로 적절한 것은?

> 오랫동안 지구가 우주의 중심이라는 믿음이 당연하게 여겨졌던 것처럼 인간은 스스로를 우주의 중심이라고 생각하는 경향이 있다고 합니다. 이런 속성이 사람들과 조직의 의사결정에서 비합리적 행동과 결과를 초래하기도 합니다.
>
> 미국 작가 데이비드 포스터 월리스는 '내가 우주의 절대적 중심이며 가장 중요한 사람이라는 잘못된 믿음이 누구나 태어날 때부터 의식 속에 뿌리 깊이 새겨져 있다'고 말한 적이 있습니다. 프로 골퍼들을 대상으로 1.8m 거리에서 퍼팅을 성공시킬 확률을 물었더니 75 ~ 85%라고 답했는데 실제 성공 확률은 55% 정도였다고 합니다. 미국 운전자의 93%는 자신이 평균 이상으로 운전을 잘한다고 생각한다는 조사결과도 있습니다.

① 익숙한 방식으로의 고착화

② 자기의 의사결정에 대한 과도한 신뢰

③ 과거의 의사결정에 대한 집착

④ 가시적인 것만이 현실이라는 착각

46. 변혁적 리더십은 사고의 틀 자체를 바꾸어 새로운 기회를 창출하고 목표를 달성하도록 변화시키는 리더십이다. 다음 ㉠ ~ ㉣을 변혁적 리더십의 하위 구성요소와 바르게 연결한 것은?

> ㉠ 구성원들에게 비전과 사명감을 제공하고 자긍심을 고취시키며 관습에 얽매이지 않는 행동 등으로 직원들로부터 존경과 신뢰를 받는다.
> ㉡ 이해력과 합리성을 드높이고 새로운 방식을 활용한 문제해결을 하도록 촉진한다.
> ㉢ 구성원들에게 개별적 관심을 보여 주고 직원들을 독립적인 존재로 대우하며 지도하고 조언한다.
> ㉣ 비전을 제시하고 구성원의 노력에 대한 칭찬, 격려 등 감정적인 지원과 활기를 불어넣어 업무에 열심히 매진하게 한다.

	㉠	㉡	㉢	㉣
①	카리스마	지적 자극	개별적 배려	동기부여
②	카리스마	동기부여	개별적 배려	지적 자극
③	동기부여	지적 자극	카리스마	개별적 배려
④	동기부여	카리스마	개별적 배려	지적 자극

47. 〈보기〉에서 경영전략 추진과정의 (가)~(다)에 대한 설명으로 적절하지 않은 것은 몇 개인가?

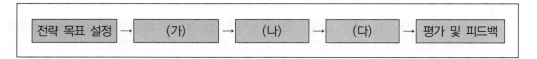

| 전략 목표 설정 | → | (가) | → | (나) | → | (다) | → | 평가 및 피드백 |

보기

㉠ (가) 단계에서는 조직이 도달하고자 하는 비전을 규명하고, 미션을 설정한다.

㉡ (가) 단계에서는 SWOT 분석을 주로 이용한다.

㉢ (나) 단계에서는 (가) 단계를 토대로 조직의 경영전략을 도출한다.

㉣ (나) 단계의 조직의 경영전략은 부문전략, 사업전략, 조직전략으로 구분할 수 있다.

㉤ (다) 단계에서는 경영전략의 최상위단계인 사업전략, 조직전략, 부문전략의 순서로 실행한다.

㉥ (다) 단계에서 사용되는 차별화 전략은 특정 시장이나 고객에게 한정된 전략이다.

① 0개   ② 1개

③ 2개   ④ 3개

48. 다음 중 환경의 불확실성과 관련된 두 가지 조직 설계 방식의 특징으로 적절하지 않은 것은?

구분	유기적 구조	기계적 구조
① 작업의 분업화	높음	낮음
② 커뮤니케이션	충고, 자문	명령, 지시
③ 권한의 위치	능력과 기술을 보유한 곳	조직의 최고층
④ 공식화	낮음	높음

49. 조직의 잘못된 의사결정에 대한 다음 사례에 가장 적절한 지적을 하고 있는 사람은?

> P사는 탁월한 사진 기술을 기반으로 한 전통적인 R&D 회사이었다. 그러나 너무 강한 R&D 회사라는 가치관은 기업 전체의 의사결정에 오히려 부정적인 영향을 미쳤다. 개발된 제품을 효과적으로 생산, 판매하기 위해서는 마케팅이나 자금 조달 등과 같이 다른 부문도 충분히 고려하여 의사결정을 내려야 했음에도 불구하고 항상 R&D를 투자의 우선순위로 삼았다. 시장, 경쟁사, 고객의 변화나 추세는 그다지 중요한 점이 아니었다. 그 결과 점차 매출이 감소하고 자금이 원활히 흐르지 않게 되어 서서히 기업이 위축되는 결과를 초래하였다.

① A : 눈으로 보이는 것만을 현실이라고 믿고, 직접 보지 못거나 경험하지 않은 것들은 현실에서 발생하지 않을 것이라는 착각을 하고 있다.

② B : 과거에 내린 옳지 않은 결정을 번복해야 함에도 불구하고 이를 인정하지 않고 계속해서 집착하는 것은 회사를 더욱 더 어렵게 만들 수 있다.

③ C : 새로운 것을 찾기보다는 늘 하던 대로 자기에게 편한 방식을 고수한 것이 문제이다. 한때는 이것이 회사의 동력이 되었겠지만 언제까지나 유효한 것은 아니다.

④ D : 경쟁사를 얕보고 자신의 의사결정을 과도하게 신뢰하는 것은 문제다. 경쟁사에 대한 면밀한 검토가 필요하다.

50. 로빈슨의 정의를 기반으로 할 때, 다음 표의 (가)와 (나)에 대한 설명으로 적절한 것은?

(가)				(나)
정보의 공유	←	목표	→	단체 성과
부정적	←	시너지	→	긍정적
개인적	←	책임	→	상호적
임의적	←	기술	→	보완적

① (나)는 (가)에 비해 느슨하게 정의된 조직으로 간주할 수 있다.

② (나)는 협력을 필요로 하는 공동 작업을 수행할 필요나 기회가 없다.

③ (나)는 (가)에 비해 확장된 목표와 운영 방식에 의해 활동한다.

④ (가)의 구성원들에게는 각자가 보유하고 있는 능력의 단순한 합 이상을 기대할 수 있다.

01 인성검사의 이해

1 인성검사, 왜 필요한가?

경기도공공기관 통합채용은 지원자가 '직무적합성'을 지닌 사람인지를 인성검사와 NCS기반 필기시험을 통해 판단한다. 인성검사에서 말하는 인성(人性)이란 그 사람의 성품, 즉 각 개인이 가지는 사고와 태도 및 행동 특성을 의미한다. 인성은 사람의 생김새처럼 사람마다 다르기 때문에 몇 가지 유형으로 분류하고 이에 맞추어 판단한다는 것 자체가 억지스럽고 어불성설일지 모른다. 그럼에도 불구하고 기업들의 입장에서는 입사를 희망하는 사람이 어떤 성품을 가졌는지 정보가 필요하다. 그래야 해당 기업의 인재상에 적합하고 담당할 업무에 적격한 인재를 채용할 수 있기 때문이다.

지원자의 성격이 외향적인지 아니면 내향적인지, 어떤 직무와 어울리는지, 조직에서 다른 사람과 원만하게 생활할 수 있는지, 업무 수행 중 문제가 생겼을 때 어떻게 대처하고 해결할 수 있는지에 대한 전반적인 개성은 자기소개서를 통해서나 면접을 통해서도 어느 정도 파악할 수 있다. 그러나 이것들만으로 인성을 충분히 파악할 수 없기 때문에 객관화되고 정형화된 인성검사로 지원자의 성격을 판단하고 있다.

채용기업은 필기시험을 높은 점수로 통과한 지원자라 하더라도 해당 기업과 거리가 있는 성품을 가졌다면 탈락시키게 된다. 일반적으로 필기시험 통과자 중 인성검사로 탈락하는 비율이 10% 내외가 된다고 알려져 있다. 물론 인성검사를 탈락하였다 하더라도 특별히 인성에 문제가 있는 사람이 아니라면 절망할 필요는 없다. 자신을 되돌아보고 다음 기회를 대비하면 되기 때문이다. 탈락한 기업이 원하는 인재상이 아니었다면 맞는 기업을 찾으면 되고, 경쟁자가 많았기 때문이라면 자신을 다듬어 경쟁력을 높이면 될 것이다.

2 인성검사의 특징

우리나라 대다수의 채용기업은 인재개발 및 인적자원을 연구하는 한국행동과학연구소(KIRBS), 에스에이치알(SHR), 한국사회적성개발원(KSAD), 한국인재개발진흥원(KPDI) 등 전문기관에 인성검사를 의뢰하고 있다.

이 기관들의 인성검사 개발 목적은 비슷하지만 기관마다 검사 유형이나 평가 척도는 약간의 차이가 있다. 또 지원하는 기업이 어느 기관에서 개발한 검사지로 인성검사를 시행하는지는 사전에 알 수 없다. 그렇지만 공통으로 적용하는 척도와 기준에 따라 구성된 여러 형태의 인성검사지로 사전 테스트를 해 보고 자신의 인성이 어떻게 평가되는가를 미리 알아보는 것은 가능하다.

인성검사는 필기시험 당일 직무능력평가와 함께 실시하는 경우와 직무능력평가 합격자에 한하여 면접과 함께 실시하는 경우가 있다. 인성검사의 문항은 100문항 내외에서부터 최대 500문항까지 다양하다. 인성검사에 주어지는 시간은 문항 수에 비례하여 30~100분 정도가 된다.

문항 자체는 단순한 질문으로 어려울 것은 없지만 제시된 상황에서 본인의 행동을 정하는 것이 쉽지만은 않다. 문항 수가 많을 경우 이에 비례하여 시간도 길게 주어지지만 단순하고 유사하며 반복되는 질문에 방심하여 집중하지 못하고 실수하는 경우가 있으므로 컨디션 관리와 집중력 유지에 노력하여야 한다. 특히 같거나 유사한 물음에 다른 답을 하는 경우가 가장 위험하다.

👓 3 인성검사 척도 및 구성

1 미네소타 다면적 인성검사(MMPI)

MMPI(Minnesota Multiphasic Personality Inventory)는 1943년 미국 미네소타 대학교수인 해서웨이와 매킨리가 개발한 대표적인 자기 보고형 성향 검사로서 오늘날 가장 대표적으로 사용되는 객관적 심리검사 중 하나이다. MMPI는 약 550여 개의 문항으로 구성되며 각 문항을 읽고 '예(YES)' 또는 '아니오(NO)'로 대답하게 되어 있다.

MMPI는 4개의 타당도 척도와 10개의 임상척도로 구분된다. 500개가 넘는 문항들 중 중복되는 문항들이 포함되어 있는데 내용이 똑같은 문항도 10문항 이상 포함되어 있다. 이 반복 문항들은 응시자가 얼마나 일관성 있게 검사에 임했는지를 판단하는 지표로 사용된다.

구분	척도명	약자	주요 내용
타당도 척도 (바른 태도로 임했는지, 신뢰할 수 있는 결론인지 등을 판단)	무응답 척도 (Can not say)	?	응답하지 않은 문항과 복수로 답한 문항들의 총합으로 빠진 문항을 최소한으로 줄이는 것이 중요하다.
	허구 척도 (Lie)	L	자신을 좋은 사람으로 보이게 하려고 고의적으로 정직하지 못한 답을 판단하는 척도이다. 허구 척도가 높으면 장점까지 인정받지 못하는 결과가 발생한다.
	신뢰 척도 (Frequency)	F	검사 문항에 빗나간 답을 한 경향을 평가하는 척도로 정상적인 집단의 10% 이하의 응답을 기준으로 일반적인 경향과 다른 정도를 측정한다.
	교정 척도 (Defensiveness)	K	정신적 장애가 있음에도 다른 척도에서 정상적인 면을 보이는 사람을 구별하는 척도로 허구 척도보다 높은 고차원으로 거짓 응답을 하는 경향이 나타난다.
임상척도 (정상적 행동과 그렇지 않은 행동의 종류를 구분하는 척도로, 척도마다 다른 기준으로 점수가 매겨짐)	건강염려증 (Hypochondriasis)	Hs	신체에 대한 지나친 집착이나 신경질적 혹은 병적 불안을 측정하는 척도로 이러한 건강염려증이 타인에게 어떤 영향을 미치는지도 측정한다.
	우울증 (Depression)	D	슬픔·비관 정도를 측정하는 척도로 타인과의 관계 또는 본인 상태에 대한 주관적 감정을 나타낸다.
	히스테리 (Hysteria)	Hy	갈등을 부정하는 정도를 측정하는 척도로 신체 증상을 호소하는 경우와 적대감을 부인하며 우회적인 방식으로 드러내는 경우 등이 있다.
	반사회성 (Psychopathic Deviate)	Pd	가정 및 사회에 대한 불신과 불만을 측정하는 척도로 비도덕적 혹은 반사회적 성향 등을 판단한다.
	남성-여성특성 (Masculinity- Feminity)	Mf	남녀가 보이는 흥미와 취향, 적극성과 수동성 등을 측정하는 척도로 성에 따른 유연한 사고와 융통성 등을 평가한다.

편집증 (Paranoia)	Pa	과대 망상, 피해 망상, 의심 등 편집증에 대한 정도를 측정하는 척도로 열등감, 비사교적 행동, 타인에 대한 불만과 같은 내용을 질문한다.
강박증 (Psychasthenia)	Pt	과대 근심, 강박관념, 죄책감, 공포, 불안감, 정리정돈 등을 측정하는 척도로 만성 불안 등을 나타낸다.
정신분열증 (Schizophrenia)	Sc	정신적 혼란을 측정하는 척도로 자폐적 성향이나 타인과의 감정 교류, 충동 억제불능, 성적 관심, 사회적 고립 등을 평가한다.
경조증 (Hypomania)	Ma	정신적 에너지를 측정하는 척도로 생각의 다양성 및 과장성, 행동의 불안정성, 흥분성 등을 나타낸다.
사회적 내향성 (Social introversion)	Si	대인관계 기피, 사회적 접촉 회피, 비사회성 등의 요인을 측정하는 척도로 외향성 및 내향성을 구분한다.

2 캘리포니아 성격검사(CPI)

CPI(California Psychological Inventory)는 캘리포니아 대학의 연구팀이 개발한 성검사로 MMPI와 함께 세계에서 가장 널리 사용되고 있는 인성검사 툴이다. CPI는 다양한 인성 요인을 통해 지원자가 답변한 응답 왜곡 가능성, 조직 역량 등을 측정한다. MMPI가 주로 정서적 측면을 진단하는 특징을 보인다면, CPI는 정상적인 사람의 심리적 특성을 주로 진단한다.

CPI는 약 480개 문항으로 구성되어 있으며 다음과 같은 18개의 척도로 구분된다.

구분	척도명	주요 내용
제1군 척도 (대인관계 적절성 측정)	지배성(Do)	리더십, 통솔력, 대인관계에서의 주도권을 측정한다.
	지위능력성(Cs)	내부에 잠재되어 있는 내적 포부, 자기 확신 등을 측정한다.
	사교성(Sy)	참여 기질이 활달한 사람과 그렇지 않은 사람을 구분한다.
	사회적 자발성(Sp)	사회 안에서의 안정감, 자발성, 사교성 등을 측정한다.
	자기 수용성(Sa)	개인적 가치관, 자기 확신, 자기 수용력 등을 측정한다.
	행복감(Wb)	생활의 만족감, 행복감을 측정하며 긍정적인 사람으로 보이고자 거짓 응답하는 사람을 구분하는 용도로도 사용된다.
제2군 척도 (성격과 사회화, 책임감 측정)	책임감(Re)	법과 질서에 대한 양심, 책임감, 신뢰성 등을 측정한다.
	사회성(So)	가치 내면화 정도, 사회 이탈 행동 가능성 등을 측정한다.
	자기 통제성(Sc)	자기조절, 자기통제의 적절성, 충동 억제력 등을 측정한다.
	관용성(To)	사회적 신념, 편견과 고정관념 등에 대한 태도를 측정한다.
	호감성(Gi)	타인이 자신을 어떻게 보는지에 대한 민감도를 측정하며, 좋은 사람으로 보이고자 거짓 응답하는 사람을 구분한다.
	임의성(Cm)	사회에 보수적 태도를 보이고 생각 없이 적당히 응답한 사람을 판단하는 척도로 사용된다.

제3군 척도 (인지적, 학업적 특성 측정)	순응적 성취(Ac)	성취동기, 내면의 인식, 조직 내 성취 욕구 등을 측정한다.
	독립적 성취(Ai)	독립적 사고, 창의성, 자기실현을 위한 능력 등을 측정한다.
	지적 효율성(Le)	지적 능률, 지능과 연관이 있는 성격 특성 등을 측정한다.
제4군 척도 (제1~3군과 무관한 척도의 혼합)	심리적 예민성(Py)	타인의 감정 및 경험에 대해 공감하는 정도를 측정한다.
	융통성(Fx)	개인적 사고와 사회적 행동에 대한 유연성을 측정한다.
	여향성(Fe)	남녀 비교에 따른 흥미의 남향성 및 여향성을 측정한다.

3 SHL 직업성격검사(OPQ)

OPQ(Occupational Personality Questionnaire)는 세계적으로 많은 외국 기업에서 널리 사용하는 CEB 사의 SHL 직무능력검사에 포함된 직업성격검사이다. 4개의 질문이 한 세트로 되어 있고 총 68세트 정도 출제되고 있다. 4개의 질문 안에서 '자기에게 가장 잘 맞는 것'과 '자기에게 가장 맞지 않는 것'을 1개씩 골라 '예', '아니오'로 체크하는 방식이다. 단순하게 모든 척도가 높다고 좋은 것은 아니며, 척도가 낮은 편이 좋은 경우도 있다.

기업에 따라 척도의 평가 기준은 다르다. 희망하는 기업의 특성을 연구하고, 채용 기준을 예측하는 것이 중요하다.

척도	내용	질문 예
설득력	사람을 설득하는 것을 좋아하는 경향	- 새로운 것을 사람에게 권하는 것을 잘한다. - 교섭하는 것에 걱정이 없다. - 기획하고 판매하는 것에 자신이 있다.
지도력	사람을 지도하는 것을 좋아하는 경향	- 사람을 다루는 것을 잘한다. - 팀을 아우르는 것을 잘한다. - 사람에게 지시하는 것을 잘한다.
독자성	다른 사람의 영향을 받지 않고, 스스로 생각해서 행동하는 것을 좋아하는 경향	- 모든 것을 자신의 생각대로 하는 편이다. - 주변의 평가는 신경 쓰지 않는다. - 유혹에 강한 편이다.
외향성	외향적이고 사교적인 경향	- 다른 사람의 주목을 끄는 것을 좋아한다. - 사람들이 모인 곳에서 중심이 되는 편이다. - 담소를 나눌 때 주변을 즐겁게 해 준다.
우호성	친구가 많고, 대세의 사람이 되는 것을 좋아하는 경향	- 친구와 함께 있는 것을 좋아한다. - 무엇이라도 얘기할 수 있는 친구가 많다. - 친구와 함께 무언가를 하는 것이 많다.
사회성	세상 물정에 밝고 사람 앞에서도 낯을 가리지 않는 성격	- 자신감이 있고 유쾌하게 발표할 수 있다. - 공적인 곳에서 인사하는 것을 잘한다. - 사람들 앞에서 발표하는 것이 어렵지 않다.

겸손성	사람에 대해서 겸손하게 행동하고 누구라도 똑같이 사귀는 경향	– 자신의 성과를 그다지 내세우지 않는다. – 절제를 잘하는 편이다. – 사회적인 지위에 무관심하다.
협의성	사람들에게 의견을 물으면서 일을 진행하는 경향	– 사람들의 의견을 구하며 일하는 편이다. – 타인의 의견을 묻고 일을 진행시킨다. – 친구와 상담해서 계획을 세운다.
돌봄	측은해 하는 마음이 있고, 사람을 돌봐 주는 것을 좋아하는 경향	– 개인적인 상담에 친절하게 답해 준다. – 다른 사람의 상담을 진행하는 경우가 많다. – 후배의 어려움을 돌보는 것을 좋아한다.
구체적인 사물에 대한 관심	물건을 고치거나 만드는 것을 좋아하는 경향	– 고장 난 물건을 수리하는 것이 재미있다. – 상태가 안 좋은 기계도 잘 사용한다. – 말하기보다는 행동하기를 좋아한다.
데이터에 대한 관심	데이터를 정리해서 생각하는 것을 좋아하는 경향	– 통계 등의 데이터를 분석하는 것을 좋아한다. – 표를 만들거나 정리하는 것을 좋아한다. – 숫자를 다루는 것을 좋아한다.
미적가치에 대한 관심	미적인 것이나 예술적인 것을 좋아하는 경향	– 디자인에 관심이 있다. – 미술이나 음악을 좋아한다. – 미적인 감각에 자신이 있다.
인간에 대한 관심	사람의 행동에 동기나 배경을 분석하는 것을 좋아하는 경향	– 다른 사람을 분석하는 편이다. – 타인의 행동을 보면 동기를 알 수 있다. – 다른 사람의 행동을 잘 관찰한다.
정통성	이미 있는 가치관을 소중히 여기고, 익숙한 방법으로 사물을 대하는 것을 좋아하는 경향	– 실적이 보장되는 확실한 방법을 취한다. – 낡은 가치관을 존중하는 편이다. – 보수적인 편이다.
변화 지향	변화를 추구하고, 변화를 받아들이는 것을 좋아하는 경향	– 새로운 것을 하는 것을 좋아한다. – 해외여행을 좋아한다. – 경험이 없더라도 시도해 보는 것을 좋아한다.
개념성	지식에 대한 욕구가 있고, 논리적으로 생각하는 것을 좋아하는 경향	– 개념적인 사고가 가능하다. – 분석적인 사고를 좋아한다. – 순서를 만들고 단계에 따라 생각한다.
창조성	새로운 분야에 대한 공부를 하는 것을 좋아하는 경향	– 새로운 것을 추구한다. – 독창성이 있다. – 신선한 아이디어를 낸다.
계획성	앞을 생각해서 사물을 예상하고, 계획적으로 실행하는 것을 좋아하는 경향	– 과거를 돌이켜보며 계획을 세운다. – 앞날을 예상하며 행동한다. – 실수를 돌아보며 대책을 강구하는 편이다.

치밀함	정확한 순서를 세워 진행하는 것을 좋아하는 경향	– 사소한 실수는 거의 하지 않는다. – 정확하게 요구되는 것을 좋아한다. – 사소한 것에도 주의하는 편이다.
꼼꼼함	어떤 일이든 마지막까지 꼼꼼하게 마무리 짓는 경향	– 맡은 일을 마지막까지 해결한다. – 마감 시한은 반드시 지킨다. – 시작한 일은 중간에 그만두지 않는다.
여유	평소에 릴랙스하고, 스트레스에 잘 대처하는 경향	– 감정의 회복이 빠르다. – 분별없이 함부로 행동하지 않는다. – 스트레스에 잘 대처한다.
근심 · 걱정	어떤 일이 잘 진행되지 않으면 불안을 느끼고, 중요한 일을 앞두면 긴장하는 경향	– 예정대로 잘되지 않으면 근심 · 걱정이 많다. – 신경 쓰이는 일이 있으면 불안하다. – 중요한 만남 전에는 기분이 편하지 않다.
호방함	사람들이 자신을 어떻게 생각하는지를 신경 쓰지 않는 경향	– 사람들이 자신을 어떻게 생각하는지 그다지 신경 쓰지 않는다. – 상처받아도 동요하지 않고 아무렇지 않은 태도를 취한다. – 사람들의 비판에 크게 영향받지 않는다.
억제력	감정을 표현하지 않는 경향	– 쉽게 감정적으로 되지 않는다. – 분노를 억누른다. – 격분하지 않는다.
낙관적	사물을 낙관적으로 보는 경향	– 낙관적으로 생각하고 일을 진행시킨다. – 문제가 일어나도 낙관적으로 생각한다.
비판적	비판적으로 사물을 생각하고, 이론 · 문장 등의 오류에 신경 쓰는 경향	– 이론의 모순을 찾아낸다. – 계획이 갖춰지지 않은 것이 신경 쓰인다. – 누구도 신경 쓰지 않는 오류를 찾아낸다.
행동력	운동을 좋아하고, 민첩하게 행동하는 경향	– 동작이 날렵하다. – 여가를 활동적으로 보낸다. – 몸을 움직이는 것을 좋아한다.
경쟁성	지는 것을 싫어하는 경향	– 승부를 겨루게 되면 지는 것을 싫어한다. – 상대를 이기는 것을 좋아한다. – 싸워 보지 않고 포기하는 것을 싫어한다.
출세 지향	출세하는 것을 중요하게 생각하고, 야심적인 목표를 향해 노력하는 경향	– 출세 지향적인 성격이다. – 곤란한 목표도 달성할 수 있다. – 실력으로 평가받는 사회가 좋다.
결단력	빠르게 판단하는 경향	– 답을 빠르게 찾아낸다. – 문제에 대한 빠른 상황 파악이 가능하다. – 위험을 감수하고도 결단을 내리는 편이다.

👥 4 인성검사 합격 전략

1 포장하지 않은 솔직한 답변

"다른 사람을 험담한 적이 한 번도 없다.", "물건을 훔치고 싶다고 생각해 본 적이 없다."

이 질문에 당신은 '그렇다', '아니다' 중 무엇을 선택할 것인가? 채용기업이 인성검사를 실시하는 가장 큰 이유는 '이 사람이 어떤 성향을 가진 사람인가'를 효율적으로 파악하기 위해서이다.

인성검사는 도덕적 가치가 빼어나게 높은 사람을 판별하려는 것도 아니고, 성인군자를 가려내기 위함도 아니다. 인간의 보편적 성향과 상식적 사고를 고려할 때, 도덕적 질문에 지나치게 겸손한 답변을 체크하면 오히려 솔직하지 못한 것으로 간주되거나 인성을 제대로 판단하지 못해 무효 처리가 되기도 한다. 자신의 성격을 포장하여 작위적인 답변을 하지 않도록 솔직하게 임하는 것이 예기치 않은 결과를 피하는 첫 번째 전략이 된다.

2 필터링 함정을 피하고 일관성 유지

앞서 강조한 솔직함은 일관성과 연결된다. 인성검사를 구성하는 많은 척도는 여러 형태의 문장 속에 동일한 요소를 적용해 반복되기도 한다. 예컨대 '나는 매우 활동적인 사람이다'와 '나는 운동을 매우 좋아한다'라는 질문에 '그렇다'고 체크한 사람이 '휴일에는 집에서 조용히 쉬며 독서하는 것이 좋다'에도 '그렇다'고 체크한다면 일관성이 없다고 평가될 수 있다.

그러나 일관성 있는 답변에만 매달리면 '이 사람이 같은 답변만 체크하기 위해 이 부분만 신경 썼구나'하는 필터링 함정에 빠질 수도 있다. 비슷하게 보이는 문장이 무조건 같은 내용이라고 판단하여 똑같이 답하는 것도 주의해야 한다. 일관성보다 중요한 것은 솔직함이다. 솔직함이 전제되지 않은 일관성은 허위 척도 필터링에서 드러나게 되어 있다. 유사한 질문의 응답이 터무니없이 다르거나 양극단에 치우치지 않는 정도라면 약간의 차이는 크게 문제되지 않는다. 중요한 것은 솔직함과 일관성이 하나의 연장선에 있다는 점을 명심하자.

3 지원한 직무와 연관성을 고려

다양한 분야의 많은 계열사와 큰 조직을 통솔하는 대기업은 여러 사람이 조직적으로 움직이는 만큼 각 직무에 걸맞은 능력을 갖춘 인재가 필요하다. 그래서 기업은 매년 신규채용으로 입사한 신입사원들의 젊은 패기와 참신한 능력을 성장 동력으로 활용한다.

기업은 사교성 있고 활달한 사람만을 원하지 않는다. 해당 직군과 직무에 따라 필요로 하는 사원의 능력과 개성이 다르기 때문에, 지원자가 희망하는 계열사나 부서의 직무가 무엇인지 제대로 파악하여 자신의 성향과 맞는지에 대한 고민은 반드시 필요하다. 같은 질문이라도 기업이 원하는 인재상이나 부서의 직무에 따라 판단 척도가 달라질 수 있다.

4 평상심 유지와 컨디션 관리

역시 솔직함과 연결된 내용이다. 한 질문에 오래 고민하고 신경 쓰면 불필요한 생각이 개입될 소지가 크다. 이는 직관을 떠나 이성적 판단에 따라 포장할 위험이 높아진다는 뜻이기도 하다. 긴 시간 생각하지 말고 자신의 평상시 생각과 감정대로 답하는 것이 중요하며, 가능한 건너뛰지 말고 모든 질문에 답하도록 한다. 300 ~ 400개 정도 문항을 출제하는 기업이 많기 때문에, 끝까지 집중하여 임하는 것이 중요하다.

특히 적성검사와 같은 날 실시하는 경우, 적성검사를 마친 후 연이어 보기 때문에 신체적·정신적으로 피로한 상태에서 자세가 흐트러질 수도 있다. 따라서 컨디션을 유지하면서 문항당 7 ~ 10초 이상 쓰지 않도록 하고, 문항 수가 많을 때는 답안지에 바로바로 표기하자.

02 인성검사 연습

1 인성검사 출제유형

　인성검사는 각 기관이 추구하는 내부 기준에 따라 적합한 인재를 찾기 위해 가치관과 태도를 측정하는 것이다. 응시자 개인의 사고와 태도·행동 특성 및 유사 질문의 반복을 통해 거짓말 척도 등으로 기업의 인재상에 적합한지를 판단하므로 특별하게 정해진 답은 없다.

2 문항군 개별 항목 체크

1 각 문항의 내용을 읽고 자신이 동의하는 정도에 따라 '① 매우 그렇지 않다 ② 그렇지 않다 ③ 보통이다 ④ 그렇다 ⑤ 매우 그렇다' 중 해당되는 것을 표시한다.

2 각 문항의 내용을 읽고 평소 자신의 생각 및 행동과 유사하거나 일치하면 '예', 다르거나 일치하지 않으면 '아니오'에 표시한다.

3 구성된 검사지에 문항 수가 많으면 일관된 답변이 어려울 수도 있으므로 최대한 꾸밈없이 자신의 가치관과 신념을 바탕으로 솔직하게 답하도록 노력한다.

인성검사 Tip

1. 직관적으로 솔직하게 답한다.
2. 모든 문제를 신중하게 풀도록 한다.
3. 비교적 일관성을 유지할 수 있도록 한다.
4. 평소의 경험과 선호도를 자연스럽게 답한다.
5. 각 문항에 너무 골똘히 생각하거나 고민하지 않는다.
6. 지원한 분야와 나의 성격의 연관성을 미리 생각하고 분석해 본다.

👥 3 모의 연습

※ 자신의 모습 그대로 솔직하게 응답하십시오. 솔직하고 성의 있게 응답하지 않을 경우 결과가 무효 처리됩니다.

[01~100] 모든 문항에는 옳고 그른 답이 없습니다. 다음 문항을 잘 읽고 ① ~ ⑤ 중 본인에게 해당되는 부분에 표시해 주십시오.

번호	문항	매우 그렇지 않다	그렇지 않다	보통 이다	그렇다	매우 그렇다
1	내가 한 행동이 가져올 결과를 잘 알고 있다.	①	②	③	④	⑤
2	다른 사람의 주장이나 의견이 어떤 맥락을 가지고 있는지 생각해 본다.	①	②	③	④	⑤
3	나는 어려운 문제를 보면 반드시 그것을 해결해야 직성이 풀린다.	①	②	③	④	⑤
4	시험시간이 끝나면 곧바로 정답을 확인해 보는 편이다.	①	②	③	④	⑤
5	물건을 구매할 때 가격 정보부터 찾는 편이다.	①	②	③	④	⑤
6	항상 일을 할 때 개선점을 찾으려고 한다.	①	②	③	④	⑤
7	사적인 스트레스로 일을 망치는 일은 없다.	①	②	③	④	⑤
8	일이 어떻게 진행되고 있는지 지속적으로 점검한다.	①	②	③	④	⑤
9	궁극적으로 내가 달성하고자 하는 것을 자주 생각한다.	①	②	③	④	⑤
10	막상 시험기간이 되면 계획대로 되지 않는다.	①	②	③	④	⑤
11	다른 사람에게 궁금한 것이 있어도 참는 편이다.	①	②	③	④	⑤
12	요리하는 TV프로그램을 즐겨 시청한다.	①	②	③	④	⑤
13	후회를 해 본 적이 없다.	①	②	③	④	⑤
14	스스로 계획한 일은 하나도 빠짐없이 실행한다.	①	②	③	④	⑤
15	낮보다 어두운 밤에 집중력이 좋다.	①	②	③	④	⑤
16	인내심을 가지고 일을 한다.	①	②	③	④	⑤
17	많은 생각을 필요로 하는 일에 더 적극적이다.	①	②	③	④	⑤
18	미래는 불확실하기 때문에 결과를 예측하는 것은 무의미하다.	①	②	③	④	⑤
19	매일 긍정적인 감정만 느낀다.	①	②	③	④	⑤
20	쉬는 날 가급적이면 집 밖으로 나가지 않는다.	①	②	③	④	⑤

21	나는 약속 시간을 잘 지킨다.	①	②	③	④	⑤
22	영화보다는 연극을 선호한다.	①	②	③	④	⑤
23	아무리 계획을 잘 세워도 결국 일정에 쫓기게 된다.	①	②	③	④	⑤
24	생소한 문제를 접하면 해결해 보고 싶다는 생각보다 귀찮다는 생각이 먼저 든다.	①	②	③	④	⑤
25	내가 한 일의 결과물을 구체적으로 상상해 본다.	①	②	③	④	⑤
26	새로운 것을 남들보다 빨리 받아들이는 편이다.	①	②	③	④	⑤
27	나는 친구들의 생일선물을 잘 챙겨 준다.	①	②	③	④	⑤
28	나를 알고 있는 모든 사람은 나에게 칭찬을 한다.	①	②	③	④	⑤
29	일을 할 때 필요한 나의 능력에 대해 정확하게 알고 있다.	①	②	③	④	⑤
30	나는 질문을 많이 하는 편이다.	①	②	③	④	⑤
31	가급적 여러 가지 대안을 고민하는 것이 좋다.	①	②	③	④	⑤
32	만일 일을 선택할 수 있다면 어려운 것보다 쉬운 것을 선택할 것이다.	①	②	③	④	⑤
33	나는 즉흥적으로 일을 한다.	①	②	③	④	⑤
34	배가 고픈 것을 잘 참지 못한다.	①	②	③	④	⑤
35	단순한 일보다는 생각을 많이 해야 하는 일을 선호한다.	①	②	③	④	⑤
36	갑작스럽게 힘든 일을 겪어도 스스로를 통제할 수 있다.	①	②	③	④	⑤
37	가능성이 낮다 하더라도 내가 믿는 것이 있으면 그것을 실현시키기 위해 노력할 것이다.	①	②	③	④	⑤
38	내가 잘하는 일과 못하는 일을 정확하게 알고 있다.	①	②	③	④	⑤
39	어떤 목표를 세울 것인가 보다 왜 그런 목표를 세웠는지가 더 중요하다.	①	②	③	④	⑤
40	나는 성인이 된 이후로 하루도 빠짐없이 똑같은 시간에 일어났다.	①	②	③	④	⑤
41	다른 사람들보다 새로운 것을 빠르게 습득하는 편이다.	①	②	③	④	⑤
42	나는 모르는 것이 있으면 수단과 방법을 가리지 않고 알아낸다.	①	②	③	④	⑤
43	내 삶을 향상시키기 위한 방법을 찾는다.	①	②	③	④	⑤
44	내 의견이 옳다는 생각이 들면 다른 사람과 잘 타협하지 못한다.	①	②	③	④	⑤
45	나는 집요한 사람이다.	①	②	③	④	⑤

46	가까운 사람과 사소한 일로 다투었을 때 먼저 화해를 청하는 편이다.	①	②	③	④	⑤
47	무엇인가를 반드시 성취해야 하는 것은 아니다.	①	②	③	④	⑤
48	일을 통해서 나의 지식과 기술을 후대에 기여하고 싶다.	①	②	③	④	⑤
49	내 의견을 이해하지 못하는 사람은 상대하지 않는다.	①	②	③	④	⑤
50	사회에서 인정받을 수 있는 사람이 되고 싶다.	①	②	③	④	⑤
51	착한 사람은 항상 손해를 보게 되어 있다.	①	②	③	④	⑤
52	내가 잘한 일은 남들이 꼭 알아줬으면 한다.	①	②	③	④	⑤
53	상황이 변해도 유연하게 대처한다.	①	②	③	④	⑤
54	나와 다른 의견도 끝까지 듣는다.	①	②	③	④	⑤
55	상황에 따라서는 거짓말도 필요하다.	①	②	③	④	⑤
56	평범한 사람이라고 생각한다.	①	②	③	④	⑤
57	남들이 실패한 일도 나는 해낼 수 있다.	①	②	③	④	⑤
58	남들보다 특별히 더 우월하다고 생각하지 않는다.	①	②	③	④	⑤
59	시비가 붙더라도 침착하게 대응한다.	①	②	③	④	⑤
60	화가 날수록 상대방에게 침착해지는 편이다.	①	②	③	④	⑤
61	세상은 착한 사람들에게 불리하다.	①	②	③	④	⑤
62	여러 사람과 이야기하는 것이 즐겁다.	①	②	③	④	⑤
63	다른 사람의 감정을 내 것처럼 느낀다.	①	②	③	④	⑤
64	내게 모욕을 준 사람들을 절대 잊지 않는다.	①	②	③	④	⑤
65	우리가 사는 세상은 살 만한 곳이라고 생각한다.	①	②	③	④	⑤
66	속이 거북할 정도로 많이 먹을 때가 있다.	①	②	③	④	⑤
67	마음속에 있는 것을 솔직하게 털어놓는 편이다.	①	②	③	④	⑤
68	일은 내 삶의 중심에 있다.	①	②	③	④	⑤
69	내가 열심히 노력한다고 해서 나의 주변 환경에 어떤 바람직한 변화가 일어나는 것은 아니다.	①	②	③	④	⑤
70	웬만한 일을 겪어도 마음의 평정을 유지하는 편이다.	①	②	③	④	⑤
71	사람들 앞에 서면 실수를 할까 걱정된다.	①	②	③	④	⑤
72	점이나 사주를 믿는 편이다.	①	②	③	④	⑤
73	화가 나면 언성이 높아진다.	①	②	③	④	⑤
74	차근차근 하나씩 일을 마무리한다.	①	②	③	④	⑤

75	어려운 목표라도 어떻게 해서든 실현 가능한 해결책을 만든다.	①	②	③	④	⑤
76	진행하던 일을 홧김에 그만둔 적이 있다.	①	②	③	④	⑤
77	사람을 차별하지 않는다.	①	②	③	④	⑤
78	창이 있는 레스토랑에 가면 창가에 자리를 잡는다.	①	②	③	④	⑤
79	다양한 분야에 관심이 있다.	①	②	③	④	⑤
80	무단횡단을 한 번도 해 본 적이 없다.	①	②	③	④	⑤
81	내 주위에서는 즐거운 일들이 자주 일어난다.	①	②	③	④	⑤
82	다른 사람의 행동을 내가 통제하고 싶다.	①	②	③	④	⑤
83	내 친구들은 은근히 뒤에서 나를 비웃는다.	①	②	③	④	⑤
84	아이디어를 적극적으로 제시한다.	①	②	③	④	⑤
85	규칙을 어기는 것도 필요할 때가 있다.	①	②	③	④	⑤
86	친구를 쉽게 사귄다.	①	②	③	④	⑤
87	내 분야에서 1등이 되어야 한다.	①	②	③	④	⑤
88	스트레스가 쌓이면 몸도 함께 아프다.	①	②	③	④	⑤
89	목표를 달성하기 위해서는 때로 편법이 필요할 때도 있다.	①	②	③	④	⑤
90	나는 보통사람들보다 더 존경받을 만하다고 생각한다.	①	②	③	④	⑤
91	내 주위에는 나보다 잘난 사람들만 있는 것 같다.	①	②	③	④	⑤
92	나는 따뜻하고 부드러운 마음을 가지고 있다.	①	②	③	④	⑤
93	어떤 일에 실패했어도 반드시 다시 도전한다.	①	②	③	④	⑤
94	회의에 적극 참여한다.	①	②	③	④	⑤
95	나는 적응력이 뛰어나다.	①	②	③	④	⑤
96	서두르지 않고 순서대로 일을 마무리한다.	①	②	③	④	⑤
97	나는 실수에 대해 변명한 적이 없다.	①	②	③	④	⑤
98	나는 맡은 일은 책임지고 끝낸다.	①	②	③	④	⑤
99	나는 눈치가 빠르다.	①	②	③	④	⑤
100	나는 본 검사에 성실하게 응답하였다.	①	②	③	④	⑤

※ 자신의 모습 그대로 솔직하게 응답하십시오. 솔직하고 성의 있게 응답하지 않을 경우 결과가 무효 처리됩니다.

[01~50] 모든 문항에는 옳고 그른 답이 없습니다. 문항의 내용을 읽고 평소 자신의 생각 및 행동과 유사하거나 일치하면 '예', 다르거나 일치하지 않으면 '아니오'로 표시해 주십시오.

1	나는 수줍음을 많이 타는 편이다.	○ 예	○ 아니오
2	나는 과거의 실수가 자꾸만 생각나곤 한다.	○ 예	○ 아니오
3	나는 사람들과 서로 일상사에 대해 이야기하는 것이 쑥스럽다.	○ 예	○ 아니오
4	내 주변에는 나를 좋지 않게 평가하는 사람들이 있다.	○ 예	○ 아니오
5	나는 가족들과는 합리적인 대화가 잘 안 된다.	○ 예	○ 아니오
6	나는 내가 하고 싶은 일은 꼭 해야 한다.	○ 예	○ 아니오
7	나는 개인적 사정으로 타인에게 피해를 주는 사람을 이해할 수 없다.	○ 예	○ 아니오
8	나는 많은 것을 성취하고 싶다.	○ 예	○ 아니오
9	나는 변화가 적은 것을 좋아한다.	○ 예	○ 아니오
10	나는 내가 하고 싶은 일과 해야 할 일을 구분할 줄 안다.	○ 예	○ 아니오
11	나는 뜻대로 일이 되지 않으면 화가 많이 난다.	○ 예	○ 아니오
12	내 주변에는 나에 대해 좋게 얘기하는 사람이 있다.	○ 예	○ 아니오
13	요즘 세상에서는 믿을 만한 사람이 없다.	○ 예	○ 아니오
14	나는 할 말은 반드시 하고야 마는 사람이다.	○ 예	○ 아니오
15	나는 변화가 적은 것을 좋아한다.	○ 예	○ 아니오
16	나는 가끔 부당한 대우를 받는다는 생각이 든다.	○ 예	○ 아니오
17	나는 가치관이 달라도 친하게 지내는 친구들이 많다.	○ 예	○ 아니오
18	나는 새로운 아이디어를 내는 것이 쉽지 않다.	○ 예	○ 아니오
19	나는 노력한 만큼 인정받지 못하고 있다.	○ 예	○ 아니오
20	나는 매사에 적극적으로 참여한다.	○ 예	○ 아니오
21	나의 가족들과는 어떤 주제를 놓고도 서로 대화가 잘 통한다.	○ 예	○ 아니오
22	나는 사람들과 어울리는 일에서 삶의 활력을 얻는다.	○ 예	○ 아니오
23	학창시절 마음에 맞는 친구가 없었다.	○ 예	○ 아니오
24	특별한 이유 없이 누군가를 미워한 적이 있다.	○ 예	○ 아니오
25	내가 원하는 대로 일이 되지 않을 때 화가 많이 난다.	○ 예	○ 아니오

26	요즘 같은 세상에서는 누구든 믿을 수 없다.	○ 예	○ 아니오
27	나는 여행할 때 남들보다 짐이 많은 편이다.	○ 예	○ 아니오
28	나는 상대방이 화를 내면 더욱 화가 난다.	○ 예	○ 아니오
29	나는 반대 의견을 말하더라도 상대방을 무시하는 말을 하지 않으려고 한다.	○ 예	○ 아니오
30	나는 학창시절 내가 속한 동아리에서 누구보다 충성도가 높은 사람이었다.	○ 예	○ 아니오
31	나는 새로운 집단에서 친구를 쉽게 사귀는 편이다.	○ 예	○ 아니오
32	나는 다른 사람을 챙기는 태도가 몸에 배여 있다.	○ 예	○ 아니오
33	나는 항상 겸손하여 노력한다.	○ 예	○ 아니오
34	내 주변에는 나에 대해 좋지 않은 이야기를 하는 사람이 있다.	○ 예	○ 아니오
35	나는 가족들과는 합리적인 대화가 잘 안 된다.	○ 예	○ 아니오
36	나는 내가 하고 싶은 일은 꼭 해야 한다.	○ 예	○ 아니오
37	나는 스트레스를 받으면 몸에 이상이 온다.	○ 예	○ 아니오
38	나는 재치가 있다는 말을 많이 듣는 편이다.	○ 예	○ 아니오
39	나는 사람들에게 잘 보이기 위해 마음에 없는 거짓말을 한다.	○ 예	○ 아니오
40	다른 사람을 위협적으로 대한 적이 있다.	○ 예	○ 아니오
41	나는 부지런하다는 말을 자주 들었다.	○ 예	○ 아니오
42	나는 쉽게 화가 났다가 쉽게 풀리기도 한다.	○ 예	○ 아니오
43	나는 할 말은 반드시 하고 사는 사람이다.	○ 예	○ 아니오
44	나는 터질 듯한 분노를 종종 느낀다.	○ 예	○ 아니오
45	나도 남들처럼 든든한 배경이 있었다면 지금보다 훨씬 나은 위치에 있었을 것이다.	○ 예	○ 아니오
46	나는 종종 싸움에 휘말린다.	○ 예	○ 아니오
47	나는 능력과 무관하게 불이익을 받은 적이 있다.	○ 예	○ 아니오
48	누군가 내 의견을 반박하면 물러서지 않고 논쟁을 벌인다.	○ 예	○ 아니오
49	남이 나에게 피해를 입힌다면 나도 가만히 있지 않을 것이다.	○ 예	○ 아니오
50	내가 인정받기 위해서 규칙을 위반한 행위를 한 적이 있다.	○ 예	○ 아니오

파트 3 면접가이드

NCS 면접의 이해

※ 능력중심 채용에서는 타당도가 높은 구조화 면접을 적용한다.

1 면접이란?

　　일을 하는 데 필요한 능력(직무역량, 직무지식, 인재상 등)을 지원자가 보유하고 있는지를 다양한 면접기법을 활용하여 확인하는 절차이다. 자신의 환경, 성취, 관심사, 경험 등에 대해 이야기하여 본인이 적합하다는 것을 보여 줄 기회를 제공하고, 면접관은 평가에 필요한 정보를 수집하고 평가하는 것이다.

- 지원자의 태도, 적성, 능력에 대한 정보를 심층적으로 파악하기 위한 선발 방법
- 선발의 최종 의사결정에 주로 사용되는 선발 방법
- 전 세계적으로 선발에서 가장 많이 사용되는 핵심적이고 중요한 방법

2 면접의 특징

　　서류전형이나 인적성검사에서 드러나지 않는 것들을 볼 수 있는 기회를 제공한다.

- 직무수행과 관련된 다양한 지원자 행동에 대한 관찰이 가능하다.
- 면접관이 알고자 하는 정보를 심층적으로 파악할 수 있다.
- 서류상의 미비한 사항과 의심스러운 부분을 확인할 수 있다.
- 커뮤니케이션, 대인관계행동 등 행동·언어적 정보도 얻을 수 있다.

3 면접의 평가요소

1 인재적합도

해당 기관이나 기업별 인재상에 대한 인성 평가

2 조직적합도

조직에 대한 이해와 관련 상황에 대한 평가

3 직무적합도

직무에 대한 지식과 기술, 태도에 대한 평가

4 면접의 유형

구조화된 정도에 따른 분류

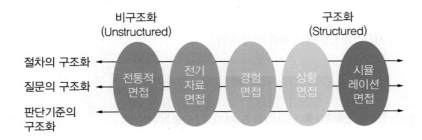

비구조화
(Unstructured)

구조화
(Structured)

절차의 구조화

질문의 구조화

판단기준의
구조화

전통적
면접

전기
자료
면접

경험
면접

상황
면접

시뮬
레이션
면접

1 구조화 면접(Structured Interview)

사전에 계획을 세워 질문의 내용과 방법, 지원자의 답변 유형에 따른 추가 질문과 그에 대한 평가역량이 정해져 있는 면접 방식(표준화 면접)

- 표준화된 질문이나 평가요소가 면접 전 확정되며, 지원자는 편성된 조나 면접관에 영향을 받지 않고 동일한 질문과 시간을 부여받을 수 있음.
- 조직 또는 직무별로 주요하게 도출된 역량을 기반으로 평가요소가 구성되어, 조직 또는 직무에서 필요한 역량을 가진 지원자를 선발할 수 있음.
- 표준화된 형식을 사용하는 특성 때문에 비구조화 면접에 비해 신뢰성과 타당성, 객관성이 높음.

2 비구조화 면접(Unstructured Interview)

면접 계획을 세울 때 면접 목적만 명시하고 내용이나 방법은 면접관에게 전적으로 일임하는 방식(비표준화 면접)

- 표준화된 질문이나 평가요소 없이 면접이 진행되며, 편성된 조나 면접관에 따라 지원자에게 주어지는 질문이나 시간이 다름.
- 면접관의 주관적인 판단에 따라 평가가 이루어져 평가 오류가 빈번히 일어남.
- 상황 대처나 언변이 뛰어난 지원자에게 유리한 면접이 될 수 있음.

NCS 구조화 면접 기법

※ 능력중심 채용에서는 타당도가 높은 구조화 면접을 적용한다.

1 경험면접(Behavioral Event Interview)

면접 프로세스

안내 — 지원자는 입실 후, 면접관을 통해 인사말과 면접에 대한 간단한 안내를 받음.

질문 — 지원자는 면접관에게 평가요소(직업기초능력, 직무수행능력 등)와 관련된 주요 질문을 받게 되며, 질문에서 의도하는 평가요소를 고려하여 응답할 수 있도록 함.

세부질문 —
• 지원자가 응답한 내용을 토대로 해당 평가기준들을 충족시키는지 파악하기 위한 세부질문이 이루어짐.
• 구체적인 행동·생각 등에 대해 응답할수록 높은 점수를 얻을 수 있음.

• 방식
해당 역량의 발휘가 요구되는 일반적인 상황을 제시하고, 그러한 상황에서 어떻게 행동했었는지(과거경험)를 이야기하도록 함.

• 판단기준
해당 역량의 수준, 경험 자체의 구체성, 진실성 등

• 특징
추상적인 생각이나 의견 제시가 아닌 과거 경험 및 행동 중심의 질의가 이루어지므로 지원자는 사전에 본인의 과거 경험 및 사례를 정리하여 면접에 대비할 수 있음.

• 예시

지원분야		지원자		면접관		(인)

경영자원관리
조직이 보유한 인적자원을 효율적으로 활용하여, 조직 내 유·무형 자산 및 재무자원을 효율적으로 관리한다.

주질문

A. 어떤 과제를 처리할 때 기존에 팀이 사용했던 방식의 문제점을 찾아내 이를 보완하여 과제를 더욱 효율적으로 처리했던 경험에 대해 이야기해 주시기 바랍니다.

세부질문

[상황 및 과제] 사례와 관련해 당시 상황에 대해 이야기해 주시기 바랍니다.
[역할] 당시 지원자께서 맡았던 역할은 무엇이었습니까?
[행동] 사례와 관련해 구성원들의 설득을 이끌어 내기 위해 어떤 노력을 하였습니까?
[결과] 결과는 어땠습니까?

기대행동	평점
업무진행에 있어 한정된 자원을 효율적으로 활용한다.	① - ② - ③ - ④ - ⑤
구성원들의 능력과 성향을 파악해 효율적으로 업무를 배분한다.	① - ② - ③ - ④ - ⑤
효과적 인적/물적 자원관리를 통해 맡은 일을 무리 없이 잘 마무리한다.	① - ② - ③ - ④ - ⑤

척도해설

1 : 행동증거가 거의 드러나지 않음	2 : 행동증거가 미약하게 드러남	3 : 행동증거가 어느 정도 드러남	4 : 행동증거가 명확하게 드러남	5 : 뛰어난 수준의 행동증거가 드러남

관찰기록 :

총평 :

※ 실제 적용되는 평가지는 기업/기관마다 다름.

2 상황면접(Situational Interview)

면접 프로세스

안내 — 지원자는 입실 후, 면접관을 통해 인사말과 면접에 대한 간단한 안내를 받음.

∨

질문 — • 지원자는 상황질문지를 검토하거나 면접관을 통해 상황 및 질문을 제공받음.
• 면접관의 질문이나 질문지의 의도를 파악하여 응답할 수 있도록 함.

∨

세부질문 — • 지원자가 응답한 내용을 토대로 해당 평가기준들을 충족시키는지 파악하기 위한 세부질문이 이루어짐.
• 구체적인 행동·생각 등에 대해 응답할수록 높은 점수를 얻을 수 있음.

• 방식
  직무 수행 시 접할 수 있는 상황들을 제시하고, 그러한 상황에서 어떻게 행동할 것인지(행동의도)를 이야기하도록 함.

• 판단기준
  해당 상황에 맞는 해당 역량의 구체적 행동지표

• 특징
  지원자의 가치관, 태도, 사고방식 등의 요소를 평가하는 데 용이함.

• 예시

지원분야		지원자		면접관		(인)

유관부서협업
타 부서의 업무협조요청 등에 적극적으로 협력하고 갈등 상황이 발생하지 않도록 이해관계를 조율하며 관련 부서의 협업을 효과적으로 이끌어 낸다.

주질문

당신은 생산관리팀의 팀원으로, 2개월 뒤에 제품 A를 출시하기 위해 생산팀의 생산 계획을 수립한 상황입니다. 그러나 원가가 곧 실적으로 이어지는 구매팀에서는 최대한 원가를 줄여 전반적 단가를 낮추려고 원가절감을 위한 제안을 하였으나, 연구개발팀에서는 구매팀이 제안한 방식으로 제품을 생산할 경우 대부분이 구매팀의 실적으로 산정될 것이므로 제대로 확인도 해보지 않은 채 적합하지 않은 방식이라고 판단하고 있습니다. 당신은 어떻게 하겠습니까?

세부질문

[상황 및 과제] 이 상황의 핵심적인 이슈는 무엇이라고 생각합니까?
[역할] 당신의 역할을 더 잘 수행하기 위해서는 어떤 점을 고려해야 하겠습니까? 왜 그렇게 생각합니까?
[행동] 당면한 과제를 해결하기 위해서 구체적으로 어떤 조치를 취하겠습니까? 그 이유는 무엇입니까?
[결과] 그 결과는 어떻게 될 것이라고 생각합니까? 그 이유는 무엇입니까?

척도해설

1 : 행동증거가 거의 드러나지 않음	2 : 행동증거가 미약하게 드러남	3 : 행동증거가 어느 정도 드러남	4 : 행동증거가 명확하게 드러남	5 : 뛰어난 수준의 행동증거가 드러남

관찰기록 :

총평 :

※ 실제 적용되는 평가지는 기업/기관마다 다름.

3 발표면접(Presentation)

면접 프로세스

안내
• 입실 후 지원자는 면접관으로부터 인사말과 발표면접에 대해 간략히 안내받음.
• 면접 전 지원자는 과제 검토 및 발표 준비시간을 가짐.

발표
• 지원자들이 과제 주제와 관련하여 정해진 시간 동안 발표를 실시함.
• 면접관은 발표내용 중 평가요소와 관련해 나타난 가점 및 감점요소들을 평가하게 됨.

질문응답
• 발표 종료 후 면접관은 정해진 시간 동안 지원자의 발표내용과 관련해 구체적인 내용을 확인하기 위한 질문을 함.
• 지원자는 면접관의 질문의도를 정확히 파악하여 적절히 응답할 수 있도록 함.
• 응답 시 명확하고 자신있게 전달할 수 있도록 함.

- **방식**

  지원자가 특정 주제와 관련된 자료(신문기사, 그래프 등)를 검토하고, 그에 대한 자신의 생각을 면접관 앞에서 발표하며, 추가 질의응답이 이루어짐.

- **판단기준**

  지원자의 사고력, 논리력, 문제해결능력 등

- **특징**

  과제를 부여한 후, 지원자들이 과제를 수행하는 과정과 결과를 관찰·평가함. 과제수행의 결과뿐 아니라 과제수행 과정에서의 행동을 모두 평가함.

4 토론면접(Group Discussion)

면접 프로세스

| 안내 | • 입실 후, 지원자들은 면접관으로부터 토론 면접의 전반적인 과정에 대해 안내받음.
• 지원자는 정해진 자리에 착석함. |

| 토론 | • 지원자들이 과제 주제와 관련하여 정해진 시간 동안 토론을 실시함(시간은 기관별 상이).
• 지원자들은 면접 전 과제 검토 및 토론 준비시간을 가짐.
• 토론이 진행되는 동안, 지원자들은 다른 토론자들의 발언을 경청하여 적절히 본인의 의사를 전달할 수 있도록 함. 더불어 적극적인 태도로 토론면접에 임하는 것도 중요함. |

| 마무리
(5분 이내) | • 면접 종료 전, 지원자들은 토론을 통해 도출한 결론에 대해 첨언하고 적절히 마무리 지음.
• 본인의 의견을 전달하는 것과 동시에 다른 토론자를 배려하는 모습도 중요함. |

- **방식**

  상호갈등적 요소를 가진 과제 또는 공통의 과제를 해결하는 내용의 토론 과제(신문기사, 그래프 등)를 제시하고, 그 과정에서의 개인 간의 상호작용 행동을 관찰함.

- **판단기준**

  팀워크, 갈등 조정, 의사소통능력 등

- **특징**

  면접에서 최종안을 도출하는 것도 중요하나 주장의 옳고 그름이 아닌 결론을 도출하는 과정과 말하는 자세 등도 중요함.

5 역할연기면접(Role Play Interview)

- 방식
  기업 내 발생 가능한 상황에서 부딪히게 되는 문제와 역할을 가상적으로 설정하여 특정 역할을 맡은 사람과 상호작용하고 문제를 해결해 나가도록 함.
- 판단기준
  대처능력, 대인관계능력, 의사소통능력 등
- 특징
  실제 상황과 유사한 가상 상황에서 지원자의 성격이나 대처 행동 등을 관찰할 수 있음.

6 집단면접(Group Activity)

- 방식
  지원자들이 팀(집단)으로 협력하여 정해진 시간 안에 활동 또는 게임을 하며 면접관들은 지원자들의 행동을 관찰함.
- 판단기준
  대인관계능력, 팀워크, 창의성 등
- 특징
  기존 면접보다 오랜 시간 관찰을 하여 지원자들의 평소 습관이나 행동들을 관찰하려는 데 목적이 있음.

03 면접 최신 기출 주제

🔍 1 2023년 경기도공공기관 면접 기출

1 경기도평생교육진흥원

1. 경기도평생진흥사업원의 사업은 무엇인가?

2. 입사 후 교육 기획을 한다면 어떤 방식으로 할 것인가?

3. 향후 경기도평생교육진흥원이 나가가야 할 방향은?

4. 이전에 교육 기획을 한 경험이 있다면 그에 대해 이야기하시오.

2 경기교통공사

1. 본인이 생각하는 본인의 강점은 무엇인가?

2. 경기교통공사에 입사 후 포부는?

3. 최근 읽은 책을 소개하시오.

4. 경기교통공사와 관련된 최근 이슈에 대해 이야기하시오.

3 경기복지재단

1. 경기복지재단에 지원하게 된 계기는 무엇인가?

2. 본인이 생각하는 본인 성격의 장점과 단점은?

3. 본인이 지원한 부서가 어떠한 일을 하는 곳인지 알고 있는가?

4. 상사가 부당한 업무를 지시하면 어떻게 대처할 것인가?

4 경기도일자리재단

1. 면접에 대비하여 면접의상을 코칭하는 방법을 이야기하시오.

2. 자기소개서의 '성장과정을 작성하라'는 문항을 구직자에게 어떻게 설명할 것인가?

3. 경기도일자리재단의 일자리 관련 정책에 대한 견해를 제시하시오.

4. 일자리 지원이 가장 필요한 계층은 어디라고 생각하는가?

5. 최근 기업의 채용 트렌드를 설명하시오.

6. 본인의 아이디어로 성공했던 프로젝트가 있다면 이야기하시오.

5 경기환경에너지진흥원

1. 만일 상사가 본인에게 업무가 너무 많이 준다면 어떻게 대처할 것인가?

2. 본인에게만 업무가 주어지지 않는다면 어떻게 대처할 것인가?

3. 본인이 지원한 직무를 통해 회사에 어떠한 기여를 할 것인가?

4. 이전에 다닌 직장에서 힘들었던 경험을 이야기하시오.

6 한국도자재단

1. 직장과 집 사이의 거리가 먼 편인데, 출근이 힘들지 않겠는가?

2. 본인이 지원한 직무에 관해 본인이 가진 장점은 무엇인가?

3. 상사가 부당한 업무를 지시하면 어떻게 대처할 것인가?

4. 본인이 지원한 직무를 발전시킬 방안을 제시하시오.

7 경기문화재단

1. 지원한 업무와 관련된 경험을 이야기하시오.

2. 업무 특성상 출장이 잦은데 이를 해낼 수 있는가?

3. 업무에 임하는 본인의 다짐과 각오는?

4. 해당 업무에 지원하게 된 이유는?

8 차세대융합기술연구원

1. 상사 4명이 모두 본인에게 다른 지시를 내릴 경우 어떻게 대처할 것인가?

2. 타인에 대한 본인의 평가를 3개의 키워드로 설명하시오.

3. 본인이 생각하는 본인 성격의 장점과 단점은?

9 경기관광공사

1. 경기관광공사에 지원하게 된 계기는?

2. 기억에 남는 여행지는 어디였는가? 그 경험을 사업과 연관할 방안을 제시하시오.

3. 관광객들에게 경기도의 숙박시설을 장려할 방안을 제시하시오.

4. 업무 특성상 해외 출국을 해야 할 수 있다. 혹시 해외 출국이 가능한가?

5. 일본/중국에서 친구가 온다면, 어디를 소개시켜 줄 것인가?

6. ChatGPT를 경기관광공사의 사업에 활용할 방안을 제시하시오.

10 경기연구원

1. 경기연구원에 지원하게 된 동기는?

2. 본인이 생각하는, 경기도가 가장 시급하게 해결해야 할 문제는?

3. 지원한 직무를 어떻게 수행할 것인지 그 계획을 이야기하시오.

2 2022년 경기도공공기관 면접 기출

1 경기교통공사

역량면접	자기소개서를 기반으로 본인을 소개해 보시오.
	경기교통공사의 사명에 대해서 말해 보시오.
	본인의 취미에 대해 말해 보시오.
	변경된 교통 규정에 대해 아는 대로 말해 보시오.
	제일 감명 깊게 읽었던 책에 대해 말해 보시오.
	다른 지원자가 아닌 본인이 꼭 채용되어야 하는 이유에 대해 말해 보시오.
인성면접	면접을 보러 오는 동안 무슨 생각을 했는가?
	본인이 가진 경력에 대해 짧게 소개해 보시오.
	현재 경기도의 교통 상황에 입장을 말해 보시오.
	경기교통공사에 대해서 어떤 생각을 가지고 있는가?
	어린 시절 꿈이 무엇이었는가?

2 경기문화재단

1차(토의)	본인이 지원한 직무에서의 메타버스 활용 방안
	코로나 19로 인해 난항에 부딪힌 예술인들의 생계를 위한 방안
	공연예술의 환경에 따른 제한성을 극복할 수 있는 방안
	4차산업혁명이 도래한 시점에서 문화현장의 문제 진단
2차(일반)	소통에 있어 가장 필요한 역량은 무엇이라고 생각하는가?
	타인에게 피드백을 받아 본 경험 있는 자신의 긍정/부정적인 면은 무엇인가?
	열등감을 느껴 본 경험에 대해 말해 보시오.
	경기문화재단에 대해 평소 가지고 있던 생각에 대해 말해 보시오.
	가장 좋아하는 예술 분야에 대해 자유롭게 소개해 보시오.

3 경기도평생교육진흥원

개별 면접	자기소개를 1분 동안 해 보시오.
	평생교육과 관련하여 가장 중요한 것은 무엇인가?
	평생교육진흥원에 대해서 아는 대로 말하고, 관련 업무 중 자신이 잘할 수 있는 분야에 대해 말해 보시오.

개별 면접	직접 교육을 기획해 본 경험이 있는지 말해 보시오.
	현재 다니고 있는 직장이 있는 경우, 이직의 이유는 무엇인가?
	개인의 가치를 희생하고 공동체를 위했던 사례가 있다면 말해 보시오.

4 경기주택도시공사

1차(PT+토론)	현재 경기도의 주택난에 대한 생각과 이에 대한 해결 방안을 말해 보시오.
	만약 회계처리방식에서의 문제를 파악한다면 어떻게 해결할지 말해 보시오.
	우리 공사의 업무와 지속 가능한 발전을 연결해 생각한다면, 어떤 사업을 확장할 수 있을지 말해 보시오.
	경기주택도시공사의 전세보증금 반환 제도가 가지고 있는 맹점에 대해 말해 보시오.
2차(인성)	경기주택도시공사에 지원하게 된 이유는 무엇인가?
	우리 공사에서 진행한 사업 중 가 본 곳은 어느 곳이 있는가?
	지역 난방과 개별 난방의 차이점은 무엇인가?
	제3 신도시에 필요한 기술은 무엇인가?
	공공성과 수익성 중 더 중요한 것은 무엇인지 말해 보시오.

5 경기연구원

개별 면접	사기업이 아닌 공기업에서 근무하고 싶은 이유가 있다면 말해 보시오.
	업무와 관련된 본인만의 강점이 있다면 무엇인가?
	가장 존경하는 인물과 그 이유에 대해 말해 보시오.
	상사와의 마찰이 있다면 어떻게 해결하겠는가?
	지원한 분야에 있어 가장 중요한 소질은 무엇이라고 생각하는가?
	본인의 전문성에 대해 소개해 보시오.

6 경기신용보증재단

1차(토론)	코로나로 인한 경기 침체가 회복되고 있는 시점에서 우리 재단이 할 수 있는 일은 무엇인가?
	만약 이직을 준비하고 있는 친구가 있다면 해 주고 싶은 조언은 무엇인가?
	금융이란 무엇이라고 생각하는가?
	신용과 관련된 단어를 세 개만 말해 보시오.
2차(그룹 면접)	사회인으로 살아감에 있어 가장 중요한 것은 무엇인가?
	누군가를 실망시켰던 경험이 있다면 말해 보시오.
	친구들 사이의 별명은 무엇인지 말해 보고, 그 이유를 설명해 보시오.
	가장 행복했던 기억은 어느 것인가?

경기도공공기관통합채용

1회 기출예상문제

성명표기란

수험번호

수험생 유의사항

※ 답안은 반드시 컴퓨터용 사인펜으로 보기와 같이 바르게 표기해야 합니다.
〈보기〉 ① ② ③ ❹ ⑤

※ 성명표기란 위 칸에는 성명을 한글로 쓰고 아래 칸에는 성명을 정확하게 표기하십시오.

※ 수험번호/월일 위 칸에는 아라비아 숫자로 쓰고 아래 칸에는 숫자와 일치하게 표기하십시오.

※ 월일은 반드시 본인 주민등록번호의 생년을 제외한 월 두 자리, 일 두 자리를 표기하십시오.
〈예〉 1994년 1월 12일 → 0112

(주민등록 앞자리 생년제외) 월일

문번	답란	문번	답란	문번	답란	문번	답란
1	① ② ③ ④	16	① ② ③ ④	31	① ② ③ ④	46	① ② ③ ④
2	① ② ③ ④	17	① ② ③ ④	32	① ② ③ ④	47	① ② ③ ④
3	① ② ③ ④	18	① ② ③ ④	33	① ② ③ ④	48	① ② ③ ④
4	① ② ③ ④	19	① ② ③ ④	34	① ② ③ ④	49	① ② ③ ④
5	① ② ③ ④	20	① ② ③ ④	35	① ② ③ ④	50	① ② ③ ④
6	① ② ③ ④	21	① ② ③ ④	36	① ② ③ ④		
7	① ② ③ ④	22	① ② ③ ④	37	① ② ③ ④		
8	① ② ③ ④	23	① ② ③ ④	38	① ② ③ ④		
9	① ② ③ ④	24	① ② ③ ④	39	① ② ③ ④		
10	① ② ③ ④	25	① ② ③ ④	40	① ② ③ ④		
11	① ② ③ ④	26	① ② ③ ④	41	① ② ③ ④		
12	① ② ③ ④	27	① ② ③ ④	42	① ② ③ ④		
13	① ② ③ ④	28	① ② ③ ④	43	① ② ③ ④		
14	① ② ③ ④	29	① ② ③ ④	44	① ② ③ ④		
15	① ② ③ ④	30	① ② ③ ④	45	① ② ③ ④		

경기도공공기관통합채용

2회 기출예상문제

문번	답란	문번	답란	문번	답란	문번	답란
1	① ② ③ ④	16	① ② ③ ④	31	① ② ③ ④	46	① ② ③ ④
2	① ② ③ ④	17	① ② ③ ④	32	① ② ③ ④	47	① ② ③ ④
3	① ② ③ ④	18	① ② ③ ④	33	① ② ③ ④	48	① ② ③ ④
4	① ② ③ ④	19	① ② ③ ④	34	① ② ③ ④	49	① ② ③ ④
5	① ② ③ ④	20	① ② ③ ④	35	① ② ③ ④	50	① ② ③ ④
6	① ② ③ ④	21	① ② ③ ④	36	① ② ③ ④		
7	① ② ③ ④	22	① ② ③ ④	37	① ② ③ ④		
8	① ② ③ ④	23	① ② ③ ④	38	① ② ③ ④		
9	① ② ③ ④	24	① ② ③ ④	39	① ② ③ ④		
10	① ② ③ ④	25	① ② ③ ④	40	① ② ③ ④		
11	① ② ③ ④	26	① ② ③ ④	41	① ② ③ ④		
12	① ② ③ ④	27	① ② ③ ④	42	① ② ③ ④		
13	① ② ③ ④	28	① ② ③ ④	43	① ② ③ ④		
14	① ② ③ ④	29	① ② ③ ④	44	① ② ③ ④		
15	① ② ③ ④	30	① ② ③ ④	45	① ② ③ ④		

성명표기란

수험번호

(주민등록 앞자리 생년제외) 월일

문번	답란	문번	답란	문번	답란	문번	답란
1	① ② ③ ④	16	① ② ③ ④	31	① ② ③ ④	46	① ② ③ ④
2	① ② ③ ④	17	① ② ③ ④	32	① ② ③ ④	47	① ② ③ ④
3	① ② ③ ④	18	① ② ③ ④	33	① ② ③ ④	48	① ② ③ ④
4	① ② ③ ④	19	① ② ③ ④	34	① ② ③ ④	49	① ② ③ ④
5	① ② ③ ④	20	① ② ③ ④	35	① ② ③ ④	50	① ② ③ ④
6	① ② ③ ④	21	① ② ③ ④	36	① ② ③ ④		
7	① ② ③ ④	22	① ② ③ ④	37	① ② ③ ④		
8	① ② ③ ④	23	① ② ③ ④	38	① ② ③ ④		
9	① ② ③ ④	24	① ② ③ ④	39	① ② ③ ④		
10	① ② ③ ④	25	① ② ③ ④	40	① ② ③ ④		
11	① ② ③ ④	26	① ② ③ ④	41	① ② ③ ④		
12	① ② ③ ④	27	① ② ③ ④	42	① ② ③ ④		
13	① ② ③ ④	28	① ② ③ ④	43	① ② ③ ④		
14	① ② ③ ④	29	① ② ③ ④	44	① ② ③ ④		
15	① ② ③ ④	30	① ② ③ ④	45	① ② ③ ④		

경기도공공기관통합채용

4회 기출예상문제

문번	답란	문번	답란	문번	답란	문번	답란	문번	답란
1	① ② ③ ④	16	① ② ③ ④	31	① ② ③ ④	46	① ② ③ ④		
2	① ② ③ ④	17	① ② ③ ④	32	① ② ③ ④	47	① ② ③ ④		
3	① ② ③ ④	18	① ② ③ ④	33	① ② ③ ④	48	① ② ③ ④		
4	① ② ③ ④	19	① ② ③ ④	34	① ② ③ ④	49	① ② ③ ④		
5	① ② ③ ④	20	① ② ③ ④	35	① ② ③ ④	50	① ② ③ ④		
6	① ② ③ ④	21	① ② ③ ④	36	① ② ③ ④				
7	① ② ③ ④	22	① ② ③ ④	37	① ② ③ ④				
8	① ② ③ ④	23	① ② ③ ④	38	① ② ③ ④				
9	① ② ③ ④	24	① ② ③ ④	39	① ② ③ ④				
10	① ② ③ ④	25	① ② ③ ④	40	① ② ③ ④				
11	① ② ③ ④	26	① ② ③ ④	41	① ② ③ ④				
12	① ② ③ ④	27	① ② ③ ④	42	① ② ③ ④				
13	① ② ③ ④	28	① ② ③ ④	43	① ② ③ ④				
14	① ② ③ ④	29	① ② ③ ④	44	① ② ③ ④				
15	① ② ③ ④	30	① ② ③ ④	45	① ② ③ ④				

성명표기란

수험번호

(주민등록 앞자리 생년제외)월일

수험생 유의사항

※ 답안은 반드시 컴퓨터용 수성사인펜으로 보기와 같이 바르게 표기해야 합니다.
〈보기〉 ① ② ③ ● ⑤

※ 성명표기란 위 칸에는 성명을 한글로 쓰고 아래 칸에는 성명을 정확하게 표기하십시오. (맨 왼쪽 칸부터 성과 이름은 붙여 씁니다)

※ 수험번호/월일 위 칸에는 아라비아 숫자로 쓰고 아래 칸에는 숫자와 일치하게 표기하십시오.

※ 월일은 반드시 본인 주민등록번호의 생년을 제외한 월 두 자리, 일 두 자리를 표기하십시오.
〈예〉 1994년 1월 12일 → 0112

성명표기란

수험번호

(주민등록 앞자리 생년제외) 월일

문번	답란				문번	답란				문번	답란			
1	①	②	③	④	16	①	②	③	④	31	①	②	③	④
2	①	②	③	④	17	①	②	③	④	32	①	②	③	④
3	①	②	③	④	18	①	②	③	④	33	①	②	③	④
4	①	②	③	④	19	①	②	③	④	34	①	②	③	④
5	①	②	③	④	20	①	②	③	④	35	①	②	③	④
6	①	②	③	④	21	①	②	③	④	36	①	②	③	④
7	①	②	③	④	22	①	②	③	④	37	①	②	③	④
8	①	②	③	④	23	①	②	③	④	38	①	②	③	④
9	①	②	③	④	24	①	②	③	④	39	①	②	③	④
10	①	②	③	④	25	①	②	③	④	40	①	②	③	④
11	①	②	③	④	26	①	②	③	④	41	①	②	③	④
12	①	②	③	④	27	①	②	③	④	42	①	②	③	④
13	①	②	③	④	28	①	②	③	④	43	①	②	③	④
14	①	②	③	④	29	①	②	③	④	44	①	②	③	④
15	①	②	③	④	30	①	②	③	④	45	①	②	③	④

문번	답란			
46	①	②	③	④
47	①	②	③	④
48	①	②	③	④
49	①	②	③	④
50	①	②	③	④

경기도공공기관통합채용

6회 기출예상문제

감독관 확인란

문번	답란	문번	답란	문번	답란	문번	답란	문번	답란
1	① ② ③ ④	16	① ② ③ ④	31	① ② ③ ④	46	① ② ③ ④		
2	① ② ③ ④	17	① ② ③ ④	32	① ② ③ ④	47	① ② ③ ④		
3	① ② ③ ④	18	① ② ③ ④	33	① ② ③ ④	48	① ② ③ ④		
4	① ② ③ ④	19	① ② ③ ④	34	① ② ③ ④	49	① ② ③ ④		
5	① ② ③ ④	20	① ② ③ ④	35	① ② ③ ④	50	① ② ③ ④		
6	① ② ③ ④	21	① ② ③ ④	36	① ② ③ ④				
7	① ② ③ ④	22	① ② ③ ④	37	① ② ③ ④				
8	① ② ③ ④	23	① ② ③ ④	38	① ② ③ ④				
9	① ② ③ ④	24	① ② ③ ④	39	① ② ③ ④				
10	① ② ③ ④	25	① ② ③ ④	40	① ② ③ ④				
11	① ② ③ ④	26	① ② ③ ④	41	① ② ③ ④				
12	① ② ③ ④	27	① ② ③ ④	42	① ② ③ ④				
13	① ② ③ ④	28	① ② ③ ④	43	① ② ③ ④				
14	① ② ③ ④	29	① ② ③ ④	44	① ② ③ ④				
15	① ② ③ ④	30	① ② ③ ④	45	① ② ③ ④				

성명표기란

수험번호

⓪ ① ② ③ ④ ⑤ ⑥ ⑦ ⑧ ⑨

생년월일 (주민등록 앞자리 생년제외)

⓪ ① ② ③ ④ ⑤ ⑥ ⑦ ⑧ ⑨

수험생 유의사항

※ 답안은 반드시 컴퓨터용 사인펜으로 보기와 같이 바르게 표기해야 합니다.
〈보기〉 ① ② ③ ❹ ⑤

※ 성명표기란 위 칸에는 성명을 한글로 쓰고 아래 칸에는 성명을 정확하게 표기하십시오. (맨 왼쪽 칸부터 성과 이름은 붙여 씁니다)

※ 수험번호/월일 위 칸에는 아라비아 숫자로 쓰고 아래 칸에는 숫자와 일치하게 표기하십시오.

※ 월일은 반드시 본인 주민등록번호의 생년을 제외한 월 두 자리, 일 두 자리를 표기하십시오.
〈예〉 1994년 1월 12일 → 0112

문번	답란	문번	답란	문번	답란	문번	답란
1	① ② ③ ④	16	① ② ③ ④	31	① ② ③ ④	46	① ② ③ ④
2	① ② ③ ④	17	① ② ③ ④	32	① ② ③ ④	47	① ② ③ ④
3	① ② ③ ④	18	① ② ③ ④	33	① ② ③ ④	48	① ② ③ ④
4	① ② ③ ④	19	① ② ③ ④	34	① ② ③ ④	49	① ② ③ ④
5	① ② ③ ④	20	① ② ③ ④	35	① ② ③ ④	50	① ② ③ ④
6	① ② ③ ④	21	① ② ③ ④	36	① ② ③ ④		
7	① ② ③ ④	22	① ② ③ ④	37	① ② ③ ④		
8	① ② ③ ④	23	① ② ③ ④	38	① ② ③ ④		
9	① ② ③ ④	24	① ② ③ ④	39	① ② ③ ④		
10	① ② ③ ④	25	① ② ③ ④	40	① ② ③ ④		
11	① ② ③ ④	26	① ② ③ ④	41	① ② ③ ④		
12	① ② ③ ④	27	① ② ③ ④	42	① ② ③ ④		
13	① ② ③ ④	28	① ② ③ ④	43	① ② ③ ④		
14	① ② ③ ④	29	① ② ③ ④	44	① ② ③ ④		
15	① ② ③ ④	30	① ② ③ ④	45	① ② ③ ④		

문번	답란	문번	답란	문번	답란	문번	답란
1	① ② ③ ④	16	① ② ③ ④	31	① ② ③ ④	46	① ② ③ ④
2	① ② ③ ④	17	① ② ③ ④	32	① ② ③ ④	47	① ② ③ ④
3	① ② ③ ④	18	① ② ③ ④	33	① ② ③ ④	48	① ② ③ ④
4	① ② ③ ④	19	① ② ③ ④	34	① ② ③ ④	49	① ② ③ ④
5	① ② ③ ④	20	① ② ③ ④	35	① ② ③ ④	50	① ② ③ ④
6	① ② ③ ④	21	① ② ③ ④	36	① ② ③ ④		
7	① ② ③ ④	22	① ② ③ ④	37	① ② ③ ④		
8	① ② ③ ④	23	① ② ③ ④	38	① ② ③ ④		
9	① ② ③ ④	24	① ② ③ ④	39	① ② ③ ④		
10	① ② ③ ④	25	① ② ③ ④	40	① ② ③ ④		
11	① ② ③ ④	26	① ② ③ ④	41	① ② ③ ④		
12	① ② ③ ④	27	① ② ③ ④	42	① ② ③ ④		
13	① ② ③ ④	28	① ② ③ ④	43	① ② ③ ④		
14	① ② ③ ④	29	① ② ③ ④	44	① ② ③ ④		
15	① ② ③ ④	30	① ② ③ ④	45	① ② ③ ④		

대기업 적성검사

금융_직무평가

저마다의 일생에는,

특히 그 일생이 동터 오르는 여명기에는

모든 것을 결정짓는 한 순간이 있다.

그 순간을 다시 찾아내는 것은 어렵다.

그것은 다른 수많은 순간들의 퇴적 속에

깊이 묻혀있다.

 - 장 그르니에, 섬 LES ILES

2024 | 경기도 산하 공공기관 | **NCS**

**고시넷
공기업**

경기도 공공기관
통합채용 NCS
기출예상모의고사

6회

정답과 해설

gosinet
(주)고시넷

2024 | 경기도 산하 공공기관 | **NCS**

고시넷
공기업

경기도 공공기관 통합채용 NCS
기출예상모의고사 ___6회___

정답과 해설

01	④	02	①	03	③	04	①	05	②
06	①	07	④	08	④	09	③	10	②
11	④	12	③	13	①	14	③	15	③
16	④	17	①	18	②	19	③	20	②
21	③	22	①	23	④	24	③	25	②
26	④	27	①	28	④	29	②	30	②
31	④	32	④	33	①	34	①	35	④
36	①	37	③	38	②	39	①	40	④
41	④	42	③	43	④	44	③	45	③
46	①	47	①	48	③	49	②	50	③

01 문서이해능력 세부 내용 이해하기

| 정답 | ④

| 해설 | 첫 번째 문단을 통해 온라인 정보 이용에 대한 시민의 의존도가 높아질수록 소셜미디어의 상호적 영향력이 상승하는 것을 알 수 있다.

| 오답풀이 |

① 제시된 글을 통해서는 알 수 없다.

② 두 번째 문단을 통해 소셜미디어를 통해 정치 사회적 이슈에 대한 시민들의 참여가 늘어난 것을 알 수 있다. 또한 소셜미디어가 공론장으로 발전하면서 시민참여 활동의 질을 높일 수 있다고 했으므로 질적인 부분의 향상도 이루어지고 있다고 볼 수 있다.

③ 첫 번째 문단을 통해 사람들이 소셜미디어에 정치나 사회적인 이슈 이외에도 일상다반사를 공유한다는 것을 알 수 있다.

02 문서작성능력 공문서 바르게 작성하기

| 정답 | ①

| 해설 | ㉠ 받는 사람이나 기관명이 들어가야 하므로 '수신'이라고 표기하는 것이 적절하다.

㉡ '내용'이 아닌 '제목'이라고 표기하는 것이 옳다.

| 오답풀이 |

㉢ '좌장'은 '여럿이 모인 자리나 단체에서 그 자리를 주재하는 가장 어른이 되는 사람'을 의미하므로 문맥상 적절하다.

㉣ 첨부해야 할 파일이 있는 경우 '첨부'가 아닌 '붙임'으로 작성하는 것이 옳다.

03 문서작성능력 올바른 맞춤법 이해하기

| 정답 | ③

| 해설 | • 예컨대 : '예를 들자면'의 뜻인 표준어이므로 옳은 표기이다.

• 나빠지는데 : '-는데'는 역접의 의미를 담고 있는 연결어미이므로 붙여 쓰는 것이 적절하다.

| 오답풀이 |

① • 심열 : '심열(心熱)'은 '무엇이 이루어지기를 간절히 바라는 마음'이고 '심혈(心血)'은 '마음과 힘을 아울러 이르는 말'이다. 일반적으로 '~를 기울이다'의 관용구에 사용되는 단어는 '심혈'이므로 '심혈'이 옳은 표현이다.

• 출근할지말지 : '-ㄹ지'는 판단과 관련된 하나의 연결어미로, 조사나 어미 다음에 오는 말은 띄어 써야 한다. 따라서 '출근할지 말지'가 옳은 표기이다. 한편 '-지'가 시간의 경과를 의미할 때는 의존명사이므로 띄어 써야 한다.

② • 참조 : '참조(參照)'는 둘 이상의 물건이나 자료를 서로 비교하여 판단하는 것이고 '참고(參考)'는 하나를 이해하고자 연관된 다른 하나 이상의 것을 살피며 생각하는 것이다. (나)는 통계청이 발표한 경기선행지수를 살펴 경기를 예측한다는 내용이므로 '참고'가 옳은 표현이다.

• 산출하는데 : '-데'가 의존명사로 쓰인 경우 띄어 쓰지만 어미로 쓰인 경우에는 붙여 쓴다. '-데'가 장소, 일, 경우를 의미할 때는 의존명사로 쓰인 것인데, '산출하는데'의 경우 '-는데'가 그 대상과 관련된 상황을 미리 언급할 때 사용하는 연결어미로 쓰였으므로 붙여 쓰는 것이 옳다.

④ • 볼 때는 : '-ㄹ'은 관형사형 어미로 '보다'의 어간 '보-'에 붙어 관형사와 같은 기능을 수행하게 하며, 관형

www.gosinet.co.kr **gosi**net

1회 기출예상

2회 기출예상

3회 기출예상

4회 기출예상

5회 기출예상

6회 기출예상

사형 어미 뒤에 오는 말은 띄어 써야 한다. 또한 '때'는 시간의 어떤 순간이나 부분을 나타내는 명사이므로 조사 '는'을 붙여 쓸 수 있다. 따라서 '볼 때는'은 적절한 표기이다.

• 증감율 : 앞 단어에 받침이 없거나 'ㄴ' 받침이 올 경우 '율'을 쓰고, 'ㄴ' 외 받침이 올 경우 '률'을 사용한다. 따라서 '증감률'이 옳은 표기이다.

화음이면서 4음 차이가 나므로 이 음정을 '완전 4도'로 부르는 것이 적절하다.

④ 솔 음과 진동수의 비가 2 : 3인 음의 진동수가 $\frac{9}{4}$이고 이를 2로 나눈 값이 한 옥타브 아래 같은 음의 진동수이므로 $\frac{9}{4} \div 2 = \frac{9}{8}$이다. 따라서 ㉣에는 '8분의 9'가 들어가는 것이 적절하다.

04 문서이해능력 세부 내용 이해하기

|정답| ①

|해설| ㉠ 민주는 A 지역에 거주하다가 수업을 듣는 낮에만 B 지역으로 이동하기 때문에 밤에는 B 지역에서 활동하지 않으므로 B 지역 야간인구에 해당하지 않는다.

|오답풀이|

㉡ A 지역에 거주하지만 일시적으로 부재중인 사람은 A 지역 정주인구에 해당한다. 그리고 마지막 문단을 통해 정주인구가 생활인구에 포함한다는 것을 알 수 있기 때문에 ㉡은 적절하지 않다.

㉢ 현주인구는 인구조사 기준 시점에서 그 지역에 머무르고 있는 사람을 의미하고, 생활인구는 정주인구를 포함해 통근, 통학, 관광 등 그 지역에 체류하며 지역의 실질적인 활력을 높이는 사람까지를 포함하므로 그 개념이 다르다.

05 문서작성능력 글의 흐름에 맞게 빈칸 채우기

|정답| ②

|해설| 낮은 도 음을 내는 줄의 길이와 솔 음을 내는 줄의 길이가 3 : 2인데 줄의 길이와 진동수는 반비례하므로 낮은 도의 진동수가 1이면 솔의 진동수는 $\frac{3}{2}$이 된다.

|오답풀이|

① 낮은 도 음을 내는 줄의 길이가 1일 때, 높은 도 음을 내는 줄의 길이는 $\frac{1}{2}$이 되고 두 음계의 진동수 비는 1 : 2이다. 높은 도 음을 내는 줄의 길이가 낮은 도 음을 내는 줄의 길이보다 짧지만 진동수는 더 많으므로 줄의 길이와 진동수는 서로 '반비례 관계'를 가진다.

③ 도와 솔은 아름다운 화음을 들려주면서 5음 차이가 나므로 그 음정을 완전 5도라고 한다. 도와 파도 아름다운

06 문서이해능력 내용을 바탕으로 추론하기

|정답| ①

|해설| 첫 문단에서 음계의 예시로 피아노를 들고 있고 피아노는 건반악기에 해당하므로 정수비에 따른 음계 구성을 현악기에만 적용할 수 있는 것은 아니다.

|오답풀이|

② 두 현의 길이의 비가 1 : 1이라면 두 현의 길이는 같으므로 진동수 또한 같으며 내는 음 역시 같다.

③ 낮은 도의 진동수는 261Hz인데 높은 도는 낮은 도 진동수의 2배이므로 522Hz임을 추론할 수 있다.

④ 두 번째 문단과 마지막 문단을 통해 음계 사이의 비율을 처음으로 연구한 사람이 피타고라스이고 이 연구를 통해 도부터 시까지의 음계를 정리한 것을 알 수 있다. 따라서 현 음계와 가장 비슷한 음계의 형태를 피타고라스가 가장 먼저 발견했다고 판단할 수 있다.

07 문서작성능력 올바른 맞춤법 사용하기

|정답| ④

|해설| ㉠ 숫자로 연월일을 표기할 때는 연월일 끝에 모두 마침표를 쓴다. 따라서 '1919. 3. 1.'이 옳은 표기이다.

㉢ 한 문장 안에 중학생인지 고등학생인지 여부를 묻는 선택적인 물음이 이어지므로 맨 끝에만 물음표를 써야 한다. 따라서 '너는 중학생이냐, 고등학생이냐?'가 옳은 문장이다.

㉣ '언제 왔니?', '어디서 왔니?', '무엇하러 왔니?'의 세 가지 독립적인 물음이므로 각 물음 뒤에 물음표를 써야 한다. 따라서 '너는 여기에 언제 왔니? 어디서 왔니? 무엇하러 왔니?'가 옳은 문장이다.

08 의사표현능력 의사소통의 기능 파악하기

|정답| ④

|해설| 대화에서 최 대리는 정 사원에게 오후에 단수가 되는 소식을 알고 있냐고 물으며 정보를 알려주고 있다. 이는 상대방에게 정보를 제공하기 위해 질문을 하는 의사소통의 방식 중 하나이다.

09 문서이해능력 글의 내용에 맞지 않는 그래프 찾기

|정답| ③

|해설| (다)는 0분대의 혈당수치를 기준으로 기준선 위의 면적을 계산하여 합산하는 방법이다. 그러나 ③의 그래프는 0분대의 기준선 아래로 내려간 부분의 면적을 제외하므로, Net incremental AUC 그래프에 해당한다. 기준선 아래로 내려간 부분의 면적을 제외하지 않은 다음의 모습으로 수정해야 한다.

|오답풀이|

① 시간경과에 따른 혈당수치를 나타낸 곡선, 즉 총 혈당반응곡선 아래의 혈당반응면적을 나타낸 그래프이므로 (가)의 그래프로 적절히 작성되었다.

② 수치가 감소하며 0분대의 기준선에 도달하는 시점까지의 면적을 나타낸 그래프이므로 (나)의 그래프로 적절하다.

④ 수치가 가장 작은 지점 위의 면적만을 나타낸 그래프로 (라)의 그래프로 적절하다.

10 경청능력 듣기 태도 파악하기

|정답| ②

|해설| 상대의 말이 길어져 대화 방향을 바꾸기 위해 질문을 하거나 대화 중 다시 말해 달라고 요청하는 행위는 경청하는 태도로 볼 수 없다.

11 기초연산능력 방정식 활용하기

|정답| ④

|해설| 작년 교통비를 x만 원이라고 할 때, 작년과 올해의 점심 식대와 교통비를 정리하면 다음과 같다.

(단위 : 만 원)

구분	점심 식대	교통비
작년	$5x$	x
올해	$5x \times 0.8 = 4x$	$1.2x$

올해 1인당 점심 식대와 교통비의 차이가 14만 원이므로 다음의 식을 세울 수 있다.

$4x - 1.2x = 14$

$2.8x = 14$

$x = 5$(만 원)

따라서 작년 1인당 교통비가 5만 원이므로 올해 1인당 점심 식대는 $4 \times 5 = 20$(만 원)이다.

12 기초연산능력 방정식 활용하기

|정답| ③

|해설| 10L의 흰색 페인트에서 xL를 덜어내고 대신에 xL의 파란색 페인트를 채워 넣으면 남은 흰색 페인트는 $(10 - x)$L이므로, 이때 하늘색 페인트에서 흰색 페인트가 차지하는 비율은 $\dfrac{10 - x}{10}$이다.

다음으로 하늘색 페인트에서 xL를 덜어내고 xL의 파란색 페인트를 다시 채워 넣는데, 이때 덜어낸 하늘색 페인트 중 흰색 페인트는 $x \times \dfrac{10 - x}{10}$L만큼 포함되어 있다. 따라서 남아있는 하얀색 페인트는 $\left\{(10 - x) - x \times \dfrac{10 - x}{10}\right\}$L가 된다.

한편, 최종적으로 만든 하늘색 페인트에서 흰색과 파란색의 비율이 $1 : 3$이라고 하였으므로 흰색 페인트는 $10 \times \dfrac{1}{1 + 3} = 2.5$(L)가 되므로 다음과 같이 식을 세울 수 있다.

$\left\{(10 - x) - x \times \dfrac{10 - x}{10}\right\} = 2.5$

$(10 - x)\left(1 - \dfrac{x}{10}\right) = 2.5$

$$\frac{1}{10}(10-x)^2=2.5 \qquad (10-x)^2=25$$

$$10-x=5(\because x>0) \qquad \therefore x=5(\text{L})$$

따라서 x의 값은 5이다.

13 기초연산능력 수의 규칙 찾기

|정답| ①

|해설| 제시된 숫자들은 다음과 같은 규칙이 있다.

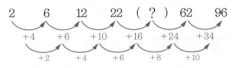

따라서 '?'에 들어갈 숫자는 $22+16=38$이다.

14 기초연산능력 도형의 넓이 구하기

|정답| ③

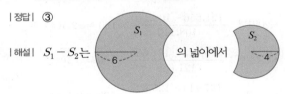

|해설| S_1-S_2는 ◐ 의 넓이에서 ◖ 의 넓이를 뺀 값이다.

두 원이 겹치는 부분의 넓이를 x라 할 때, $S_1+X=$큰 원 넓이, $S_2+X=$작은 원 넓이이다. 따라서 S_1-S_2의 값은 두 원의 넓이의 차이므로, $S_1-S_2=36\pi-16\pi=20\pi$이다.

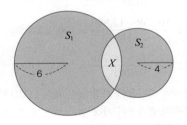

15 기초통계능력 부등식 활용하기

|정답| ③

|해설| A가 마지막 시험에서 받게 되는 점수를 x점이라고 하면 다음과 같은 식을 세울 수 있다.

$$\frac{98+90+94+x}{4}\geq95$$

$$98+90+94+x\geq380$$

$$\therefore x\geq98$$

따라서 A는 마지막 시험에서 최소 98점을 받아야 한다.

16 기초통계능력 경우의 수 구하기

|정답| ④

|해설| 이웃하는 여직원 4명을 하나로 취급하여 5명을 줄 세우는 경우를 구한다. 이 때 경우의 수는 $5!=5\times4\times3\times2\times1=120$(가지)이다. 하나의 그룹으로 취급한 여직원 4명 간에 자리를 바꾸는 경우도 있으므로 그 경우의 수를 따로 구한다. 여직원 4명이 일렬로 서는 경우의 수는 $4!=4\times3\times2\times1=24$(가지)이다. 두 경우는 동시에 일어나므로 그 둘을 곱하면 최종적인 경우의 수를 구할 수 있다. 따라서 총 $120\times24=2,880$(가지)이다.

17 기초통계능력 중앙값과 평균 이해하기

|정답| ①

|해설| 중앙값이 5인데 뽑은 수의 개수가 홀수인 7개이므로 7개의 수를 작은 수부터 차례대로 나열하였을 때 가운데인 4번째에 오는 수는 5가 된다. 이때, 가장 작은 수가 2이므로 두 번째와 세 번째로 나열되는 수는 3과 4만 가능하고, 이에 따라 뽑은 7개의 수는 다음과 같다.

2, 3, 4, 5, ?, ?, ?

위 세 개의 ?에 들어갈 수의 합을 x라고 할 때, 평균이 5.3보다 크므로 다음의 식이 가능하다.

$$\frac{2+3+4+5+x}{7}>5.3$$

$$14+x>37.1$$

$$\therefore x>23.1$$

그러므로 세 개의 ?에 들어갈 수의 합은 최소 24가 되어야 하는데, 6 ~ 9 중 세 수를 뽑아 더했을 때 가장 큰 수가 $7+8+9=24$이므로, 세 ?에는 7, 8, 9만 가능하다. 따라서 뽑지 않은 수는 1과 6이고 그 합은 7이다.

18 도표분석능력 자료의 수치 분석하기

| 정답 | ③

| 해설 | 갑 ~ 무 지역의 평판도 총점은 다음과 같다. 이때, 병 지역은 지표 사의 점수를 알 수 없으므로 이를 a로 두고 총점을 구한다.

- 갑 지역 : $10 \times 9 + 5 \times 4 + 10 \times 10 + 5 \times 6 + 10 \times 4 + 5 \times 10 + 5 \times 8 = 370$(점)
- 을 지역 : $10 \times 9 + 5 \times 8 + 10 \times 8 + 5 \times 6 + 10 \times 6 + 5 \times 9 + 5 \times 6 = 375$(점)
- 병 지역 : $10 \times 7 + 5 \times 5 + 10 \times 10 + 5 \times 4 + 10 \times 6 + 5 \times 10 + 5 \times 6 = 355$(점)
- 정 지역 : $10 \times 3 + 5 \times 8 + 10 \times 9 + 5 \times 6 + 10 \times 6 + 5 \times 4 + 5 \times a = 270 + 5a$
- 무 지역 : 415점

a가 최고 점수인 10점이라고 가정하여도 정 지역의 평판도 총점은 $270 + 50 = 320$(점)으로 가장 작으므로 무>을>갑>병>정 순으로 높다.

19 도표분석능력 자료의 수치 분석하기

| 정답 | ③

| 해설 | ㄴ. 가장 성적이 높은 구간인 90점 이상 100점 미만에 A반 학생과 B반 학생이 각각 한 명씩 속한다. 그러나 각 학생의 실제 성적은 자료에 제시되지 않았기 때문에 성적이 가장 우수한 학생이 어느 반 소속인지 알 수 없다.

ㄷ. 40점 이상 70점 미만은 40점 이상 50점 미만, 50점 이상 60점 미만, 60점 이상 70점 미만의 3구간으로 나뉜다. 각 구간의 학생 수를 더하면 다음과 같다.

- A반 : $5 + 8 + 5 = 18$(명)
- B반 : $4 + 6 + 9 = 19$(명)

성적이 40점 이상 70점 미만인 학생은 B반이 A반보다 1명 더 많다.

ㄹ. 계급값이 75인 70점 이상 80점 미만 구간의 학생 수는 A반 3명, B반 4명으로 B반이 A반보다 많다.

| 오답풀이 |

ㄱ. A반과 B반 각각 30명으로 학생 수는 동일하다.

ㅁ. A반과 B반의 평균은 다음과 같다.

- A반 :

$$\frac{25 \times 2 + 35 \times 4 + 45 \times 5 + 55 \times 8 + 65 \times 5 + 75 \times 3 + 85 \times 2 + 95 \times 1}{30}$$

$= 55.7$(점)

- B반 :

$$\frac{25 \times 1 + 35 \times 2 + 45 \times 4 + 55 \times 6 + 65 \times 9 + 75 \times 4 + 85 \times 3 + 95 \times 1}{30}$$

$= 61.3$(점)

따라서 반 평균을 기준으로 판단할 때 A반보다 B반의 성적이 더 우수하다.

20 도표분석능력 자료의 수치 계산하기

| 정답 | ③

| 해설 | 전체 정규직 직원 수가 전년 대비 증가한 2020 ~ 2023년의 증가율을 구하면 다음과 같다.

- 2020년 : $\frac{108,110 - 98,041}{98,041} \times 100 = 10.3(\%)$
- 2021년 : $\frac{121,656 - 108,110}{108,110} \times 100 = 12.5(\%)$
- 2022년 : $\frac{125,623 - 121,656}{121,656} \times 100 = 3.3(\%)$
- 2023년 : $\frac{137,114 - 125,623}{125,623} \times 100 = 9.1(\%)$

또한 전체 비정규직 직원 수가 전년 대비 증가한 2021 ~ 2023년의 증가율을 구하면 다음과 같다.

- 2021년 : $\frac{15,890 - 15,315}{15,315} \times 100 = 3.8(\%)$
- 2022년 : $\frac{16,759 - 15,890}{15,890} \times 100 = 5.5(\%)$
- 2023년 : $\frac{17,201 - 16,759}{16,759} \times 100 = 2.6(\%)$

전체 정규직의 증가율이 가장 높은 해는 2021년이지만 전체 비정규직의 증가율이 가장 높은 해는 2022년이므로 옳지 않은 설명이다.

| 오답풀이 |

① 2019 ~ 2023년의 전체 직원 대비 정규직 직원의 비율은 모두 80%대이다.

② 동호회에 가입한 총 직원 수가 전년 대비 감소한 2020년과 2022년 모두 동호회에 가입한 정규직 직원 수도 전년 대비 감소하였다.

④ 동호회에 가입한 직원 수 대비 동호회에 가입한 정규직 직원 수의 비중이 가장 큰 해는 $\frac{22,860}{24,284} \times 100 ≒ 94.1$ (%)를 기록한 2021년이다.

---

21 사고력 논리적 오류 파악하기

| 정답 | ③

| 해설 | 제시된 글은 직장 내 괴롭힘 고발과는 상관없는 신 차장의 남을 비난하기 좋아하는 성격을 트집 잡아 신 차장의 고발이 틀렸다고 비판하는 인신공격의 오류를 범하고 있다.

| 오답풀이 |

① 자가당착의 오류는 서로 모순되는 전제를 근거로 결론을 도출해내는 오류이다.

② 성급한 일반화의 오류는 부적절한 사례나 제한된 정보를 근거로 주장을 일반화하는 오류이다.

④ 부적합한 권위에 호소하는 오류는 논지와 직접적인 연관이 없는 권위나 권위자의 견해를 근거로 삼아 자기주장에 정당성을 부여하는 오류이다.

---

22 사고력 명제 판단하기

| 정답 | ①

| 해설 | ○○공사 신입사원은 모두 성실하며 손목시계를 차고 다니지 않는데 A는 성실하며 면접전형에 합격했다는 것을 알 수 있다. A가 손목시계를 차고 다니지 않고 필기시험에 합격했어도 성실하며 손목시계를 착용하지 않는 사람이 반드시 ○○공사 신입사원이 될 수는 없으므로 ①이 참이 된다.

| 오답풀이 |

② 제시된 명제를 통해 A가 성실하다는 것을 알 수 있다. 따라서 A가 ○○공사의 임직원이 아니더라도 성실하다는 사실은 변하지 않는다.

③ A가 안경을 쓰지 않더라도 이는 ○○공사의 임직원일 수 있는 조건과 상관이 없으므로 참이 될 수 없다.

④ ○○공사의 임직원은 정의감이 있고 필기시험과 면접전형에 모두 합격한 사람이다. A가 정의감까지 있더라도 필기시험에 합격했는지는 알 수 없으므로 A는 ○○공사 임직원이 아닐 수 있다.

---

23 사고력 진위를 바탕으로 추론하기

| 정답 | ④

| 해설 | 첫 번째와 두 번째 진술을 통해 B-A-F 순으로 짜장면을 빨리 먹은 것을 알 수 있다. 세 번째 진술에 따라 (B or C)-A-F 순이 된다. 여기에 네 번째, 일곱 번째 진술을 정리하면 (B or C)-A-F-G-D가 되는 것을 알 수 있다. 그리고 다섯 번째와 마지막 진술을 통해 (B or C)-A-F-G-D-(E or H) 순이 된다. 따라서 다섯 번째로 빨리 짜장면을 먹은 사람은 G이다.

---

24 사고력 득표 상황 추론하기

| 정답 | ③

| 해설 | 제시된 사실을 표로 정리하면 다음과 같다.

득표자 \ 투표자	갑	을	병	정
갑	−	1		1
을	0	−		1
병		1	−	1
정				−

마지막 사실에서 정이 3표를 득표하였기 때문에 위 표와 같이 갑, 을, 병이 정에게 투표하였고, 2표를 모두 사용한 갑과 병은 서로에게 투표하지 않았음을 알 수 있다. 또한 을은 갑에게 투표하지 않았고 자기 자신에게 투표할 수 없기 때문에 나머지 한 표를 병에게 투표하였다. 한편, 3표를 득표한 사람은 정 혼자이므로 갑과 병에게 2표를 받은 을은 정의 표를 받을 수 없다. 그러므로 정은 갑과 병에게 투표하였다.

득표자 \ 투표자	갑	을	병	정
갑	−	1	0	1
을	0	−	1	1
병	0	1	−	1
정	1	0	1	−

따라서 ㉡, ㉢, ㉣이 옳은 설명이다.

25 사고력 비판적 사고 이해하기

|정답| ②

|해설| (다) 비판적 사고의 목적은 주장의 단점을 찾아내는 것이 아니라 종합적인 분석과 검토를 통해서 그 주장이 타당한지 아닌지를 밝혀내는 것이다.

(라) 비판적 사고는 논증, 추론, 증거, 가치에 대한 문제의 핵심을 파악하는 방법을 학습을 통해 얻을 수 있으며 타고난 능력이라고 할 수 없다.

|오답풀이|

(가) 비판적 사고는 어떤 주제나 주장 등에 대해서 적극적으로 분석하고 종합하며 평가하는 능동적인 사고이다.

26 문제해결능력 실패 요인 파악하기

|정답| ④

|해설| 최 대리는 별도의 자료 조사나 리서치 없이 매체나 언론 뉴스로 자주 접하여 알고 있는, 쉽게 떠오르는 단순한 정보에 의지해 신제품의 주 고객을 설정하였다. 그 결과 제품 판매 부진을 겪고 있다.

|오답풀이|

① 상황이 무엇인지 분석하기 전에 개인적인 편견이나 경험, 습관으로 증거와 논리에도 불구하고 새로운 아이디어와 가능성을 무시하는 경우이다.

27 문제처리능력 사례 분석하기

|정답| ④

|해설| 제시된 글은 K 씨가 먹지 못하는 장식인 용꽃을 보고 발상의 전환을 통해 새싹채소를 장식용으로 사용하는 아이디어를 사업으로 성공한 사례이다.

28 문제처리능력 성과급 계산하기

|정답| ④

|해설| 부서원 수에 1인당 영업이익을 곱한 총 영업이익을 계산하면 A는 240, B는 280, C는 450, D는 420이고, 제시된 성과급 기준 1, 2에 따라 각 부서의 성과급을 구하면 다음과 같다.

(단위 : 만 원)

구분	기준 1	기준 2	합계
A	100	8×10×8=640	740
B	200	15×10×10=1,500	1,700
C	600	5×10×15=750	1,350
D	300	10×10×12=1,200	1,500

기준 3에 따라 A는 업무 효율성 평가가 전년과 동일하므로 그대로 740만 원, B는 효율성 평가가 하락했으므로 $1,700 \times 0.9 = 1,530$(만 원), C와 D는 효율성 평가가 향상되었으므로 20%를 추가로 지급하여 각각 $1,350 \times 1.2 = 1,620$(만 원), $1,500 \times 1.2 = 1,800$(만 원)을 받게 된다.

따라서 부서별 성과급과 추가 성과급을 합한 금액이 가장 많은 부서는 1,800만 원인 D이다.

29 문제처리능력 자료를 바탕으로 점수 계산하기

|정답| ②

|해설| Ⅱ. 선정 기준에서 항목별 등급이 2개 이상 下이거나 개발기간 항목 점수가 0점인 경우 선정 대상에서 제외한다고 하였으므로 상품성과 난이도에서 下를 받은 C와 개발기간이 2년으로 0점인 D는 제외하고 A와 B의 항목별 등급 점수만 계산하면 된다.

- A : 4+3+3+5=15(점)
- B : 5+1+5+5=16(점)

따라서 항목별 점수를 합한 값이 가장 큰 B가 신규상품 개발안으로 선정된다.

30 문제처리능력 차량 교체 가능 여부 판단하기

|정답| ②

|해설| 제2조 제1항에 따라 수리비가 시가의 3분의 2를 초과하는 경우 신규차량으로 교체할 수 있는데, 수리비가 시가의 80%에 달하는 것은 3분의 2를 초과하는 경우에 해당하여 신규차량으로 교체할 수 있다.

|오답풀이|

① 각 호의 어느 하나에 해당하는 경우 신규차량으로 교체할 수 있다고 하였으므로, 총 주행거리를 초과하지 않았

www.gosinet.co.kr **gosi**net

1회 기출예상

2회 기출예상

3회 기출예상

4회 기출예상

5회 기출예상

6회 기출예상

더라도 제1조 제2항에 따라 차량이 최초 등록한 날부터 10년이 넘었다면 신규차량으로 교체할 수 있다.

③ 제1조 제1항에 따라 신규차량으로 교체하려면 업무용 중형 차량의 최단운행연한은 8년이고 총 주행거리는 15만 km이어야 하는데, 운행 햇수가 7년이므로 최단운행연한이 경과하지 않아서 신규차량으로 교체할 수 없다. 또한, 제1조 제2항에 따라 최초 등록일로부터 10년이 경과하지도 않았으므로 교체할 수 없다.

④ 화물용 중형 차량의 최단운행연한은 7년이고 총 주행거리는 12만 km이므로, 운행 햇수가 9년이고 총 주행거리가 14만 km인 화물용 중형 차량은 제1조 제1항에 따라 신규차량으로 교체할 수 있다.

31 시간관리능력 시간관리의 효과 이해하기

| 정답 | ④

| 해설 | 기업의 입장에서 시간 단축은 시장점유율 증가, 생산성 증가, 위험 감소의 효과를 가져 온다. 또한 업무를 수행할 때 소요되는 시간을 단축함으로써 발생하는 비용을 절감할 수 있어 결과적으로 가격을 인상한 것과 같은 수익 상승의 효과를 얻을 수 있다.

32 예산관리능력 예산 이해하기

| 정답 | ④

| 해설 | 예산은 원칙에 따라 집행되어야 하는데 예산의 편성·심의·집행·결산 과정이 외부에 알려져야 한다는 공개의 원칙, 정부의 모든 세입과 세출이 총액으로 표시되어야 한다는 완전성의 원칙, 예산안은 사전에 의회의 의결을 거쳐 성립되어야 한다는 사전승인의 원칙, 특정한 세입과 특정한 세출을 직접 연계시켜서는 안 된다는 예산통일의 원칙 등이 있다. 따라서 예산의 수립이나 집행은 반드시 비공개로 결정되어야 한다는 설명은 적절하지 않다.

| 오답풀이 |

② 예산은 넓은 의미로는 모든 단체의 수입과 체계적인 지출계획을, 좁은 의미로는 국가나 지방자치단체가 재정활동을 총괄적으로 예정하기 위해 일정 절차를 걸쳐 세운 일정 기간의 세입과 세출 계획을 뜻한다.

③ 예산을 구분할 때 정치적, 법적, 경제적, 행정관리적 기능으로 구분하기도 한다. 이러한 기능을 제대로 발휘하여 일정 목적을 달성하기 위해 지켜야 하는 예산 원칙이 있다.

33 물적자원관리능력 효과적인 자원관리 이해하기

| 정답 | ③

| 해설 | 물품을 보관할 장소를 선정할 때 개별 물품의 특성, 성격 등을 고려해야 하며 보관 장소의 상태에 따라 보관할 물품을 결정해야 한다. 유리류와 플라스틱류 물품은 소재의 특성이 서로 다르다. 플라스틱은 비교적 충격에 강하지만 유리는 작은 충격에도 쉽게 손상될 수 있기 때문에 이들을 같은 장소에 함께 보관하는 것은 부적절하다.

34 인적자원관리능력 인사평가 요소 파악하기

| 정답 | ①

| 해설 | 현재 또는 미래의 능력과 업적을 평가하여 각종 인사시책에 필요한 정보를 획득하고 활용하는 것을 인사평가라고 한다. 인사평가는 관찰 가능하고 객관적인 근거를 지녀야 하며 척도가 추상적이지 않아야 한다. 인사평가에서는 지식, 기능, 체력과 같은 기초적 능력과 이해력, 판단력 등의 사고능력, 표현력, 지도력 등의 대인능력 등을 중점적으로 살펴보며 책임감, 협동심, 근면성 같이 업무에 임하는 집무태도와 업무수행도 등의 업적을 평가한다. 학력은 직무능력과 상관없이 불합리한 차별을 야기할 수 있기 때문에 공정한 채용과 평가에 있어 적절하지 못한 평가 요소이다.

35 시간관리능력 자료를 통해 시간의 낭비 요인 파악하기

| 정답 | ④

| 해설 | Y 씨의 총 근무시간은 20＋115＋165＋70＋55＋35＋15＋35＋45＋65＝620(분)이다. 흡연, 동료와의 잡담, 티 타임으로 소비하는 시간은 총 55＋35＋45＝135(분)이고, 이를 전체 근무시간에서 빼면 485분이므로 흡연, 동료와의 잡담, 티 타임 3가지 유형의 시간을 아껴도 정해진 근무시간인 480분 내에 일을 처리할 수 없다.

| 오답풀이 |

① Y 씨가 업무 외의 딴짓으로 보내는 시간은 $55+35+15+35+45+65=250$(분)이다. 정해진 근무시간은 8시간, 즉 480분이므로 정해진 근무시간의 절반 이상을 업무 외의 딴짓으로 소비한다는 설명은 적절하다.

② 딴짓으로 보내는 시간이 근무시간의 절반 이상으로 많으므로 업무 시간을 늘리기보다는 업무 외의 불필요한 시간을 줄이는 것이 필요하다.

③ 기획안 작성, 프로젝트 업무, 프로젝트 회의가 실질적인 업무 관련 항목이므로 이 항목에 할애된 시간을 모두 더하면 $115+165+70=350$(분), 총 5시간 50분이다. 일반적으로 직장인들이 실질적인 업무에 할애하는 시간은 평균 6시간이므로 Y 씨가 실질적인 업무에 할애하는 시간은 일반적인 직장인들보다 적다.

36 [예산관리능력] 근무시간별 지급 비용 계산하기

| 정답 | ①

| 해설 | T사가 임시직 직원들에게 지급할 비용을 계산하면 다음과 같다.

갑 : $92,300+38,300+112,500×2+130,500×2+28,800$
$=645,400$(원)

을 : $92,300×2+112,500×2+130,500×2+28,800=$
$699,400$(원)

병 : $(92,300+38,300)×2+112,500+130,500×2+28,800$
$=663,500$(원)

정 : $(92,300+38,300)×2+112,500×4=711,200$(원)

이 중 가장 적은 비용을 지급받는 직원은 갑이다.

37 [물적자원관리능력] 물적자원의 종류 이해하기

| 정답 | ③

| 해설 | 책상, 전화기, 모니터 받침대와 같은 사무용 집기 등은 1년 이상 계속 사용할 수 있는 물품이므로 내구성물품으로 분류한다. A4 용지와 잉크 카트리지는 쓰는 대로 닳거나 없어지는 비품이기 때문에 소모품으로 분류하며, 차량 와이퍼는 통상적인 교체주기가 6개월 ~ 1년으로 1년 이상 계속 사용할 수 없는 소모품으로 분류할 수 있다.

38 [인적자원관리능력] 채용 혁신의 사례 파악하기

| 정답 | ③

| 해설 | 최근 채용 환경이 크게 변화하면서 기업들은 출신, 학력 등의 스펙을 갖춘 범용성 인재보다 직무수행 및 기업이 추구하는 가치를 담은 조직문화에 적합한 인재를 선호하는 모습을 보인다. 또한 인재 채용의 효율성을 제고하기 위해 AI와 같은 기술을 접목하기 시작하였다. 제시된 사례의 A, B, D사는 자사의 조직문화, 핵심가치, 핵심 인재상에 적합한 인재를 채용하기 위해 이에 맞는 선발 기준을 마련하고 새로운 기술을 적용하며 변화를 주도하고 있다.

39 [예산관리능력] 폐기물부담금 계산하기

| 정답 | ①

| 해설 | 단위가 다른 것을 유의해서 살펴보면 A의 살충제가 담긴 플라스틱용기는 1개당 10g인데 20kg을 폐기하므로 총 $20÷0.01=2,000$(개)를 폐기하며, B의 포름알데히드 원액 유리병은 1개당 0.25kg인데 0.15톤을 폐기하므로 총 $0.15÷0.00025=600$(개)를 폐기함을 알 수 있다. 또한 D의 참치 통조림 캔은 유해물질 또는 유독물을 함유하고 있지 않으므로 이를 참고하여 A ~ E에 해당하는 폐기물부담금을 계산하면 다음과 같다.

• A : $24.9×2,000+189.8×250=49,800+47,450$
$=97,250$(원)

• B : $84.3×600+800×\dfrac{1.8}{100}×1,600=50,580+23,040$
$=73,620$(원)

• C : $189.8×400+5.5×3,000=75,920+16,500$
$=92,420$(원)

• D : $75×4,000×\dfrac{30}{100}=90,000$(원)

(참치 통조림 캔은 유독물이 아니므로 해당하지 않음)

• E : $150×0.009×\dfrac{10}{100}×500,000+75×0.04×8,000$
$=67,500+24,000=91,500$(원)

따라서 A > C > E > D > B 순으로 폐기물부담금이 많다.

40 인적자원관리능력 인적자원관리 사례 파악하기

| 정답 | ④

| 해설 | ㄱ, ㄷ. 1:1 멘토링 프로그램과 취업연계 인턴십 제도를 통해 취업에 도움이 되는 인맥을 쌓을 기회를 제공하여 학생들의 원활한 사회 진출을 돕고 있다. 인맥은 개인의 인적자원관리 방법 중 한 가지로, 인맥을 얼마나 활용하느냐에 따라 개인의 능력 이상의 성과를 가져올 수 있기 때문에 일을 수행하는 데 중요한 역할을 한다.

ㄴ. 인터넷강의, 그룹스터디 등을 통해 취업에 필요한 자격증 취득을 지원하여 학생들의 자기개발을 돕고 있다.

ㄹ. 학생들이 자신의 적성에 맞는 산업 혹은 기업을 찾을 수 있도록 지원하는 방안이다.

따라서 〈보기〉의 내용 모두 올바른 사례이다.

41 체제이해능력 조직의 구조 이해하기

| 정답 | ④

| 해설 | 외부환경과 조직구조의 관계성에 대해 폐쇄시스템은 외부환경의 영향을 받지 않고 안정적인 환경에서 반복되는 업무의 효율성에 강점을 가지며, 개방시스템은 외부환경의 변화에 대처할 수 있는 유연성을 강점으로 가진다. 즉 조직의 안정성을 위해서는 내부적으로는 폐쇄시스템을, 외부적으로는 불확실성에 대한 적응에 용이한 개방시스템을 적용하는 것이 바람직하다.

42 조직이해능력 조직의 특성 이해하기

| 정답 | ③

| 해설 | (나) 가상조직은 새로운 시장에 대해 시장기회 주도적인 사업방식을 취한다.

(마) 가상조직은 구성원 간의 의사결정과 조정이 어렵다.

(바) 가상조직의 조직구성방식은 조직을 슬림해지도록 만들고 조직에서 사용하는 간접비용이 감소한다.

보충 플러스+

가상조직의 특징
• 민첩하고 기민한 대응이 가능하다.
• 새로운 시장에 대한 시장기회 주도적인 사업방식을 취한다.

• 임시적이며 비공식적이다.
• 동적이며 경영방법, 구성 등에 있어 비영구적이다.
• 조직이 슬림해지고 조직의 간접비용이 감소한다.
• 구성원 간의 의사결정과 조정이 어렵다.
• 시간과 공간의 분산. 네트워크를 통한 협력 및 활동을 한다.
• Plug-in-Play 방식의 조직구조이다.

43 체제이해능력 7S 모형 이해하기

| 정답 | ③

| 해설 | ⓒ은 리더십 스타일(Style)에 관한 예이다. 운영체제 진단의 예로는 '의사결정이 신속히 이루어지고 있는가?', '책임소재가 명확한가?', '어떤 통제 및 관리 제도를 활용할 것인가?', '어떤 제도들이 경영업무를 지원해 주는가?' 등이 있다.

44 경영이해능력 경영의 요소 이해하기

| 정답 | ③

| 해설 | 기업의 이윤을 창출하기 위한 강력한 의사결정과 직원을 이끄는 리더십은 경영의 네 가지 요소에 포함되지 않는다.

| 오답풀이 |

① 경영의 요소 중 자본에 대한 설명이다.

② 경영의 요소 중 전략에 대한 설명이다.

④ 경영의 요소 중 인적자원에 대한 설명이다.

45 경영이해능력 경영 전략 이해하기

| 정답 | ③

| 해설 | 제시된 사례는 코드 개발자들이 사내 부서를 돌아다니며 다양한 프로젝트를 수행하여 기술을 향상시키고 경험을 쌓게 하며, 연간 인재 계획 검토를 통해 자신의 경력 형성 방법을 평가하여 직원들이 스스로 경력을 개척하도록 하는 등 인재 개발에 적극적인 투자와 지원을 하고 있다.

| 오답풀이 |

① 사례에서는 조직원들이 새로운 기술을 익히고 다양한

경험을 쌓는 기회를 통해 개개인의 역량 향상의 기회를 제공하고 있다. 다만 이를 위한 방법으로 동종업계로 조직원을 파견한다는 내용은 제시되어 있지 않다.

46 체제이해능력 조직의 유형 이해하기

| 정답 | ①

| 해설 | 甲 회사는 기능적 조직, 乙 회사는 사업별 조직에 해당한다. 기능적 조직은 업무 단위로 부서를 배치하는 구조로, 각 부서의 전문성과 상호의존성이 크다는 특징을 가진다. 사업별 조직은 조직을 사업 단위로 구분하고, 그 안에서 각각의 사업에 필요한 생산, 판매, 회계 등의 기능을 배치하는 구조를 의미한다.

| 오답풀이 |
지역별 조직은 사업 진출의 대상으로 하는 각 지역별로 지사를 구성하고, 이들에게 높은 수준의 자율성을 부여하여 각각의 지사가 독자적인 운영을 통해 지역의 특성에 맞는 사업 운영을 하도록 하는 구조를 의미한다.

47 경영이해능력 기업가적 지향성 이해하기

| 정답 | ①

| 해설 | (가)는 위험감수성(Risk-taking), (나)는 진취성(Proactiveness), (다)는 혁신성(Innovativeness)에 해당하는 설명이다. 따라서 설명이 제시되지 않은 요소는 경쟁적 공격성과 자율성이다.

보충 플러스+

기업가적 지향성
• 혁신성(Innovativeness) : 혁신 문화를 조성하여 직원들이 새로운 아이디어나 프로세스 및 제품을 창출하고 구현하도록 장려하는 것으로, 혁신의 방식에는 새로운 조합, 신제품 소개, 원재료에 대해 새로운 생산방식 구현, 새로운 시장 개척, 새로운 조직창출 등이 있다.
• 위험감수성(Risk-taking) : 새로운 시장에 모험적으로 진입하거나 불확실한 결과가 예상되더라도 도전하는 것으로, 잠재적인 보상에 대한 기회를 포착하는 태도이다.
• 진취성(Proactiveness) : 새로운 기회가 나타나기를 기다리지 않고 적극적으로 찾아서 활용하며 혁신과 시장 변화에 능동적으로 대처하는 것으로, 새로운 제품과 브랜드를 도입하거나 라이프 사이클상 성숙기나 쇠퇴기에 접어든 활동을 전략적으로 제거하는 방안 등이 이에 해당한다.

• 경쟁적 공격성(Competitive Aggressiveness) : 새로운 제품을 출시하여 시장에 진입할 때 가급적 초기에 시장을 점유하거나 장악하려는 성향을 의미한다. 전략적 행동과 공격적인 움직임을 통해 경쟁 우위를 확보하고자 하는데, 이를 위해 기업들은 저가 전략을 구현하거나 과감한 투자를 하곤 한다.
• 자율성(Autonomy) : 자신의 삶과 운명을 스스로 결정할 수 있다고 믿으며 운명이나 행운 등에 지배받지 않고 강한 성취 욕구를 가지는 것으로, 기업에서는 직원들의 자율성과 독립성을 장려하여 자신의 역할 내에서 주도권을 갖고 결정을 내리고 기업가 정신으로 행동하도록 하는 것을 의미한다.

48 경영이해능력 경영전략 유형 파악하기

| 정답 | ③

| 해설 | 원가우위 전략이란 낮은 원가로 재화 또는 서비스를 생산하여 소비자들에게 타사보다 저렴한 가격을 제공함으로써 비교우위를 확보하는 전략이다. W 마트는 저렴한 가격으로 제품을 제공하기 위해 제조업체로부터 제품을 대량으로 구매하여 단위당 제품가격을 낮추고, 효과적인 물류시스템을 구축하여 재고 비용을 최소화하는 원가우위 전략을 적용하였다.

| 오답풀이 |
① 집중화 전략은 특정 고객 · 제품 · 지역 등을 집중 공략하는 전략이다.
② 차별화 전략은 서비스 및 생산된 제품의 차별화를 통해 소비자들에게 독특한 가치로 인식되게 하는 전략이다.
④ 차별적 집중화 전략은 지역의 세분화된 시장을 대상으로 고품질의 제품을 고가로 책정해 차별화에 집중하는 전략이다.

49 업무이해능력 업무 매뉴얼 작성하기

| 정답 | ②

| 해설 | 공동의 업무 매뉴얼은 구성원 모두에게 공통적으로 적용되는 일반적인 내용이 들어가는 것이 적절하다. 업무를 통해 성취하는 성과는 구성원이 담당하는 업무에 따라 다르고, 쉽게 변할 수 있는 내용이므로 업무 매뉴얼에 들어가기에는 적합하지 않다.

50 경영이해능력 경영 전략 설정하기

|정답| ③

|해설| 제시된 기준에 따라 각 업무의 부가가치를 계산하면 다음과 같다.

구분 업무	효용	효율	완성도(%)	부가가치
A	8	0.5	30	1.2
B	5	0.4	70	1.4
C	4	0.7	80	2.24
D	7	0.9	50	3.15
E	6	0.6	60	2.16
F	8	0.8	100	6.4
G	6	0.8	30	1.44

따라서 High VA에 해당하는 부가가치 3 이상의 업무는 D, F이다.

2회 기출예상문제 문제 50쪽

01	③	02	①	03	③	04	③	05	③
06	①	07	②	08	③	09	②	10	④
11	①	12	②	13	②	14	③	15	②
16	②	17	②	18	①	19	②	20	④
21	②	22	①	23	④	24	④	25	③
26	④	27	②	28	②	29	③	30	①
31	③	32	①	33	②	34	③	35	①
36	④	37	④	38	③	39	①	40	③
41	①	42	②	43	③	44	③	45	③
46	②	47	①	48	②	49	④	50	①

01 문서작성능력 글의 흐름에 맞게 빈칸 채우기

|정답| ③

|해설| ㉠, ㉡ CPC는 광고 1클릭을 얻기 위해 소요되는 비용이므로 그 값이 적을수록 효율적이다. CPC의 계산식은 '$\frac{광고비}{클릭\ 수}$'이므로, 클릭률인 CTR은 높고 광고비용

인 CPC는 낮아야 한다. 따라서 ㉠에는 '높으면', ㉡에는 '떨어지므로'가 들어가는 것이 적절하다.

㉢ CPC는 '$\frac{광고비}{클릭\ 수}$'이므로, $\frac{5,000,000}{10,000} = 500$(원)이다.

02 문서이해능력 세부내용 이해하기

|정답| ①

|해설| ㉠ CPM은 광고가 1,000회 노출되는 데 소요되는 광고비이고 CPC는 광고 클릭당 광고비이므로, 광고비가 동일할 때 광고노출 1,000회당 1회만 클릭되었다면 CPM과 CPC가 같아지게 되어 CPM이 CPC보다 항상 큰 것은 아니다.

따라서 옳지 않은 설명은 ㉠으로 1개이다.

|오답풀이|

㉡ CPC는 광고 클릭당 광고비이므로 '$\frac{광고비}{클릭\ 수}$'로 나타낼 수 있다.

$$\frac{CPM}{CTR \times 1000} = \left(\frac{광고비}{노출\ 수} \times 1,000\right) \div$$

$$\left(\frac{클릭\ 수}{노출\ 수} \times 1,000\right) 이므로 \frac{광고비 \times 1000}{노출\ 수} \times$$

$$\frac{노출\ 수}{클릭\ 수 \times 1,000} = \frac{광고비}{클릭\ 수} = CPC이다.$$

㉢ CPC는 광고 클릭당 광고비이므로 클릭률이 높아지면 값이 변화하지만 CPM은 광고가 1,000회 노출되는 데 필요한 광고비이므로 클릭률과는 상관이 없다.

㉣ 클릭률인 CTR은 '$\frac{클릭\ 수}{노출\ 수} \times 100$', CPM은 '$\frac{광고비}{노출\ 수} \times 1,000$'이므로, 다른 조건이 동일할 때 광고노출 수가 늘어나면 그 값은 모두 작아진다.

㉤ CPA는 '행동 건수×건당 수수료'이므로 다음과 같은 식이 성립한다.

행동 건수×1,000 = 100,000

$$\therefore 행동\ 건수 = \frac{100,000}{1,000} = 100(건)$$

CPC는 '$\frac{광고비}{클릭\ 수}$'인데 클릭수와 행동 건수가 같다고 가정하면 $\frac{광고비}{100} = 100,000$(원)이 성립하고 이때, CPC의 광고비용은 100,000×100 = 10,000,000(원), 즉 1천만 원이다. 그러나 CPA의 행동 건수인 100건은 광고를 클릭한 후 회원가입한 경우에 해당하므로, CPC의 광고 클릭 수(회원가입 여부와 상관없이 광고를 클릭한 수)는 최소 100건보다 많을 것이므로, CPC의 광고비용은 최소 1천만 원 이상이다.

03 　문서작성능력　글의 흐름에 맞게 문단 배열하기

| 정답 | ③

| 해설 | 모든 선택지가 (다)와 (라)로 시작하므로 이 두 문단을 살펴본다. (다)의 경우 '지금은 또 상황이 달라졌다'와 같이 앞의 내용과는 상반되는 내용이 이어지는 문장으로 시작된다. (라)는 산업혁명을 통해 생활이 바뀌었다는 내용으로 글을 개괄하므로 처음에 (라)가 오는 것이 적절하다. (라)에서는 산업혁명을 통해 동력으로 많은 양의 물건이 사회에 쏟아져 나왔다고 했으므로, 이어서 대량 공급으로 기계가 사람들의 일자리를 빼앗았다는 내용의 (가)가 적절하다. 그다음으로 대량 공급의 불균형 속에서도 사람들이 안정을 되찾았다는 내용의 (나)가 오고, 또 기계가 서비스마저 대체하게 된 현 상황을 설명하는 (다)가 온다. 따라서 (라)-(가)-(나)-(다) 순이 적절하다.

04 　문서이해능력　세부내용 이해하기

| 정답 | ③

| 해설 | ⓛ 네 번째 문단을 통해 우리나라 사람이 참여한 최초의 올림픽은 제10회 미국 LA대회임을 알 수 있다.

ⓒ 네 번째 문단을 통해 제4회 동계대회가 독일 가르미슈파르텐키르헨에서, 제11회 하계대회(통상 올림픽대회)가 독일 베를린에서 열린 것을 알 수 있다. 따라서 우리나라가 동계와 하계 올림픽이 모두 개최된 유일한 국가는 아니다.

ⓔ 마지막 문단을 통해 1948년에 제5회 스위스 생모리츠 동계대회와 제14회 영국 런던대회가 같은 해에 개최된 것을 알 수 있다.

| 오답풀이 |

ⓖ 마지막 문단을 통해 우리나라 선수들이 스위스 생모리츠 동계대회에서 입상에 실패했음을 알 수 있다.

ⓙ 두 번째와 세 번째 문단을 통해 제1회 하계 올림픽은 1896년 그리스 아테네에서, 제1회 동계 올림픽대회는

1924년 프랑스 샤모니에서 개최된 것을 알 수 있고, 두 나라는 모두 유럽에 있다.

05 　문서작성능력　글의 흐름에 맞게 문단 배열하기

| 정답 | ③

| 해설 | 모든 선택지가 (다)로 시작하므로 (다)가 제시된 문단 다음에 오는 것을 알 수 있다. (라)에서는 실험 결과를 제시하며 검정색 우산으로 양산에 버금가는 자외선 차단 효과를 볼 수 있다고 (다)에 대한 부연 설명을 하고 있으므로 (다) 다음에는 (라)가 적절하다. (가)는 검은색 우산을 양산으로 썼을 때 가져올 수 있는 추가적인 효과를 흰색 우산과 비교하면서 설명하고 있으므로 (라)에 이어서 올 수 있다. (나)는 반대로 양산을 우산으로 사용했을 때 효과가 없고 오히려 양산 원래의 기능을 망친다고 설명하고 있으므로 마지막에 온다. 따라서 (다)-(라)-(가)-(나) 순이 적절하다.

06 　문서작성능력　로마자 표기법 이해하기

| 정답 | ①

| 해설 | ㉠ '광화문'에서 'ㅗ'는 로마자로 표기할 때 'u'로 표기해야 하므로 'Gwanghwamun'이 올바른 표기이다.

ⓒ '신라'는 [실라]로 발음하므로 'Silla'가 올바른 표기이다.

| 오답풀이 |

ⓛ, ⓜ 로마자 표기법에 따랐을 때 옳은 표기이다.

ⓔ '대학로'는 자음동화와 비음화를 거쳐 [대항로]→[대항노]로 발음하므로 ⓔ은 옳은 표기이다.

ⓑ '창덕궁'은 [창덕꿍]으로 발음하지만 된소리되기는 표기하지 않으므로 옳은 표기이다.

07 　문서작성능력　올바른 맞춤법 사용하기

| 정답 | ②

| 해설 | ㉠ '틈틈이'가 옳은 표기이다. 부사의 끝음절이 '이'로만 나는 것은 '-이'로 적고, '히'로만 나거나 '이나 '히'로 나는 것은 '-히'로 적는다. '틈틈이'는 '이'로만 소리나므로 '-히'로 적지 않는다.

ⓒ '싫증'은 싫은 생각이나 느낌 또는 그런 반응을 의미하고 '실증'은 확실한 증거 혹은 실제로 증명함을 의미한다.

ⓒ의 경우 문맥상 '싫증'의 의미로 쓰였으므로 '싫증'이 올바른 표기이다.

ⓒ '뇌졸중(腦卒中)'은 한자어로 뇌졸증이 아니라 뇌졸중이 옳은 표기이다.

08 문서작성능력 보고서 작성 시 유의사항 파악하기

| 정답 | ③

| 해설 | 보고서는 핵심 내용만 구체적으로 제시해야 한다. 주제나 논점과 관련이 없는 내용은 생략하거나 되도록 작성하지 않는 것이 좋다.

| 오답풀이 |

① 보고서는 표준양식과 육하원칙에 맞게 작성해야 한다.

② 보고서는 간결하게 핵심 내용 위주로 작성해야 하기 때문에 제목이나 목차에 그 내용이 드러나는 것이 좋다.

④ 작성한 내용에 대한 결론을 내야 하므로 다양한 의견보다는 보고서 작성자의 주장이 반영되어야 한다.

09 의사소통능력 의사소통의 의미 이해하기

| 정답 | ②

| 해설 | 의사소통에서는 의사표현도 중요하지만 상대방의 말에 주의를 기울여 집중하고 몰입하는 능력인 경청능력 또한 중요하다. 경청은 의사소통을 하기 위한 가장 기본적인 자세이다.

보충 플러스+

의사소통의 기능
1. 통제
   - 집단 내 구성원들의 활동을 통합하고 조정
   - 직무와 관련하여 구성원들의 책임과 권한을 명확하게 규정
2. 동기부여
   - 구성원들을 자극하고 격려하며 집단목표달성에 몰입하도록 유도
3. 감정표현
   - 구성원들의 욕구불만과 만족감 표출
   - 감정분출과 사회적 욕구충족을 위한 수단
4. 정보제공
   - 구성원들이 의사결정 과정에 참여하고 필요한 정보와 자료 교환

10 의사표현능력 토론 시 유의사항 이해하기

| 정답 | ④

| 해설 | • 흥분하거나 부정적인 감정을 가지고 토론을 하다 보면 주제에서 벗어난 말을 하기 쉽기 때문에 이를 주의할 필요가 있다. 따라서 김 사원의 발언은 적절하다.
• 토론을 할 때는 자신의 주장에 대한 근거를 함께 제시해야 설득력을 높일 수 있다. 따라서 이 대리의 발언은 적절하다.
• 표본이 적거나 잘못된 실험을 통해서 추론된 근거를 가지고 토론을 할 경우 자신의 주장에 대한 설득력과 논리성이 떨어지기 때문에 올바른 근거를 토대로 토론을 준비했는지 살펴볼 필요가 있다. 따라서 정 과장의 발언은 적절하다.

| 오답풀이 |

토론에서는 전문용어나 은어보다는 모두가 이해하기 쉬운 평이한 용어를 사용하여 자신의 의견을 피력해야 한다. 따라서 박 차장의 발언은 적절하지 않다.

11 기초연산능력 방정식 활용하기

| 정답 | ①

| 해설 | 전체 여자 지원자의 수를 x명이라고 하면 다음과 같은 식을 세울 수 있다.

$(90-x) \times \frac{75}{100} + \frac{84}{100}x = 90 \times \frac{80}{100}$

$75(90-x) + 84x = 90 \times 80$

$9x = 90 \times (80-75)$

$\therefore x = 50(명)$

전체 여자 지원자 수가 50명이므로, 자격증을 보유한 여자 지원자 수는 $50 \times \frac{84}{100} = 42(명)$이다.

12 기초연산능력 비례식 활용하기

| 정답 | ②

| 해설 | A6는 A8의 4배이고 A4는 A6의 4배이므로 A4 : A8 = 16 : 1이 된다.

13 기초연산능력 **이차함수 활용하기**

|정답| ②

|해설| $h = 50t - 5t^2$이므로 높이가 120m일 때의 시각인 t 값을 구하면 다음과 같다.

$$50t - 5t^2 = 120$$
$$-5t^2 + 50t - 120 = 0$$
$$-5(t^2 - 10t + 24) = 0$$
$$-5(t - 4)(t - 6) = 0$$
$$\therefore \ t = 4 \ \text{또는} \ t = 6$$

이를 그래프로 나타내면 다음과 같다.

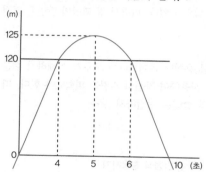

따라서 공이 처음으로 120m에 도달하는 시각은 4초, 두 번째로 도달하는 시각은 6초이므로 2초만큼 차이가 난다.

14 기초연산능력 **입체도형의 겉넓이 구하기**

|정답| ③

|해설| 제시된 입체도형의 겉넓이는 밑면의 넓이를 제외한 반구의 겉넓이와 윗면의 넓이를 제외한 원기둥의 겉넓이의 합이다.

• 밑면의 넓이를 제외한 반구의 겉넓이
  반지름이 4cm인 구의 겉넓이에 2를 나눈 값이므로 $4\pi r^2 \div 2 = 4\pi \times 4^2 \div 2 = 32\pi (\text{cm}^2)$이다.

• 윗면의 넓이를 제외한 원기둥의 겉넓이
  밑면과 옆넓이의 합이므로 $\pi r^2 + 2\pi rh = \pi \times 4^2 + 2\pi \times 4 \times 6 = 16\pi + 48\pi = 64\pi (\text{cm}^2)$이다.

따라서 제시된 입체도형의 겉넓이는 $32\pi + 64\pi = 96\pi (\text{cm}^2)$이다.

15 기초통계능력 **경우의 수 구하기**

|정답| ②

|해설| 확실하게 알 수 있는 비밀번호와 나머지 자리의 비밀번호를 정리하면 다음과 같다.

w	㉠	5	㉡	㉢	㉣

ⅰ) ㉠의 경우의 수
  ㉠에는 w보다 알파벳 순서가 뒤인 x, y, z가 올 수 있으므로, 3가지의 경우가 있다.

ⅱ) ㉡ ~ ㉣의 경우의 수
  ㉡ ~ ㉣에는 5보다 작은, 음수가 아닌 정수인 0, 1, 2, 3, 4가 올 수 있는데 중복되지 않아야 하므로, $5 \times 4 \times 3 = 60$(가지)의 경우가 가능하다.

따라서 ⅰ)과 ⅱ)는 동시에 일어나는 사건이므로, 만들 수 있는 비밀번호의 경우의 수는 $3 \times 60 = 180$(가지)이다.

16 기초통계능력 **평균과 분산 응용하기**

|정답| ②

|해설| 5개 변량의 평균이 6이므로 $\dfrac{5 + x + y + 10 + 4}{5} = 6$

이고, $x + y = 6 \times 5 - (5 + 10 + 4) = 11$이다. 주어진 변량과 평균의 값 그리고 $x + y$의 값을 가지고 분산을 구하는 식을 세우면 다음과 같다.

$$\frac{(-1)^2 + (x-6)^2 + (y-6)^2 + 4^2 + (-2)^2}{5} = 4.4$$

$$x^2 + y^2 - 12(x + y) + 93 = 22$$
$$x^2 + y^2 - 12 \times 11 + 93 = 22$$
$$\therefore \ x^2 + y^2 = 61$$

$x + y$와 $x^2 + y^2$의 값을 가지고 $(x + y)^2$의 계산식을 세우면 xy의 값을 구할 수 있다.

$$(x + y)^2 = x^2 + 2xy + y^2 = 11^2$$
$$2xy = 121 - 61$$
$$\therefore \ xy = 30$$

따라서 xy의 값은 30이다.

17 도표분석능력 | 자료의 수치 분석하기

| 정답 | ②

| 해설 | 'GDP=환경오염부문 사회적 비용의 총합× $\dfrac{100}{비중}$ ' 이므로 20X4년과 20X1년의 GDP는 다음과 같다.

• 20X1년의 GDP : $17,050 \times \dfrac{100}{16.2} ≒ 105,247$(백억 원)

• 20X4년의 GDP : $22,027 \times \dfrac{100}{16.6} ≒ 132,693$(백억 원)

따라서 20X4년 GDP는 20X1년에 비해 약 $132,693 - 105,247 = 27,446$(백억 원) 증가하였다.

| 오답풀이 |

① 20X1 ~ 20X4년 동안의 소음비용보다 큰 400백억 원의 25배인 10,000백억 원보다도 폐기물처리비용이 매년 더 크다.

③ 20X1 ~ 20X4년 동안 매년 비용이 증가한 부문은 온실가스비용, 토양오염비용으로 모두 2개이다.

④ 20X1년과 20X2년 대기오염비용의 비중은 다음과 같다.

• 20X1년 : $\dfrac{1,450}{17,050} \times 100 ≒ 8.5$(%)

• 20X2년 : $\dfrac{1,582}{19,632} \times 100 ≒ 8.1$(%)

따라서 그 비중이 감소하였다.

18 도표분석능력 | 자료의 수치 분석하기

| 정답 | ①

| 해설 | ㄱ. 2023년 전 세계 화장품 생산량의 4%를 차지하는 G국의 생산량이 357만 L이므로 전 세계 화장품 생산량의 합은 $357 \times \dfrac{100}{4} = 357 \times 25 = 8,925$(만 L)로 8,500만 L 이상이다.

따라서 옳은 설명은 1개이다.

| 오답풀이 |

ㄴ. 2022년 H국의 화장품 생산량은 $336 \div 1.163 ≒ 289$ (만 L)로 300만 L 이하이다.

ㄷ. 2022년의 전 세계 화장품 생산량을 주어진 자료에서 알 수 없기 때문에 구성비를 구할 수 없다.

ㄹ. 2022년 대비 2023년 화장품 생산의 변화율이 가장 큰 국가는 16.3% 증가한 H국이다.

19 도표작성능력 | 자료를 그래프로 변환하기

| 정답 | ②

| 해설 | 2020 ~ 2023년 동안 19세 이상 성인 남성의 현재 흡연율은 매년 증가하였으나, 그래프에서는 2022년에 전년보다 감소하였다.

| 오답풀이 |

① 2023년 19세 이상 성인 남성의 비만율 36.3%와 여성의 비만율 24.8%가 바르게 반영되어 있다.

20 도표분석능력 | 자료의 수치 분석하기

| 정답 | ④

| 해설 | ⓒ 지역 내 이사 건수가 가장 적은 지역은 15건인 C로, 이사 온 건수도 170건으로 가장 적다.

ⓒ A의 이사 온 건수 중 지역 내 이사 건수의 비중은 $\dfrac{34}{446} \times 100 ≒ 7.62$(%)로 가장 작다.

ⓔ 지역별 지역 내 이사를 제외하고 이사 온 건수와 이사 간 건수의 합은 다음과 같다.

• A : $446 + 185 - 34 \times 2 = 563$(건)

• B : $437 + 368 - 76 \times 2 = 653$(건)

• C : $170 + 175 - 15 \times 2 = 315$(건)

• D : $215 + 166 - 19 \times 2 = 343$(건)

• E : $408 + 512 - 94 \times 2 = 732$(건)

• F : $338 + 525 - 94 \times 2 = 675$(건)

• G : $593 + 676 - 180 \times 2 = 909$(건)

따라서 G가 가장 크다.

| 오답풀이 |

⊙ 이사 간 건수보다 이사 온 건수가 많은 지역은 A, B, D로 3개이다.

21 사고력 | 명제 판단하기

| 정답 | ②

| 해설 | 세 번째 명제에 따라 병은 합격하지 못했다. 명제가 참일 때, 명제의 대우도 참이므로, 첫 번째 명제의 대우 '병이 합격하지 못했다면 갑도 합격하지 못했다'는 참이다.

따라서 갑은 합격하지 못했다. 갑이 합격하지 못했기 때문에 두 번째 명제에 따라 을 또는 병이 합격하는데, 병은 합격하지 못했으므로 을이 합격하였다. 또한 네 번째 명제의 대우가 '을이 합격했다면 정도 합격했다'이므로 정은 합격했으며, '정이 합격했다면 무도 합격했다'는 다섯 번째 명제의 역으로 반드시 참이라고 할 수 없기 때문에 무의 합격 여부는 주어진 내용만으로 알 수 없다.

따라서 반드시 합격한 사람은 을과 정이다.

22 사고력 논리적 오류 파악하기

| 정답 | ①

| 해설 | ①에서는 부적합한 사례나 제한된 정보를 근거로 주장을 일반화하는 성급한 일반화의 오류를 범하고 있다. 반면 ②는 유명 연예인, ③은 경제학자, ④는 산부인과 의사라는 논지와 직접적인 관련이 없는 권위(자)의 견해를 근거로 내세워 자기주장에 정당성을 부여하는 부적합한 권위에 호소하는 오류를 범하고 있으므로 ①이 다른 범주의 논리적 오류이다.

23 사고력 조건을 바탕으로 추론하기

| 정답 | ③

| 해설 | ㉠과 ㉢ 업무에 대한 의견이 서로 엇갈리는 김 대리와 박 차장이 진실을 말하는 경우로 각각 나누어 생각하면 다음과 같다.

• 김 대리가 진실을 말하는 경우
박 차장의 말이 거짓이 되어 ㉠을 하지 않는다면 ㉢도 하지 않는다. 그러나 진실을 말하는 차 사원에 따라 ㉢을 하지 않는다면 ㉡도 하지 않을 것이기 때문에 ㉠, ㉡ 중 적어도 1개 이상의 업무를 진행한다는 황 대리의 말 또한 거짓이 되어 조건에 맞지 않는다.

• 박 차장이 진실을 말하는 경우
김 대리의 말이 거짓이 되어 ㉠은 하지 않을 예정이며 ㉢은 반드시 해야 한다. 이때 황 대리의 말에 따라 ㉡을 반드시 해야 한다. 또한 차 사원의 말이 참이면 그 대우도 참이기 때문에 ㉡을 한다면 ㉢도 해야 한다. 따라서 올해 반드시 해야 하는 업무는 ㉡, ㉢이다.

24 사고력 순위 매기기

| 정답 | ④

| 해설 | 주어진 사실에 따라 A는 C에게 승리하였으며 B와 비겼다. A가 승점 총 7점을 얻기 위해서는 2승 1무를 기록해야 하므로 A는 D에게 승리하였다. 또한 B가 한 번도 이기지 못했고 1승만 거둔 국가는 2개이므로 C와 D가 각각 1승을 거두었음을 알 수 있다. 한편, C가 A에게 패하였으며 승점 총 3점을 기록했으므로, C의 최종 기록은 1승 2패이다. D는 A에게 패배하여 1패, 두 번째 조건에 따라 1승을 기록하였다. 이때 D의 최종 기록을 다음의 두 가지로 가정할 수 있다.

1) D가 1승 1무 1패를 기록하였을 경우

구분	B	C (1승 2패)	D (1승 1무 1패)
승	–	?	?
무	A	–	?
패	?	A와 ?	A

위와 같은 경우 1승도 거둔 적 없는 B에게 C가 패배할 수 없기 때문에 C는 B에게 1승, D에게 1패를 한다. 그렇다면 D의 경우 C에게 1승, B에게 1무를 하고, B는 D와 1무, C에게 1패를 한다. 이를 정리하면 다음과 같다.

구분	B	C (1승 2패)	D (1승 1무 1패)
승	–	B	C
무	A와 D	–	B
패	C	A와 D	A
총점(점)	2	3	4

2) D가 1승 2패를 기록하였을 경우

구분	B	C (1승 2패)	D (1승 2패)
승	–	?	?
무	A	–	–
패	?	A와 ?	A와 ?

위와 같을 경우 1승도 거둔 적 없는 B에게 C 또는 D가 패배하는 경우가 발생하므로, D가 1승 2패를 기록하는 경우는 사실과 모순된다.

따라서 D의 최종 기록은 1승 1무 1패이고, 최종 순위는 A(7점), D(4점), C(3점), B(2점) 순으로 높다.

25 사고력 조건을 바탕으로 추론하기

| 정답 | ③

| 해설 | 다섯 번째 조건에 따라 F는 반드시 채용되고 인사팀에 배치되므로 최대 2명이 배치되는 인사팀에는 A와 B가 배치될 수 없다. 따라서 A와 B는 재무팀에 배치된다. C, D, E는 마지막 조건에 따라 D만 채용되는 경우, E만 채용되는 경우, D와 E 둘 다 채용되지 않는 경우로 나누어서 생각한다.

ⅰ) D만 채용되는 경우

인사팀	재무팀
F, (C)	A, B, (C), D

ⅱ) E만 채용되는 경우

인사팀	재무팀
E(C), F	A, B, C(E)

ⅲ) D와 E 둘 다 채용되지 않는 경우

인사팀	재무팀
F	A, B, C

따라서 D만 채용되는 경우 중 C는 채용하지 않는 경우와 D와 E 둘 다 채용되지 않는 경우, 채용되는 사람은 총 4명이 되므로 ③이 옳은 설명이다.

26 문제처리능력 좌표 파악하기

| 정답 | ④

| 해설 | 계산을 용이하게 하기 위해 첫 번째 점인 (0, 0)을 제외하여 하나씩 앞당겨 (1, 1)을 두 번째, (2, 2)를 열두 번째라고 생각해보면 (3, 3)은 삼십 번째 좌표가 되므로 다음과 같은 규칙이 생성될 수 있다.

$$2 \xrightarrow{+10} 12 \xrightarrow{+18} 30 \xrightarrow{+26} 56 \xrightarrow{+34} ?$$
$$\underset{+8}{\qquad} \underset{+8}{\qquad} \underset{+8}{\qquad}$$

따라서 '?'에는 90이 들어가게 되는데 첫 번째 좌표인 영점을 제외하고 생각했으므로 1을 더해주어 (5, 5)는 91번째 좌표임을 알 수 있다.

27 문제처리능력 자료를 바탕으로 상황 판단하기

| 정답 | ④

| 해설 | 현재 재적 이사는 F를 제외하고 7명이고 $7 \times \dfrac{2}{3}$ 늑 4.67이므로 해임에 찬성하는 임원이 5명이라면 F는 해임된다.

| 오답풀이 |

① 제10조 제1항에서 사장의 임기는 3년이라고 하였는데 사장 A는 3년 6개월째 재직 중이므로 1회 연임한 것을 알 수 있다. 따라서 총 6년 재직할 수 있기 때문에 2년 6개월 뒤 임기가 만료되는 것은 맞지만 이미 1회 연임하였으므로 더 이상 연임하는 것은 불가능하다.

② 제10조 제4항에 따르면 임기만료 때문이 아닌 질병 때문에 결원이 생기는 것이므로 1개월이 아닌 2개월 내에 충원해야 한다.

③ 제10조 제3항에 따라 감사의 임기는 해당 직위에 재직하는 기간으로 하되, 재임기간이 2년을 초과할 때에는 ◇◇장관으로부터 재승인을 받아야 한다. 따라서 3년째 재직 중인 H는 재승인을 이미 받은 상황이며 1회에 한하여 연임할 수 있는 것이 아니다.

28 문제처리능력 네 자리 수 유추하기

| 정답 | ②

| 해설 | B와 E의 네 자리 수를 비교해보면 2, 4, 5 세 개의 숫자가 겹치는데 B는 2점을, E는 4점을 획득했으므로 Q와는 2, 4, 5 중에 하나만 일치하며 Q의 숫자 중 하나는 1임을 알 수 있다. D는 자리와 수가 모두 일치해서 3점을 얻은 것이므로 1은 일의 자리 숫자이며 나머지 8, 3, 7은 Q에 해당하지 않는다. B ~ F의 수에는 2가 천의 자리부터 일의 자리까지 모두 들어가 있으나 3점을 획득한 사람이 없으므로 2도 해당되지 않으며, C를 통해 5가 Q의 천의 자리 숫자임을 알 수 있다. 그러므로 4는 Q에 해당하지 않으며, F를 보면 2, 3은 Q에 해당하지 않으므로 Q의 나머지 숫자는 6과 9임을 알 수 있다. 각 2점을 획득한 것으로 보아 9가 백의 자리, 6이 십의 자리 숫자이다. 따라서 Q는 5961이고 백의 자리와 일의 자리의 숫자를 더한 값 x는 10, 천의 자리와 십의 자리의 숫자를 더한 값 y는 11이다. 그리고 $x - y = 10 - 11 = -1$이다.

29 문제해결능력 | 문제의 원인 파악하기

| 정답 | ③

| 해설 | Y 과장은 운전 중에 스마트폰으로 메시지를 작성함으로써 교통 상황을 파악하지 못하였고, 결국 사고가 발생했다. 따라서 ③이 문제의 근본 원인이다.

| 오답풀이 |

① Y 과장이 운전 중 스마트폰으로 메시지를 작성하지 않았다면 교통 상황을 제대로 인지하여 사고가 나지 않았을 것이므로 문제의 원인이라고 볼 수 없다.

②, ④ 문제로 인해 발생한 결과이다.

30 문제처리능력 | 자료를 바탕으로 추론하기

| 정답 | ①

| 해설 | 합산한 결과가 9점이 되기 위해 가능한 조합을 찾아본다. '나쁨'에는 −2점이 부여되기 때문에 짝수를 빼서 홀수가 나오려면 '좋음'을 택한 사람의 수는 홀수여야 한다. '좋음'을 택한 사람이 1명일 경우 9점이 절대 나올 수 없고 7명일 경우에도 남은 사람은 3명이 되어 모두 '나쁨'을 선택하여도 21−6=15(점)이므로 7명 이상부터는 9점이 될 수 없다. 따라서 '좋음'으로 응답한 사람은 3명 또는 5명이다.

1) '좋음'을 택한 사람이 3명일 경우
  '좋음'에서 9점이 형성되므로 나머지는 모두 '비슷'을 택해야 한다. 따라서 '좋음'을 선택한 사람이 3명, '비슷'을 선택한 사람이 7명, '나쁨'을 선택한 사람이 0명이 된다.

2) '좋음'을 택한 사람이 5명일 경우
  '좋음'에서 15점이 형성되므로 −6점이 필요하게 된다. 따라서 '좋음'을 선택한 사람이 5명, '비슷'을 선택한 사람이 2명, '나쁨'을 선택한 사람이 3명이다.

따라서 '비슷'으로 응답한 임직원이 없는 경우는 없다.

| 오답풀이 |

② '나쁨'으로 응답한 사람이 0명이거나 3명이므로 과반수를 넘을 수 없다.

③ '비슷'으로 응답한 사람이 7명이거나 2명이므로 그 수를 정확하게 알 수 없다.

④ 1), 2)의 두 가지 경우 모두 '좋음'으로 응답한 임직원이 '나쁨'으로 응답한 임직원의 수보다 많다.

31 시간관리능력 | 타임마케팅 이해하기

| 정답 | ③

| 해설 | 타임마케팅의 사례를 찾는 문제이다. 타임마케팅이란 상품 및 서비스에 대한 할인을 특정 요일이나 시간대에만 제공하여 고객의 소비심리를 자극하는 마케팅 전략으로, '마'와 같은 마트 식품코너의 마감시간 떨이 판매가 대표적인 사례이다. 최근에는 온라인 판매가 활성화되면서 '나'와 같은 인터넷 쇼핑몰이나 '라'와 같은 홈쇼핑으로 그 영역이 점차 확대되고 있다.

| 오답풀이 |

가 : 코즈마케팅의 사례이다. 코즈마케팅은 기업이 사회구성원으로서 해야 할 도덕적 책임을 다함으로써 경제적 가치와 공익적 가치를 동시에 추구하며 이를 마케팅에 활용하는 전략이다.

32 예산관리능력 | 예산 관리방법 파악하기

| 정답 | ①

| 해설 | 예산 계획을 수립하고도 집행하는 과정에서 적절하게 관리하지 못하는 것을 방지하기 위해 예산을 얼마나 사용했는지 수시로 정리하는 것이 필요하다. 예산 집행 실적을 워크시트로 작성하여 문서화하면 효과적인 예산관리가 가능하다.

| 오답풀이 |

② 업무 진행 중 예상외의 사태가 발생할 수 있으므로 예산 수립 과정에서 예상외의 비용이 발생하는 경우를 대비한 항목을 마련하여야 한다.

③ 예산 계획을 차질 없이 집행하기 위해서는 예산 집행 내역과 계획을 지속적으로 비교하고 검토하는 것이 필요하다.

④ 규칙, 기준, 의사소통 및 계약 등에 관계되는 모든 사람이 예산 집행의 과정을 잘 이해할 수 있도록 전달되어야 하며 이를 예산 집행의 원칙 중 의미의 원칙이라 한다.

33 시간관리능력 | 시간관리의 필요성 알기

| 정답 | ②

| 해설 | 제시된 글은 우리가 의식하지 않는 사이에 소모되는 대기전력을 아끼면 전기료를 아낄 수 있다고 얘기하고 있다.

따라서 이를 시간과 연관을 지으면, 대기전력처럼 시간 또한 우리가 의식하지 못하는 사이에 지나가므로 자투리 시간을 활용하여 유용한 시간을 만들어야 함을 추론할 수 있다.

34 시간관리능력 약속 요일 유추하기

| 정답 | ③

| 해설 | 약속은 미세먼지 농도가 좋음이거나 보통인 날로 정한다고 하였으므로 미세먼지 농도가 $81\mu\text{g}/\text{m}^3$로 예보되는 월요일은 제외한다. 또한 강수확률 30% 이하인 비가 오지 않는 날에 만나기로 하였으므로 금, 토, 일요일도 제외한다. 그리고 구름이 많은 날도 피해야 하기 때문에 흐린 날씨가 예보된 화, 수요일도 제외하면 축제를 가기에 적절한 요일은 목요일이다.

35 시간관리능력 미팅 날짜 구하기

| 정답 | ①

| 해설 | 박 과장이 여행을 하는 14일부터 20일 중에 미팅에 참석할 것이고 거래처 담당자가 미팅 첫날에 함께하는 것이 좋다고 하였으므로, 미팅 시작 날짜는 14 ~ 17일과 20일 중에서 가능하고 21일에는 미팅을 시작할 수 없다. 또한, 미팅은 3일 연속으로 진행되는데, 15일에 시작할 경우 미팅 마지막 날에 방문할 ◇◇관광지가 휴장이므로 불가능하고, 주말이 포함되어 16, 17일 또한 불가능하다.

그러므로 미팅은 14일 또는 20일에 시작할 수 있고, 각 경우의 왕복 비행기 요금을 구하면 다음과 같다. 이때, 미팅 예정일 하루 전날에 출국해야 함에 주의한다.

- 14 ~ 16일 : 279,000+134,000=413,000(원)
- 20 ~ 22일 : 319,000+134,000=453,000(원)

따라서 비용이 더 저렴한 14 ~ 16일이 미팅 날짜로 적절하다.

36 예산관리능력 BIS 자기자본비율 계산하기

| 정답 | ④

| 해설 | BIS 자기자본비율 산정 식에 따라 은행의 자기자본을 은행이 보유한 중앙정부대출, 주택담보대출, 일반대출에 각각의 위험가중치를 곱한 값의 총합으로 나눈다. 위험가

중치를 각각 0%, 50%, 100% 적용한다고 하였으므로 각 수치에 1, 1.5, 2를 곱한다.

$$A : \frac{30,000}{(15,000\times 1+60,000\times 1.5+50,000\times 2)}$$
$$= \frac{30,000}{205,000}\times 100 ≒ 15(\%)$$

$$B : \frac{18,000}{(10,400\times 1+20,000\times 1.5+20,000\times 2)}$$
$$= \frac{18,000}{80,400}\times 100 ≒ 22(\%)$$

$$C : \frac{60,000}{(11,000\times 1+90,000\times 1.5+70,000\times 2)}$$
$$= \frac{60,000}{286,000}\times 100 ≒ 21(\%)$$

$$D : \frac{20,000}{(13,000\times 1+30,000\times 1.5+40,000\times 2)}$$
$$= \frac{20,000}{138,000}\times 100 ≒ 14(\%)$$

따라서 4개의 은행 중 BIS 자기자본비율이 가장 높은 은행은 B 은행이다.

| 오답풀이 |

① BIS 자기자본비율이 낮아 가장 재무건전성이 낮은 은행은 D 은행이나 일반대출금 규모가 가장 작은 은행은 B 은행이다.

③ '순이익 잉여금=자기자본-자본금'이므로 각 은행의 순이익 잉여금은 다음과 같다.

A : 30,000-20,000 = 10,000(억 원)

B : 18,000-15,000 = 3,000(억 원)

C : 60,000-30,000 = 30,000(억 원)

D : 20,000-17,000 = 3,000(억 원)

따라서 순이익 잉여금이 가장 많은 은행은 C 은행이며 C 은행은 자본금이 가장 많은 은행이다.

37 인적자원관리능력 명함의 가치 이해하기

| 정답 | ④

| 해설 | 명함은 자신을 PR하는 도구로 사용하거나 후속 교류를 위한 도구로 사용할 수 있다. 또한 처음 만난 사람과 명함을 교환함으로써 대화의 단서를 얻을 수도 있다. 명함이 자신의 신분을 상대방에게 증명하는 데 사용되기는 하지만 신분증으로서의 법적 효력을 가지지 않기 때문에 개인의 신분을 법적으로 증명하는 데는 사용할 수 없다.

38 인적자원관리능력 인재상의 변화 이해하기

| 정답 | ③

| 해설 | 직원의 횡령, 배임 등의 사고가 빈번하게 발생하는 경우에 강조되는 인재상으로는 '원칙·신뢰' 혹은 '책임의식'이 적절하다.

| 오답풀이 |

① ESG경영이란 환경보호(Environment), 사회공헌(Social), 지배구조 투명성(Governance)을 강조하는 경영활동을 의미한다. 따라서 사회공헌 인재상의 부상을 통해 ESG 경영이 확산되고 있으며 그에 맞춘 인식의 변화가 요구되고 있다는 것을 알 수 있다.

② 매년 100대 기업 인재상 순위가 변화하는 것을 통해 인재상은 고정되어 있는 것이 아니라 계속 변화하는 것임을 알 수 있으며, 2023년의 인재상 1, 2위가 '책임의식'과 '도전정신'인 것을 통해 이러한 인재상이 강조되고 있음을 알 수 있다.

④ '책임의식'이 중위권에서 1위로 부상하였다는 설명에서 최근 기업들이 직원에게 '책임의식'을 요구하고 있음을 유추할 수 있다.

39 인적자원관리능력 신입 직원 부서 배정하기

| 정답 | ①

| 해설 | 신입 직원을 종합 성적이 높은 순서대로 순위를 매기면 B-F-A-D-C-H-E-G이다. 순위대로 부서를 배정하면 1, 2, 3등인 B, F, A는 각자의 1지망인 기획조정, 인사노무, 경영지원에 배정된다. 4등인 D는 1, 2지망 모두 정원이 찼기 때문에 3지망인 홍보지원에 배정된다. 5등인 C는 정원이 남은 2지망 홍보지원에 배정되고 6등 H와 7등 E는 둘 다 1지망인 재무회계에 배정된다. 8등인 G는 자신이 지망한 부서의 정원이 모두 차 지망 부서에 배정되지 못하기 때문에 직원을 아직 정원이 차지 않은 경영지원 부서에 배정된다.

| 오답풀이 |

② F가 배정될 부서는 인사노무이다.

③ D가 배정될 부서는 홍보지원이다.

④ E가 배정될 부서는 재무회계이다.

40 물적자원관리능력 물적자원 관리방법 이해하기

| 정답 | ③

| 해설 | 물적자원 활용의 방해요인을 제대로 파악하였으며 라벨지에 분류된 내용을 기재함으로써 보관되어 있는 제품을 용이하게 인식할 수 있도록 보관하는 명료성의 원칙을 따르고 있다.

| 오답풀이 |

① 물적자원의 보관 장소를 제대로 파악하지 못하는 경우이다. 물품을 보관할 때 신품과 폐품과 같이 개별 물품의 상태에 따라 따로 분류하여야 효율성을 높일 수 있다.

② 업무 수행에 필요한 물적자원을 확보하지 않은 경우이다. 부족한 물적자원을 제때 확보해두지 않으면 필요한 상황에 제대로 활용할 수 없다.

④ 업무 수행에 필요한 물적자원이 훼손된 경우 이를 신속하게 수리하거나, 교체해야만 필요한 상황에서 효율적으로 사용할 수 있다.

41 경영이해능력 경영 용어 이해하기

| 정답 | ①

| 해설 | 논칼라(Non-collar)는 컴퓨터를 이용하는 산업 종사자로, 서류 작업을 하지 않는다는 점에서 사무직을 의미하는 화이트 칼라와 구분되고, 현장 작업을 하지 않는다는 점에서 블루칼라와도 구분된다.

| 오답풀이 |

② 골드칼라(Gold Collar)는 학력과 경력, 노동의 강도와 관계 없이 고도의 전문 지식 혹은 전문 기술을 통해 높은 생산성을 창출하는 전문직종을 의미한다.

③ 그린칼라(Green Collar)는 친환경 관련 업무의 종사자를 의미한다.

④ 브라운 칼라(Brown Collar)는 육체적 노동 종사자인 블루칼라에 창의성과 전문성을 더하여 가치를 창출하는 직종을 의미한다.

42 경영이해능력 경영 혁신 유형 파악하기

| 정답 | ④

| 해설 | 두 번째 문단에서 '회사 핵심정보에 대한 접근에 제한을 두지 않는 온라인 업무공간을 구축'한다고 하였으며

네 번째 문단에서는 '회사에서 진행되는 모든 사업을 누구나 검색해 열람할 수 있다고 하였다. 따라서 핵심정보 접근에 대한 제한이 없어 누구나 정보를 열람할 수 있기 때문에 회사 기밀 유지를 위한 보안 강화가 필요하다.

| 오답풀이 |

① L사는 팀즈를 통해 각국의 임직원이 사업 보고서를 자유롭게 열람할 수 있다고 하였으므로 조직원 개인의 독립적인 역할보다는 조직 내 활발한 의사소통을 추구하며 수평적인 문화와 업무 환경을 조성한다.

② 마지막 문단을 통해 스마트폰이나 노트북이 있다면 공간이나 시간의 제약 없이 팀즈에 접속해 업무를 볼 수 있다고 했을 뿐 온라인 공간에서만 업무가 가능한 것은 아니다.

③ 첫 번째 문단에서 '정보에 접근하는 권한에 차등을 두면서 임직원 간의 수직적인 구조를 만들었던 과거의 조직구조를 과감히 파괴'라고 하였으므로 임직원 간 활용할 수 있는 정보에는 차이가 없다.

---

43 체제이해능력 | 조직의 구조 이해하기

| 정답 | ①

| 해설 | 피라미드형 체제의 수직적 계층구조와 분업화된 업무 구조는 개인보다 조직을 우선하는 조직 문화를 형성한다. 조직보다 개인을 우선하는 조직 문화에 관한 조직 구조는 플랫형 체제에 대한 설명이다.

---

44 경영이해능력 | 경영 전략 이해하기

| 정답 | ③

| 해설 | (다)에서는 단기에 주어진 성과목표에 집중하고 이를 반드시 실행하는 단기-결과 최우선주의가 H 자동차의 성장을 이끈 성공 요인임을 설명하고 있다.

| 오답풀이 |

① 경영진의 강한 추진력과 하향적 의사소통구조로 발휘되는 리더십을 Top-down 리더십이라고 한다. Bottom-up 리더십은 상향식 의사소통구조를 바탕으로 구성원들의 진취적이고 창의적인 아이디어를 이끌어내는 리더십을 의미한다. 따라서 (가)에는 'Top-down 리더십'이 들어가야 한다.

---

② 조직을 각각의 전문영역별로 구분하여 역할과 책임을 명확히 하고 이를 최적화하는 분업체계에 대한 설명이다. 따라서 (나)에는 '부문별로 최적화된 분업체계'가 들어가야 한다.

④ 시장 진출 당시 조직의 성장이 우선이었으며 이를 통해 효율적인 조직 운영을 이루었으므로 (라)에는 '과업 중심의 사고와 효율적인 조직 운영'이 들어가야 한다.

---

45 조직이해능력 | 집단의 특징 이해하기

| 정답 | ③

| 해설 | ㄴ. 집단 내에서 갈등이나 의견충돌이 잦을 경우 구성원들의 의견을 모으기 힘들어 응집성이 감소한다.

ㄷ. 집단 내에서 상호 신뢰가 집단 응집성을 증가시킨다. 따라서 신뢰가 감소하면 응집성이 감소한다.

| 오답풀이 |

ㄱ. 집단의 목표와 방향이 구성원의 의견과 일치할 경우 응집성이 증가한다.

ㄹ. 집단의 규모가 커지면 구성원들끼리 상호작용 빈도가 줄어들어 응집성이 감소한다.

---

46 경영이해전략 | 수직적 통합의 사례 파악하기

| 정답 | ②

| 해설 | ②는 기업 업무의 일부 프로세스를 경영 효과 및 효율의 극대화를 위해 다른 기업에 위탁해 처리하는 방식인 아웃소싱 전략에 대한 예이다.

---

47 경영이해능력 | SWOT 분석 이해하기

| 정답 | ①

| 해설 | ㉢은 외부환경의 요소가 기업에 긍정적으로 작용하는 기회(Opportunity)에 해당한다. 1인 가구의 증가로 인해 편의점 이용 고객이 증가하는 것은 편의점 마케팅 전략의 수립에 있어 기업 외부의 환경인 사회구조의 변화가 기업에 긍정적으로 작용하는 요소로 볼 수 있다.

| 오답풀이 |

② 국내 편의점 시장의 경쟁이 과열되고 있다고 설명하고 있으므로 옳지 않은 내용이다.

③ 기업 내부의 강점(Strength)에 해당하는 내용이다.

④ 기업 내부의 약점(Weakness)에 해당하는 내용이다.

48 | 업무이해능력 | 상황에 맞게 대처하기

|정답| ②

|해설| 나. K는 '제가 먼저 타고 중간지점(출발지에서 6.5km에 위치)에서 L과 M이 함께 탑승할 예정'이라고 했고 경유지는 출발지에서 6.5km 떨어진 곳에 위치한다. 이때 5km까지는 기본금 1,500원이고 1km당 150원이 추가되므로 경유지까지의 예상 결제금액은 1,500(기본요금)+150(1km)+150(0.5km)=1,800(원)이다.

다. '가려고 하는 곳은 제가 타는 곳에서 8,700m 떨어져 있는 ◇◇시 ◎◎동'이라고 하였으므로 목적지는 경유지에서부터 8.7-6.5=2.2(km) 떨어져 있다. 통행료를 지불하는 것까지 고려해서 총 이용요금을 계산해 보면 1,800(경유지까지의 요금)+150×2(2km)+30(0.2km)+2,000(통행료)=4,080(원)이다.

|오답풀이|

가. 경유콜 전화번호는 1588-438Y가 옳으며 1588-438Z는 다인승 미니버스 전화번호이다.

라. ◆◆시 ○○구를 벗어난 지역에서 이용 불가능한 것은 다인승 미니버스이다.

마. 요금을 한 명만 지불하는 것은 동행콜이다.

49 | 업무이해능력 | 안내사항 이해하기

|정답| ④

|해설| 다인승 미니버스는 1대당 휠체어 이용자 4명과 휠체어 비이용자 2명, 총 6명이 이용 가능하므로 5명이 휠체어를 타고 있다면 2대의 미니버스가 필요하다.

|오답풀이|

① ◆◆시 ◎◎동에서 ◆◆시 ☆☆동으로 이동하는 것이므로 출발지와 목적지가 동일하다. 따라서 동행콜을 이용하는 것이므로 1588-438X로 전화하여 접수하여야 한다.

② C가 먼저 출발하여 D를 픽업 후 같은 목적지인 재활병원으로 이동하는 것이므로 목적지만 동일한 경우이다. 따라서 동행콜이 아닌 경유콜을 이용해야 한다.

③ 다인승 미니버스는 ◆◆시 ○○구에 한하여 이용이 가능하며 △△시 공항은 ◆◆시에 해당하지 않으므로 이용할 수 없다.

50 | 업무이해능력 | 5W3H 원칙 이해하기

|정답| ①

|해설| ㉠ What은 무엇을 위해서 보고서를 작성하는지 확인하는 원칙이다. 즉, 보고의 주제, 내용과 관련된 원칙이다.

㉡ Why는 왜 이 기획을 입안하는지 그 의도와 이유, 배경을 파악하는 원칙이다.

㉂ How는 어떤 방법을 제시할 것인지, 어떻게 이 기획을 추진하려 하는지 방법, 절차, 도구 등을 점검하는 원칙이다.

3회 기출예상문제
문제 90쪽

01	②	02	③	03	④	04	③	05	②
06	④	07	②	08	①	09	③	10	③
11	③	12	②	13	④	14	③	15	②
16	③	17	④	18	③	19	③	20	②
21	④	22	④	23	①	24	①	25	①
26	①	27	②	28	③	29	③	30	②
31	②	32	④	33	②	34	③	35	④
36	②	37	②	38	④	39	②	40	②
41	②	42	④	43	④	44	③	45	④
46	③	47	②	48	①	49	②	50	①

01 | 문서작성능력 | 한글맞춤법 규정 파악하기

|정답| ②

|해설| ㉡ 며칠 : 얼마 동안의 날, '며칠'에 단위성 의존 명사 '일(日)'이 포함되어 있다면 [며딜]로 발음하고 형태를 밝혀

'몇 일'로 적겠지만, [며칠]로 발음되며 어원이 불분명하기 때문에 한글맞춤법 제27항에 따라 원형을 밝혀 적지 않는다.

| 오답풀이 |

㉠ 띠다 / 띄다 : '띠다'는 '빛깔이나 색채 따위를 가지다', '감정이나 기운을 나타내다', '어떤 성질을 가지다' 등의 뜻을 나타내며, '띄다'는 '눈에 보이다'의 뜻을 나타내는 '뜨이다'의 준말로 '빨간 지붕이 눈에 띠다', '행동이 눈에 띠게 달라졌다'와 같이 쓰인다.

㉢ 금세 : 얼마 되지 않는 짧은 시간 안에

㉣ 일일이 : 일마다 모두

02 문서작성능력 보고서 작성법 이해하기

| 정답 | ③

| 해설 | ㉢ 보고서 제출 전 최종 점검을 하여 완성도를 높여야 하며, 이때 반드시 한 번에 완성할 필요는 없다.
㉣ 공문서 작성법에 해당한다.

보충 플러스+

보고서 작성법
• 핵심 내용을 구체적으로 제시한다.
• 핵심 사항만을 산뜻하고 간결하게 쓰되 내용의 중복을 피한다.
• 제출하기 전에 최종 점검을 한다.
• 복잡한 내용은 도표나 그림을 활용하여 표현한다.
• 참고자료는 정확하게 제시한다.
• 내용에 대한 예상 질문을 사전에 파악하여 미리 대비한다.

03 문서이해능력 세부 내용 이해하기

| 정답 | ④

| 해설 | 딸기 민트는 다른 식물에 침습하여 영향을 줄 수 있기 때문에 다른 식물과 떨어트려 키우는 것이 좋다고 하였고, 바나나 민트는 다른 민트들에 비해 다른 식물에 영향을 덜 주고 많은 벌과 나비를 유인하여 도움이 될 수는 있지만 경우에 따라 따로 키워도 좋다고 하였다.

04 문서작성능력 질문 작성하기

| 정답 | ③

| 해설 | ㉡에 들어갈 질문으로는 '합격하고 입사하기 전까지는 어떻게 지내셨나요?' 등이 적절하다.

| 오답풀이 |

① ㉣에 해당하는 질문이다.

② ㉠에 해당하는 질문이다.

④ ㉢에 해당하는 질문이다.

05 경청능력 적극적 경청 방법 이해하기

| 정답 | ②

| 해설 | 상대방이 말하는 것을 들으면서 뒤에 자신이 할 말을 생각하다 보면 상대방의 말을 잘 듣지 않게 된다. 이렇게 경청 도중에 대답할 말을 계속 생각하는 것은 경청의 방해 요인이 된다.

06 문서이해능력 세부 내용 이해하기

| 정답 | ④

| 해설 | 제시된 글에서는 재택근무의 단점으로 비대면 의사소통의 문제점을 언급하고 있다. 따라서 유연근무제를 선호하지 않는 원인으로 적절한 것은 ④이다.

07 문서이해능력 세부 내용 이해하기

| 정답 | ②

| 해설 | ㉠ 제시된 글을 통해 저작물 사용 목적의 수익성 여부와 상관없이 이용을 허락받아야 한다는 것을 알 수 있다.

㉣ 제시된 글을 통해 법령에서 정한 경우에는 저작권자의 허락을 받지 않아도 된다는 것을 알 수 있다.

| 오답풀이 |

㉡ 제시된 글을 통해 비영리성을 띤 공익을 목적으로 저작물을 사용하는 경우에도 저작권자의 허락을 받아야 함을 알 수 있다.

㉢ 제시된 글을 통해 저작권 보호기간이 만료된 저작물의 경우 허락을 구하지 않고 저작물을 사용할 수 있음을 알 수 있다.

08 문서작성능력 **문맥에 맞는 접속어 찾기**

| 정답 | ①

| 해설 | ㉠ 첫 번째 문단에서는 비등과 증발에 대해 비교하며 설명한다. 비등은 특정 끓는점에서만 일어나는 반면 증발은 끓는점에 도달할 때까지 계속 일어나는 현상임을 ㉠ 뒤 문장에서 다시 한 번 정리하고 있으므로 ㉠에 들어갈 접속어로는 '즉'이 적절하다.

㉡ 두 번째 문단에서는 증발의 과정을 설명한다. ㉡ 뒷부분에서는 증발이 일어나면서 액체가 냉각된다는 것을 정리하며 결론을 내기 때문에 ㉡에 들어갈 접속어로는 '따라서'가 적절하다.

㉢ ㉢ 앞부분에서는 응결을 설명하고 뒤 문장에서는 이러한 응결이 증발의 역현상임을 제시하고 있으므로 ㉢에 들어갈 접속어로는 '다시 말해'가 적절하다.

㉣ ㉣의 앞 문장은 물 분자들이 서로 이끄는 힘 때문에 달라붙으려는 경향이 있다는 내용을 제시하지만 뒤 문장은 앞 문장과 상반되게 공기 중에서는 속도가 빨라 서로 붙기 어렵다는 내용을 제시하고 있으므로 ㉣에 들어갈 접속어로는 '하지만'이 적절하다.

09 문서이해능력 **세부 내용 이해하기**

| 정답 | ③

| 해설 | 기체 상태에서는 물 분자의 속도가 빨라 응결되기 어렵지만 운동에너지를 잃은 물 분자는 액체로 변할 가능성이 높다.

| 오답풀이 |

① 공기 중 기체가 같은 분자끼리만 뭉치려고 한다는 내용은 제시되어 있지 않다.

② 액체의 온도가 액체 분자들의 평균 운동에너지를 나타낸다고 제시되어 있으므로, 액체의 온도가 높을수록 액체 분자들의 운동에너지가 크다.

④ 액체가 비등점 이상으로 끓게 되면 비등이 발생한다.

10 문서작성능력 **글의 흐름에 맞게 빈칸 채우기**

| 정답 | ③

| 해설 | 두 번째 문단을 통해 '빌다'는 공짜로 달라고 호소하는 구걸의 의미, 소원을 비는 기원의 의미, 잘못을 비는

사죄의 의미를 지니고 있고, 세 번째 문단을 통해 '빌리다'는 임차와 차용의 의미를 지니고 있음을 알 수 있다.

11 기초연산능력 **비례식을 활용해 길이 구하기**

| 정답 | ③

| 해설 | $\triangle ABC$와 $\triangle ADE$의 관계는 $\overline{BC}//\overline{DE}$ 이므로 $\angle ADE = \angle ABC$ (엇각), $\angle AED = \angle ACB$ (엇각), $\angle A$는 맞꼭지각으로 AA 닮음이다. 따라서 $\dfrac{\overline{AD}}{\overline{BD}} = \dfrac{\overline{AE}}{\overline{CE}}$와 $\overline{AB} : \overline{AD} = \overline{AC} : \overline{AE}$를 만족한다. $\overline{BD}$의 길이를 x cm로 두고 식을 세우면, $\dfrac{x-7}{x} = \dfrac{3}{9} = \dfrac{1}{3}$이고, $x = 3x - 21$, $2x = 21$, $x = 10.5$(cm)이다. 비례식으로 검산해 봤을 때, $\overline{AB} : \overline{AD} = \overline{AC} : \overline{AE} = 7 : 3.5 = 6 : 3 = 2 : 1$로 옳은 계산이다. 따라서 $\overline{BD} = 10.5$cm이다.

12 기초통계능력 **확률 계산하기**

| 정답 | ②

| 해설 | 5지선다형이므로 답을 임의로 고를 경우 정답을 맞힐 확률은 $\dfrac{1}{5}$이다. 따라서 50문항 모두 임의로 답을 고를 경우에는 평균적으로 $50 \times \dfrac{1}{5} = 10$(문항)을 맞히고, $50 \times \dfrac{4}{5} = 40$(문항)을 틀리게 된다. 틀린 1문항당 x점을 감점한다고 하면 다음과 같은 식이 성립한다.

$10 \times 4 - 40 \times x = 0$

$x = 1$

따라서 틀린 1문항당 1점을 감점해야 한다.

13 기초연산능력 **분수식 계산하기**

| 정답 | ③

| 해설 | 0.75를 기약분수로 바꾸면 $\dfrac{3}{4}$이다. 분모와 분자에서 뺀 수를 x라고 하면 $\dfrac{49-x}{61-x} = \dfrac{3}{4}$가 성립한다. 따라서 $4(49-x) = 3(61-x)$가 되어 $x = 13$이다.

14 기초연산능력 일률 계산하기

| 정답 | ③

| 해설 | A, B 각자에게 할당된 부품 전체의 개수를 x개라고 하면 A가 본인에게 할당된 부품의 조립을 끝낸 시각은 작업을 시작하고 $\frac{x}{5}$분 후이고, 그 시간 동안 B가 조립한 부품의 수는 $\frac{3x}{5}$개다. 이때, B의 남은 부품의 개수는 $\frac{2x}{5}$개이고, A와 B는 1분 동안 8개를 조립하므로, 남은 부품의 조립을 끝내는 데 걸리는 시간은 $\frac{2x}{5}\times\frac{1}{8}=\frac{x}{20}$(분)이다. 모든 부품의 조립을 끝내는 데 걸린 시간이 5시간이라고 했으므로

$$300=\frac{x}{5}+\frac{x}{20}=\frac{5x}{20}=\frac{x}{4}\text{(분)}$$

$x=1,200\text{(개)}$

따라서 A, B 두 명에게 할당된 부품 전체의 개수는 총 2,400개이다.

15 기초통계능력 조건부 확률 구하기

| 정답 | ②

| 해설 | 전체 직원 30명 중에서 임의로 선택한 한 명이 남자인 사건을 A, 남자 직원이 마케팅팀일 확률을 B라고 할 때,

$$P(B|A)=\frac{P(A\cap B)}{P(A)}=\frac{\frac{5}{30}}{\frac{20}{30}}=\frac{1}{4}=0.25\text{이다.}$$

16 기초통계능력 분산 구하기

| 정답 | ③

| 해설 | 분산을 구하기 위해서는 먼저 직원들 월급의 평균과 편차를 구해야 한다. 5명의 월급 평균은

$$\frac{350+450+500+400+300}{5}=\frac{2,000}{5}=400\text{(만 원)이고,}$$

각각의 편차는 순서대로 -50, 50, 100, 0, -100이다. 분산은 편차의 제곱의 평균이므로

$$\frac{(-50)^2+(50)^2+(100)^2+0+(-100)^2}{5}=5,000\text{이다.}$$

17 도표분석능력 자료의 수치 분석하기

| 정답 | ③

| 해설 | ㄱ. 20X3년 남자의 식이섬유 섭취량은 20X1년 대비 0.1g 감소하였고, 여자의 식이섬유 섭취량은 20X1년 대비 0.1g 증가하였다. 따라서 남자와 여자의 식이섬유 섭취량 변동은 방향은 서로 다르나 그 차이값은 0.1g으로 동일하다.

ㄴ. 20X3년 남자의 지방 섭취량 증가율은 $\frac{56.9-54.7}{54.7}\times$ $100\fallingdotseq4.0(\%)$, 여자의 지방 섭취량 증가율은 $\frac{41.1-39.1}{39.1}$ $\times100\fallingdotseq5.1(\%)$로 여자가 남자보다 더 크다.

ㄷ. 20X3년 남자의 탄수화물 섭취량은 298.4g이고 콜레스테롤 섭취량은 302.5mg이다. 콜레스테롤 섭취량의 단위는 mg이고 1,000mg=1g이므로, 탄수화물과 콜레스테롤 섭취량의 차이값은 $298.4-\frac{302.5}{1,000}\fallingdotseq298.1$(g)이다. 20X3년 여자의 탄수화물 섭취량은 234.6g이고 콜레스테롤 섭취량은 222.8mg이다. 탄수화물과 콜레스테롤 섭취량의 차이값은 $234.6-\frac{222.8}{1,000}\fallingdotseq234.4$(g)이다. 따라서 20X3년 탄수화물과 콜레스테롤 섭취량 차이값은 남자가 여자보다 더 크다.

18 도표분석능력 자료의 수치 계산하기

| 정답 | ③

| 해설 | 20X2년부터 20X5년까지 1인당 국내총생산의 전년 대비 증가율을 백분율로 나타내면 다음과 같다.

- 20X2년 : $\frac{65.2-63.5}{63.5}\times100\fallingdotseq2.68(\%)$
- 20X3년 : $\frac{66.8-65.2}{65.2}\times100\fallingdotseq2.45(\%)$
- 20X4년 : $\frac{68.4-66.8}{66.8}\times100\fallingdotseq2.40(\%)$
- 20X5년 : $\frac{70.6-68.4}{68.4}\times100\fallingdotseq3.22(\%)$

20X2년부터 20X4년까지는 감소하다가 20X5년에는 증가했으므로 옳지 않은 설명이다.

| 오답풀이 |

① 〈자료 2〉에 따라 '20X5년 국내총생산=1,834(조 원)= 857+325+543-12+802-683+통계상불일치' 식이 성립해야 한다. 이때, 통계상불일치=1,834-857-325 -543+12-802+683=2(조 원)이므로 옳은 설명이다.

② 20X3년 S국의 국내총생산은 1,729(조 원)이고, 1인당 국내총생산은 66.8(백만 원)이므로 20X3년 S국의 인구 는 $\dfrac{국내총생산}{1인당 국내총생산}=\dfrac{1,729,000,000,000,000}{66,800,000}$ ≒25,883,234(명)이 되어 옳은 설명이다.

④ 20X5년 국내총생산은 1,834(조 원)이고, 총투자는 543 -12=531(조 원)이므로 국내총생산에서 총투자가 차지 하는 비율은 $\dfrac{531}{1,834}\times100$ ≒28.95(%)이다.

19   도표분석능력   자료의 수치 분석하기

| 정답 | ③

| 해설 | 전년 대비 병원 근무인원이 감소한 20X7년을 제외 하고 20X2 ~ 20X8년의 전년 대비 병원 근무인원의 증가 율을 구하면 다음과 같다.

- 20X2년 : $\dfrac{34,616-34,304}{34,304}\times100$ ≒ 0.91(%)

- 20X3년 : $\dfrac{36,393-34,616}{34,616}\times100$ ≒ 5.13(%)

- 20X4년 : $\dfrac{38,442-36,393}{36,393}\times100$ ≒ 5.63(%)

- 20X5년 : $\dfrac{40,334-38,442}{38,442}\times100$ ≒ 4.92(%)

- 20X6년 : $\dfrac{42,179-40,334}{40,334}\times100$ ≒ 4.57(%)

- 20X8년 : $\dfrac{43,363-41,757}{41,757}\times100$ ≒ 3.85(%)

따라서 20X2년이 20X8년보다 병원 근무인원의 전년 대비 증가율이 작다.

| 오답풀이 |

① 종합병원은 전년 대비 10,348명이 증가한 20X6년에 최 대 증가 값을 보이지만, 한방은 전년 대비 673명이 증가 한 20X7년에 최대 증가 값을 보인다.

② 의료기관의 전체 근무인원은 매년 증가하였다.

④ 제시된 자료로는 근무인원의 세부적인 요소에 관한 내 용을 파악할 수 없다.

20   도표분석능력   자료의 수치 계산하기

| 정답 | ②

| 해설 | 사용자 갑, 을, 병 각자가 필요로 하는 기능을 제공 하는 자동차와 그 지불 금액을 구하면 다음과 같다.

- 갑 : 자동차 기능 4, 6, 9번을 필요로 하는데, 가장 저렴 한 자동차 A가 세 기능을 모두 제공하므로 자동차 A만을 구매하여 2,300만 원을 지불하게 된다.

- 을 : 자동차 기능 2, 4, 5, 8번을 필요로 하는데, 2, 5번 기능은 자동차 B만이, 4번 기능은 자동차 A만이 제공하 고 8번 기능은 자동차 B와 C가 제공한다. 최소 비용으로 구매해야 하므로 자동차 A와 B를 구매하여 2,300+ 3,700=6,000(만 원)을 지불하게 된다.

- 병 : 자동차 기능을 모두 필요로 하는데, 자동차 A ~ C 모 두 홀로 제공하는 기능이 있으므로 세 자동차 모두를 구매 해야 필요 기능 전부를 얻을 수 있다. 따라서 2,300+ 3,700+4,600=10,600(만 원)을 지불하게 된다.

따라서 갑, 을, 병이 모두 지불할 금액은 2,300+6,000+ 10,600=18,900(만 원)이다.

21   사고력   논리적 오류 파악하기

| 정답 | ④

| 해설 | 제시된 대화에서 B는 A의 말에는 주어진 전제로부 터 부적합한 결론을 도출하는, '부적절한 결론'의 논리적 오 류를 범하고 있다. 이와 같은 논리적 오류가 나타난 것은 바다에 가는 것을 좋아한다는 전제로 캠핑까지 좋아한다는 결론을 도출하고 있는 ④이다.

| 오답풀이 |

① 유사한 잘못을 저질렀던 다른 이의 이력을 끌어내어 자 신의 행위를 옹호하는 피장파장의 오류이다.

② 전문분야 밖의 문제에 대해서 단지 유명하다는 이유만 으로 부적합한 권위에 호소하는 오류이다.

③ 한 사건이 다른 사건보다 먼저 발생했다고 해서 전자 가 후자의 원인이라고 잘못 추론하는 인과관계의 오류 이다.

22 사고력 명제 판단하기

| 정답 | ④

| 해설 | H사에 근무하는 사람들 중 일부가 전기차를 소유하지 않았어도 나머지 중 일부는 전기차를 소유할 수 있으므로 (라)가 참일 때 (다)도 참이 될 수 있다.

23 문제해결능력 문제해결방법 파악하기

| 정답 | ①

| 해설 | 퍼실리테이션은 '촉진'을 의미하며 보다 생산적인 결과를 가져올 수 있도록 조직의 나아갈 방향을 알려주고, 주제에 대한 공감이 이루어지도록 도와주는 방법이다. 초기에 생각하지 못했던 창조적인 해결 방법이 도출되고 구성원의 동기와 팀워크가 강화될 수 있다. 이때 조력자는 퍼실리테이터라고 하며, 퍼실리테이션의 효과로 자기 변혁의 추구가 가능해진다.

| 오답풀이 |

②, ③ 소프트 어프로치에 관한 설명으로, 이는 무언가를 시사하거나 암시하여 의사를 전달하고 서로의 기분을 통하게 하여 문제해결을 도모하는 방법이다.

④ 하드 어프로치에 관한 설명으로, 이는 서로의 생각을 직설적으로 주장하고 논쟁이나 협상을 통해 서로의 의견을 조정하는 방법이다.

24 사고력 브레인스토밍의 장점 이해하기

| 정답 | ①

| 해설 | 브레인스토밍의 장점은 다음과 같다.

장점	• 참가자들의 자연스러운 참여를 유도할 수 있다 (㉠). • 자유로운 아이디어를 도출할 수 있다(㉣). • 창의적인 아이디어 및 해결책을 획득할 수 있다 (㉢). • 비판 엄금 원칙을 통한 발언의 활성화로 다양한 의견이 도출된다. • 소극적인 사람도 참여 가능하다. • 여러 아이디어의 결합이 획기적인 해결책으로 연결된다(㉤).

따라서 ㉠, ㉢, ㉤, ㉣이 브레인스토밍의 장점에 해당한다.

| 오답풀이 |

㉢ 브레인스토밍은 자유로운 발언으로 인해 회의 주제에서 벗어나기 쉽다는 단점이 있다.

㉤ 브레인스토밍의 4대 원칙 중 비판 엄금에 따라 아이디어를 낼 때 비판 또는 평가를 하면 안 된다.

보충 플러스+

브레인스토밍의 4대 원칙

비판 엄금 (Support)	비판은 커뮤니케이션의 폐쇄와 연결되므로 아이디어를 내는 동안에는 비판하거나 평가하지 않는다.
자유분방 (Silly)	자유롭게 발언하며 터무니없는 말을 해서는 안 된다는 생각은 배제해야 한다.
질보다 양 (Speed)	많은 아이디어가 있을 때 유용한 아이디어가 있을 가능성이 커지므로 양이 질을 낳는다는 생각으로 진행한다.
결합과 개선 (Synergy)	타인의 아이디어에 자극되면 보다 좋은 아이디어가 떠오를 수 있으며 여러 아이디어의 조합으로 또 다른 아이디어가 도출될 수 있다.

25 사고력 조건을 바탕으로 추론하기

| 정답 | ①

| 해설 | 박 대리는 화요일 또는 목요일만 가능한데, 박 대리가 화요일에 정비를 할 경우 정 사원이 수요일에 정비를 하지 못하므로 박 대리는 목요일, 정 사원은 금요일에 정비를 하게 된다. 남은 요일은 월, 화, 수인데 김 과장은 이틀 연속으로 정비업무를 할 수 없으므로 월요일, 수요일에 정비하고 이 대리가 화요일에 정비를 하는 것이 가장 적절하다.

26 사고력 조건을 바탕으로 추론하기

| 정답 | ①

| 해설 | A가 운영위원으로 선발되었기 때문에 첫 번째 조건에 따라 D는 선발되지 않는다. 또한 E가 운영위원으로 선발되었기 때문에 세 번째 조건에 따라 B는 선발되지 않고, 두 번째 조건에 따라 C도 선발되지 않는다는 것을 추론할 수 있다. 따라서 선발되는 직원은 A와 E이다.

27 사고력 명제 판단하기

| 정답 | ②

| 해설 | 제시된 명제가 모두 참이므로 그 대우도 참이며, 명제와 그 대우를 정리하면 다음과 같다.

- 영업 → 신성장, ~ 신성장 → ~ 영업 … ㉠
- 승무 → 차량, ~ 차량 → ~ 승무 … ㉡
- ~ 기술 → 영업, ~ 영업 → 기술 … ㉢
- 차량 → ~ 신성장, 신성장 → ~ 차량 … ㉣

㉠과 ㉣에서 영업 → ~ 차량(차량 → ~ 영업(④))임을 알 수 있으며 이와 ㉡을 합쳐 승무 → ~ 영업(영업 → ~ 승무(③))임을 알 수 있다. 또한, 여기에 ㉢을 합쳐 승무 → 기술(①)까지 도출할 수 있다. 따라서 정답은 ②이다.

28 사고력 조건을 바탕으로 추론하기

| 정답 | ③

| 해설 | 갑은 같은 라인의 정보다 3층 높은 층에 살아야 하므로 갑은 반드시 4층, 정은 1층에 살고 있음을 알 수 있다. 2명이 거주하는 층은 4층뿐이라는 조건에 따라 을은 3층, 병은 2층에 살고 있음을 알 수 있다. 갑과 정은 같은 라인에 살아야 하므로 3호 라인에 산다는 것을 추론할 수 있다. 이를 정리하면 다음과 같다.

	1호 라인	2호 라인	3호 라인
4층	(무)	(무)	갑
3층		을	
2층	병		
1층			정

따라서 정은 1층 3호 라인에 거주한다는 것을 알 수 있다.

29 문제처리능력 우수사원 선정하기

| 정답 | ③

| 해설 | 업적평가의 경우 김 사원이 D를 받고 정 사원이 B를 받는 경우와 김 사원이 B를 받고 정 사원이 D를 받는 경우로 나누어 생각해 볼 수 있다. 관리평가의 경우 B를 받은 사원이 없으므로 얼룩으로 지워져 있는 박 사원이 B를 받았음을 알 수 있다. 이를 고려해 총점을 정리하면 다음과 같다.

(단위 : 점)

김 사원	(업적평가 D인 경우) 2+10=12	(업적평가 B인 경우) 8+10=18
이 사원	10+3=13	
정 사원	(업적평가 B인 경우) 8+5=13	(업적평가 D인 경우) 2+5=7
박 사원	8+7=15	
홍 사원	4+5=9	

따라서 어떤 경우에도 정 사원은 우수사원으로 선정되지 않는다.

| 오답풀이 |

① 김 사원이 업적평가에서 D를 받았을 경우 최종점수 4위가 되며, 업적평가에서 B를 받았을 경우 최종점수 1위가 된다.

② 김 사원이 업적평가에서 D를 받았을 경우, 박 사원과 이 사원이 우수사원으로 선정된다.

④ 박 사원은 어느 경우에서나 우수사원으로 선정된다.

30 문제처리능력 활동비용 보고하기

| 정답 | ②

| 해설 | 각 달마다 활동비용 관련보고 횟수를 나누어 생각하면 다음과 같다.

- 3월 : 활동비용을 사용하지 않았으므로 익월인 4월 5일에 보고한다.
- 4월 : 4월 10일, 4월 24일에 사용한 활동비용을 각각 3일 내에 경영 보고한다. 익월 5월 5일에 결산 보고를 해 총 3번의 보고가 이루어진다.
- 5월 : 5월 15일, 22일, 30일에 사용한 활동비용을 각각 3일 내에 경영 보고한다. 익월 6월 5일에 결산 보고를 해 총 4번의 보고가 이루어진다.

따라서 4월 10일부터 6월 3일까지 이루어지는 활동비용 관련보고는 총 6회이다.

31 시간관리능력 시간 낭비의 내적요인 파악하기

| 정답 | ②

| 해설 | 시간 낭비의 내적인 요인이란 자신 내부에 있는 습관에 의한 것으로 일정을 연기하는 것, 계획의 부족, 사회

활동, 우유부단함 등이 있다. 외적인 요인은 외부인이나 외부에서 일어나는 시간에 의한 것으로 본인이 스스로 조절할 수 없는 것들이다. 동료, 가족, 고객들, 교통 혼잡 등이 이에 해당한다. 따라서 ㉠과 ㉡은 내적요인, ㉢과 ㉣은 외적요인에 속한다.

32 예산관리능력 예산관리의 기능 이해하기

| 정답 | ②

| 해설 | ㉠, ㉤은 계획기능, ㉡, ㉢은 조정기능, ㉣은 통제관리기능에 대한 설명이다.

> **보충 플러스+**
>
> 예산관리의 기능
> • 계획기능 : 조직의 장기적 목표를 설정하고 이를 위한 종합예산을 편성
> • 조정기능 : 조직의 목표에 따라 예산을 각 부문에 할당하고 이를 감독관리
> • 통제관리기능 : 예산계획과 실제 예산 지출을 비교하여 부문의 성과를 평가하고 환류

33 인적자원관리능력 인사관리의 원칙 이해하기

| 정답 | ②

| 해설 | ㉡은 공정 보상의 원칙(능력주의)이다. 공정 인사의 원칙은 직무 배당, 승진, 상벌, 근무 성적, 임금 등을 공정하게 처리하는 것이다.

34 시간관리능력 SMART 법칙 이해하기

| 정답 | ③

| 해설 | 매일 경제학 관련도서를 10페이지씩 읽는 목표는 구체적(Specific)이며, 측정이 가능(Measurable)하고, 달성이 가능(Attainable)하다. 또한 1달 동안 2권 완독한다는 목표는 결과 지향적(Realistic)이며, 1달이라는 기한의 정합(Time limited)이 있다. 따라서 다섯 가지 법칙을 모두 충족하므로 가장 적절하다.

| 오답풀이 |
① 목표의 구체성(S)이 부족하며 '외국인과 대화'를 측정(M)할 수 있는 기준이 적절하게 제시되지 않았다.
② 업무 시간 이외의 시간을 활용하여 자기 개발을 하는 김 사원에게 과도한 목표이므로 달성 가능성(A)이 적절하게 고려되지 않았다.
④ '매일 숨이 가쁠 때까지 달리기'와 '날씬한 몸매'는 그 측정 기준(M)이 모호하다.

35 인적자원관리능력 명함의 가치 이해하기

| 정답 | ④

| 해설 | 명함은 개인의 정보를 전달하면서 동시에 얻을 수 있는 도구가 될 수 있으며, 처음 만난 상대와 명함을 교환함으로써 대화의 실마리를 얻을 수도 있다. 또한 명함은 개인의 성명, 주소, 직업, 신분과 같은 함축적인 정보를 제공하며, 메일 주소나 전화번호와 같은 후속 교류에 필요한 정보를 포함하기도 한다.

| 오답풀이 |
㉡ 명함은 신분을 보장하는 수단이 될 수 없다.

36 시간관리능력 시차를 고려하여 도착시간 구하기

| 정답 | ②

| 해설 | 기상악화로 비행기가 원래 출발시각보다 2시간 늦게 출발하여 당일 출발시간은 오후 10시가 된다. 비행시간이 총 5시간 30분이므로 도착시간은 다음날 오전 3시 30분이 되지만 방콕 시차는 우리나라보다 2시간 늦기 때문에 방콕에 도착한 현지 시간은 5월 11일 오전 1시 30분이 된다.

37 예산관리능력 가용예산 활용하기

| 정답 | ②

| 해설 | 현재 확보한 예산 50억 원으로는 주민들이 가장 원하는 수영장을 지을 수 없다.
| 오답풀이 |
①, ③, ④ 문체부 권고 기준을 충족하려면 야구장 한 개,

풋살장 한 개, 수영장 한 개를 더 지어야 한다. 이에 따라 필요한 비용은 30+20+60=110(억 원)이므로, 예비비 예산 적용 시 건립이 가능하다.

38 시간관리능력 배송 날짜 계산하기

| 정답 | ④

| 해설 | 내일(10일) 오전 11시에 주문을 하면 당일 출고가 되어 하루 뒤인 11일에 배송이 완료될 수 있다. 하지만 11일에 물건이 도착하지 않을 경우 14일은 배송지연에 해당하므로 1 ~ 2일 더 연장된 15일 혹은 16일에 받게 되지만, 16일 또한 추석연휴에 속하므로 가장 늦을 경우 연휴와 주말이 끝난 21일에 받게 된다. 따라서 내일 오전 11시에 주문한 물건은 빠르면 11일, 가장 늦을 경우 21일에 받을 수 있다.

| 오답풀이 |

① 14일은 배송 지연에 해당하므로 당일 출고는 정상적으로 이뤄지나 배송은 1 ~ 2일 더 추가되어 15일 도착예정인 택배는 21일 또는 22일에, 21일 도착 예정인 택배는 22일 또는 23일에 도착하게 된다. 따라서 늦어도 23일에는 택배를 수령할 수 있다.

② 오후 3시에 주문을 했으므로 다음 날 출고될 예정이지만 16일은 연휴이기 때문에 다음 주 월요일인 21일에 출고가 진행된다. 하지만 21일은 배송지연에 해당되어 가장 빨리 받을 수 있는 22일보다 1 ~ 2일 더 소요되므로 22일까지 택배를 받을 수 없다.

③ 오늘(9일) 오후 4시에 주문을 하면 다음 날(10일) 출고가 진행되고, 빠르면 그 다음날인 11일에 택배를 받을 수 있다.

39 인적자원관리능력 인력 배치방법 이해하기

| 정답 | ②

| 해설 | 제시된 글은 조직에서 중심이 되는 보직의 가치를 파악하고 그에 맞는 인재를 적재적소에 배치하여 인재를 가치에 연결하는 것이 중요하다고 주장하고 있다. 이를 위해서는 ⓒ과 같이 보직에 대한 구체적인 평가지표들을 통해 직무에 필요한 역량을 파악하는 일이 필요하다. 또한 ⓔ처럼 우선순위가 높은 보직들에 능력 있는 인재를 얼마나 자주 재배치하는지가 조직의 경쟁우위를 예측하는 데 있어

중요한 전략이 될 수 있다. 따라서 제시된 글에 해당되는 사례는 ⓒ, ⓔ으로 총 2개이다.

| 오답풀이 |

ⓐ 마지막 문단을 통해 보직에 맞는 인재를 찾는 과정은 단순히 실적이 뛰어난 직원을 찾는 것이 아니라는 것을 알 수 있다. 높은 실적이라는 개인의 역량에 초점을 맞추기보다 보직의 가치를 정확히 파악하여 그에 맞는 인재를 연결하는 전략적인 방법을 취해야 한다.

ⓑ 한 조직에서 중심이 되는 보직은 조직의 위계에 따라 상위팀에만 존재하는 것이 아니다. 디자인, 제조, 인사, 구매 등 어떤 부문에서든 중요한 보직은 구석구석 숨어 있다. 따라서 조직의 상위에만 중요한 인재를 배치하는 방식은 글 내용과 부합하지 않는다.

40 인적자원관리능력 진급규정 이해하기

| 정답 | ②

| 해설 | 연봉이 5% 상승하는 경우는 2등급 진급하는 경우이다. 정의 경우 완료한 프로젝트는 총 7건이고, 인사고과는 95점으로 기준을 만족한다. 그리고 근속연수가 1년 이상 2년 미만이므로 2등급이다. 따라서 내년부터 5% 연봉 상승에 해당한다.

| 오답풀이 |

• 김의 경우 완료한 프로젝트의 개수가 4건으로 미달이며 근속연수 또한 미달이다.

• 이의 경우 기준을 만족하며 근속연수가 2년 이상이므로 1등급에 해당한다. 주의 경우 인사고과 점수가 미달이며 이를 충족한다고 하더라도 1등급에 해당한다.

• 박의 경우 차장이므로 과장 이상의 직급에 해당하므로 근속연수가 미달이다. 또한, 근속연수를 충족한다고 하더라도 1등급에 해당된다.

41 체제이해능력 조직문화 이해하기

| 정답 | ②

| 해설 | 조직문화에서 중점이 되는 것은 한 개인보다는 한 개인들의 '결합'이다. 따라서 이에 대한 철학적 접근은 '조직 내 개인에 의해 사용되는 정신모델'이 아닌 조직 전체에 있어서의 집단적 정신모델을 강조하는 것이 더 적절하다.

| 오답풀이 |

① 조직문화에 대한 사회학적 해석으로 사회학의 분야인 행동의 형태와 사회적 패턴을 조직문화에 적용한 것이다.

③ 자료를 바탕으로 추론할 수 있는 내용으로 공유된 의미는 조직과 개인 그리고 그룹 등을 조화시키는 역할을 할 수 있다.

④ 사회학은 행동의 형태, 패턴 등을 연구하는 분야로 조직에서 공유되는 규범을 중심으로 조직문화에 접근하는 것은 사회학적 접근이라 볼 수 있다.

42 조직이해능력 네트워크 조직 이해하기

| 정답 | ③

| 해설 | 네트워크 조직은 조직 구성원들 사이의 상호의존성이 크나, 구성원들의 독립성과 자율성이 유지되어 구성원들의 창의성과 책임감의 향상을 기대할 수 있다는 장점이 있다.

| 오답풀이 |

④ 네트워크 조직은 장기적으로 구성원들이 고정되면서 네트워크 전체가 폐쇄화되어 네트워크 조직의 장점인 유연성을 상실하는 단점이 있다.

43 경영이해능력 경쟁가치 모형 이해하기

| 정답 | ④

| 해설 | 과업 지향문화는 조직의 성과목표 달성과 과업 수행에 있어서의 생산성을 강조한다. 외부환경 적응과 조직의 성장과 자원의 획득을 강조하는 것은 혁신 지향문화에 해당한다.

44 조직이해능력 링겔만 효과 이해하기

| 정답 | ③

| 해설 | 제시된 글에서 설명하는 현상은 조직의 구성원이 많아질수록 오히려 1인당 조직 공헌도가 떨어지는 링겔만 효과(Ringelmann Effect)다. 이는 개인이 조직에 속하면서 개개인별로 명확한 역할과 책임이 정해지지 않고 조직의

한 사람으로 존재할 때, 익명성의 보호로 최선의 노력을 다하지 않는 심리에서 기인한다. 즉 링겔만 효과는 개개인의 업무가 잘 구분되어 있지 않고, 조직을 구성하는 개개인의 업무평가가 아닌 조직 전체의 평가를 기준으로 할 때, 그리고 조직 내 커뮤니케이션이 잘 이루어지지 않을 때 크게 나타난다.

45 경영이해능력 사임의 원인 파악하기

| 정답 | ④

| 해설 | 갑은 동료들보다 뛰어난 능력을 지녔지만 자신의 의견만이 옳다는 생각에 빠져 자신과 다른 의견은 듣지 않았다. 그 결과 조직 내의 토론 문화는 사라졌고, 갑에 대한 이견이 허용되지 않는 독선적인 조직 문화가 결국 보도 조작 사건과 같은 불미스러운 결과를 만들었다고 볼 수 있다.

46 조직이해능력 회의 유형 이해하기

| 정답 | ③

| 해설 | 주간 정기 회의는 주 1회 진행되는 회의로 주요 안건에 대한 토론을 진행하고 문제 해결을 위한 실행 아이디어를 탐색하는 자리이다. 그리고 이러한 주간 정기 회의의 목적은 수시로 발생하는 난제를 해결하는 것이다.

| 오답풀이 |

① 정보 교환은 일일회의의 목적이다.

② 팀의 방향 설정 및 점검은 사외 리뷰 회의의 목적이다.

④ 핵심 문제 해결은 심층 토론 회의의 목적이다.

47 경영이해능력 경영 전략 파악하기

| 정답 | ②

| 해설 | 스마트 자판기를 통해 소비자의 수요 정보와 고객의 니즈를 정확하게 파악하고 그에 따른 마케팅 전략을 수립하여 고객 친화적 서비스를 제공할 수 있게 된다.

48 경영이해능력 경영 전략 이해하기

|정답| ①

|해설| 시장개발 전략은 기업이 기존의 제품을 새로운 시장에 판매하는 전략이다.

|오답풀이|

② 다각화 전략은 기업이 새로운 제품이나 서비스를 개발하여 새로운 고객층에게 판매하는 전략이다.

③ 제품개발 전략은 기업이 신제품을 개발하여 기존 시장에 판매하는 전략이다.

④ 시장침투 전략은 기존의 제품에 대한 기존 시장에서의 점유율을 확대하는 전략이다.

49 업무이해능력 업무 지침 이해하기

|정답| ②

|해설| 통화녹음을 근거로 형사 고발될 수 있음을 고지하는 내용은 나와 있지 않다.

|오답풀이|

① 상담 진행 불가를 통지하고 전담 관리팀으로 이관하는 내용이다.

③ 상담내용 녹취 사실 안내 및 비속어 자제를 요청하는 내용이다.

④ 감정 자제를 요청하는 내용이다.

50 경영이해능력 SWOT 분석 이해하기

|정답| ①

|해설| 우수한 인적 자원이라는 C사의 강점(S)을 바탕으로 웰빙 관련 신시장이라는 기회(O)를 활용하는 SO 전략이므로 ㉠에 해당한다.

|오답풀이|

② 기회(O)가 드러나 있지 않다.

③ 약점(W)을 기회(O)로 극복하는 WO 전략에 해당한다.

④ 위협(T)에 대응하기 위해 약점(W)을 보강하는 WT 전략에 해당한다.

4회 기출예상문제 문제 126쪽

01	④	02	③	03	②	04	④	05	②
06	④	07	②	08	②	09	③	10	①
11	④	12	③	13	④	14	②	15	①
16	③	17	③	18	②	19	④	20	④
21	②	22	③	23	④	24	③	25	③
26	②	27	②	28	③	29	④	30	①
31	②	32	③	33	②	34	②	35	③
36	③	37	①	38	③	39	④	40	④
41	③	42	②	43	②	44	③	45	①
46	①	47	②	48	③	49	③	50	③

01 문서작성능력 문서작성 시 유의사항 이해하기

|정답| ④

|해설| 즉각적으로 업무를 추진해야 할 경우 서로 빠르게 대응하고 소통할 수 있도록 업무지시서를 활용하는 것이 적절하다.

02 문서작성능력 중복표현 파악하기

|정답| ③

|해설| 같은 의미를 두 번 겹쳐 쓰는 의미 중복은 잘못된 표현이다. '상생(相生)'은 '서로 공존하면서 살아가다'는 뜻이므로 밑줄 친 '서로 상생'은 의미가 중복된 표현이다. ③은 의미 중복이 없으므로 옳은 문장이다.

|오답풀이|

① '온정(溫情)'은 '따뜻한 사랑이나 인정'이라는 뜻으로 '따뜻한'과 중복된다.

② '최근(最近)'은 '얼마 되지 않은 날부터 현재 또는 바로 직전까지의 기간'을 뜻하므로 '가장'과 중복된다.

④ '역전(驛前)'은 '역 앞'이라는 뜻으로 '앞'과 중복된다.

03 경청능력 | 경청의 구성요소 알기

| 정답 | ②

| 해설 | 적극적 경청은 자신이 상대방의 이야기에 집중하고 있음을 행동을 통해 외적으로 표현하며 듣는 것을 의미한다.

(가) 상대의 말을 반복하는 것은 공감적 태도를 보여 주는 적극적 경청의 자세라는 내용이므로 ㉠이 적절하다.

(나) 대화내용과 상대에게 집중하기 위해서는 어느 정도 준비가 필요하고 스스로도 노력해야 한다는 내용이므로 ㉣이 적절하다.

(다) 상대의 말을 끊거나 가로채는 것은 적극적 경청의 태도가 아니라는 내용이므로 ㉢이 적절하다.

(라) 대화내용에 대한 질문은 공감적 태도를 보이는 것이라는 내용이므로 ㉡이 적절하다.

04 의사표현능력 | 발표자가 갖춰야 할 태도 알기

| 정답 | ④

| 해설 | 제시된 발표회는 찬반논쟁을 벌이기 위해 만들어진 자리가 아니므로 주의사항으로 적절하지 않다.

| 오답풀이 |

① 발표자가 발표 시 리듬감을 주면 청자의 주의를 집중시키는 데 효과적이다.

② 위험에 대한 소재는 무겁고 진지한 분위기가 우선되어야 하므로 유머의 사용은 피한다.

05 문서이해능력 | 세부 내용 이해하기

| 정답 | ②

| 해설 | 나에게 특화된 점포 찾기는 편의점 측이 아닌 소비자 측에서 얻는 이익이다.

06 문서작성능력 | 단어의 올바른 쓰임 알기

| 정답 | ④

| 해설 | 지양하다는 '더 높은 단계로 오르기 위하여 어떠한 것을 하지 않다'는 뜻으로 편의점과 고객 간 지속적인 관계를 긍정적으로 바라보는 글의 맥락에는 적절하지 않다.

07 문서작성능력 | 문맥에 맞게 문단 나열하기

| 정답 | ②

| 해설 | 먼저 간략하게 영화 줄거리를 소개하고 있는 (다)가 제일 처음 등장하는 문단에 해당한다. 그 다음으로 (가)가 이어져 영화가 등장한 배경과 감독의 연출 의도를 설명한다. 다음으로 비바리움이라는 개념이 가지는 의미와 영화에 대한 해석이 나타난 (나)가 오고 마지막으로 영화의 시각적 의미를 설명한 (라)가 올 수 있다. 따라서 글의 순서는 (다)-(가)-(나)-(라)가 적절하다.

08 문서작성능력 | 빈칸에 들어갈 말 찾기

| 정답 | ②

| 해설 | ㉠의 앞부분을 보면 '두 사람은 매일 똑같이 반복되는 일상의 공포를 경험하며 탈출구는 없다.', '집은 스스로 판 무덤처럼 변한다.'라는 내용이 제시되어 있다. 이를 통해 이 영화에서의 주인공 두 사람은 탈출구 없는 집에서 반복되는 일상의 공포 속에 아무런 희망과 기쁨 없이 살아갈 수밖에 없음을 알 수 있다. 따라서 빈칸에 들어갈 말은 태어나서부터 죽을 때까지를 의미하는 '요람에서 무덤까지'이다.

09 문서작성능력 | 비품명세서 작성하기

| 정답 | ③

| 해설 | 날짜를 작성할 때에는 연, 월, 일을 함께 기재해야 한다.

10 문서작성능력 | 보고서의 구성 요소 파악하기

| 정답 | ①

| 해설 | 제시된 논리 구성에 따르면 시작 부분에는 '왜 이 사업을 하는가?(왜 보고를 하는가?)', '왜 이런 과제가 주어졌을까?'에 대한 내용이 들어가야 한다. 따라서 이와 관련된 구성항목으로는 '제목, 개요, 추진 배경'이 적절하다.

| 오답풀이 |

㉡ 중간 부분에는 현황, 문제점과 원인, 해결방안이 들어갈 수 있다.

㉢ 마무리 부분에는 기대효과, 조치 사항이 들어갈 수 있다.

11 기초연산능력 수의 규칙 찾기

| 정답 | ④

| 해설 | 제시된 숫자들은 다음과 같은 규칙이 있다.

$$7 \xrightarrow{+3^1} 10 \xrightarrow{+3^2} 19 \xrightarrow{+3^3} 46 \xrightarrow{+3^4} 127 \xrightarrow{+3^5} ?$$

따라서 '?'에 들어갈 숫자는 $127 + 3^5 = 127 + 243 = 370$이다.

12 기초연산능력 이차함수의 그래프 이해하기

| 정답 | ③

| 해설 | 이차방정식 $y = x^2 - 2x - 3$ 에 $x = 0$을 대입하면 $y = -3$이므로 점 A의 좌표는 $(0, -3)$이다. 또, $y = 0$을 대입하면 $x^2 - 2x - 3 = 0$ 즉, $(x-3)(x+1) = 0$이므로 점 C의 좌표는 $(3, 0)$이다.

$y = x^2 - 2x - 3 = (x^2 - 2x + 1) - 4 = (x-1)^2 - 4$이므로 B의 좌표는 $(1, -4)$이다.

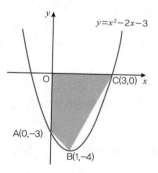

사각형 OABC의 면적은 아래 그림의 직사각형에서 삼각형 P와 삼각형 Q의 면적을 빼면 구할 수 있다.

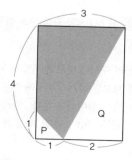

따라서 사각형 OABC의 면적은

$(3 \times 4) - \left(\frac{1}{2} \times 1 \times 1\right) - \left(\frac{1}{2} \times 2 \times 4\right) = 12 - \frac{1}{2} - 4 = \frac{15}{2} = 7.5$이다.

13 기초연산능력 최소공배수 활용하기

| 정답 | ④

| 해설 | 김 과장은 4일에 한 번씩, 박 과장은 6일에 한 번씩 공장을 다녀오는데 수요일에 함께 공장을 가는 날을 묻고 있으므로 4, 6, 7의 최소공배수를 구하면 된다. 4, 6, 7의 최소공배수는 84이므로 84일 후가 된다.

| 오답풀이 |

①, ②, ③ 7의 배수가 아니다.

14 기초통계능력 경우의 수 구하기

| 정답 | ②

| 해설 | 4점이 되는 경우는 빨간 공과 노란 공을 하나씩 뽑는 경우와 파란 공 두 개를 뽑는 경우이다.

빨간 공과 노란 공을 뽑을 확률은 $\dfrac{{}_2C_1 \times {}_5C_1}{{}_{10}C_2} = \dfrac{10}{45}$이고,

파란 공 두 개를 뽑을 확률은 $\dfrac{{}_3C_2}{{}_{10}C_2} = \dfrac{3}{45}$이다.

따라서 4점을 얻을 확률은 $\dfrac{10}{45} + \dfrac{3}{45} = \dfrac{13}{45}$이다.

15 기초연산능력 할인받은 금액 계산하기

| 정답 | ①

| 해설 | 찬민이의 사용금액에서 할인받을 수 있는 금액을 계산하면 다음과 같다.

- 커피 전문점 : $50,000 \times 0.3 = 15,000$(원)
- 온라인 쇼핑 : $120,000 \times 0.1 = 12,000$(원)
- 통신요금 : $90,000 \times 0.1 = 9,000$(원)
- 대중교통 : $150,000 \times 0.2 = 30,000$(원)
- 편의점 : $80,000 \times 0.05 = 4,000$(원)

따라서 찬민이가 할인받을 수 있는 금액은 $15,000 + 12,000 + 9,000 + 30,000 + 4,000 = 70,000$(원)이다.

16 기초연산능력 **이윤 계산하기**

| 정답 | ③

| 해설 | 가방의 원가가 80만 원이므로 정가는 $80 \times 1.6 =$ 128(만 원), 할인가는 $128 \times 0.8 = 102.4$(만 원)이다. 따라서 가방 1개를 판매할 때 이 브랜드에서 얻는 이윤은 $102.4 - 80 = 22.4$(만 원), 즉 224,000원이다.

17 기초통계능력 **평균값, 중앙값 계산하기**

| 정답 | ③

| 해설 | 딸기와 사과 가격의 평균값과 중앙값은 다음과 같다.

• 딸기
  – 평균값 : $(1,300 + 1,500 + 1,400 + 1,600 + 1,800 + 1,700 + 1,900) \div 7 = 1,600$(원)
  – 중앙값 : 딸기 가격을 크기순으로 나열하면 1,300, 1,400, 1,500, 1,600, 1,700, 1,800, 1,900이므로 중앙값은 1,600원이다.

• 사과
  – 평균값 : $(1,400 + 1,500 + 1,600 + 1,100 + 1,700 + 1,200 + 1,300) \div 7 = 1,400$(원)
  – 중앙값 : 사과 가격을 크기순으로 나열하면 1,100, 1,200, 1,300, 1,400, 1,500, 1,600, 1,700이므로 중앙값은 1,400원이다.

따라서 딸기 가격의 평균값과 중앙값의 합에서 사과 가격의 평균값과 중앙값의 합을 뺀 값은 $(1,600 + 1,600) - (1,400 + 1,400) = 400$(원)이다.

18 기초통계능력 **평균 계산하기**

| 정답 | ②

| 해설 | 각 항목의 평균 점수는 다음과 같다.

친절도 : $\dfrac{(5 \times 3) + (4 \times 7) + (3 \times 7) + (2 \times 3)}{20}$

$\fallingdotseq 3.5$(점)

약속이행 : $\dfrac{(5 \times 6) + (4 \times 7) + (3 \times 5) + (2 \times 2)}{20}$

$\fallingdotseq 3.85$(점)

따라서 둘 중 평균 점수가 더 낮은 항목은 친절도이고, 평균 점수의 차이는 $3.85 - 3.5 = 0.35$(점)이다.

19 도표분석능력 **자료의 수치 분석하기**

| 정답 | ④

| 해설 | ㉠ 20X1년 대비 20X5년 반도체 시장 성장률이 $\dfrac{260.2 - 160.4}{160.4} \times 100 \fallingdotseq 62.2$(%)이므로, 20X5년 이후 같은 속도로 증가한다면 20X9년 반도체 시장의 매출액은 $260.2 \times 1.622 = 422.0444$(억 달러)가 될 것이다.

㉡ 20X5년의 경우 파운드리 시장의 매출은 26.4억 달러, 반도체 시장의 매출은 260.2억 달러로 10배를 초과하지 않는다.

㉢ 20X2년 대비 20X5년 파운드리 기업 매출의 증가율은 $\dfrac{19.5 - 11.6}{11.6} \times 100 \fallingdotseq 68.1$(%), 종합반도체 기업 매출의 증가율은 $\dfrac{6.9 - 4.0}{4.0} \times 100 = 72.5$(%)로 파운드리 기업 매출의 증가율이 종합반도체 기업 매출의 증가율보다 낮다.

20 도표작성능력 **도표를 그래프로 변환하기**

| 정답 | ④

| 해설 | 2021년 35 ~ 39세의 출산율은 46.2명이고, 30 ~ 34세의 출산율은 89.3명이다.

21 사고력 **논리적 사고의 요소 파악하기**

| 정답 | ②

| 해설 | 제시된 대화는 제안자에 따라 제안의 수용 여부가 달라질 수 있기 때문에 어떤 것을 제안하기 전에 먼저 자신의 기본 업무를 잘 수행하고 새로운 관점에서 제안을 제시할 수 있도록 자신의 기존 인식을 바꿀 수 있는 계획을 평상시에 생각해야 함을 제시하고 있다. 이는 언제 어디서나 계속적으로 의문을 가지고 생각하는 '생각하는 습관'과 관련된 논리적 사고의 요소이다.

논리적 사고의 구성요소
1. 생각하는 습관 : 논리적 사고에 있어서 가장 기본이 되는 요소
2. 상대 논리의 구조화 : 자신의 논리에 빠지지 말고 상대의 논리를 구조화하는 것
3. 구체적인 생각 : 상대가 말하는 것에 대해 잘 알 수 없을 때 업무 결과에 대한 구체적인 이미지를 떠올리거나 숫자를 적용하여 표현함으로써 구조화하는 것
4. 타인에 대한 이해 : 상대의 주장에 반문을 제시할 때, 상대 주장의 전체를 부정하거나 상대의 인격을 부정하지 않는 것
5. 설득 : 머리로는 이해를 하고 머리와 가슴으로 공감을 할 수 있게끔 하여 상대방이 내가 원하는 행동을 하도록 만드는 것

22 사고력 논리적 오류 찾아내기

| 정답 | ④

| 해설 | 원천봉쇄의 오류는 어떤 특정 주장에 대한 반론이 일어날 수 있는 유일한 원천을 비판하면서 반박 자체를 막아 자신의 주장을 옹호하고자 하는 논리적 오류이다. 제시된 예시들에서는 공통적으로 이와 같은 논리적 오류를 범하고 있음을 알 수 있다.

| 오답풀이 |

① 무지에 호소하는 오류는 전제가 지금까지 거짓으로 증명되어 있지 않은 것을 근거로 참임을 주장하거나, 전제가 참으로 증명되어 있지 않은 것을 근거로 거짓임을 주장하는 오류이다.

② 애매성의 오류는 논증에 사용된 개념이 둘 이상으로 해석될 수 있을 때, 상황에 맞지 않은 의미로 해석하는 데에서 생기는 오류이다.

③ 허수아비 공격의 오류는 상대방의 본래 논리를 반박하기 쉬운 다른 논점으로 변형, 왜곡하여 비약된 반론을 하는 오류이다.

23 문제해결능력 문제해결을 위한 접근 파악하기

| 정답 | ④

| 해설 | 문제해결을 위해 접근할 때에는 문제를 전체적으로

보거나 쉽게 떠오르는 단순한 정보에 의지하기보다는 개별 요소로 나누어 개별 요소별로 분석하고 이에 따라 구체적인 문제 해결법을 고안해 내는 것이 바람직하다.

| 오답풀이 |

① 문제를 철저하게 분석하지 않는 경우에 해당한다.

② 지나치게 많은 자료를 수집하려고 노력하는 경우에 해당한다.

③ 고정관념에 얽매이는 경우에 해당한다.

24 사고력 반드시 거짓인 진술 고르기

| 정답 | ③

| 해설 | 세 명의 대리가 각각 진실을 말하고 있다고 가정하면 다음과 같다.

ⅰ) 김 대리가 진실을 말하는 경우
이 대리의 말은 거짓이 되므로 공은 나 컵에도 없고 다 컵에도 없으므로 가 컵에 있음을 알 수 있다. 박 대리의 말은 거짓이 되므로 공은 가 컵에 있거나 다 컵에 있다. 따라서 모순되지 않는다.

ⅱ) 이 대리가 진실을 말하는 경우
김 대리의 말은 거짓이 되므로 공은 가 컵에도 없고 나 컵에도 없으므로 다 컵에 있음을 알 수 있다. 박 대리의 말은 거짓이 되므로 공은 가 컵에 있거나 다 컵에 있다. 따라서 모순되지 않는다.

ⅲ) 박 대리가 진실을 말하는 경우
공은 가 컵에도 없고 다 컵에도 없으므로 나 컵에 있다. 김 대리의 말은 거짓이 되므로 공은 가 컵에도 없고 나 컵에도 없어야 한다. 또한 이 대리의 말은 거짓이 되므로 공은 나 컵에도 없고 다 컵에도 없어야 한다. 따라서 모순이 생긴다.

따라서 박 대리는 항상 거짓을 말하고 있다.

25 사고력 순서 매기기

| 정답 | ③

| 해설 | 모두 진실을 말하고 있으므로 E를 기준으로 순위를 계산하면, B는 E보다 순위가 낮고 A와 D는 E보다 순위가 높다. C는 3위이며 A와 D 중 누가 더 높은 순위에 있는지는

알 수 없으므로, 위 내용을 바탕으로 순위를 정리하면 다음과 같다.

1위	2위	3위	4위	5위
A 혹은 D	D 혹은 A	C	E	B

따라서 2위는 A 혹은 D, 4위는 E이므로 이와 일치하는 선택지는 ③이다.

26 문제해결능력 | 탐색형 문제 이해하기

| 정답 | ②

| 해설 | 신규 사업 창출은 미래에 대응하는 경영 전략 문제인 설정형 문제에 해당한다. 설정형 문제는 '앞으로 어떻게 할 것인가'에 대한 문제로, 기존과 관계없이 미래지향적인 새 과제와 목표를 설정함에 따라 발생하는 문제이다.

27 문제처리능력 | 평가 점수 계산하기

| 정답 | ④

| 해설 | 각 과정별 평가 점수를 구하면 다음과 같다.

분야	과정 명	최종 점수(점)
인사	인싸들의 인사관리	$14 \times 2 + 30 \times 1 = 58$
재무	세상에서 가장 쉬운 회계원리	$18 \times 2 + 21 \times 1 = 57$
홍보	디지털 마케팅 실무	$16 \times 2 + 24 \times 1 = 56$
IT	AI · 빅데이터 · IoT의 융합	$(12 \times 2 + 29 \times 1) \times 1.1 = 58.3$

따라서 점수가 가장 높은 'AI · 빅데이터 · IoT의 융합'을 최우수과정으로 선정한다.

28 문제처리능력 | 시험 결과 추론하기

| 정답 | ③

| 해설 | A의 시험 점수가 19점이고 정답이면 2점 가점, 오답이면 1점 감점이므로 A는 10문제 이상 정답을 맞히고 오답으로 감점을 받아 19점이 된다는 것을 알 수 있다. 이를 바탕으로 추론하면 A가 전체 20문제 중 13문제는 정답을,

7문제는 오답을 작성했다면 19점을 받을 수 있다. 따라서 답을 작성하지 않은 문제가 반드시 있는 건 아니다.

| 오답풀이 |

④ 정답을 작성한 문제가 14문제일 경우 정답으로 받은 점수는 28점이므로 19점이 되려면 오답을 작성한 문제가 9문제여야 하는데 그럴 경우 문제 수가 23문제가 되므로 적절하지 않다.

29 사고력 | 자동차 번호 끝자리 추론하기

| 정답 | ④

| 해설 | • A : 10일에 자차로 출근을 했는데 10 ~ 12일은 미세먼지 비상저감조치가 시행된 날로 자동차 번호 끝자리가 짝수인 자동차만 운행 가능한 날이므로 A의 번호 끝자리는 짝수이다. A는 차량 홀짝제가 시행되는 10, 12일에 자차로 출근을 하고 목, 금요일 중 하루에 자차로 출근하였다. 따라서 A의 자동차 번호 끝자리는 0 또는 8이다.

• B : 사흘 동안 자차로 출근했고 A와 자차로 출근하는 날이 두 번 겹쳤으므로 B의 자동차 번호 끝자리는 짝수임을 알 수 있다. 따라서 만약 A의 자동차 번호 끝자리가 0일 경우, B의 자동차 번호 끝자리는 8이고, A의 자동차 번호 끝자리가 8일 경우, B의 자동차 번호 끝자리는 0이 된다.

• C : 홀짝제가 시행되는 11일과 시행되지 않은 13일에 자차로 출근한 것으로 보아 자동차 번호 끝자리가 1, 3, 5, 9임을 추론할 수 있다.

따라서 각각의 자동차 번호 끝자리 합의 최댓값은 $0(8) + 8(0) + 9 = 17$이다.

30 문제처리능력 | 최종 합격자 선정하기

| 정답 | ①

| 해설 | • 은화 : $(90 \times 0.2) + (81 \times 0.4) + (89 \times 0.6) = 18 + 32.4 + 53.4 = 103.8$

• 정철 : $(78 \times 0.2) + (88 \times 0.4) + (85 \times 0.6) = 15.6 + 35.2 + 51 = 101.8$

• 석규 : $(80 \times 0.2) + (83 \times 0.4) + (90 \times 0.6) = 16 + 33.2 + 54 = 103.2$

• 태수 : $(78 \times 0.2) + (87 \times 0.4) + (80 \times 0.6) = 15.6 + 34.8 + 48 = 98.4$

1회 기출예상 2회 기출예상 3회 기출예상 4회 기출예상 5회 기출예상 6회 기출예상

• 혜영 : $(80 \times 0.2) + (90 \times 0.4) + (79 \times 0.6) = 16 + 36 + 47.4 = 99.4$

따라서 100점 이상인 은화, 정철, 석규가 최종 합격자가 될 수 있다.

31 물적자원관리능력 물적자원의 종류 이해하기

|정답| ②

|해설| (가)에 해당하는 화석연료는 사용에 따라 고갈되며 재생할 수 없는 자원이며, (다)는 반대로 사용량과 무관하게 재생이 가능한 자원에 해당한다. 따라서 사용량과 투자 정도에 따라 재생 수준이 달라지는 자원은 그 가운데 영역인 (나)에 해당한다. (나)의 각종 광물은 사용 방법에 따라 고갈되기도 하지만, 재생기술을 이용하여 자원을 재생하여 다시 사용할 수 있는 자원에 해당한다.

32 인적자원관리능력 HRM의 방식 이해하기

|정답| ③

|해설| 직무 중심의 HRM은 직무의 가치를 우선으로 하는 방식으로서 직무를 분석하여 직급체계를 세운 후 이에 적합한 인적자원을 고용하는 방식이다. 즉, 직무로부터 시작되는 HRM이다. 반면 사람 중심의 HRM은 인성, 태도 등을 중점으로 하여 인력을 고용 후 직무 혹은 업무를 배분하는 방식이다. 즉, 사람으로부터 시작되는 HRM이다. 따라서 인력육성의 측면에서 두 HRM을 비교하면 '특정 직무 전문가 육성'은 직무 중심의 HRM, '다기능 일반관리자 육성'은 사람 중심의 HRM에 해당한다.

33 물적자원관리능력 물적자원관리의 과정 이해하기

|정답| ②

|해설| 사용 물품과 보관 물품을 구분하는 것은 '물품활용의 편리성'을 위한 것이다. 이 과정을 거치지 않고 계속 사용할 물품을 창고나 박스에 보관하면 물품을 다시 꺼내야 하는 경우가 발생하면서 물품의 보관 상태가 나빠질 수 있다.

34 시간관리능력 시간자원의 특징 이해하기

|정답| ②

|해설| A : 시간은 무형의 자원으로 통제가 어렵고 관리하기 쉽지 않다.

D : 시간은 빌리거나 저축할 수 없는 자원이다.

E : 시간은 한쪽 방향으로, 일정한 속도로 끊임없이 흐른다.

|오답풀이|

B : 시간은 모든 사람에게 공평하게 하루 24시간이 주어지며, 다만 시간을 어떻게 사용하느냐에 따라 시간의 가치는 달라진다.

C : 시간은 똑같은 속도로 흐르며, 멈추게 할 수 없다.

35 물적자원관리능력 물적자원의 종류 이해하기

|정답| ④

|해설| 물적자원을 품종으로 구분했을 때 소모품은 사용할수록 소모되어 파손되는 물품, 비품은 소모품에 비해 사용 시 변형이 적어 장기간 사용하는 물품을 의미한다.

36 인적자원관리능력 일중독의 유형 이해하기

|정답| ③

|해설| (A)는 세 가지 차원 모두에서 높은 점수를 보이는 성취적 일중독자 유형, (B)는 일 강박 차원은 높은 반면 일 즐거움 차원에서는 낮은 점수를 보이는 강박적 일중독자 유형, (C)는 일 관여와 일 즐거움 차원이 높은 반면 일 강박 차원에서는 낮은 점수를 보이는 열정적 일중독자 유형, (D)는 일 강박과 일 즐거움 차원은 낮지만 일 관여 차원이 높은 타의적 일성실자 유형에 해당한다.

(C) 열정적 일중독자는 심리적 소진의 모든 하위척도(정서적 고갈, 비인간화, 개인적 성취감 감소)에서 가장 낮은 수준을 보이는 반면, (A) 성취적 일중독자와 (B) 강박적 일중독자는 높은 심리적 소진을 보이는 것으로 나타났다. 이는 일 관여와 일 강박 차원이 심리적 소진을 증대시키는 것으로 해석할 수 있다.

| 오답풀이 |

① (A), (B), (C)는 일중독자 유형이고, (D)는 일성실자 유형이다.

② 일에 대한 자존감이 가장 높은 유형은 열정적 일중독자 유형인 (C)이다.

④ 타의적 일성실자(D)는 일에 많은 에너지를 쏟지만 개인 내적인 차원이 아닌 주어진 업무에 대한 의무감(외적인 압박감)으로 성실하게 일하는 사람이다. 이들은 환경적인 영향에서 벗어나면 일중독자의 특징이 사라진 모습을 보일 수 있으므로 일중독자 유형에는 속하지 않는다.

37 예산관리능력 예산의 종류 파악하기

| 정답 | ①

| 해설 | 예산 수립은 기업의 기대 수익을 예상하고, 그 예상에 따라 특정 자원들을 기업 내 곳곳으로 배분하는 과정이다. 예산은 장·단기적인 재무 예측으로부터 만들어지며 자본예산, 현금예산, 이를 종합한 운용예산으로 구분할 수 있다. 자본예산은 부동산이나 설비와 같은 큰 규모의 자금이 소요되는 주요 자산 구입과 관련된 예산을 말한다.

| 오답풀이 |

③ 종합(운용)예산에 대한 설명이다.

④ 현금예산에 대한 설명이다.

38 인적자원관리능력 Flow형 인적자원관리 이해하기

| 정답 | ③

| 해설 | (가) Flow형 인적자원관리의 Outflow에는 핵심 인재의 유출 방지 정책과 함께 문제사원에 대한 피드백과 퇴출을 통한 인력관리정책을 포함한다. 문제 사원을 중심으로 인력을 상시적으로 퇴출시키는 인사관리는 Flow형 인적자원관리의 Outflow에 해당한다.

(나) '클로버형 조직'처럼 인적자원을 정규직, 계약직, 임시직으로 나누어 각각의 직무특성에 맞는 인적자원을 영입하도록 하는 인사관리제도는 Flow형 인적자원관리의 Inflow에 해당한다.

39 예산관리능력 조건에 맞는 예약 날짜 정하기

| 정답 | ④

| 해설 | ○○펜션의 요금은 평일인 경우, 주말인 경우에 따라 다르며 또한 성수기인 경우와 비성수기인 경우에 따라 다르다.

• 비수기의 경우 : 평일인 경우 기본요금 150,000원, 주말인 경우 $150,000 \times 1.3 = 195,000$(원)이다.

• 성수기인 경우 : 비수기 기준 평일/주말 금액에 100% 가산 즉, 2배 요금을 지불해야 한다.

그런데 J 과장이 요금이 가장 저렴할 때 2박 3일을 예약하려 하므로, J 과장은 비수기-평일, 비수기-주말, 성수기-평일, 성수기-주말의 순으로 예약 날짜를 선호할 것이다. 이러한 조건에 맞추어 J 과장의 휴가 가능일자와 펜션 요금 기준표를 살펴보면 가능한 비수기 날짜는 9월 2, 3, 4일밖에 없다. 따라서 9월 2일 ~ 4일에 펜션을 예약하는 것이 적절하다.

40 물적자원관리능력 문서보존기간규정 이해하기

| 정답 | ④

| 해설 | 각종 인가, 허가 및 면허 등에 관한 원본문서는 10년간 보존된다.

| 오답풀이 |

① 규정문서 중 공포 원본문서는 영구 보존된다.

② 각종 증명서의 발급 관계문서는 3년간 보존된다.

③ 예산 및 결산 등의 관계문서는 5년간 보존된다.

41 조직이해능력 조직의 유형 이해하기

| 정답 | ③

| 해설 | 조직을 영리성을 기준으로 영리조직과 비영리조직으로 구분할 때, 주민센터와 병원은 공익을 추구하는 비영리조직, 은행은 영리조직으로 분류할 수 있다. 한국은행과 같은 중앙은행의 경우에는 물가안정을 통한 국민경제 발전이라는 공익을 목적으로 운영하는 비영리조직으로 분류되기도 하나, 전기세를 납부하기 위해 은행에 들른다는 내용을 통해 해당 은행은 영리조직인 상업은행에 해당함을 알 수 있다.

| 오답풀이 |

① 조직을 공식성을 기준으로 분류할 때 공식조직은 조직의 구조와 기능 등이 조직화되어 있는 집단으로, 대표적으로 기업이나 정당 등이 여기에 해당한다.

② 조직은 단순히 사람이 모인 집단을 의미하는 것이 아닌, 목적성을 가지고 이를 달성하기 위해 구성된 행동의 집합체를 의미한다. 버스에 탑승한 승객들은 단순히 같은 공간 내에 존재하는 집단이므로 조직이라고 볼 수 없다.

④ 사내 동호회인 클라이밍 모임은 공식 조직 내에서 인간관계를 지향하기 위해 결성된 비공식조직이다. 공식조직 내에서 형성된 비공식조직은 공식조직 내에서의 자연스러운 인간관계 형성을 통한 일체감 공식조직의 기능을 보완하는 역할을 수행하기도 한다.

42 체제이해능력 기능적 조직 이해하기

| 정답 | ②

| 해설 | 제시된 글은 각자의 전문화된 기능을 수행하는 집단으로 구성된 기능적 조직의 형태를 은유한 것이다. 기능적 조직은 전문화된 영역 내에서 업무를 수행하여 강한 전문성과 높은 업무효율성을 보이나, 조직 내 인적자원의 이동이 크게 제한되어 있어 구조가 경직되어 있고 외부환경의 변화에 대처하기 어렵다는 단점이 있다.

43 경영이해능력 본원적 경쟁전략 이해하기

| 정답 | ②

| 해설 | 제시된 시장환경은 기존 제품 간 경쟁이 치열하며 수요보다 공급이 더 많은 상황이다. 따라서 경쟁사의 제품과 품질 또는 인지도가 비슷할 경우 판매 가격을 최대한 낮춰 판매하는 비용우위 경쟁전략을 선택하는 것이 적절하다.

44 경영이해능력 조직구조 강화 전략 이해하기

| 정답 | ③

| 해설 | 수직적 통합이란 한 기업이 전체 공급 과정의 일부에 해당하는 다른 기업을 통합함으로써 조직구조를 강화하는 전략이다. 〈사례〉에서 ○○사는 중앙처리장치, 반도체

및 관련 장치에 대한 생산, 판매 등을 주로 하는 기업임을 알 수 있다. 그리고 ○○사가 인수합병을 추진하고 있는 △△사는 반도체를 설계하는 기업이다. 따라서 이는 설계－생산－소매 등으로 이어지는 ○○사의 전체 공급 과정의 일부를 통합하는 전략으로 볼 수 있고, 이는 수직적 통합에 해당한다.

| 오답풀이 |

① 기능별 제휴는 마케팅, 연구, 생산 등 특정 기능에서 다른 기업과 제휴를 맺는 것이다.

② 합작투자는 2개 이상의 기업이 공동으로 출자하여 특정 기업을 설립하는 것이다.

④ 비관련 다각화는 현재의 사업과 공통성이 없는 다른 사업 분야로 진출하는 것이다.

45 경영이해능력 민츠버그의 경영자 역할 이해하기

| 정답 | ①

| 해설 | 김○○ 대표는 K 인더스트리의 주식 매각에 관하여 기업을 대표하여 양해각서에 서명하고, 이에 관한 대외 공표과정에서도 기업을 대표하여 기업의 입장을 전파하는 역할을 수행하고 있다. 이를 통해 김○○ 대표는 민츠버그의 경영자 역할 중 대인적 역할, 그중에서도 대표(Figure Head)의 역할을 수행하고 있음을 알 수 있다.

| 오답풀이 |

② 김○○ 대표가 언론을 통해 기업의 내부 정보를 외부에 전파하고 있다는 점에 관하여는 경영자의 정보적 역할, 그 중에서도 대변인(Spokesperson)의 역할을 수행하고 있다고도 볼 수 있으나, 이는 그전에 김○○ 대표가 주식을 매각하는 양해각서에 서명하는 역할도 수행한 것을 설명하지 못한다.

③ 기업가의 역할 중 문제해결자(Disturbance Handler)는 기업 내외에서 발생하는 기업에 관한 갈등과 문제를 해결하는 역할을 수행하는 것을 의미한다. 제시된 내용은 A 건설 주식을 매각하는 과정에서의 마찰 등의 갈등 상황을 제시하고 있지 않다.

④ 기업가의 역할 중 자원배분자(Resource Allocator)는 설정된 기업목표에 따라 기업이 보유한 자원을 기업 내부에 적절하게 배분하는 역할을 수행하는 것을 의미한다. 제시된 내용은 K 인더스트리가 보유한 주식 지분을 기업 외부에 매각하는 것이므로 적절하지 않다.

민츠버그의 경영자의 역할

대인적 역할	대표 (Figure Head)	조직의 법적 · 사회적 대표자
	리더 (Leader)	조직원과 관계 형성, 의사소통 및 동기부여
	연결 (Liaison)	공급자나 시민단체 등 이익집단과의 매개체 역할
정보적 역할	정보탐색자 (Monitor)	경영활동을 위한 내 · 외부 정보 수집
	정보보급자 (Disseminator)	외부의 정보를 기업 내부에 전파
	대변인 (Spokesperson)	기업 내부의 정보를 외부로 전달
의사 결정적 역할	기업가 (Entrepreneur)	기업의 성장과 발전에 기여하기 위한 경영활동을 선택하고 실행
	문제해결자 (Disturbance Handler)	기업 내외의 각종 갈등과 문제, 위기를 해결
	자원배분자 (Resource Allocator)	기업의 물적, 인적 자원 등을 적절하게 배분
	협상가 (Negotiator)	외부기업, 노동조합 등 기업 내외의 조직과 협의를 진행

46 경영이해능력 OKR 이해하기

|정답| ①

|해설| 제시된 글의 지난 분기 대비 신규 가입자의 목표치는 분기 단위로 성과를 관리하는 성과관리체계(OKR ; Object Key Result)를 도입한 결과이다. OKR은 설정한 결과를 달성하지 못하면 실패로 규정하도록 하여 지나치게 단기실적 달성에 연연하게 하는 업무구조를 유도하는 MBO의 결점을 보완하여, 정해진 목표를 달성하지 못하더라도 그 경과를 성과로 인정한다. 이를 위해서 OKR은 3개월 이내의 단기간에 달성 가능한, 구체적이고 행동지향적이면서 동시에 측정이 가능한 정량적 목표를 설정할 것을 요구한다.

47 업무이해능력 업무의 배분 과정 파악하기

|정답| ②

|해설| 일의 부문화는 업무의 성격에 따라 유사하거나 관계가 깊은 구성원들끼리 집단을 형성하여 관리하는 단계이다. 이는 조직에서 필요한 일이나 업무가 다를 시, 이를 기준으로 조직을 구성해야 한다는 '기능화의 원칙'에 해당한다.

48 업무이해능력 조직갈등 유형 파악하기

|정답| ④

|해설| 두 사람은 같은 일을 어떻게 진행할 것인지에 대해 갈등을 보이므로 과정갈등이 발생했다고 볼 수 있다.

조직 내 갈등원인에 따른 구분

직무갈등	직무목표나 직무내용과 관련된 갈등
관계갈등	직장 내 인간관계와 관련된 갈등
과정갈등	직무할당, 직무수행과 관련된 갈등

49 경영이해능력 경영 통제 이해하기

|정답| ③

|해설| 동시통제는 업무나 작업의 진행 과정상의 통제로 업무단위 또는 기간단위에 따라 수시로 통제한다. 따라서 미리 확보해 두는 정보 통제는 사전통제에 해당한다.

50 업무이해능력 회의 유형별 특징 이해하기

|정답| ③

|해설| 회의의 유형에서 실용 지향적인 사람은 자신의 직관과 판단이 강하여, 회의에서 자신의 주장으로 반대의견을 굴복시키려 하고, 의견 교환에 관심을 가지지 않는 경향을 보이며, 그 과정에서 다른 사람의 이야기를 다 듣지 않고 자의적인 결론 예측을 내리기도 한다. 이 경우 다른 사람의 의견을 모두 듣기 전까지 발언권을 제한하고, 다른 의견이 왜 나왔는지를 생각한 후 발언을 할 것을 요구해야 한다.

| 오답풀이 |

① 취향 지향적인 사람과의 회의에서의 유의사항에 해당한다. 취향 지향적인 사람은 자신이 관심 있어 하는 주제에 대해 몰입하여 이야기하는 과정에서 내용이 논점에서 이탈하게 된다는 문제가 있다. 이 경우 논점에서 벗어나 있음을 정확히 명시하면서 이야기를 끊고 논점에 집중하도록 해야 한다.

② 협조 지향적인 사람과의 회의에서의 유의사항에 해당한다. 협조 지향적인 사람은 분쟁이 발생하는 것을 회피하기 위해 자신의 의견을 계속해서 바꾸려는 경향을 보이며, 회의 후에는 자신의 주장을 제시하지 못해 불만을 가진다. 이 경우 회의 전에 판단 기준에 대해 정의하고, 결정을 내리기 전 이의를 제기할 기회를 제공해야 한다.

④ 저리스크 지향적인 사람과의 회의에서의 유의사항에 해당한다. 저리스크 지향적인 사람은 자신이 알지 못하는 영역에 대해서 비판적인 자세를 취하나 그에 대한 해결안을 내지 않는 문제가 있어, 무분별한 비판이 아닌 대안을 갖춘 반대의견을 제시할 것을 요구해야 한다.

5회 기출예상문제
문제 158쪽

01	②	02	①	03	④	04	③	05	③
06	②	07	④	08	③	09	③	10	③
11	④	12	④	13	①	14	②	15	③
16	④	17	①	18	④	19	④	20	②
21	①	22	④	23	②	24	②	25	③
26	④	27	④	28	②	29	④	30	④
31	①	32	②	33	②	34	③	35	②
36	④	37	④	38	②	39	④	40	①
41	②	42	①	43	④	44	②	45	③
46	③	47	③	48	②	49	④	50	③

01 문서이해능력 글의 주제 파악하기

| 정답 | ②

| 해설 | 제시된 글은 미국의 28대 대통령인 토머스 우드로 윌슨 대통령에 관한 일화이다. 그는 5분짜리 연설을 들려주기 위해서는 하루 정도 준비시간이 필요하며, 30분 정도의 연설일 때에는 3시간 정도의 준비시간이, 2시간 정도의 연설일 때는 준비시간 없이 당장 할 수 있다고 하였다. 따라서 설득력 있게 말을 하려면 짧은 시간일수록 더 많은 준비가 필요하다는 것이 적절한 주제이다.

02 의사표현능력 대화에서 요구하는 표현 파악하기

| 정답 | ①

| 해설 | ㉠에는 고객을 행위의 주체로 두는 문장이 들어가야 한다. '버스 타는 곳'의 주체는 버스를 타는 고객이지만 '버스 서는 곳'의 주체는 버스이다. 따라서 적절하지 않다.

03 문서이해능력 글의 교훈 파악하기

| 정답 | ④

| 해설 | 제시된 글은 꿀벌의 사례를 들며 집단적 의사결정의 장점에 대해 얘기하고 있다. 따라서 경험적 지식을 중시하는 내용인 ④는 적절하지 않다.

04 문서작성능력 한글맞춤법 이해하기

|정답| ③

|해설| 붙임 4에 따라 해외여행, 붙임 1에 따라 합격률로 적어야 한다.

|오답풀이|

① 한글맞춤법 제11항에 따라 이발소, 붙임 1에 따라 연이율로 적어야 한다.

② 붙임 2에 따라 신립 장군, 붙임 4에 따라 열역학으로 적어야 한다.

④ 한글맞춤법 제11항에 따라 유행가, 붙임 1에 따라 협력으로 적어야 한다.

05 문서작성능력 공문서 작성법 파악하기

|정답| ③

|해설| 공문서 작성법의 4가지 원칙은 다음과 같다.

1. 정확성 : 육하원칙에 의거해 내용을 작성하고 문장 부호 등을 맞춤법에 맞게 사용하여야 한다.

2. 용이성 : 읽는 사람이 누구라도 알기 쉽도록 작성하며 가급적으로 전문 용어나 어려운 한자는 피해야 한다.

3. 간결성 : 문장을 서술하고 나열하기보다는 반드시 필요한 항목을 구분하여 작성한다.

4. 경제성 : 용지와 서식을 통일하여 사용한다.

따라서 ③의 간결성에 대한 설명은 적절하지 않다.

06 문서작성능력 빈칸에 알맞은 단어 넣기

|정답| ②

|해설| ㉠ '생각', '감안', '고려'는 서로 유의어 관계이므로 모두 적절하다.

㉡ '운영'과 '경영'은 유의어 관계로 모두 적절하지만, '운용'은 '무엇을 움직이게 하거나 부리어 쓰다'라는 뜻으로 적절하지 않다.

㉢ '다른 것에 의지하여 존재하다'라는 뜻인 '의존'이 가장 적절하며, 유의어인 '의지' 또한 사용이 가능하다. 한편, '의뢰'는 '굳게 믿고 의지하다' 또는 '남에게 부탁하다'라는 뜻으로 적절하지 않다.

㉣ '보장'과 '보증'은 유의어 관계로 모두 적절하지만, '보존'은 '잘 보호하고 간수하여 남기다'라는 뜻으로 적절하지 않다.

따라서 빈칸에 적절한 단어를 모두 바르게 연결한 것은 ② 이다.

07 경청능력 듣기 태도 파악하기

|정답| ④

|해설| 〈사례〉에서 제시된 김 대리는 회의에 집중을 하지 못하고 불필요한 행동을 하는 모습을 보이고 있다. 따라서 김 대리에게는 상대방의 말에 집중하여 귀 기울이고, 적절한 반응을 보이는 것 등에 대해 조언해야 한다. 제시된 사례에서 김 대리가 상대방의 이야기에 숙고하지 않고 동의하는 모습은 보이지 않으므로 ④는 적절한 조언이라고 볼 수 없다.

08 문서작성능력 문단 배열하기

|정답| ③

|해설| 먼저 코로나19로 인한 '사회적 거리두기'의 장기화로 외로움을 호소하는 사람들을 위해 '반려견 입양'이라는 해결책을 제시하며 화제를 던지는 (라)가 맨 앞에 와야 한다. 그다음 실제로 '사회적 거리두기'로 인한 반려견 입양 문의가 부쩍 늘어난 상황과 반려견 입양을 하면 좋은 점에 대해 설명하고 있는 (나)가 오고, 반려견 입양의 장점을 부연해 설명하는 (다)가 이어져야 한다. 마지막으로 반려견 입양을 할 수 있는 기관에 대한 설명과 입양 문의 방법에 대해 알려 주고 있는 (가)가 와야 한다. 따라서 적절한 순서는 (라)-(나)-(다)-(가)이다.

09 문서작성능력 문맥에 맞는 어휘 사용하기

|정답| ③

|해설| (다)는 (나)에 이어 반려견 입양의 좋은 점을 부연하여 설명하고 있으므로 ㉢에는 '뿐만 아니라'가 들어가는 것이 적절하다.

|오답풀이|

① 공문서 작성요령에 따라 숫자는 아라비아 숫자로 표시해야 하므로, '031-8008-○○○○'로 표기해야 한다.

② '어떤 목적을 지닌 행위에 의하여 보람이나 좋은 결과가 드러나는 것'을 의미하는 '효과적'은 '效果的'으로 적어야 한다.

④ 신조어란 새로 만들어지거나 새로운 의미를 부여받은 단어로, 시대의 변화에 따라 새로운 것들을 교환하기 위해 형성된다.

10 문서이해능력 빈칸에 들어갈 문장 찾기

|정답| ③

|해설| 제시된 글에서 아버지는 아들에게 허세를 부리며 연기하기보다는 항상 스스로의 모습으로 진실되게 행동하며 배울 수 있는 것들은 모두 배우는 것이 지혜로워질 수 있는 방법이라는 이야기를 하고 있다. 따라서 '고통 없이는 얻는 것도 없다'는 의미의 ③은 적절하지 않다.

11 기초연산능력 나이 계산하기

|정답| ④

|해설| 2021년 지수 나이를 x세라 하면 어머니 나이는 $3x$세이다. 2016년에 어머니 나이는 지수 나이의 4배보다 2세가 많다고 했으므로 다음과 같은 식이 성립한다.

$3x-5=4(x-5)+2$

$3x-5=4x-18$

$x=13$

따라서 어머니와 지수 나이의 차이는 $3x-x=2x=2\times13=26$(세)이다.

12 기초연산능력 설탕물의 양 구하기

|정답| ④

|해설| 6% 설탕물의 양을 xg으로 두면, 13% 설탕물의 양은 $(350-x)$g이므로 다음 식이 성립한다.

$$\frac{6}{100}x+\frac{13}{100}(350-x)=\frac{9}{100}\times350$$

$6x+13(350-x)=9\times350$

$6x+13\times350-13x=9\times350$

$7x=1,400$ ∴ $x=200$(g)

13 기초연산능력 교집합 파악하기

|정답| ①

|해설| 두 동아리를 모두 가입하지 않은 학생의 수가 6, 7, 8명일 경우, 동아리에 가입한 최대 학생의 수가 14명, 13명, 12명이 되어 축구 동아리에 15명이 가입할 수 없게 된다. 따라서 두 동아리를 모두 가입하지 않은 학생의 수가 4명일 경우와 5명일 경우를 나누어 계산해 본다.

• 두 동아리를 모두 가입하지 않은 학생의 수가 4명일 경우
  : 두 동아리 중 한 곳이라도 가입한 학생의 수는 20-4=16(명)으로, 두 동아리에 모두 가입한 학생의 수는 15+12-16=11(명)이다.

• 두 동아리를 모두 가입하지 않은 학생의 수가 5명일 경우
  : 두 동아리 중 한 곳이라도 가입한 학생의 수는 20-5=15(명)으로, 두 동아리에 모두 가입한 학생의 수는 15+12-15=12(명)이다.

따라서 A는 11명, B는 12명이므로 B-A는 1명이다.

14 기초연산능력 수의 규칙 찾기

|정답| ②

|해설|

따라서 '?'에 들어갈 숫자는 90×3-4=266이다.

15 기초통계능력 합격률 구하기

|정답| ③

|해설| 기술직 지원자와 사무직 지원자의 비는 7 : 4이므로 각각 $7x$명, $4x$명, 합격자 중 기술직과 사무직의 비는 11 : 3이므로 각각 $11y$명, $3y$명, 불합격자 중 기술직과 사무직의 비는 3 : 5이므로 각각 $3z$명, $5z$명으로 둔다. 기술직의 합격률은 $\frac{11y}{7x}$이므로 x와 y의 관계식을 구하기 위해 다음과 같이 식을 정리한다.

$$\begin{cases}7x=11y+3z \\ 4x=3y+5z\end{cases} \quad \begin{aligned}35x=55y+15z \\ 12x=9y+15z\end{aligned}$$

$23x=46y$

$\therefore x = 2y$

따라서 $\dfrac{11y}{7x} = \dfrac{11y}{14y} = \dfrac{11}{14}$ 이다.

16 기초통계능력 평균·중앙값·표준편차 구하기

|정답| ②

|해설| A 팀의 점수를 크기순으로 나열하면 19, 22, 24, 31, 37, 41, 48, 50이므로 중앙값은 $\dfrac{31+37}{2} = 34$(점)이다. A 팀의 평균은 $\dfrac{31+50+48+24+19+37+41+22}{8}$ $= 34$(점)이므로 A 팀의 평균과 중앙값은 같다.

|오답풀이|

① B 팀의 평균은 $\dfrac{40+36+35+31+50+25+46+17}{8}$ $= 35$(점)이므로 B 팀의 평균이 더 높다.

③ A 팀의 분산이 $\{(31-34)^2+(50-34)^2+(48-34)^2+(24-34)^2+(19-34)^2+(37-34)^2+(41-34)^2+(22-34)^2\} \div 8 = 123.5$이므로 표준편차는 $\sqrt{123.5}$ 이다.
B 팀의 분산이 $\{(40-35)^2+(36-35)^2+(35-35)^2+(31-35)^2+(50-35)^2+(25-35)^2+(46-35)^2+(17-35)^2\} \div 8 = 101.5$이므로 표준편차는 $\sqrt{101.5}$ 이다.
따라서 A 팀의 표준편차가 더 크다.

④ B 팀의 점수를 크기순으로 나열하면 17, 25, 31, 35, 36, 40, 46, 50이므로 중앙값은 $\dfrac{35+36}{2} = 35.5$(점)이다. 따라서 B 팀의 중앙값이 더 높다.

17 기초통계능력 지각할 확률 구하기

|정답| ①

|해설| A가 수요일에 지각할 확률은 비가 오고 지각을 할 확률과, 비가 오지 않고 지각을 할 확률의 합이다. 수요일에 비가 올 확률을 계산하면 다음과 같다.

• 월요일 비O – 화요일 비O – 수요일 비O : $0.4 \times 0.4 = 0.16$

• 월요일 비O – 화요일 비× – 수요일 비O : $0.6 \times 0.3 = 0.18$

수요일에 비가 올 확률은 $0.16+0.18 = 0.34$이고, 비가 오지 않을 확률은 $1-0.34 = 0.66$이다. 따라서 수요일에 A가 지각할 확률은 $0.34 \times 0.7 + 0.66 \times 0.1 = 0.238 + 0.066 = 0.304$이다.

18 도표분석능력 자료의 수치 분석하기

|정답| ④

|해설| 20X7년 아파트에 거주하는 가구의 비중은 $\dfrac{9,671}{19,674} \times 100 ≒ 49.2$(%)로 50% 미만이다.

19 기초연산능력 자료의 수치 계산하기

|정답| ④

|해설| ㄴ. 경기도에 위치한 □□아파트에 사는 김나라 씨의 12월 도시가스 요금은 $\{850+(2,412 \times 16.22)\} \times 1.1 = 43,969.904$이므로, 최종 요금은 43,000(원)이다.

ㄷ. 광주에서 단독주택에 사는 나대한 씨의 12월 도시가스 요금이 70,000원이고, 취사용과 난방용의 사용량이 동일하다고 하였으므로 취사용 도시가스 사용량을 x라고 하면 다음과 같이 식을 세울 수 있다.
$\{750+(15.83 \times 2x)\} \times 1.1 ≒ 70,000$(원)
$\therefore x ≒ 1,986.3\cdots$
따라서 취사용으로 1,900MJ 이상 사용하였다.

|오답풀이|

ㄱ. 서울에 위치한 ○○회사의 12월 도시가스 요금을 계산하면 $(1,700 \times 16.20) \times 1.1 = 30,294$(원)이므로, 최종 요금은 30,000(원)이다.

20 도표분석능력 비율 계산하기

|정답| ②

|해설| ㄱ. 전일 대비 확진자 증감이 가장 큰 국가는 658명이 증가한 D 국가이나, 확진자 수 비율이 가장 큰 국가는 0.52%의 A 국가이다.

ㄹ. A 국가의 Q 바이러스 감염증 사망률은 $\dfrac{401}{6,830} \times 100$ ≒ 5.9(%)로 5% 이상이다.

| 오답풀이 |

ㄴ. B 국가의 Q 바이러스 감염증 사망률은 $\frac{36}{5,921} \times 100$ ≒ 0.6(%)이다.

ㄷ. C 국가의 인구수를 x명이라 하면

$$\frac{5,640}{x} \times 100 = 0.43$$

$$x = \frac{5,640}{0.43} \times 100 ≒ 1,311,628(명)이다.$$

21 문제처리능력 문제의 유형 파악하기

| 정답 | ①

| 해설 | (A)는 미래지향적으로 새로운 목표를 설정함에 따라 나타나는 목표지향적인 설정형 문제에 해당한다. (B)는 불만이 야기된, 즉 이미 눈앞에 문제가 발생한 것으로 원상 복귀가 필요한 발생형 문제에 해당한다. (C)는 현재는 눈에 보이지 않으나 방치하면 후에 큰 손실이 따르는 문제를 말하며 조사나 분석을 통해 찾을 수 있는 탐색형 문제에 해당한다.

22 사고력 논리적 오류 추론하기

| 정답 | ④

| 해설 | 청정한 시골을 고속도로로 뒤덮지 말자는 A의 말은 지나친 개발을 하지 말자는 것인데, B는 아예 고속도로를 놓지 말자는 말이냐며 그럼 어떻게 통행을 하냐는 식으로 논점에서 벗어난 왜곡된 반론을 하고 있다. 이는 허수아비 공격의 오류를 범하고 있는 것으로, 이와 같은 오류를 범하고 있는 것은 ④이다.

| 오답풀이 |

① 많은 사람의 선호나 인기를 이용하여 자신의 주장을 정당화하는 대중(여론)에 호소하는 오류이다.

② 부적합한 사례나 제한된 정보를 근거로 한 주장을 일반화하는 성급한 일반화의 오류이다.

③ 주장하는 논리와는 관계없이 상대방의 인격을 손상하며 주장이 틀렸다고 비판하는 인신공격의 오류이다.

23 사고력 휴가 순서 추론하기

| 정답 | ②

| 해설 | 10일에 대한 정승이와 민석이의 의견이 서로 엇갈리므로 둘 중 한 명이 거짓을 말하고 있는 경우로 나누어 생각하면 다음과 같다.

ⅰ) 정승이 거짓을 말하는 경우

정승이의 말이 거짓이므로, 정승이는 10일에 휴가를 가지 않았고, 종호는 13일에 휴가를 가지 않았다. 민석이의 말이 진실이므로 민석이는 10일에, 윤석이는 13일에 휴가를 다녀왔다. 윤석이의 말이 진실이므로 윤석이는 13일에, 정승이는 14일에 휴가를 다녀왔다. 종호의 말이 참이므로, 종호는 14일 이후에 휴가를 다녀왔다. 이를 표로 정리하면 다음과 같다.

민석	윤석	정승	종호
10일	13일	14일	14일 이후

ⅱ) 민석이 거짓을 말하는 경우

민석의 말이 거짓이므로, 민석이는 10일에 휴가를 가지 않았고, 윤석이는 13일에 휴가를 가지 않았다. 정승이의 말이 진실이므로 정승이는 10일에, 종호는 13일에 휴가를 다녀왔다. 종호의 말이 진실이므로 윤석이와 정승이는 13일 이전에 휴가를 다녀와야 한다. 윤석이의 말이 진실이므로 윤석이는 9일에 휴가를 다녀왔다. 민석이가 휴가를 다녀온 날에 대해서는 알 수 없다. 이를 표로 정리하면 다음과 같다.

윤석	정승	종호	민석
9일	10일	13일	알 수 없음.

따라서 선택지 중 가능한 조합은 ②가 유일하다.

24 사고력 창조적 사고 이해하기

| 정답 | ②

| 해설 | 〈보기〉는 창조적 사고(창의적 사고)와 연관된 내용이다. 창조적 사고란 문제 해결과 혁신의 중요한 요소 중 하나이다. 하지만 창조적 사고를 하는 것은 쉽지 않으며, 이러한 사고력이 부족할 시 답답하고 때로는 커리어나 개인적인 삶에 있어서 앞서 나아가지 못할 수도 있다. 창조적 사고를 키울 수 있는 방법은 다음과 같다.

1. 폭넓은 독서하기

2. 다른 사람과 협동하며 일해 보기

3. 색다르고 새로운 사람들을 만나서 이야기해 보기

4. 도전 정신을 자극하지 않거나 이미 알고 있던 것, 생각 했던 것을 반복하는 일은 피하기

5. 창의력을 자극할 수 있는 장소에 가기

6. 자연 속에서 시간을 보내 보기

7. 실패를 포용하기

8. 마인드맵을 만들어 아이디어를 펼치고 시각화하기

9. 생각을 할 수 있도록 혼자만의 시간 가지기

10. 열린 마음을 가지도록 노력하기

11. 손이나 머리를 써서 새로운 것 만들기

12. 기존의 틀에 박힌 시각과 방식에서 벗어나 문제를 새로 운 시각에서 바라보기

13. 창의성과 생산성을 구분하기

14. 일하기 전과 일하는 도중에 따로 생각할 시간 만들기

15. 능률이 가장 높은 시간대에 일하기

16. 창의성을 자극해 주는 체계적이고 질서정연하지 않은 업무 환경 만들기

17. 창의적인 아이디어를 낼 시간을 따로 가지되, 시간을 정해 두지는 않기

18. 체계와 반복을 지양하기

19. 시간적 한계, 물질적 한계를 즐기기

25 사고력 **진위 여부 파악하기**

| 정답 | ③

| 해설 | 갑과 을이 진실을 말하는 경우를 나누어 생각하면 다음과 같다.

• 갑이 진실을 말하는 경우 : 갑, 정, 무는 진실, 을, 병은 거짓을 말하며 무가 9호선을 이용해 보았다.

• 을이 진실을 말하는 경우 : 9호선은 병이 이용해 봤으며, 을, 병은 진실, 갑, 정, 무는 거짓을 말한 것이 된다.

3명이 거짓말을 하고 있다고 했으므로 을과 병이 진실을 말하고 있으며, 9호선을 이용해 본 사람은 병이다.

26 문제처리능력 **조건에 따라 용적률 계산하기**

| 정답 | ④

| 해설 | 용적률은 대지면적 대비 연면적의 비율이고 연면적은 지하층과 주차장으로 사용되는 층의 면적을 제외한 각층의 면적의 합으로, 〈보기〉의 건물들의 용적률을 구하면 다음과 같다.

• ㄱ : $\dfrac{700 + 600 + 400}{1,000} = 170(\%)$

• ㄴ : $\dfrac{500 \times 3}{1,000} = 150(\%)$

• ㄷ : $\dfrac{700 + 500}{800} = 150(\%)$

따라서 A시의 제2종 전용주거지역의 용적률 기준에 따라 허용되는 건물은 ㄴ과 ㄷ이다.

27 사고력 **논리적 사고의 요소 알기**

| 정답 | ④

| 해설 | 상대 논리의 구조화는 자신의 논리로만 생각하다 독선에 빠지지 않기 위해 필요한 논리적 사고의 요소이다. 따라서 김 사원이 놓치고 있는 논리적 사고의 요소는 상대 논리의 구조화이다.

| 오답풀이 |

① 타인에 대한 이해는 상대의 주장에 반론을 제시할 때, 상대 주장의 전부를 부정하지 않기 위해 필요한 논리적 사고의 요소이다.

② 구체적인 생각은 상대가 말하는 것에 대해 잘 알 수 없을 때 구체적으로 생각해 보기 위해 필요한 논리적 사고의 요소이다.

③ 생각하는 습관은 논리적 사고에 있어서 가장 기본적인 요소로, 언제 어디서나 의문을 가지고 계속해서 생각해 보는 습관을 들이는 것이다.

28 문제처리능력 **방한용품 세트 포장하기**

| 정답 | ②

| 해설 | 직원 1명은 휴식 시간까지 합쳐 40분에 6세트씩 포장할 수 있다. 180(분)=40(분)×4+20(분)이므로 3시간 동안 작업할 수 있는 부서의 직원은 160분 동안 6(세트)×4

=24(세트)를, 나머지 20분 동안 4개의 세트를 완성해 총 28세트를 완성할 수 있다. 2시간 동안 작업이 가능한 부서의 직원은 120(분)=40(분)×3이므로 총 6(세트)×3=18 (세트)를 완성할 수 있다. 따라서 총 28(세트)×(4+1+1+2)(명)+18(세트)×2(명)=260(세트)를 완성할 수 있다.

29 문제처리능력 조건에 따라 계산하기

| 정답 | ④

| 해설 | 하루 최대 투입가능한 근로자 수는 1,000명이므로 가, 나, 다 선박의 건조는 동시에 진행할 수 있다. 가 선박은 건조가 5일 동안 진행되고 가 선박을 건조하던 200명이 작업 후 다른 선박을 건조할 수 없으므로 가 선박을 반복하여 20일까지 진행해 총 4척을 건조할 수 있다. 이와 마찬가지로 선박 나, 다는 동일 선박 종류를 반복하여 건조하면 각각 2척씩 건조할 수 있다. 따라서 선박 가, 나, 다를 건조하는 경우에는 600+400+800=1,800(억 원)의 수익을 얻고 총 8척을 건조한다.

30 문제처리능력 반응식 이해하기

| 정답 | ④

| 해설 | 질소와 수소가 반응하여 암모니아를 생성하는 반응으로 반응물과 생성물을 구분하여 표시하면 $N_2 + H_2 \rightarrow NH_3$으로 표시할 수 있다. 그다음으로 원자의 종류와 수가 같아지도록 계수를 구해야 하는데 먼저 질소의 수를 맞추면 $N_2 + H_2 \rightarrow 2NH_3$가 된다. 이때 생성물에서 수소 원자의 개수는 6개가 되므로 반응물에서도 그 수를 맞춰 주면 수소 분자의 계수는 3이 된다. 따라서 질소 기체와 수소 기체가 반응하여 암모니아 기체가 생성되는 화학 반응식을 쓰면 $N_2 + 3H_2 \rightarrow 2NH_3$이 된다.

31 자원관리능력 자원의 특성 파악하기

| 정답 | ①

| 해설 | 자원의 희소성은 인간의 욕망과 관련된 특성으로, 인간의 욕망을 충족해 줄 자원이 질적·양적으로 한정되어 있거나 부족한 상태를 말한다. 이러한 희소성은 시대와 장소에 따라 다르게 나타나는데, 어떤 재화는 인간의 욕구

보다 존재량이 많아서 아무런 대가를 지불하지 않고도 얻을 수 있는 반면에 어떤 재화는 희소성이 존재하여 반드시 대가를 지불해야만 얻을 수 있다. 문제의 〈사례〉에서 원주민들에게 금과 보석 등은 유럽인들이 건네준 물건과 비교했을 때 흔한 물건이어서 그들의 욕구보다 존재량이 많아 교환 가치가 낮았고, 당시 구하기 어려웠던 자원인 유럽인들의 물건과 보석의 교환은 원주민들에게 있어 손해 보는 장사는 아니었다.

32 물적자원관리능력 재고 관리 유형 이해하기

| 정답 | ②

| 해설 | 예상재고는 불규칙한 수요와 공급에 대응하기 위한 재고로, 제품 수요에 계절성이 있고 예측 가능하면 예상재고를 비축한다.

| 오답풀이 |

① 수송재고에 대한 설명으로 리드타임이 길거나 주당 수요가 높을수록 수송재고량은 더 많아진다.

③ 안전재고에 대한 설명으로 제품 수요, 리드타임, 부품 공급 등의 불확실성에 대처하기 위한 여유분을 말한다.

④ 주기재고에 대한 설명으로 리드타임이 길수록 주기재고의 양은 커진다.

33 인적자원관리능력 직무설계 방법 이해하기

| 정답 | ②

| 해설 | 〈사례〉에서 설명하는 직무설계 방법은 직무전문화로, 한 작업자가 하는 여러 공정의 일을 분업화시키는 것을 말한다. 작업을 세분화하여 진행하기 때문에 근로자의 입장에서는 작업 결과에 대한 책임 부담이 적다.

보충 플러스+

직무전문화의 장점과 단점

구분	회사	근로자
장점	• 작업자의 선발과 훈련이 용이함. • 단순·반복 작업으로 대량생산이 가능함. • 높은 생산성 • 숙련공이 필요 없어 노무비가 저렴함. • 작업의 관리가 용이함.	• 작업 결과에 대한 책임 부담이 적음. • 특별한 직무교육이 필요 없음. • 미숙련공의 취업이 용이함.

단점	• 제품 전체에 대한 책임 규명이 어려움. • 작업자의 불만으로 이 직, 지각, 결근, 고의적 인 생산지체 등의 문제 발생	• 반복 작업으로 인한 피로감 • 세분화된 작업으로 인해 만족을 느끼기 힘들며, 보다 좋은 직무를 수행할 기회가 적음. • 능력을 발휘할 기회가 적음. • 동료작업자 간 인간관계 형성 기회가 줄어듦.

34 물적자원관리능력 제품 등급 산정하기

| 정답 | ③

| 해설 | 〈정보〉에 따라서 A, B, C, D의 각 제품의 탄소함유량을 구하면 다음과 같다.

• A : $0.625 \times 1,000(g) \times 0.006(g) = 3.75(g) \to$ 최우수
• B : $0.625 \times 1,200(g) \times 0.014(g) = 10.5(g) \to$ 보통
• C : $0.625 \times 800(g) \times 0.0085(g) = 4.25(g) \to$ 우수
• D : $0.625 \times 1,500(g) \times 0.02(g) = 18.75(g) \to$ 미달

따라서 제품의 등급이 '우수'인 제품은 C이다.

35 인적자원관리능력 인사자원관리의 기능 알기

| 정답 | ②

| 해설 | 확보관리는 필요한 인적 자원을 모집하고 이를 배치하는 인력충원의 과정이다.

| 오답풀이 |

① 직장 내 훈련(OJT ; On the Job Training)을 실시하는 것은 인사자원관리의 육성개발 관리 기능에 해당한다.

③ 입사 전 건강검진 등의 복지후생은 인사자원관리의 처우보상 관리 기능에 해당한다.

④ 출퇴근 선택 시간제는 근로조건의 개선에 관한 사항으로 인사자원관리의 유지관리 기능에 해당한다.

36 시간관리능력 양적 시간과 질적 시간 이해하기

| 정답 | ④

| 해설 | 크로노스(Chronos)는 해가 뜨고 지는 시간, 공전과 자전을 통해 일정하게 흐르고 모두에게 동일하게 부여되는

양적 시간을 의미한다. 그리고 카이로스(Kairos)는 다가오는 것은 쉽게 움켜쥘 수 있지만 지나가버리면 그 뒤로는 잡을 수 없는 '기회'를 사람의 모습으로 비유한 신으로, 어떻게 사용하는지에 따라 가치가 달라지는 시간의 개념에 관한 질적 시간을 의미한다.

37 인적자원관리능력 인사관리 이해하기

| 정답 | ④

| 해설 | 인사부서는 '목적적 차원'에서 기업의 전략 센터로서의 기능을 수행해야 할 필요성이 있고, '구조적 차원'에서는 서비스 센터와 같이 종업원을 관리의 대상이 아닌 지원의 대상으로 의식하는 변화가 필요하며, '기능적 차원'에서는 사업 센터와 같이 인사부서를 더 이상 관리부서가 아닌 기업 내·외부로 부가가치를 창출하는 역할을 수행해야 한다.

| 오답풀이 |

① (가)는 행정전문가의 역할로 일상적으로 일어나는 인사 업무를 효율적으로 수행하는 전문가로서 불필요한 비용을 제거하고, 직무를 잘 수행할 수 있는 방법을 찾는 활동을 그 목표로 한다. 대표적인 활동으로는 일상적 인적자원관리의 지원, 지원서비스의 가치 극대화, 효율적 하부구조 설계, 하부구조 개선·리엔지니어링 및 하부구조의 효율적 운영 등이 있다.

② (나)는 근로자 대변인의 역할로 종업원들의 요구를 이해하고 구성원들의 고충을 처리하기 위해 노력하며, 종업원에 대한 기대를 홍보하는 등 근로자의 대변인이면서도 조력자로서의 활동을 수행한다. 대표적인 활동으로는 인간관계관리, 커미트먼트, 사기향상, 고충 처리, 구성원 문제 경청, 욕구충족, 필요자원의 조달 등이 있다

③ (다)는 전략적 파트너의 역할로 인사관리자의 역할이 개별 업무보다는 회사 전체 전략에 맞춰지는 단계로서, 조직체의 경영전략 형성과정에 적극 참여하고 기업의 전략수립과 인적자원전략을 통합시키는 활동을 하게 된다. 대표적인 활동으로는 경영이념 정립 과정에 참여, 전략수립 및 수립 과정에 참여, 조직진단, 조직설계, 사업전략과의 연계 등이 있다. (라)는 변화담당자의 역할로 기업 내외부의 변화를 민감하게 포착하여 변화와 혁신을 촉진시키고 종업원의 사기·기업 문화·조직 활성화 및 조직유효성 제고를 위한 변화관리자로서의

활동을 수행하는 것을 말한다. 대표적인 활동으로는 변화주도, 변화촉진, 변화전시, 조직개발·변화관리, 조직문화개발·관리 등이 있다.

38 인적자원관리능력 승진 규정 이해하기

| 정답 | ②

| 해설 | 〈○○기업 승진 규정〉에 따르면 승진을 위한 평가 항목으로 경력, 근무 성적, 연수 성적이 있으며, 그 중에서 경력과 근무 성적의 비중이 높음을 알 수 있다. 이를 통해 ○○기업은 승진에 있어서 경력의 누적 정도와 근무 성적 평정을 통해 판단할 수 있는 업무의 숙련도를 중시하고 있음을 추론할 수 있다.

| 오답풀이 |

①, ③ 성별, 잠재능력에 관련한 평가항목은 찾아볼 수 없다.

④ 연수 성적을 통해 사원들의 학습능력을 평가할 수 있지만 비중이 낮으므로 가장 중요하다고 볼 수 없다.

39 인적자원관리능력 우수 직원 선정하기

| 정답 | ④

| 해설 | 세 번째 조건에서 업무 성과 점수가 70점 미만인 직원은 선정될 수 없다 했으므로 B는 제외한다. 나머지 세 명의 점수를 모두 합한 결과는 다음과 같다.

- A : $(75 \times 0.4) + (85 \times 0.3) + (90 \times 0.3) = 30 + 25.5 + 27$ $= 82.5$(점)
- C : $(80 \times 0.4) + (90 \times 0.3) + (75 \times 0.3) = 32 + 27 + 22.5$ $= 81.5$(점)
- D : $(75 \times 0.4) + (80 \times 0.3) + (100 \times 0.3) = 30 + 24 + 30$ $= 84$(점)

따라서 가장 높은 점수를 받은 D가 우수 직원으로 선정된다.

40 예산관리능력 직접비용과 간접비용 파악하기

| 정답 | ①

| 해설 | • 직접비용에 해당하는 것 : 시설비, 재료비, 인건비, 건물 임대료 등

• 간접비용에 해당하는 것 : 보험료, 광고비, 통신비, 건물 관리비 등

41 체제이해능력 조직목표와 개인목표의 통합모형 파악하기

| 정답 | ②

| 해설 | 조직목표와 개인목표를 통합시키는 모형은 다음과 같다.

교환 모형	조직이 개인의 목표 성취에 도움이 되는 유인을 개인에게 제공하고 개인은 그것에 대한 대가로 시간과 노력을 조직의 목표달성에 제공한다.
교화 모형	개인으로 하여금 조직의 목표에 도움이 되는 행동을 가치 있는 것으로 생각하게 하고, 그렇지 않은 행동을 가치가 없는 것으로 생각하도록 유도한다.
수용 모형	조직이 목표를 수립하고 목표의 달성 방법 및 절차를 결정할 때 개인의 목표를 고려하고 이를 수용한다.

따라서 교화 모형에 해당하는 것은 ②이다.

| 오답풀이 |

①, ③ 교환 모형에 해당한다.

④ 수용 모형에 해당한다.

42 체제이해능력 사회 집단의 유형 구분하기

| 정답 | ①

| 해설 | 〈사례〉 속 조직들은 사회 집단의 유형 중 구성원 간 접촉 방식에 따라 나뉘는 1차 집단과 2차 집단으로, 구성원의 결합 의지에 따라 공동 사회와 이익 사회로 나눠질 수 있으며 그 예시들은 다음과 같다.

구분	공동 사회	이익 사회
1차 집단	가족, 친족, 촌락 공동체	자발적 결사체 (동호회 : 1차 집단적 성격)
2차 집단		회사, 정당

따라서 회사는 2차 집단에 속하고, 자발적 결사체인 동호회는 1차 집단에 속한다.

| 오답풀이 |

② 1차 집단이자 공동 사회인 가족은 그 가입과 탈퇴가 자유롭지 못하다.

③ 회사는 이익 사회이고 가족은 공동 사회다.

④ 동호회와 회사 모두 이익 사회다.

문화 적응	문화 대면 단계에서 겪은 순간들을 통해 외국 문화와 자국 문화 간의 차이를 깨닫고 인정하면서 다른 새로운 문화에 적응한다. 문화 차이에서 오는 우울함을 해소하는 방법을 터득하며 문화를 조금씩 자연스럽게 즐기게 된다.
문화 순응	다양한 사람들과 교류하며 문화가 인간의 삶에 미치는 영향을 조금 더 깊게 이해하게 된다. 외국의 다양한 문화적 지식에 대해 습득하며 새로운 국가의 가치, 관습, 신념들을 관찰하고 이해할 수 있는 사고의 폭이 넓어진다.

43 업무이해능력 리더십 이해하기

|정답| ③

|해설| 유능한 리더의 6가지 원칙은 다음과 같다.

1) 성숙한 판단력을 가지고 의사결정을 한다.

2) 명확한 목표와 비전을 제시한다.

3) 말과 행동을 일치시킨다.

4) 팔로워십을 보여 준다.

5) 구성원을 신뢰하고 동기를 부여한다.

6) 스스로의 리더십을 평가하고 되돌아본다.

좋은 리더십을 가진 리더는 구성원들에게 긍정적인 동기부여를 하여 구성원들이 업무에 열의를 가지고 더욱더 노력하게 만들어 큰 성과를 얻을 수 있게 한다. 성공적인 동기부여를 위해서는 지속적인 커뮤니케이션이 이루어져야 하고, 직원을 공정하게 평가해야 하며, 명확한 목표를 설정해야 한다. 따라서 제시된 단계는 '5) 구성원을 신뢰하고 동기를 부여한다'에 해당한다.

44 국제감각능력 문화적응의 단계 이해하기

|정답| ②

|해설| 제시된 사례에서의 김민국 대리는 시에스타 문화를 가지는 S국에 대해 낯섦을 느끼며 혼란과 불만을 겪고 있다. 따라서 이는 문화적응의 단계 중 문화 대면 단계이다.

보충 플러스+

문화적응의 4단계

허니문	외국에 도착해서 가장 처음 느끼는 감정으로, 다른 문화에 대한 기대와 흥분이 지배적이다. 자신이 속해 있던 사회와 다른 모습이 전반적으로 신기하고 긍정적으로 보인다.
문화 대면	허니문 시기의 흥분이 가라앉고 외국에서의 문화적인 차이들이 개인의 삶에 직접 개입됨에 따라 혼란과 불만의 순간들이 지속된다. 향수병으로 인해 우울해지기도 한다.

45 체제이해능력 조직의 특징 이해하기

|정답| ③

|해설| ◇◇사는 정보통신기술의 발달로 인한 전자상거래를 주로 이용하고 있다. 이처럼 정보기술을 바탕으로 하는 조직은 사회적, 공간적 거리 등을 축소시켜 조직의 생산과 관리에 네트워크적 결합을 이용하여 유연하고 새로운 시스템이 가능해진다. 그러나 ◇◇사처럼 다수 협력사들과의 네트워크 연결을 통한 결합에 의존할수록 거대한 단일조직이 아닌 소규모 독립조직이 많이 나타나서 조직이 보다 분권적이며 중심부의 통제력이 약해진다는 특징이 있다.

46 경영이해능력 조직의 의사결정과정 이해하기

|정답| ③

|해설| 조직 내의 기존 해결방법 중에서 당면한 문제의 해결방법을 찾는 것은 설계과정이 아닌 탐색과정이다. 설계과정은 이전에는 없었던 새로운 문제에 대한 해결안을 적절한 의사결정기법을 통해 찾는 것을 의미한다.

|오답풀이|

① 조직의 의사결정은 개인의 의사결정에 비해 복잡하고 신속하게, 또 불확실한 환경에서 이루어져야 할 때가 많다.

④ 해결안을 선택하는 선택단계에서 토의와 교섭에 의한 집단의사결정 과정 중 의견이 불일치하는 경우 의사결정을 내리는 데 많은 시간이 소요되므로 긴급한 사항에 관한 의사결정은 의사결정권자의 판단에 따르는 것이 효율적이다.

보충 플러스+

조직의 의사결정 과정 단계
(1) 확인단계
　의사결정이 필요한 문제를 인식하여 진단한다. 일반적으로 다양한 문제를 리스트한 후 주요 문제를 선별하거나 문제의 증상을 리스트한 후 증상의 근본 원인을 찾는다.
(2) 개발단계
　확인된 주요 문제나 근본 원인에 대한 해결방안을 모색한다. 다음과 같이 두 가지 과정으로 나눌 수 있다.
　• 탐색과정 : 문제의 해결방법을 조직 내 기존 해결방법 중에서 찾는 방법
　• 설계과정 : 기존에 없었던 새로운 문제에 대한 해결방법을 새롭게 설계하는 방법
(3) 선택단계
　개발한 해결방안에서 실행 가능한 해결안을 선택하고 공식적 승인 절차를 거친 후 실행한다. 의사결정권자의 판단, 다양한 기법을 활용한 분석, 이해관계집단의 토의 및 교섭 등을 통해 선택된다.

47 경영이해능력 경영자의 역할 파악하기

| 정답 | ③

| 해설 | ㉠ 계획(planning)은 경영자가 목표를 설정하고 달성하기 위한 행동의 순서와 방법을 결정하는 과정이다. 계획은 기업의 경영목표를 세우고 이를 달성하기 위한 가장 좋은 방안을 찾는 활동이며 환경변화에 대한 예측을 바탕으로 미래에 대한 기업의 전반적인 방향을 설정하고 조직 목표를 달성하는 데 필요한 자원을 확보하여 효과적인 과업활동을 결정하는 데 그 목적이 있다.
㉡ 조직화(organizing)는 조직구성원이 조직의 목표를 달성할 수 있도록 조직의 업무와 권한, 자원들을 배치하고 조정하는 과정이다. 조직화 과정은 어떤 업무가 이루어져야 하고 누가 그것을 수행할 것인지, 업무는 어떻게 분류하고 의사결정은 어디에서 이루어지는가에 관해 다루는 활동이다.
㉢ 지휘(leading)는 조직구성원들이 업무를 수행할 때 끊임없이 자극을 주어 동기를 유발하는 과정으로 조직구성원들이 조직의 목표를 달성하도록 경영자가 영향력을 행사하는 것이다. 경영자는 지휘활동을 통해 공통의 비전과 활동 방향을 제시하여 구성원들에게 동기를 부여하고 조직구성원 간에 의사소통이 원활하게 이루어지도록 하여 구성원 간의 갈등을 해소할 수 있어야 한다.

㉣ 통제(controlling)는 일의 성과를 측정하고 초기에 수립된 조직 목표와 실제 결과를 비교하여 필요한 행동을 취하는 과정이다. 조직구성원들이 제시된 목표를 어떻게 수행하였는가를 측정하고 목표와 비교하여 필요 시에는 수정방안을 강구하는 것이다.
따라서 ㉠ ～ ㉣에는 차례대로 계획, 조직화, 지휘, 통제가 들어가야 한다.

48 체제이해능력 조직문화 유형 이해하기

| 정답 | ②

| 해설 | (a)는 '혁신 지향문화'로 외부환경에 대한 적응과 변화를 특징으로 하는 문화이며 경영환경변화에 적응하기 위해 조직변화와 혁신을 중시하고 창의성과 도전정신에 가치를 둔다. 따라서 해당 회사에 다니는 사람은 B이다.

| 오답풀이 |

① A는 (d) 관계 지향문화가 나타나는 회사에 다니고 있다.
③ C는 (c) 위계 지향문화가 나타나는 회사에 다니고 있다.
④ D는 (b) 과업 지향문화가 나타나는 회사에 다니고 있다.

49 체제이해능력 조직문화의 문제점 파악하기

| 정답 | ④

| 해설 | C가 다니는 회사의 조직 문화는 '위계 및 균형 지향문화'로 내부조직의 통합과 안정성을 지향하는 문화이다. 분명한 위계질서 및 명령계통과 기존의 질서와 규칙을 중시하는 문화로, 이 조직문화가 비대화되었을 때 나타날 수 있는 문제점은 규정만능주의, 토론 문화의 부재, 관료주의 등이 있다.

50 경영이해능력 JIT 생산시스템 이해하기

| 정답 | ③

| 해설 | 적시생산시스템(JIT ; Just In Time)에 대한 설명이다. 이 생산방식은 생산과정이 유연한 제품에 적용할 수 없다. 생산되는 제품이나 과정이 반드시 비슷해야 하며 옵션 역시 매우 한정될 수 있다.

6회 기출예상문제

문제 186쪽

01	④	02	③	03	②	04	②	05	④
06	②	07	④	08	④	09	③	10	④
11	③	12	③	13	④	14	④	15	①
16	④	17	②	18	①	19	③	20	④
21	③	22	③	23	④	24	③	25	④
26	③	27	③	28	②	29	③	30	④
31	④	32	③	33	③	34	②	35	④
36	③	37	①	38	③	39	①	40	②
41	④	42	④	43	③	44	①	45	②
46	①	47	④	48	①	49	③	50	③

---

01 문서이해능력 글의 세부 내용 이해하기

| 정답 | ④

| 해설 | 두 번째 문단을 보면 전체 내용의 약 65%는 〈W 백과사전〉에서 최신 연구 자료 위주로 골라 실었다고 하였다. 즉, 전체 분량의 약 $\frac{2}{3}$ 는 기존 자료를 활용하였음을 알 수 있다.

| 오답풀이 |

① 두 번째 문단을 통해 〈XX세기 △△학습백과사전〉은 새롭고 효율적인 방법을 개발하여 만들었다고 하였으며, 그중 하나의 예로 기존 백과사전의 전통을 깨고 익힘문제를 두어 복습할 수 있게 하였음을 알 수 있다.

② 두 번째 문단을 통해 동영상, 사진, 음향 등의 시각 자료는 별도의 CD-ROM을 활용함을 알 수 있다.

③ 마지막 문단을 통해 알 수 있다.

02 경청능력 경청의 방해 요소 파악하기

| 정답 | ③

| 해설 | 제시된 대화에서 문경이는 중고거래의 장점에 대해 이야기하며 태한이에게 중고거래를 추천하고 있다. 하지만 태한이는 갑자기 중고거래라는 주제에서 벗어나 ○○역이 위험한 동네라는 이야기로 주제를 전환을 하고 있다.

03 문서작성능력 기행문의 특징 알기

| 정답 | ②

| 해설 | 기행문은 여행을 하면서 필자가 보고 듣고 느낀 것을 표현한 주관적인 글로, 수필로 분류된다.

04 문서작성능력 문맥에 따라 문단 배치하기

| 정답 | ②

| 해설 | 친환경농업직불제에 관해 화두를 제시한 (가) 문단이 가장 먼저 온다. (라) 문단은 현행 직불제에 대해 설명하고 있으므로 (가) 문단 뒤에 온다. (나) 문단은 지급방식 변경 방안에 관련한 문단으로 (라) 문단의 마지막 문장과 이어지는 내용이기 때문에 (라) 문단의 다음에 오는 것이 적절하다. 마지막으로 (다) 문단은 개편안에 대한 예시를 들고 있으므로 (나) 문단의 뒤에 와야 한다.

따라서 글의 순서는 (가)-(라)-(나)-(다)가 적절하다.

05 문서이해능력 글을 읽고 추론하기

| 정답 | ④

| 해설 | 현금과 현물 지급에 관련된 내용은 제시된 글에 나타나 있지 않다.

| 오답풀이 |

① (가) 문단의 '규제와 보상체계가 균형을 이루는 친환경농업직불제(기본형) 개편방안'을 통해 알 수 있다.

② (나) 문단의 '매년 물가상승률을 반영한 실질 인상이 필요하다는 게'를 통해 알 수 있다.

06 문서작성능력 한글맞춤법 규정 파악하기

| 정답 | ②

| 해설 | '햇볕'은 해+볕의 합성어로서 볕의 'ㅂ'이 된소리로 나기 때문에 1.에 따라 사이시옷이 받치어 적힌다. 그러나 '해님'은 실질 형태소 '해'에 접미사 '님'의 결합으로서 합성어가 아닌 파생어이므로, '햇님'이 아니라 '해님'으로 적어야 한다.

| 오답풀이 |

① 2.에 따라 '빗물', '냇물'로 적어야 한다.

③ 1.에 따라 '전셋집', 2.에 따라 '훗날'로 적어야 한다.

④ 3.에 따라 '예삿일', '훗일'로 적어야 한다.

07 문서작성능력 이중피동 파악하기

| 정답 | ④

| 해설 | '쌓인 눈을 치우고 있다'에서의 '쌓이다'는 '쌓이다' 하나만 사용된 피동문이므로 이중피동의 예시로 적절하지 않다.

| 오답풀이 |

① '잘 닦여진'에서의 '닦여진'은 '닦이다'와 '닦아지다'를 모두 사용한 이중피동이다.

② '탁자 위에 놓여진'에서의 '놓여진'은 '놓이다'와 '놓아지다'를 모두 사용한 이중피동이다.

③ '유리수와 무리수로 나뉘어진다'는 '나뉘다'와 '나누어지다'를 모두 사용한 이중피동이다.

08 의사표현능력 단어 인식의 오류 이해하기

| 정답 | ④

| 해설 | 시아버지가 '떴다'라는 단어를 발화자가 의도한 의미로 인식하지 못하여 발화자와의 의사소통이 원활히 되지 않고 있다. 의사소통을 위해선 단어의 사전적 의미와 함께 문맥적 의미도 함께 고려하여야 한다. 따라서 제시된 대화에서 찾을 수 있는 의사소통의 오류는 '단어 인식의 오류'이다.

09 의사표현능력 맞장구의 기능 파악하기

| 정답 | ③

| 해설 | 정 부장은 하 대리에게 보고서를 제출하는 요령에 대해 말하고 있으며 하 대리는 이에 대해 '아 ~ '와 같은 맞장구로 응답하고 있다. 따라서 제시된 맞장구의 기능은 '이해'를 나타내는 것임을 알 수 있다.

10 문서이해능력 사례의 내용 이해하기

| 정답 | ④

| 해설 | 아인슈타인이 이야기하고 있는 것은 '내집단 편향'이다. 이는 '팔은 안으로 굽는다', '가재는 게 편이다'라는 말처럼 자신이 속한 내집단을 합당한 이유 없이 외집단에 비해 편애하거나 우대하는 경향이다.

11 기초연산능력 거리·속력·시간 이용하기

| 정답 | ③

| 해설 | 윤석이의 속력을 x m/분, 상호의 속력을 y m/분이라고 한다. 두 사람이 같은 방향으로 걸었을 때 세울 수 있는 식은 $52x - 52y = 1,560$이고, 두 사람이 반대 방향으로 걸었을 때 세울 수 있는 식은 $13x + 13y = 1,560$이다. 이 두 식을 연립하면 다음과 같다.

$52x - 52y = 1,560$ ·········· ㉠

$52x + 52y = 6,240$ ·········· ㉡

㉠과 ㉡을 더하면

$104x = 7,800$

$x = 75$, $y = 45$

따라서 윤석이의 속력은 75m/분이다.

12 기초연산능력 부등식 활용하기

| 정답 | ③

| 해설 | 텐트의 개수를 x개, 인원수를 y명이라고 하면

$y = 4x + 11$ ················· ㉠

$7(x-2) < y \leq 7(x-1)$ ········· ㉡

㉠과 ㉡을 연립하여 계산하면

$4x + 11 > 7x - 14$

$4x + 11 \leq 7x - 7$

x만 한쪽으로 이항하여 계산하면

$x < \dfrac{25}{3}$, $x \geq 6$

$\therefore 6 \leq x < \dfrac{25}{3}$

이때 x와 y는 정수이고 야유회에 참석한 최대 인원을 물었으므로, 텐트가 8개일 때 인원수는 43명으로 최대이다.

13 기초연산능력 공배수 활용하기

|정답| ④

|해설| 어떤 두 자리의 자연수를 A라고 한다면 A는 4, 5, 6의 공배수에 3을 더한 값이라는 것을 알 수 있다. 4, 5, 6의 공배수 중 두 자리의 자연수에 해당하는 것은 60뿐이므로, A는 63이다. 따라서 각 자릿수를 합한 값은 9이다.

14 기초연산능력 빈칸에 들어갈 연산기호 파악하기

|정답| ④

|해설| 〈규칙〉을 보면 A◎B는 A부터 연속한 B개의 숫자의 합이다. 따라서 5◎5=5+6+7+8+9=35, 6◎3=6+7+8=21이며 식을 정리하면 다음과 같다.

35□(3□2)□7□21=28

이에 맞게 사칙연산기호를 넣으면

35÷(3+2)×7-21=49-21=28

따라서 ④가 정답이다.

|오답풀이|

① 35-(3×2)÷7+21=35-6÷7+21≠28

② 35÷(3-2)×7+21=35÷1×7+21≠28

③ 35-(3÷2)+7×21≠28

15 기초통계능력 경우의 수 구하기

|정답| ①

|해설| 모든 필통에는 적어도 1자루의 연필을 넣어야 한다고 했으므로 먼저 연필 7자루 중 3자루를 필통에 한 자루씩 넣는다. 남은 4자루를 나누는 방법은 (4, 0, 0), (3, 1, 0), (2, 2, 0), (2, 1, 1)로 총 4가지이다. 필통의 종류가 같으므로 (4, 0, 0), (0, 4, 0), (0, 0, 4)는 모두 같은 경우임에 유의한다.

16 도표분석능력 자료의 수치 계산하기

|정답| ④

|해설| 각 연도별 상임위당 평균 심사처리 안건 수는 각 연도별 심사처리 안건 수를 상임위 수로 나누어 구하며,

상임위당 일일 평균 심사처리 안건 수는 각 연도별 상임위당 평균 심사처리 안건 수를 365로 나눈 값과 같다. 따라서 상임위당 일일 평균 심사처리 안건 수가 가장 많은 연도는 상임위당 평균 심사처리 안건 수가 가장 많은 연도와 같으므로, 상임위당 평균 심사처리 안건 수가 가장 적은 연도와 가장 많은 연도를 구한다. 각 연도별 상임위단 평균 심사처리 안건 수를 구하면 다음과 같다.

(단위 : 건)

20X1년	20X2년	20X3년	20X4년	20X5년	20X6년
35.8	38.8	42.9	43.2	52.3	31.7

따라서 상임위당 평균 심사처리 안건 수가 가장 적은 연도는 20X6년, 가장 많은 연도는 20X5년이다.

17 도표분석능력 자료의 수치 분석하기

|정답| ②

|해설| 20X9년 전체 가구 수 대비 1인 가구 수의 비중은

$$\frac{6,148}{6,148+5,663+4,218+4,315} \times 100 = \frac{6,148}{20,344} \times 100$$

$=30.2(\%)$이므로 30% 이상이다.

|오답풀이|

① 조사기간 동안 매년 3인 가구 수가 가장 적다.

③ 1인 가구는 5,619 → 5,849 → 6,148천 가구로 매년 증가하는 추세이다.

④ 2인 가구 수의 비중은 20X8년 $\frac{5,446}{19,980} \times 100 ≒ 27.3$

(%), 20X9년 $\frac{5,663}{20,344} \times 100 ≒ 27.8(\%)$로 그 차이는 0.5%p이다.

18 도표분석능력 자료 분석하기

|정답| ①

|해설| A 기업에서 20X9년에 발생된 폐기물 중 소각률은

$\frac{11,381}{117,688} \times 100 ≒ 9.7(\%)$이다.

|오답풀이|

② B 기업의 20X8년 폐기물 재활용률은 64.6%로, 폐기물 총 발생량이 10만 1,324톤이라면 재활용으로 처리된

폐기물은 $\dfrac{x}{101,324} \times 100 = 64.6$, $x ≒ 65,455$(톤)이다.

③ C 기업의 20X8년 대비 20X9년 재활용률은 $86.7 - 86.3 = 0.4$(%p) 증가했다.

④ D 기업의 20X7년 폐기물 재활용률은 86.0%로, 폐기물 총 발생량이 11만 2,468톤이라면 재활용으로 처리된 폐기물은 $\dfrac{x}{112,468} \times 100 = 86$, $x ≒ 96,722$(톤)이다.

19 도표분석능력 자료 분석하기

| 정답 | ③

| 해설 | 우리나라의 CPI는 34 ～ 36개국의 OECD 회원국 중에서 매년 27위 이하이므로 상위권이라 볼 수 없다.

| 오답풀이 |

① CPI 순위가 가장 낮은 해는 52위인 20X6년이고, OECD 순위가 가장 낮은 해는 30위인 20X8년이다.

②, ④ 청렴도가 가장 높은 해는 20X9년으로 59.0점이고, 20X2년도의 청렴도 점수는 56.0점이므로 점수의 차이는 3.0점이다.

20 기초연산능력 전기요금계 계산하기

| 정답 | ④

| 해설 | ㄱ. 6월 전기 사용량이 300kWh이라면 2구간에 해당하므로 기본요금은 1,600원으로 책정된다. 전력량 요금은 200kWh까지는 1kWh당 1구간의 요금이 적용되어 $200 \times 93.3 = 18,660$(원)이 책정되고 초과한 나머지 100kWh는 2구간의 요금이 적용되어 $100 \times 187.9 = 18,790$(원)이 책정된다. 따라서 A 주택의 6월 전기요금계는 총 $1,600 + 18,660 + 18,790 = 39,050$(원)이다.

ㄴ. 7월 전기 사용량은 300kWh이지만 여름 기간이므로 완화된 누진 구간이 적용되어 2구간이 아니라 1구간에 속한다. 따라서 기본요금은 910원이고 전력량 요금은 $300 \times 93.3 = 27,990$(원)이 책정된다. 따라서 B 주택의 7월 전기요금계는 $910 + 27,990 = 28,900$(원)으로 6월의 39,050원보다 10,150원만큼 감소하였다.

ㄷ. 7월 청구요금 합계는 28,900원에 부가가치세 $28,900 \times 0.1 = 2,890$(원)과 전력산업기반기금 $28,900 \times 0.037 ≒ 1,060$(원)이 추가되어 총 32,850원이다.

따라서 ㄱ, ㄴ, ㄷ 모두 옳은 설명이다.

21 사고력 논리적 오류 이해하기

| 정답 | ③

| 해설 | 제시된 글에서 범하고 있는 논리적 오류는 순환논법의 오류이다. 이는 전제의 진리와 본론의 진리가 서로 의존하는 것과 같은 하나의 의론이 그대로 되풀이되는 허위의 논증 방법으로, ③에서 이와 같은 오류를 범하고 있다.

| 오답풀이 |

① 무지에 의한 논증이다. 이는 단순히 어떤 명제가 거짓이라는 것이 증명되지 않았다는 것을 근거로 그 명제가 참이라고 주장하거나, 반대로 그 명제가 참이라는 것이 증명되지 않았기 때문에 그 명제는 거짓이라고 주장하는 오류이다.

② 성급한 일반화의 오류이다. 이는 특수하고 부족한 양의 사례를 근거로 섣불리 일반화하고 판단하는 오류이다.

④ 흑백논리의 오류이다. 이는 어떤 상황을 두 가지의 양강 구도로 나누어 보려고 하는 오류이다.

22 문제처리능력 구조화 접근하기

| 정답 | ③

| 해설 | 음료와 빵의 가격이라는 기본적인 정보를 토대로 논리적으로 하루의 매출을 추론하고 있다. 따라서 ③이 가장 적절하다.

| 오답풀이 |

① 논리적 추론을 한 것이 아니라 직접적으로 겪어 정확히 알고 있는 바를 이야기하고 있다.

② 알고 있는 기본적인 정보를 토대로 추론하지 않았다.

④ 개업 년도와 평수는 하루 매출을 논리적으로 추론하기에 적절한 정보가 아니다.

23 문제처리능력 문제해결자의 특징 이해하기

| 정답 | ④

| 해설 | ㉣은 효과적 문제해결자의 특성이다.

| 오답풀이 |

①, ② 효과적 문제해결자는 발견적 학습법을 이용하고, 주의 깊고 끈질긴 분석을 통하여 모든 문제를 해결할 수 있다고 믿는다. 또한 효과적 해결자는 문제를 해결할 때 매우 능동적이다.

24 문제처리능력 문제해결자의 특징 이해하기

| 정답 | ③

| 해설 | 비효과적 문제해결자는 문제를 다시 기술하지 않는다.

효과적 문제해결자	비효과적 문제해결자
태도	
• 문제가 풀릴 것이라고 믿는다. • 문제를 풀 때 긍정적이다. • "난 이것을 풀 수 있다."라고 말한다.	• 쉽게 포기한다. • 뒷짐 지고 해법이 떠오르길 바란다. • "난 이것을 풀 수 없다."라고 말한다.
행동양식	
• 스스로에게 그리고 다른 이들에게 물어본다. • 문제를 반복하여 여러 번 읽어 본다. • 문제를 다시 기술한다. • 성급하게 결론을 내리지 않는다. • 가상의 그림을 그려 본다. • 그림을 그리고 공식을 적어 본다.	• 해법을 찾는 데 수동적이다. • 문제를 다시 읽지 않는다. • 문제를 다시 기술하지 않는다. • 성급히 결론에 도달한다. • 해결책에 능동적으로 참여하지 않는다. • 그림을 그리거나 공식을 쓰지 않는다.

25 사고력 전제를 근거로 결론 도출하기

| 정답 | ④

| 해설 | 요리를 잘하는 사람은 모두 똑똑하며, 요리를 잘하는 어떤 사람은 날씬하다. 따라서 요리를 잘하는 어떤 날씬한 사람은 똑똑하다는 것을 알 수 있다.

이를 벤다이어그램을 그려 보면 다음의 영역에 해당한다.

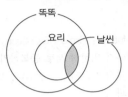

26 사고력 분석적 사고 방법 파악하기

| 정답 | ③

| 해설 | 제시된 사고 방법은 가설 지향적 사고로, 실제 정보 수집이나 분석 활동에 앞서 그 과정이나 결과를 추론해 보는 것이다. 가설 지향적 사고가 유용한 경우로는 문제 해결을 위한 시간적 제약으로 빠른 해결방안을 수립해야 하는 경우, 일반적으로 나타나는 정형적인 문제의 원인 분석이 필요한 경우, 난해한 문제에 대해 원인을 명확히 알지 못해 찾아야 하는 경우, 여러 사안 및 그룹들이 감정적으로 대립하고 있는 경우, 실험·시행착오·실패가 비교적 자유롭게 허용되는 경우가 있다.

가설 지향적 사고는 관련 부서에 관련 자료를 요청해야 하는 일이 생길 수 있으므로, 사내 커뮤니케이션이나 정보공유가 제대로 이루어지지 않는 경우에는 가설 지향적 사고를 적용하기 어렵다.

27 문제처리능력 사고방식 파악하기

| 정답 | ④

| 해설 | ㉠은 전략적 사고, ㉡은 분석적 사고, ㉢은 발상의 전환, ㉣은 내·외부자원의 효과적 활용에 대한 설명이다.

28 문제처리능력 문제해결을 위한 기본적 사고 알기

| 정답 | ②

| 해설 | 제시된 사례에서는 C가 분석적 사고를 통해서 제출한 보고서를 회사가 수용하지 못하는 모습을 찾아볼 수 있다. 즉, C는 분석적 사고를 행하고 있다.

29 사고력 MECE 적용 절차 이해하기

|정답| ③

|해설| MECE(Mutually Exclusive Collectively Exhaustive)는 문제를 분석하기 위하여 서로 중복하지 않으면서 빠짐없이 나누는 분석적 사고기법을 말한다. MECE의 문제해결 절차는 다음과 같다.

(1) 중심 제목에 문제의 핵심을 기록한다.

(2) 어떤 것이 문제의 핵심 요소인지 여러 가지 분류 기준으로 분해하여 기록한다.

(3) 이렇게 분해된 각각의 핵심 요소를 다시 하위 핵심 요소로 분해한다.

(4) 분해된 핵심 요소가 중복과 누락 없이 전체를 포함하고 있는지 확인한다.

(5) 분해된 요소 중 실행 가능한 요소를 찾아낸다.

(6) 실행 가능한 요소를 분해할 수 없을 때까지 반복해서 분해한다.

(7) MECE라는 엄격한 틀로 파악한 내용에 대해 즉각 실행 가능한 대책을 제시한다.

(8) 이상적인 해결책이 아닌 현 상태에서 할 수 있는 최선의 실행 가능한 해결책을 제시한다.

(9) 최선의 선택이라고 판단하여 제시한 대책이 유효하지 않을 경우 선택하지 않은 방법 중 최선의 방법을 다시 제시하고 실행한다.

〈보기〉를 순서대로 나열하면 Ⓕ → Ⓒ → Ⓔ → Ⓑ → Ⓐ → Ⓓ가 적절하다.

30 문제처리능력 피선거권 조건 이해하기

|정답| ④

|해설| D는 선거일 기준으로 40세이며, 외교관 활동은 공무이므로 외교관으로 활동한 30년은 국내 거주 기간에 포함되어 대통령 피선거권을 가질 수 있다.

|오답풀이|

• A : 선거일 기준으로 43세이지만, 미국 단일 국적을 지닌 외국인이므로 대통령 피선거권을 가지지 못한다.

• B : 선거일 기준으로 46세이지만, 국내 거주 기간이 선거일 기준으로 5년 미만이므로 대통령 피선거권을 가지지 못한다.

• C : 선거일 기준으로 39세이므로 대통령 피선거권을 가지지 못한다.

31 인적자원관리능력 승진제도 이해하기

|정답| ④

|해설| 대용승진에 대한 내용으로, 특정 구성원에 대해 승진 필요성은 있으나 마땅한 담당 직책이 없을 경우 인사체증과 사기저하 방지를 위해 직무 내용상 실질적 변화 없이 직위 명칭 또는 자격 호칭 등의 상승만 이뤄지게 하는 형식적 승진을 말한다. 대외업무를 수행하는 종업원에 대한 접촉 고객의 신뢰를 높이기 위한 경우에도 사용된다.

|오답풀이|

① 자격승진에 해당한다.

② 발탁승진에 해당한다.

③ 직계승진에 해당한다.

32 시간관리능력 업무 순서 파악하기

|정답| ④

|해설| 시간관리 매트릭스의 순서는 긴급함보다 중요함이 우선시되어야 한다. 따라서 중요하고 급한 일 - 중요하지만 급하지 않은 일 - 중요하지 않지만 급한 일 - 중요하지 않고 급하지 않은 일 순서대로 업무를 처리해야 한다.

33 물적자원관리능력 외부효과 이해하기

|정답| ③

|해설| 외부경제는 소비의 측면에서 볼 때 사적 비용이 사회적 비용보다 적고, 생산의 측면에서 볼 때 외부경제는 사적 비용이 사회적 비용보다 크다.

|오답풀이|

① 긍정적 외부효과는 외부경제, 부정적 외부효과는 외부불경제와 개념을 같이한다.

② 생산의 측면에서 볼 때, 외부불경제는 사적비용이 사회적 비용보다 적다.

④ 외부효과는 금전적 거래 없이 개인이나 기업과 같은 경제주체의 행위가 다른 경제주체에게 예상치 못한 혜택이나 손해를 발생시키는 효과를 의미한다.

34 물적자원관리능력 부정적 외부효과 이해하기

|정답| ②

|해설| 금전적 거래 없이, 한 경제주체가 다른 경제주체에게 손해를 입히는 부정적 외부효과의 사례로는 흡연자와 비흡연자의 관계가 적절하다.

|오답풀이|

① 양봉업자는 과수원의 꽃으로부터 꿀을 얻을 수 있고, 과수농가는 양봉자의 벌이 꽃의 수정을 도와주므로 긍정적 외부효과 관계를 가진다.

③ 금전적 거래가 오가므로 외부효과에 해당하지 않는다.

④ 대학 동아리가 기술을 활용하였을 때 특허를 등록하지 않은 업체에게 생기는 경제효과가 없으므로 외부효과에 해당하지 않는다.

35 인적자원관리능력 HRM 이해하기

|정답| ④

|해설| 인적자원계획은 인적자원을 결정하는 과정으로 고용, 승진 등이 이에 해당하며, 인적자원개발은 구성원의 역량개발과 업무수행개선을 위한 과정으로 교육, 개발, 훈련 등이 이에 해당한다. 인적자원활용은 인적자원을 조직 내 배치하고 활용하는 것으로 부서이동, 보상, 평가 등이 이에 해당한다.

36 인적자원관리능력 명함 관리하기

|정답| ③

|해설| 명함에 메모할 내용으로 적절한 것은 명함을 준 사람을 언제, 어디서, 무슨 일로 만났는지에 대한 내용, 소개자의 이름, 상대의 업무 내용이나 취미, 상대의 변동사항, 기타 연락처, 대화를 나누고 나서의 느낀 점 등이 있다.

명함에 상대의 대외적 평판이나 소문에 관한 내용을 메모하는 것은 적절하지 않다.

37 시간관리능력 일의 우선순위 파악하기

|정답| ①

|해설| (A) 영역은 일의 마감기한이 분명하고 나 스스로 판단하여 실행할 수 있는 일로, 혼자서 하는 일은 얼마든지 내 뜻대로 페이스 조절이 가능하다. 따라서 최우선으로 처리하는 것은 옳지 않으며 일의 마감기한이 분명하고 다른 사람과 함께 해야 하는 (D) 영역을 먼저 끝내 놓거나 양해를 구하고 난 뒤 시작하는 것이 좋다. 기획/결과 보고서 작성, 세미나 발표자료 준비, 보고서 작성을 위한 데이터 정리 등이 이에 해당한다.

|오답풀이|

② (B) 영역은 마감기한이 없고 혼자 할 수 있는 일로, 네가지 영역 중 가장 마지막에 진행하는 것이 적절하다. 스스로 연구하거나 새로운 기획을 위해 준비하는 업무, 즉 세미나/콘퍼런스 참여를 통한 배움, 자료 조사, 데이터 분석, 업무 목표 수립 등이 이에 해당한다. 이를 통해 장기적인 관점에서 자신의 커리어에 도움이 되거나 차별화된 성과를 만들 수 있다.

③ (C) 영역은 당장 눈앞에 마감기한이 도래하지는 않지만 유관 부서나 고객 등 이해관계자가 관여된 일로, (D)와 (A) 영역을 끝낸 뒤 해야 하는 일이다. 색다른 아이디어와 새로운 관점을 갖기 위해 생각을 정리하기 전에 여러 이해관계자의 의견을 듣고, 업체 미팅을 진행하며 자료를 모으는 등의 일이 이에 해당한다. (C) 영역에 시간을 많이 투자할수록 자신의 업무를 입체적으로 바라볼 수 있는 통찰력이 생겨난다.

④ (D) 영역은 일의 마감기한이 분명히 존재하는 동시에 여러 사람 혹은 조직이 관여된 업무로, 네 가지 영역 중 최우선적으로 처리해야 하는 일이다. 여러 사람이 관여하기에 빠르게 시작할수록 모두의 시간을 절약할 수 있으며, 업무의 효과성은 그만큼 커지게 된다. 또한 함께 일하는 과정에서 자연스럽게 조직의 동의를 구하고, 절차적 정당성을 확보할 수 있다. 파일럿 테스트, 의사결정회의, 중간보고, 미팅 일정 및 장소 취합 등이 이에 해당한다.

38 예산관리능력 판매 이익에 따른 세트수 계산하기

|정답| ③

|해설| A 세트와 B 세트를 합한 한 묶음당 KF-80 마스크는 14장, KF-94 마스크는 13장이 들어 있다. 생산량이 더 적은 KF-94 마스크를 기준으로 하면 $\frac{800}{13} ≒ 61.5$, 즉 61세트씩 생산하므로 KF-80 마스크는 $4×61+10×61=854$(장), KF-94 마스크는 $10×61+3×61=793$(장)을 생산한다. 이후 KF-80 마스크는 $1,000-854=146$(장), KF-94 마스크는 $800-793=7$(장)이 남으므로, B 세트를 두 개 더 만들 수 있다.

따라서 제조하는 B 세트의 개수는 63개이다.

39 예산관리능력 연봉 차이 계산하기

|정답| ①

|해설| 갑과 을의 각 항목별 연봉과 합계를 정리하면 다음과 같다.

구분	갑	을
기본급	6,000만 원	5,000만 원
상여금	2,100만 원	2,500만 원
추석선물비	200만 원	300만 원
휴가비	300만 원	600만 원
연차수당	360만 원	250만 원
특근수당	360만 원	500만 원
교통비	300만 원	250만 원
합계	9,620만 원	9,400만 원

따라서 두 사람의 연봉 차이는 220만 원이다.

40 인적자원관리능력 인적자원 배치하기

|정답| ②

|해설| 이몽룡은 유럽경제연구팀 소속이며 유럽지역 파견을 희망하고 있으므로 유럽으로 파견가는 것이 적절하다.

|오답풀이|

① 홍길동은 중국어와 영어를 할 수 있으므로 중국으로 파견되는 것이 적절하다.

③ 마동석은 서아시아팀 소속이며 아랍어를 사용할 수 있고 사우디아라비아 전문가이므로 사우디아라비아에 파견되는 것이 적절하다.

④ 송강호는 동아시아팀 소속이며 영어를 사용할 수 있어 광동어와 함께 영어를 사용하는 홍콩으로 파견되는 것이 적절하다.

41 조직이해능력 퇴니스의 조직 분류 이해하기

|정답| ④

|해설| 독일의 사회학자 퇴니스는 조직 구성원들의 결합 의지에 따라 게마인샤프트(Gemeinschaft, 이익사회)와 게젤샤프트(Gesellschaft, 공동사회)로 구분하였다.

이 중 게젤샤프트는 회사나 정당과 같이 목표달성이라는 의도를 가지고 임의로 조직된 단체로, 구성원들은 계약으로 연결된 수단적 결합관계를 맺는다. 즉 이해관계와 계약을 통해 본인의 결합의지에 의해 임의로 조직에 가입할 수 있으며, 계약이 종료되어 결합관계를 유지하는 수단이 사라지면 탈퇴할 수 있는 조직을 의미한다. 반대로 게마인샤프트는 가족, 민족 등과 같이 본인의 결합의지와 관계없이 자연적으로 조직되어 결합한 단체로, 임의로 끊을 수 없는 혈연 등으로 연결되어 가입과 탈퇴의 자유가 없다.

42 체제이해능력 조직구조 관리원칙 알기

|정답| ④

|해설| 종업원의 안정적인 신분을 위해 노력하는 것은 종업원 안정의 원칙이다. 공정성의 원칙이란 종업원의 성과에 대해 회사가 공정한 대우를 제공하는 것이다.

43 경영이해능력 경영자의 역할 파악하기

|정답| ③

|해설| 대변인의 역할은 조직정책이나 계획에 대한 정보를 외부에 강연과 구두 연설, SNS 등을 통해서 공식적으로 알리는 역할을 말한다. 제시된 기사에서 스티브 잡스는 신제품에 대한 새로운 정보를 외부에 알리는 대변인의 역할을 수행하고 있다.

|오답풀이|

① 자원분배자의 역할은 조직의 목표를 달성하는 데 있어서 효율적이고 효과적인 자원배분에 관한 의사결정을 수행하는 것이다.

② 분쟁조정자의 역할은 조직 내·외부에서 발생하는 다양한 분쟁의 해결자로서의 역할을 수행하는 것이다.

④ 청취자의 역할은 경영활동을 수행하는 과정에서 유용한 정보를 꾸준히 탐색하는 것이다.

44 업무이해능력 부서별 업무 파악하기

|정답| ①

|해설| 기획팀은 경영 목표 및 전략 수립, 조정 관련 업무 등을 담당하며, 총무팀은 문서 및 직인 관리, 집기비품 및 소모품의 구입과 관리, 복리후생 업무 등을 담당한다. 따라서 빈칸에 들어갈 적절한 대답은 ①이다.

보충 플러스+

- 인사팀 : 조직기구 개편 및 조정, 인력수급계획 및 관리 등을 담당
- 회계팀 : 재무상태 및 경영실적 보고, 결산 관련 업무 등을 담당
- 영업팀 : 판매방침 및 계획, 판매예산 편성, 시장조사 등을 담당

45 체제이해능력 비합리적 행동 이해하기

|정답| ②

|해설| 제시된 글은 자신에 대한 지나친 믿음 때문에 나타나는 문제점을 사례들을 통해 이야기하고 있다.

46 체제이해능력 변혁적 리더십 이해하기

|정답| ①

|해설| 변혁적 리더십의 하위 구성요소는 다음과 같다.

- 카리스마 : 구성원들에게 비전과 사명감을 제공하고 자긍심을 고취시키며 관습에 얽매이지 않는 행동 등을 보여 직원들로부터 존경과 신뢰를 얻는다.
- 지적 자극 : 이해력과 합리성을 제고하고 새로운 방식을 활용한 문제해결 방식을 촉진한다.
- 개별적 배려 : 구성원 개별에게 관심을 보여 주고 직원들을 독립적인 존재로 대우하며 지도하고 조언한다.
- 동기부여 : 비전을 제시하고 구성원의 노력에 대한 칭찬, 격려 등 감정적인 지원과 활기를 불어넣어 줌으로써 업무에 매진할 수 있게 한다.

47 경영이해능력 경영전략 추친과정 알기

|정답| ④

|해설| ㉠ (가)는 환경분석 단계로 이 단계에서는 최적의 대안을 수립하기 위하여 조직의 내·외부 환경을 분석한다. 조직이 도달하고자 하는 비전을 규명하고 미션을 설정하는 단계는 '전략 목표 설정' 단계이다.

㉢ (다)는 경영전략을 실행하는 단계로 경영목적을 달성하기 위해 경영전략을 실행한다. 조직의 경영전략은 위계적 수준을 가지고 있는데 가장 상위 단계 전략은 조직전략이며 그 다음으로 사업전략, 부문전략의 순서로 사업전략을 구체화하여 세부적인 수행방법을 결정한다.

㉣ 차별화 전략은 경영전략유형 중 하나로 조직이 생산품이나 서비스를 차별화하여 고객에게 가치가 있고 독특하게 인식되도록 하는 전략이다. 특정 시장이나 고객에게 한정된 전략은 집중화 전략이다.

보충 플러스+

경영전략의 추진과정

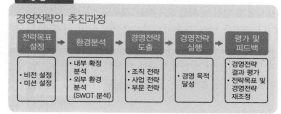

48 체제이해능력 조직구조 구분하기

|정답| ①

|해설| 유기적 구조의 조직은 작업의 분업화가 낮아 구성원들 간의 업무 교체가 가능하기 때문에 동태적으로 적응

하는 데 뛰어나다는 특징을 가진다. 유기적 구조의 조직은 수평적인 소통을 하며 권한의 위치는 각 작업에 도움이 되는 능력과 기술을 보유한 곳이다. 명확한 규정과 절차를 중요시하는 공식화 정도는 낮다.

보충 플러스+

유기적 조직구조와 기계적 조직구조의 특징

기계적 조직구조	특성	유기적 조직구조
높은 전문화	전문화	낮은 전문화
상위층의 몇몇 사람에	권한의 위치	기술과 능력이 있는 사람에
상사에 의해	갈등해결방법	상호작용에 의해
지시, 명령	커뮤니케이션의 기반	조언, 상담, 정보
조직시스템에	충성심의 대상	프로젝트나 집단에
시스템 내 직위에 기초	권위	개인능력에 기초
많음	규칙	거의 없음.
안정적, 간단한	환경	동태적인, 복잡한

위해 구성된다. 이 중 작업집단은 작업팀에 비해 느슨하게 정의된 조직으로, 집단구성원들이 각자 보유하고 있는 능력의 단순 합 이상을 기대하기 어렵다. 이에 비해 작업팀은 조직화를 통한 집단성과의 향상을 목표로 삼으며, 상호보완적인 책임과 기술에 기반한 팀 내 상호작용을 통해 시너지의 효과적 달성을 추구한다. 또한 작업집단은 리더의 지휘와 통제를 받는 반면, 작업팀에서는 리더와 팀원이 리더십을 공유하는 수평적 리더십을 보인다.

49 경영이해능력 조직의 의사결정 문제점 파악하기

| 정답 | ③

| 해설 | P사는 전통적인 R&D 회사로 이러한 전통적 가치관으로 인해 기업 전체의 의사결정에 오히려 부정적인 영향을 미치게 되었다. 이는 새로운 것을 찾기보다는 늘 하던 대로 자기에게 편한 방식을 고수하는 경우로 이들은 다양한 주장이나 관점을 받아들이기보다는 자신이 이미 머릿속에 가지고 있던 생각이나 틀에 맞는 자료나 정보만 흡수하려는 경향이 있다. 이러한 방법이 한때는 회사의 동력이 될 수 있지만 언제까지나 유효하지는 않다는 것을 인식해야 한다.

50 업무이해능력 로빈슨의 구분 파악하기

| 정답 | ③

| 해설 | (가)는 작업집단, (나)는 작업팀에 해당한다. 작업집단과 작업팀은 둘 다 협력이 필요한 공동 작업을 수행하기

경기도 공공기관 통합채용 NCS

기출예상모의고사

공기업_NCS